12연기

BBS 불교방송 불교강좌

12연기

묘원

행복한 숲

12연기

무명인 상태로 죽으면
다시 무명인 채로 태어남

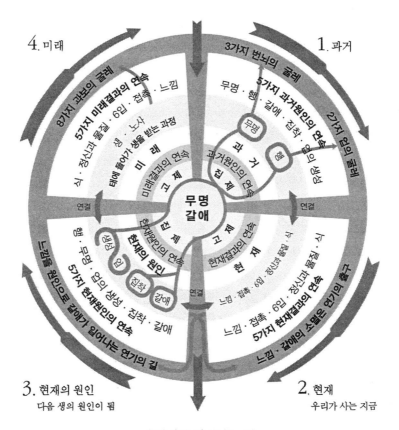

윤회에서 벗어나는 길
사성제

사단법인 상좌불교 한국 명상원

《12연기緣起의 부분·연결·요소·시간의 분류표》

1. 근본원인 : 2가지 (1) 무명(無明. Avijjā)

   　　　　　　　　 (2) 갈애(渴愛. Taṇhā)

2. 성제(聖諦. Sacca) : 2가지 (1) 집제(集諦. Samudaya Sacca)

   　　　　　　　　　　　　 (2) 고제(苦諦. Dukkha Sacca)

3. 부분 : 4가지 (1) 과거 원인의 연속

   　　　　　　　 (2) 현재 결과의 연속

   　　　　　　　 (3) 현재·미래 원인의 연속

   　　　　　　　 (4) 미래 결과의 연속

4. 요소(연결고리) : 12가지

   부분 1 (1) 무명(無明. Avijjā)

   　　　　 (2) 행(行. 업의 형성. Saṅkhāra)

   부분 2 (3) 식(識. 의식. Viññāṇa)

   　　　　 (4) 명색(名色. 정신과 물질. NāmaRūpa)

   　　　　 (5) 육입(六入. 六根. Saḷāyatana)

   　　　　 (6) 촉(觸. 접촉. Phassa)

   　　　　 (7) 수(受. 느낌. Vedanā)

   부분 3 (8) 갈애(渴愛. 愛. Taṇhā)

   　　　　 (9) 집착(執着. 取. Upādāna)

   　　　　 (10) 업의 생성(業의 生成. 業有. Kamma Bhāva)

   부분 4 (11) 생(生. 태어남. Jāti)

   　　　　 (12) 노사(老死. Jarāmaraṇa)

5. 연결(Link) : 3가지   (1) 행(行. 업의 형성. Saṅkhāra)↔식(識. Viññāṇa)

(2) 수(受. 느낌. Vedanā)↔갈애(渴愛. Taṇhā)

(3) 업의 생성(業의 生成. 業有. Kamma Bhāva)↔생(生. Jāti)

6. 굴레(Vaṭṭa) : 3가지   (1) 번뇌의 굴레(Kilesa Vaṭṭa)

(2) 업의 굴레(Kamma Vaṭṭa)

(3) 과보의 굴레(Vipāka Vaṭṭa)

7. 시간(Period) : 3가지   (1) 과거(Past)

(2) 현재(Present)

(3) 미래(Future)

8. 전체 요소 : 20가지

(1) 과거의 원인 5가지 : 무명, 행, 갈애, 집착, 업의 생성

(2) 현재의 결과 5가지 : 식, 명색, 육입, 접촉, 느낌

(3) 현재·미래의 원인 5가지 : 갈애, 집착, 업의 생성, 무명, 행

(4) 미래의 결과 5가지 : 식, 명색, 육입, 접촉, 느낌

번뇌의 굴레←무명(無明. Avijjā)↔갈애(渴愛. Taṇhā) / 집착(執着. Upādāna)

업의 굴레←행(行. 業의 形成. Saṅkhāra)↔업의 생성(業의 生成. Kamma Bhāva)

책을 펴내며

　　BBS 불교방송을 통하여 방송된 불교강좌 '12연기와 위빠사나'의 녹취록이 『12연기』
라는 책 2권으로 선보이게 되었습니다. 그간 12연기 법문은 매일 18분씩 모두 144회가
방송되었습니다. 이 방송 내용이 하나도 빠짐없이 그대로 출판될 수 있어서 큰 영광이며,
책과 함께 MP3 CD까지 제작되어 다행스럽게 생각합니다. 이 책은 12연기에 대한 전반적
인 주석서라고 할 수 있습니다.

　　12연기는 부처님께서 고행 끝에 고행의 무의미함을 깨달은 후 발견한 인류역사상
가장 위대한 진리 중의 하나입니다. 부처님께서는 연기를 통하여 모든 것이 원인과
결과로 진행된다는 사물의 이치를 알았습니다. 그래서 의심에서 해방되는 청정을 이루
신 뒤에 위빠사나 수행을 하셔서 궁극의 깨달음을 이루셨습니다. 그러므로 연기를 이해
하고 나서 수행을 해야 해탈의 자유를 얻을 수 있다는 사실이 분명해졌습니다.

　　연기는 매우 심오합니다. 12가지 요소들이 기계적으로 원인과 결과로 진행되는 것이
아니고 많은 조건들이 함께 작용합니다. 부처님께서 말씀하신 연기는 오직 한 인간의
정신과 물질에 관한 것입니다. 그러므로 12연기는 우주적인 연기가 아니라는 사실을
주지할 필요가 있습니다. 이것이 부처님의 관점이며, 이런 방법을 통해서만 깨달음에
이를 수 있다는 사실을 주목해야 하겠습니다.

　　방송에서 사용한 12연기 교재는 두 가지입니다. 먼저 미얀마 모곡 사야도의 12연기
법문집인 『어디서 와서 어디로 가는가』(행복한숲 간)를 주 교재로 삼았습니다. 모곡 사야

도계서는 『아비담마』의 대가로서, 특히 12연기에 대한 탁월한 해석을 하셔서 후학들에게 큰 가르침을 주셨습니다. 현재 미얀마에서는 모곡 사야도의 제자들이 전국 곳곳에 모곡 센터를 설립하고 12연기의 가르침을 전승하고 있습니다. 이러한 모곡 사야도의 가르침이 외국에서는 한국에서 처음으로 소개되었다는 사실 또한 크나큰 기쁨이 아닐 수 없습니다.

모곡 사야도께서는 난해한 12연기를 누구나 쉽게 이해할 수 있도록 12연기 도표를 만들어서 가르치셨습니다. 그리고 12연기를 다양한 각도에서 조명하여 연기의 심오한 뜻을 잘 드러나게 하셨습니다. 그런 의미에서 모곡 사야도의 12연기 법문은 연기를 총체적 관점에서 분석하신 내용입니다.

다음으로 마하시 사야도의 '12연기'를 부교재로 삼았습니다. 제가 수년 동안 모곡 사야도의 12연기 법문을 하면서 느낀 아쉬움이 있었는데, 12연기의 요소인 12가지 정신과 물질에 관한 것을 하나씩 분석하는 것이었습니다. 그러나 매우 난해한 부분이고, 전문적인 지식이 필요한 것이라 생각에만 그치고 있었습니다. 그러던 중에 김한상 님께서 번역하신 마하시 사야도의 12연기 법문집을 읽고 이런 갈증을 해소하였습니다.

마하시 사야도께서는 무명을 원인으로 행이 일어나는 관계를 소상히 밝히셨으며, 마찬가지로 행을 원인으로 식이 일어날 때의 관계를 자세히 말씀하셨습니다. 이렇게 12가지 요소의 원인과 결과를 모두 완벽하게 분석하셨습니다. 이런 분석은 삼장을 모두 통달하지 않고서는 불가능한 일입니다. 저는 모곡 사야도의 12연기 법문과 마하시 사야도께서 분석하신 12가지 요소의 원인과 결과, 이외에도 『아비담마』 및 다양한 자료를 참조해서 법문을 했습니다.

하지만 이 책은 모곡 사야도의 12연기와 마하시 사야도의 12연기 법문집을 결합하여 더욱 심층적으로 분석한 12연기 주석서라고 할 수 있습니다. 미얀마의 가장 대표적인 두 분 스승님의 12연기 가르침을 하나로 엮을 수 있어서 큰 행운입니다. 그렇게 하다 보니 방대한 책이 되었습니다. 이해하여 주시기 바랍니다.

여기에 부족한 저의 설명을 보태게 되어 송구스럽게 생각합니다. 저는 위빠사나 수행자의 입장에서 12연기를 새롭게 조명하려고 노력하였습니다. 하지만 두 분 스승의 말씀에 제 견해가 포함되어 누가 되지 않을까 염려됩니다. 잘못이 있다면 너그럽게 용서하여 주시기 바랍니다.

이 책에서 때로는 위빠사나 수행에 대한 잠언을 말한 뒤에 본문을 시작하였습니다. 이런 점을 양해하여 주시기 바랍니다. 매일 새로 시작하는 방송이어서 법문을 일관되게 진행하지 못하고, 본문과 관계없지만 위빠사나 수행을 이해하는 데 도움 되는 짧은 문구를 말한 뒤에 12연기 진도를 나갔습니다.

이 기획은 처음 방송을 시작하는 것에서부터 CD제작과 출판에 이르기까지 황영희 님의 보시로 이루어졌습니다. 그동안 방송을 하는 것이 매우 힘들어서 포기하고 싶을 때가 있었는데, 황영희 님이 기울이는 정성을 생각해서 계속해서 원고를 쓸 수 있었습니다. 다시 한 번 황영희 님께 감사드립니다. 지금 생각하면 밤을 새워 가며 원고를 쓰던 시기가 참으로 행복한 날이었습니다.

다음으로 법문 녹취와 출판 제작에 동참해 주신 이종숙 님께도 감사드립니다. 이종숙 님의 녹취와 정성어린 교정이 없었으면 법문 중에 왜곡된 내용이 그대로 노출되었을 것입니다. 정성을 다하여 살펴주셔서 감사합니다. 자기가 한 말을 다시 읽고 교정을 하기란 쉽지가 않습니다. 그래서 저는 법문을 한 이후에 원고에 전혀 손을 댈 수가 없었습니다. 그럼에도 이종숙 님의 노력으로 큰 허물을 짓지 않는 글이 되었습니다.

그리고 불교강좌가 방송되면 즉시 법문을 녹취해 주신 수행자님들의 노고가 매우 컸습니다. 김수연 님, 이연수 님, 정진 님, 임태기 님, 조남희 님께 모두 감사드립니다. 이분들의 노고가 없었다면 이 책이 나올 수 없었습니다. 녹취를 한다는 것이 생각보다 어렵고 고통스러운 작업입니다. 그럼에도 끝까지 동참해 주셔서 감사합니다.

김일영 님께서는 바쁘신 중에도 표지를 제작해 주셔서 감사합니다. 행복한 숲 가족이 되신 것을 진심으로 환영합니다. 김일영 님은 황영채 님의 따님으로 어머님의 정성으로 모시게 되었습니다. 그리고 뒤늦게나마 교정 교열작업에 참여해 주신 한승희 님께도 진심으로 감사드리며, 출판보시에 동참해 주신 천영희 님께도 깊이 감사드립니다.

모든 분들이 이 보시의 공덕으로 도과를 성취하시기를 삼가 기원합니다.

묘원 합장

차례 ● 12연기 ━1

● 12연기 ━2

우 티띨라 사야도 서문(1)

오늘부터 부처님의 위대하신 가르침인 12연기와 위빠사나에 대한 공부를 시작하겠습니다. 부처님이 설하신 12연기는 인류 역사에 가장 위대한 사상으로 밝혀져 있습니다. 이 12연기법은 지금까지 인간이 만들어 낸 어떤 이데올로기도 초월합니다. 오늘부터 시작할 12연기와 위빠사나는 미얀마의 큰 스승이신 모곡 사야도Mogok sayādaw의 12연기 법문집인 『어디서 와서 어디로 가는가』를 중심으로 공부합니다.

그러면 먼저 이 책의 서문을 써주신 아가마하 빤디따Aggamahāpandita 우 티띨라 사야도U Thittila Sayādaw의 말씀부터 들어보겠습니다. 우 티띨라 사야도께서는 매우 뛰어난 스승이신데, 이 법문집 서문에서 12연기가 무엇인가에 대해 함축적으로 요약해 주셨습니다. 우 티띨라 사야도께서는 말씀하시기를, 연기는 한 인간의 정신과 물질에 관한 것을 분석한 것이라고 말씀하셨습니다. 누구나 가지고 있는 것은 정신과 물질이고, 이 정신과 물질이 어떤 과정을 거쳐서 어떻게 생성하고 소멸하는가를 원인과 결과로 아는 것이 연기의 법칙이라고 말씀하셨습니다.

이러한 12연기를 공부하면, 첫째, 수행자들은 고통에서 벗어나는 바른 길을 갈 수 있습니다. 둘째, 일반적으로 개아, 남자, 여자로 불리는 다양한 육체적·정신적 현상들은 우연히 생긴 것이 아니고, 반드시 어떤 원인과 결과라는 조건에 의해서 생겼다는 것을 알게 됩니다. 셋째, 태어남과 죽음은 조건에 따른 것이라는 것을 알게 됩니다. 넷째, 이 조건들이 제거되면 모든 고통이 사라진다는 것을 알게 됩니다. 다섯째, 고제苦諦와 집제集諦를 일반적인 순서로, 그리고 집제와 멸제滅諦를 역逆으로 하여 그 철학적인 의미를 밝히고 있습니다.

이상과 같이 연기는 부처님의 가르침을 진정으로 이해하고 실현하기 위해서 반드시 누구나 익혀야 할 핵심적 요소입니다. 철학은 지식이지만 수행은 지혜입니다. 지식은 사유하는 것이지만 지혜는 통찰하는 것입니다. 지식은 끊을 수 없지만 지혜는 끊는 효과가 있습니다. 12연기 공부를 하면 지혜가 나서 번뇌를 모두 끊을 수 있습니다. 오늘부터 여러분들과 함께 공부할 12연기는 불교의 핵심적 사상입니다. 불교는 심리학입니다. 마음을 분석합니다. 이러한 분석은 치유에 목적을 두고 있습니다.

불교는 그 특성상 다른 모든 종교 및 철학과 구별됩니다. 그래서 불교는 자비로 시작해서 지혜로 완성됩니다. 불교의 특성이라 할 수 있는 해탈의 방식은 다른 모든 종교와 완전히 다릅니다. 이들 종교들은 일반적으로 "신에게 귀의하라. 신에게 기도하고, 너 자신을 신에게 바쳐라. 또 신과 하나가 되어라"라고 가르칩니다. 기독교, 힌두교, 이슬람교, 조로아스터교, 유대교는 모두 '신'이라는 개념에 근거를 둔 가르침을 폅니다. 이들 종교들은 인간이 신을 믿기 전까지는 진정으로 참되고 유용한 삶을 살아갈 수 없다고 말합니다. 우리는 이들 종교를 믿는 많은 사람들이 관용과 순수 그리고 성스러움이 가득한 삶을 살아가는 것을 잘 알고 있습니다.

그러나 한편으로 부처님께서는 해탈을 향한 첫 발걸음으로서 신을 경배하라고 결코 요구하지 않으셨습니다. 부처님께서는 수많은 사람들에게 관용과 순수 그리고 성스러움이 가득한 삶을 살라고 말씀하셨습니다. 그래서 이러한 불교가 다른 모든 종교와 구별되는 것 중 하나가 바로 무아無我라는 사상입니다.

무아는 자아가 없다는 것입니다. 무아는 마음이 없다는 것이 아니고, 마음은 있지만 나의 마음이 아니고 단지 마음이라는 것입니다. 내 마음을 소유할 수 있는 나는 없으며, 조건에 의해 생멸하는 마음만 있습니다. 또 항상 하는 마음이 아니고, 순간순간 생멸하는 마음으로, 이 마음이 나의 것이 아니며, 내가 아니라고 설하는 것이 불교의 핵심입니다.

유대 철학에 의하면 몸속에 머무르는 한 개체가 있어서 인간의 행위를 지배한다고 말합니다. 그것은 변하지 않고 항상恒常하는 것으로서 죽어서도 어디엔가 변함없이 존재하여 심판의 날이 되면 천국이나 지옥으로 가게 된다고 믿습니다. 자아는 영원하며 육체 안에 거주하는 분리 가능한 존재라는 견해는 모든 인도의 사상, 학파들 사이에서 널리 인정되어 왔습니다. 그런데 최근 들어서 현대 유럽의 철학자와 과학자들이 모든 것은 유동적이고 변화하는 상태일 뿐이고, 영원한 것은 아무것도 없다는 사실을 인지하기 시작했습니다.

하지만 이미 부처님께서는 2,500년 전에 몸뿐만이 아니고 마음에도 이 법칙이 적용된다고 가르치셨습니다. 사실 우리가 '인간'이라고 부르는 것은 정신과 물질로 이루어져 있습니다. 부처님께서는 소위 인간을 이루고 있는 정신과 물질 이외에 어디에도 영원불멸의 영혼 또는 자아라고 불릴 만한 것이 없다고 가르치셨습니다.

이러한 물질은 눈에 보이지 않는 특성과 기운들, 즉 빨리어로는 마하부따Mahā-Bhūtas라고 하는 사대四大의 근본 요소들로 나타납니다. 그래서 정신은 자아가 아니고, 물질은 지수화풍地水火風이라는 사대의 요소로 구성되었다고 이해하여야 합니다. 우리들의 몸이 사대라는 요소로 구성되어 있는데, 이 사대는 분리될 수 없으며 상호 연관되어 있습니다.

지대와 수대, 화대, 풍대는 하나의 요소로서 항상 우리 몸을 구성하고 있습니다. 모든 형태의 물질은 이처럼 근본적으로 사대로 구성되어 있으며, 물질은 어떠한 비율로 섞여 있든지 간에 이들 사대가 결합된 것으로 이해하여야 합니다. 하지만 이들 결합물인 물질들은 사대가 여러 가지 다른 형태로 결합됨에 따라 각기 다른 외형과 모양, 형태로 마음에 인지된다는 사실을 알아야 합니다.

한 존재의 가장 중요한 부분인 정신은 본질적으로 의식의 흐름이라고 할 수 있으며, 이것을 '생각'이라는 단어로 표현할 수도 있습니다. 여기에서 생각은 단순한 생리학적 기능이 아니라, 마치 전기와 같은 어떤 종류의 에너지를 의미합니다. 생각과 이들 생각의 흐름은 네 가지 종류의 에너지를 의미합니다.

우리들의 물질적 요소와 또 정신적 요소로 드러난 것들이 바로 존재의 근본적 유동의 상태인 생각의 힘이 나타난 것입니다. 이러한 정신을 상좌불교에서는 심心·의意·식識 이렇게 세 가지로 구별합니다. 그러니까 정신을 마음이라고 하는데, 이 마음은 심心이라고 표현하기도 하고, 의意라고 표현하기도 하고, 식識 즉 아는 마음으로 표현하기도 합니다. 앞으로 이런 문제는 본문에 들어가서 심도 있게 다루어 보겠습니다.

마음에 관한 부처님의 분석을 따르면, 마음은 네 가지의 정신적인 무더기로 이루어져 있다고 말씀하셨습니다. 물질이라는 무더기가 있고 정신이라는 무더기가 있는데, 이 정신이라는 무더기는 네 가지로 구별됩니다.

첫째는 모든 종류의 감각 혹은 느낌을 말하는 느낌의 무더기입니다. 둘째는 감각대상을 인지하거나 혹은 감각에 대한 기억, 표상, imagination을 말하는 상온想蘊이라는 무더기가 있습니다. 셋째는 성향과 능력을 포함한 50가지의 정신적 요소들인 행온行蘊이라는 무더기가 있습니다. 그리고 넷째는 이상 세 가지 것들의 근본 요소인 식識이라고 하는, 아는 마음의 무더기가 있습니다.

그러므로 식이라는 아는 마음과 수·상·행受想行이라는 마음의 작용을 합해서 정신이라고 합니다. 이렇듯 존재는 오온으로서, 항상 변하며, 연속적인 두 순간에 결코 동일한 모습으로 존재하지 않는 물질적·정신적 에너지의 결합물입니다.

이들 오온五蘊 중에 자아 또는 영혼이라고 할 만한 것이 있는가? 부처님께서는 '없다'라고 말씀하셨습니다. 무엇을 자아 또는 영혼이라고 할 것인가? 위에서 말한 바와 같이 이들 오온과는 별도로 자아라고 불릴 만한 것은 어디에도 없습니다. 이제 여기에서 우리는 모든 존재의 세 가지 근본의 특성인 무아의 특성, 즉 영구불변하는 자아 혹은 영혼이 없다는 사실에 접하게 됩니다. 바로 이 무아의 법칙이야말로 불교의 뛰어남을 보여주는 불교의 가장 위대한 사상이고, 또 다른 종교와 구별되는 내용입니다.

만일 수레에서 바퀴와 축, 바닥과 측면, 채와 기타 모든 부분을 빼버린다면 무엇이 남겠습니까? 남는 것은 아무것도 없습니다. 이들 각 부분들이 결합해서 수레라고 불리는 것입니다. 이와 똑같은 방식으로 오온이 결합하여 하나의 존재가 됩니다. 이런 존재는 육체적·정신적인 변화의 상태에 따라 구별되는 것으로, 그 종류와 형태, 모양에 따라 수많은 이름으로 불립니다.

생명의 궁극적인 근원이라는 문제에 대해서는 두 가지의 주요한 견해가 있습니다. 첫째는 무한한 과거 속에 시원始原, 그 시원이 있고, 시원 또는 제1원인은 창조주라고 하는 견해입니다. 둘째는 생명은 시원이 없으며, 원인이 결과가 되고 결과는 다시 원인이 되는 이러한 원인과 결과의 연결고리 속에서 제1원인이라는 시원은 알 수 없다는 견해입니다.

생명은 시원이 있고, 그 시원은 창조주라는 처음 견해를 취한다면, 이 창조주 자신은 어떻게 존재하게 되었으며, 그의 존재는 어떤 법칙에 의해 조건 지어지거나 지배받는 것인가라는 의문이 생깁니다. 만일 그러한 존재가 어떠한 선행하는 원인 혹은 창조주 없이 저절로 존재할 수 있었다면, 이 세계나 이 세계의 모든 생명체들이 창조주 혹은 선행하는 원인 없이도 평등하게 존재할 수 있다는 사실에 대해 반박할 수 있는 근거가 사라집니다.

우 띠띨라 사야도 서문(2)

앞에서 생명의 시원始原에 관해서 두 가지 견해가 있다고 말씀드렸습니다. 첫 번째는 무한한 과거 속에서 시원이 있고, 그 시원은 바로 창조주라고 하는 견해입니다. 두 번째는 생명은 시원이 없으며, 원인이 결과가 되고, 결과는 다시 원인이 된다는 내용의 견해입니다. 그래서 첫 번째 생명의 시원은 창조주라는 견해는 이미 말씀드렸고, 오늘은 그것과 다른 또 다른 견해에 대해서 말씀드리겠습니다.

이 두 번째 또 다른 견해라는 것은, 즉 생명에는 시원이 없다고 하는 견해입니다. 이것이 바로 불교적 관점입니다. 부처님께서는 현상으로 나타난 존재의 근원은 알 수가 없고, 존재의 시작은 무지에 의해서 막히고 갈애에 의해 덮여 있어서 발견할 수가 없다고 말씀하셨습니다. 이 말뜻은 우리는 어리석음과 욕망으로 인해서 가장 위대한 진리를 발견할 수 없다는 것입니다.

이와 같이 생명체, 즉 우주는 원인과 결과라는 자연의 법칙의 지배를 받습니다. 원인은 결국 결과가 되며, 결과는 다시 원인이 되어서 태어남은 죽음으로 이어지고, 죽음은 다시 태어남으로 이어집니다. 태어남과 죽음은 한 생명의 과정의 두 가지 단계입니다. 이러한 원인과 결과, 즉 불교의 윤회輪廻라고 알려진 태어남과 죽음의 고리 속에서 시발점은 알 수가 없습니다. 윤회라는 말은 빨리어로 삼사라Saṁsāra라고 하는데, 순환, 상속, 흐름이라는 뜻입니다. 우리들의 삶은 이처럼 영원히 방황하는 재생再生의 순환을 의미합니다.

이때 우리가 주목해야 할 것은 윤회하는 정신이 환생이 아니고 재생이라는 사실입니다. 태어나서 죽으면, 이미 그 마음은 끝나고, 죽을 때의 마음이 과보가 있어서 다음 생에 전해지기 때문에 부처님께서는 이것을 재생연결식, 재생이라고 말씀하셨습니다. 그래서 죽어서 다음 생에 몸만 바꾼다는 환생과는 다릅니다.

삶과 죽음의 이러한 과정은 연기 안에서만 분명하게 설명할 수 있습니다. 연기는 윤회에 대하여 설명하는 것이고, 삶과 죽음의 과정과 원인을 다루고 있습니다. 연기는 생명의 절대적인 근원을 밝히려 한다거나, 세계의 진화에 대한 이론이 결코 아닙니다. 다만 연기는 각 과정을 연결하는 열두 가지의 결합 요소 및 상호 요소들로 이루어져 있다는 것을 밝힐 뿐입니다.

부처님께서는 일체지一切智를 갖추고 계시지만, 오직 인간의 번뇌를 해결하는 것에만 초점을 맞춥니다. 그래서 불교의 모든 사상은 한 인간의 정신과 물질에 국한될 뿐, 우주의 시원이나 언제부터 인류가 시작되었는가 하는 것은 불교의 관심사가 아닙니다. 왜냐하면 불교는 한 인간의 번뇌를 해결하는 것에 모든 초점을 맞추기 때문입니다.

언제부터 인류가 시작되었는가 하는 문제는 나의 번뇌를 해결하는 것과는 무관합니다. 불교의 관점은 오직 한 인간의 머리에 붙은 불과 가슴에 박힌 화살을 빼는 데에 맞추어져 있습니다. 그래서 언제부터 시작되었는가 하는 시원에 대한 문제는 불교의 관심사가 아니라는 사실이 매우 중요합니다.

12연기 중 처음인 무명無明과 행行은 과거의 존재를 의미하며, 무지의 탓으로 형성된 과거의 업業을 말합니다. 식識에서 수受까지의 연결고리는 과거의 존재 혹은 과거의 행위가 현재의 결과로 나타난 것입니다. 갈애渴愛에서 업의 생성까지의 연결고리는 현재 매 순간 진행 중인 의도를 가진 행위를 가리킵니다.

이는 우리의 성격이나 환경 등 처한 현재 위치가 과거에 행해진 업의 결과라고 할지라도 미래는 지금 하고 있는 행위, 즉 현재의 환경에 어떻게 대응하는가에 달려 있습니다. 다음 생으로 이어지는 업력業力의 질을 바꾸거나 수정할 수 있는 힘이 우리 안에 내재되어 있다는 것을 의미합니다.

마지막 두 가지 연결고리인 생과 노사는 현재의 행위에 따른 미래의 결과를 나타내는 것입니다. 이러한 존재의 연속적인 흐름에는 과거, 현재, 미래가 있습니다. 조금 내용이 어렵더라도 서문이니까 그냥 아는 대로 이해하기 바랍니다. 꼭 지금 이 순간에 이 말의 뜻을 모두 알 수는 없습니다. 차츰 함께 공부해 나가다 보면 이 말의 뜻이 무엇인지를 알게 됩니다. 우선은 그냥 들어주기 바랍니다.

이처럼 이제 연기緣起는 다음 세 가지의 큰 물음에 대한 해답을 줍니다.

첫 번째, '우리는 어디서 왔는가?'입니다. 우리는 어디서 왔습니까? 우리는 과거의 전생으로부터 왔나요? 그렇지 않습니다. 과거의 전생은 나의 것이 아닙니다. 나는 과거의 과보로부터 현재에 왔습니다. 그러므로 과거와 현재는 결코 다릅니다. 우리는 과거에 어디에서 왔는가라는 질문에 대답한다면 단지 과거로부터 왔다라고 답변할 수 있습니다. 우리는 과거에 행했던 행위로부터, 끝내지 못한 생의 노고로부터, 과거의 악과 덕으로부터, 우리 자신의 무지와 어둠으로부터, 그리고 자신의 욕망으로부터 왔을 뿐입니다. 이렇게 우리는 과거의 악과 덕을 가진 채 현재를 살면서 미래를 향해서 나아가고 있습니다.

다시 한 번 말씀드리겠습니다. 우리는 과거에 어디서 왔습니까? 과거의 전생으로부터 온 건가요? 아닙니다. 우리는 과거의 원인으로부터 왔습니다. 그 과거의 원인의 연속으로부터 현재가 있습니다. 우리는 과거의 어리석음으로 인해서 일어난 온갖 행위의 결과로 현재가 있을 뿐입니다. 이 사실을 주목해야 합니다.

12연기 공부를 하면, 두 번째로 우리는 왜 여기에 존재하는가를 알 수가 있습니다.

우리는 왜 여기에 존재합니까? 우리는 과거로 인해 이곳에 존재합니다. 과거는 현재를 낳고, 현재로부터 미래가 생성되기 때문입니다. 우리는 우리 자신의 기쁨과 슬픔에 의해 이곳으로 불려왔습니다. 자신의 욕망에 의해 이곳으로 이끌려와 마지막 이기적인 욕망이 다 소멸할 때까지 현재라는 이곳에 남아 있습니다.

지혜로운 사람들에게는 이생의 삶이 과거에 자신이 쌓아놓은 짐을 제거하고, 잘못된 행위, 그릇된 관점, 삶과 죽음에 관한 잘못된 인식을 바로잡으며, 이들 모두를 떠나 중도中道의 길로 발을 들여놓을 수 있는 기회입니다. 인간으로 태어난 사명은 무엇일까요? 인간으로 태어난 사명은 수행을 해서 윤회를 끝내는 것입니다. 이러한 윤회를 끊을 수 있는 길은 중도로서만이 가능합니다. 중도는 느낌에서 갈애로 넘어가지 않는 팔정도八正道의 길을 말합니다. 이 팔정도를 또 다른 말로는 위빠사나 수행이라고 합니다.

12연기 공부를 하면, 우리는 세 번째 의문에 대한 답을 얻을 수가 있습니다. 세 번째 의문은 우리는 과연 어디를 향해서 가고 있는가 하는 문제입니다. 내가 죽으면 어디로 가는가요? 내가 죽으면 어디로 가지 않습니다. 인간은 현재의 원인으로 인해 생긴 과보로 미래의 결과로 갑니다. 그러니까 과거의 원인으로 인해서 현재의 결과가 생겼으며, 새롭게 현재의 원인으로 미래의 결과가 있을 뿐입니다. 내가 미래로 가지 않습니다. 단지 현재의 원인이 미래의 결과로 갑니다. 그래서 인간의 태어남을 재생이라고 말하는 것입니다. 우리는 우리 자신이 가진 원인에 따른 결과를 향해 가고 있을 뿐입니다.

삶의 수고를 다하지 않은 이는 생의 수레바퀴를 끝없이 돌뿐이며, 완전한 소멸을 할 때까지 고달픈 삶을 되풀이합니다. 그러나 중도의 길을 따라가 삶의 수고를 다 마친 이는 모든 고통의 완전한 종말인 열반涅槃 상태에 도달합니다. 그래서 인간은 윤회를 하는 미래를 향해서 가든가, 아니면 윤회가 끝나는 해탈을 향해서 가든가, 두 가지 중에 하나를 향해서 갑니다. 이제 우리가 어디를 향해서 가야 되겠습니까? 괴로움뿐인 끝없는 윤회의 길을 향해서 가야 되겠습니까? 아니면 괴로움을 끝내는 열반의 길을 향해서 가야 되겠습니까?

괴로움뿐인 윤회하는 세계의 길은 고통뿐입니다. 그러나 괴로움이 끝나는 열반은 지고의 행복입니다. 삶에 대한 거대한 환상을 벗어나는 것이야말로 우리 인간이 해야 할 가장 중요한 사명입니다. 이때 환상이라는 것은 내가 있고, 또 나를 내가 소유한다고 하는 것입니다.

우리가 세속의 한가운데에서 평형을 유지하는 것이 중도입니다. 이것이 부처님께서 가신 길이고 우리가 가야 될 길입니다. 삶을 숙고하되 세속의 삶 속에 말려들지 않는 것이 부처님의 바른 법입니다. 세속의 삶 속에서 보다 높은 영적인 삶으로 나아가라는 것이 부처님의 충고입니다. 실제로 변하지 않는 열반에 들어가는 것이 불자로서 삶의 완성인 것입니다.

오늘 우리가 12연기를 공부해야 되는 그 이유를 위대하신 스승인 우 티떨라 사야도의 가르침으로 다시 한 번 공부할 수 있었습니다.

연기란 무엇인가(1)

여러분께 드릴 당부는 이 내용이 어렵더라도 그냥 들어주기 바랍니다. 연기는 매우 심오한 법입니다.

아난다 존자께서 부처님께 이렇게 말씀했습니다.
"세존이시여, 12연기는 참으로 심오하고 또 심오합니다."
이 말을 들으신 부처님께서 말씀하셨습니다.
"아난다여! 그렇게 말하지 마라."

아난다가 심오하다고 했는데 부처님께서는 '그렇게 말하지 마라'고 하셨습니다. 그 말의 참뜻은 '네가 심오하다고 한 수준의 심오함을 뛰어넘어서 이것은 알기가 어려운 것이다'라고 말씀하시는 내용을 포함하고 있습니다.

이 12연기는 인류 역사의 모든 의문을 관통하는 내용으로서, 부처님께서 찾아내신 법이기 때문에 저희 범부로서는 처음부터 알기가 어렵습니다. 그래서 모르더라도 차츰 공부를 해나가면 언젠가 알게 될 것입니다.

우리가 연기緣起라고 말하는 연기는, 빨리어로 '빠띠짜사무빠다Paticcasamuppāda'라고 합니다. 빨리어는 부처님께서 법문을 하신 언어입니다. 이 빨리어 '빠띠짜사무빠다'는 세 단어의 합성어입니다. 빠띠짜Paticca는 '~로 인하여', '~을 원인으로 하여'라는 뜻이고, 삼Sam은 'well' '잘', '분명하게', '정확하게', '바르게'라는 뜻을 가지고 있습니다.

'우빠따Uppāda'는 '발생'이란 뜻이 있습니다.

요약하면 '원인에 의존하여 결과가 일어난다'라는 뜻입니다. 이것을 의존적 발생의 법칙 혹은 윤회, 그렇게 말합니다. 이것을 또 다른 말로는 연기라고 합니다. 여기서 말하는 윤회는 원인과 결과에 의한 순환, 생사, 상속, 흐름, 지속, 이런 것들을 말합니다. 이런 윤회는 한순간의 윤회가 있고, 한 인간의, 한 일생의 윤회가 있습니다. 앞으로 차츰 이런 공부를 해나갈 것입니다.

이 연기법에는 12개의 연결고리가 있습니다. 이 연결고리들이 끝없는 윤회의 사슬 속에서 하나의 현상에서 또 다른 현상으로 의식체가 일어나는 과정을 보여주고 있습니다. 연기가 무명으로부터 시작될지라도 무명이 존재의 시원은 아니라는 점을 알아야 되겠습니다. 이것은 지난 시간에 이미 우리가 공부를 했습니다. 시원은 알 수가 없다. 그래서 단지 그냥 무명이라고 알아야 합니다.

왜냐하면 윤회는 시작을 알 수 없기 때문입니다. 윤회를 거듭하는 존재의 시원은 무명에 가려서 찾을 수가 없습니다. 연기는 재생의 순환을 가르쳐주며, 원인은 원인이자 다른 한편으로는 결과라는 사실, 즉 보다 정확하게 말하자면, 이 시공의 우주 속에서 원인은 결과가 되고, 그 결과가 다시 원인이 된다는 사실을 가르칩니다. 여기서 말하는 시원이라는 것은 처음, 원시를 말합니다. 그래서 12연기의 시작은 시간적·존재적 시원이 아니고, 윤회를 거듭하게 하는 근본원인을 말하는 것입니다. 그 근본원인은 바로 정신적 현상입니다.

12연기의 연결고리는 열두 가지입니다.

첫째, 12연기는 무명으로 시작됩니다. 이때 우리가 말하는 무명이라는 것은 보통 여덟 가지로 밝힐 수 있습니다.

1. 무엇을 모르는가 하면 괴로움이 있다는 것을 모르는 것, 이것이 무명입니다.
2. 괴로움의 원인이 무엇인지 모르는 것이 무명입니다.

3. 괴로움의 소멸을 모르는 것이 무명입니다.

4. 괴로움을 소멸하는 팔정도, 중도를 모르는 것을 무명이라고 합니다.

5. 출생 이전의 과거 생을 모르는 것이 무명입니다.

6. 죽음 이후의 미래 생을 모르는 것이 무명입니다.

7. 과거 미래를 모르는 것을 무명이라고 말합니다.

8. 12연기의 성품인 원인과 결과를 모르는 것을 무명이라고 합니다.

둘째, 12연기의 시작인 무명을 원인으로 다음 단계인 행行이 일어납니다. 이때 행은 업의 형성이라고 해서 업의 의미를 가지고 있습니다. 이 행은 마음의 형성력, 의도 그런 의미를 함께 가지고 있습니다. 그래서 무명도 마음이고, 행도 마음에 속합니다.

셋째, 행을 원인으로 하여 식識이 일어납니다. 이때 행은 연생이고, 그것을 일으킨 무명은 연기입니다. 무명을 원인으로 행이 일어난다 할 때, 무명은 연기이고, 그것으로 인해서 일어난 행은 연생이라고 말합니다. 그래서 행을 원인으로 식이 일어난다고 할 때, 이 식은 재생연결식을 말합니다. 그러니까 환생이 아니고 재생이라고 아셔야 되겠습니다.

넷째, 식을 원인으로 하여 명색名色이 일어납니다. 이때의 명색은 정신과 물질이라고 말합니다. 불교에서는 일반적으로 몸과 마음이라고 하지 않습니다. 경전에서는 오직 정신과 물질, 나마루빠Nāmarūpa로 표현하고 있습니다. 그래서 정신과 물질이 식에 의해서 결과로 일어납니다.

다섯째, 명색을 원인으로 하여 육입六入이 일어납니다. 정신과 물질은 여섯 가지 감각기관을 가지고 있습니다. 이것을 육입, 육처六處, 육문六門이라고 합니다. 그러니까 정신과 물질이 있고, 정신과 물질은 여섯 가지 감각기관인 '안, 이, 비, 설, 신, 의'를 가지고 있습니다.

여섯째, 육입을 원인으로 하여 촉觸이 일어납니다. 이 촉은 부딪힘을 말합니다. 안, 이, 비, 설, 신, 의라는 감각기관이 색, 성, 향, 미, 촉, 법에 부딪힙니다. 그래서 감각기관을 원인으로 감각대상이 일어난다고 합니다.

일곱째, 이렇게 촉을 원인으로 하여 느낌이 일어납니다. 감각기관이 감각대상에 부딪쳤을 때 모든 것들은 느낌으로 우리들에게 인식됩니다. 그래서 우리가 아는 것은 모두 느낌입니다.

여덟째, 이런 느낌을 원인으로 인하여 다시 갈애渴愛가 일어납니다. 갈애는 욕망의 또 다른 의미입니다. 반드시 느낌은 느낌으로 그치지 않고 갈애로 발전합니다.

아홉째, 갈애를 원인으로 하여 집착이 일어납니다. 갈애는 반드시 갈애로 그치지 않습니다. 더 좋은 것을 바라는 집착으로 발전합니다. 이 집착은 고기가 석쇠에 붙어서 떨어지지 않는 것과 같이 더 많이 바라는 것을 말합니다.

열째, 이런 집착을 원인으로 하여 업의 생성이 일어납니다. 업의 생성을 업유業有라고 하며, 어떤 행위를 말합니다. 우리가 앞서 말씀드린 행은 업의 형성이라고 하는데, 이때 유는 업의 생성입니다. 형성은 이미 과거의 것이지만, 생성은 지금 현재 내가 새로 시작하는 행위입니다.

열한째, 업의 생성을 원인으로 하여 생生이 일어납니다. 이때 이생을 태어남이라고 말합니다.

열두째, 이생을 원인으로 하여 노사老死가 일어납니다. 태어났으면 반드시 늙어서 죽어야 합니다.

이것이 12연기의 열두 가지 순환이자 고리입니다. 이때 생과 노사만 있지 병病이 없습니다. 이 병은 주석서에서 다룹니다. 사실은 태어나는 것 자체가 병을 가지고 있고, 또 늙는다는 것이 병이고, 우리가 병으로 죽기 때문에 굳이 생과 노사에서 병을 부처님께서는 포함시키지 않았습니다.

그런데 주석서에서는 일반적으로 태어나서 성장하고 늙어서 죽는 과정이 모두 병과 함께 있다고 해서 생로병사라고 표현합니다. 이때 우리가 말하는 병이라는 것은 정신적 병과 육체적 병을 포함한 것입니다. 그래서 사실 우리가 살고 있는 것이 병과 함께 살고 있는 것입니다.

이처럼 생을 원인으로 하여 노사가 일어난다는 이런 사실로 인하여 슬픔, 비탄, 육체적 괴로움, 정신적 괴로움, 고뇌가 일어납니다.

수행자는 12연기를 외워야 합니다. 아직 암기하지 못한 분들은 가능하면 외우셔서 왜 우리가 어떤 순환의 고리로 현재를 살고 있는지를 알아야 합니다. 우리가 왜 이것을 외워야 하는가 하면 이것이 연기법의 의미를 이해하는 데 큰 도움을 주기 때문입니다. 또 어떤 이들은 이것을 예불할 때 암송하기도 합니다. 자신의 선택에 따라 그렇게 하는 것도 좋지만, 연기법의 요지와 의미를 알지 못한 채 단순히 암송하는 것만으로는 사악도에 떨어질 위험의 원인이 되는 모든 종류의 사견邪見을 제거할 수 없습니다.

우리가 연기법을 알아야 되는 또 다른 이유 중 하나는, 부처님께서 설하시기를, 연기의 원인과 결과를 이해한다면, 연기의 과보를 안다면 결코 지옥, 축생, 아귀, 아수라의 사악도에 떨어지지 않는다고 하셨습니다. 왜냐하면 자기 자신이 지은 원인으로 인해서 결과를 받는다는 것을 분명히 알게 될 때, 자기가 한 행위에 대해서 책임을 지게 됩니다.

이렇게 자기가 한 행위에 대해서 책임을 지는 것을 업자성정견業自性正見이라고 하는데, 이 업자성정견을 가지고 있는 한 우리는 나쁜 짓을 할 수가 없습니다. 원인과 결과라는 연기를 알면 사악도에 떨어지지 않기 때문에, 연기는 우리를 모든 위험으로부터 보호할 뿐만 아니라, 우리의 밝은 미래까지도 예약하는 것입니다. 우리가 연기를 자세히 알아야 되는 이유가 여기에 있습니다.

연기법을 공부하는 이유는 바로 자기 자신이라고 하는 것은 오온, 즉 정신과 물질적 현상으로 구성되어 있으며, 그 이상의 의미가 없다는 사실을 명심해야 됩니다. 단지 정신과 물질일 뿐이지, 이것이 나의 몸이고, 나의 소유라고 알아서는 안 됩니다. 우리가 연기를 공부하는 이유가 바로 이것이 어떤 외부적 힘에 의해서 진행되는 것이 아니고, 자신의 과보로, 자신의 원인과 결과로 지속된다는 것을 알기 위해서입니다.

연기는 소위 자기라고 불리는 인과적 연속체인 정신과 물질이 일어났다 사라지는 과정입니다. 달리 말하자면, 끝없이 반복되는 슬픔과 괴로움의 연속입니다. 사실 사는 것은 괴로움이 반복된다는 의미를 가지고 있습니다.

법문─4

연기란 무엇인가(2)

연기緣起는 그 자체로서 법法입니다. 오온이 일어나고 사라지는 하나의 순환의 질서를 연기라고 합니다. 하나의 현상이 사라져 새로운 현상이 나타나는 과정이 끝없이 연속되는 것을 윤회라고 하며, 연기라고도 말합니다. 일어나고 사라지는 이러한 현상을 연기 또는 연생緣生이라고 하며, 그 작용은 어떠한 창조주나 신이라고 할지라도 시작하거나 멈출 수가 없는 것입니다. 이러한 작용이 연기의 재연결입니다. 도道와 과果라고 하는 것은 연기의 연결고리를 부술 수 있는 유일한 방법이며, 더 이상 재연결이 없을 때, 이를 우리는 열반涅槃이라고 말합니다.

여기서 연기라고 하는 것은 원인이 되는 법이며, 연생은 원인에 의해서 생긴 결과를 말합니다. 이 결과는 다시 원인이 되어 또 다른 결과를 일으킵니다. 예를 들자면 '무명을 원인으로 행이 일어난다'고 했을 때, 무명은 연기이고, 무명에 의해서 일어난 행은 연생이 됩니다. 이때 연생은 결과이면서 새로운 원인이 되어 '행을 원인으로 식이 일어난다'고 할 때, 다시 연기가 또 연생이라는 결과를 만듭니다. 이 과정은 오로지 오온인 정신과 물질의 일어나고 사라짐, 그것일 뿐입니다.

무엇에 의해서 정신과 물질이 일어날까요? 원인과 결과라는 조건에 의해서 일어납니다. 이러한 것을 인과법이라고 하는데, 이러한 인과법의 과정에는 나, 나의 것, 자신 혹은 자아라고 여길 만한 것은 사실 아무것도 없습니다. 오로지 오온, 정신과 물질, 육내처六內處와 육외처六外處 혹은 인지작용의 일어남과 사라짐이 있을 뿐입니다.

이러한 연기를 요약하자면 크게 몇 가지로 나누어 볼 수 있습니다.

첫째, 세속적 진리에서는 일반적으로 인간을 사람, 존재 등으로 알고 있고, 또 그렇게 부르고 있습니다. 그러나 궁극적 진리에 있어서는 사람, 존재라고 불릴 만한 것이 없습니다. 다만 무명과 갈애가 윤회의 시작이라고 하는 법으로 거슬러 올라갈 뿐입니다. 연기법은 무명과 갈애가 윤회의 시작임을 보여주고 있습니다. 그러나 이것을 인간 또는 인습의 시초, 혹은 제1의 원인이라고 여겨서는 안 됩니다.

여기서 말하는 세속적 진리는 출세간의 진리 혹은 궁극적 진리와 구별되는 말입니다. 원래 불교에서는 진리를 두 가지로 분류합니다. 첫째는 세속적 진리입니다. 세속적 진리를 빨리어로는 빤냐띠paññatti, 우리말로는 개념이라고 말합니다. 이 빤냐띠는 개념적인 진리를 말하는 것으로, 이 뜻은 표명, 명칭, 서술, 가정 또는 실재하지 않는 것의 방편적 설정이라는 뜻으로 시설이라고 부르기도 합니다. 이런 세속적 진리는 인간, 남자, 여자 등등 개념적인 명칭으로 사마타 수행의 대상입니다. 예를 들자면 인간이라는 표현은 몸과 마음의 실재하는 현상을 부르기 위한 명칭으로서 우리는 이런 것을 관념적 진리 또는 속제俗諦라고 말합니다.

이것과 다른 궁극적 진리라는 것이 있습니다. 이 궁극적 진리는 빨리어로 '빠라마타 담마paramattha-dhamma'라 하고, 진제眞諦라고 합니다. 우리말로는 최승의법, 최상의 법, 최고의 의미를 가진 법이라고 말합니다. 세속적 진리를 속제라고 하는 반면, 궁극적 진리를 진제라고 말합니다. 이 궁극적 진리는 명칭이나 개념이 아닌 실재하는 진리를 말합니다. 궁극적 진리는 마음, 마음의 작용, 물질, 열반이라고 하는 네 가지의 진리를 말합니다.

예를 들자면 사람의 손은 명칭이며 모양, 개념으로 세속적 진리라고 말합니다. 그런데 이 손은 부르기 위한 명칭이고, 실재하는 것은 따뜻함, 축축함, 무거움, 진동 등으로 이런 실재하는 느낌을 궁극적 진리하고 합니다. 그러므로 사마타 수행은 관념을 대상으로 하는 세속적 진리고, 위빠사나 수행은 궁극적 진리인 느낌을 대상으로 한다는 사실을 먼저 이해해야 되겠습니다.

둘째, 연기는 세속적 진리로서 남자, 여자 등으로 알고 있는, 소위 지각知覺이 있는 존재의 오온이 연속적으로 끊임없이 일어나고 사라지는 과정을 보여주는 것입니다.

지난 시간에 말씀드렸듯이 시원, 최초의 시작은 알 수가 없습니다. 우리가 알 수 있는 것은 단지 무명으로부터 시작되었다는 것입니다. 여기에는 시간과 공간을 초월하는 깨달음의 세계가 있습니다. 언제다 또는 어디서다 하는 것들은 깨달음의 세계에서는 의미가 없습니다. 단지 우리가 무엇을 어떻게 하는 것, 그것만이 수행자의 세계입니다. 그래서 오온은 세속적 관념에서 보면 일어나고 사라지는 것이 지속되는 것입니다. 이것을 연기라고 합니다.

셋째, 궁극적 진리에서는 남자, 여자 혹은 존재라고 부를 만한 것이 실제로 없다는 사실을 분명히 알아야 합니다. 이것은 '이것이 존재하면 저것이 존재한다. 이것이 일어남으로 저것이 일어난다. 이것이 존재하지 않으므로 저것이 존재하지 않는다'라는 것들을 보여줍니다. 남자, 여자가 그냥 있는 것이 아니고, 이것처럼 원인이 있어 생긴 결과일 뿐이라는 사실을 알아야 되겠습니다. 이렇게 알 때만이 출세간의 진리를 알아서 윤회를 끊는 해탈의 세계로 갑니다.

넷째, 행 그리고 식, 그리고 업의 생성과 생 사이를 이어주는 연결고리가 있는 것을 알 수가 있습니다. 행과 식 사이에 연결고리가 있고, 업의 생성과 생을 이어주는 연결고리가 있습니다. 태어남은 두 가지가 있는데, 현재 오온을 받은 한 일생의 태어남이 있습니다. 그리고 지금 이 순간이 지속되어서 순간순간의 태어남이 있습니다. 무엇이나 원인에 의한 결과가 연속된다는 것이 연기입니다. 무엇이 우리를 태어나게 하는가요? 원인과 결과입니다. 이 두 가지 모두가 업으로 인해서 태어난다는 사실을 알아야 합니다.

다섯째, 연기법에서는 태어남, 늙음, 병듦 그리고 죽음의 끝없는 순환을 보여줍니다. 즉, 열매를 맺고, 동일한 과정이 끝없이 반복되는 나무와 같이 재생, 병듦, 늙음, 죽음이 끝없이 반복됩니다. 그래서 열매를 맺고, 열매가 다시 씨앗이 되고, 씨앗이 또 열매가 되는 이런 동일한 과정이 지속되는 것입니다.

여섯째, 일어나고 사라지는 것은 슬픔과 고통이 연속되는 과정일 뿐임을 보여줍니다. 사실 즐거움도 있습니다. 그런데 이 즐거움은 괴로움의 원인이 된다는 것입니다. 사실은 우리들의 즐거움은 그 실체를 벗겨 보면 감각적 욕망입니다. 그것을 즐거움으로 착각하고 있는 경우가 많습니다. 무상은 변하는 것이므로 반드시 고통을 수반합니다. 이것은 실재하는 것이기 때문에 진리입니다.

일곱째, 이것은 마치 한 무더기의 불과 연료와 같아서 연료가 들어가면 불꽃이 일어납니다. 연료가 다시 들어가면 불은 계속하여 타올라 끝없이 지속됩니다. 그래서 여기서 말하는 연료는 갈애이며, 불이라고 하는 것은 업의 생성입니다. 업의 생성이 약해지면 다시 갈애라는 연료를 부어서 또 업의 생성을 일으킵니다. 이렇게 순환하는 것을 연기라고 합니다.

여덟째, 성스런 진리로 보면 집제集諦와 고제苦諦가 끝없이 반복되고 있는 것이 연기입니다. 고집멸도 사성제 중에서 멸제와 도제는 세속이 아닌 출세간의 법입니다. 원래 이 세상에는 집제와 고제가 있는데, 부처님께서 이 세상에 출현하셔서 멸제와 도제를 발견하셔서 그 길을 우리들에게 알려주셨습니다. 그래서 진리는 세속적 진리와 궁극적 진리, 그렇게 둘로 나눈 것입니다.

아홉째, 끝없이 반복되는 세 가지의 굴레, 회전이 있습니다. 이때 굴레라고 하는 것은 순환하는 의미를 가지고 있으며, 전개되다, 윤회 상속되다, 회전하다 하는 것을 말합니다. 이 회전이 바로 연기입니다. 그런데 이 회전은 세 가지에 의해서 회전합니다. 먼저 번뇌의 회전에 의해서 일어나서 다시 업의 회전으로 가고, 그 업의 회전은 반드시 과보의 회전으로 돌아갑니다.

그래서 번뇌의 굴레가 굴러가서 업의 굴레를 일으키고, 업의 굴레가 굴러가서 과보의 굴레를 일으키고, 다시 과보의 굴레가 번뇌의 굴레를 새롭게 일으킵니다. 이러한 순환을 연기라고 말합니다. 번뇌의 굴레로 인하여 업의 굴레가 일어나며, 업의 굴레로 인하여 과보의 굴레가 일어납니다.

마지막으로 열째는 과거, 현재, 미래라는 시간과 공간의 순환적 질서가 있을 뿐입니다. 여러분들께서는 현재는 미래의 과거가 되며, 미래는 다시 현재가 된다는 사실은 분명히 알게 되실 것입니다. 이리하여 윤회의 과정은 끝없이 지속됩니다. 이때 시간과 공간을 초월하는 것이 열반입니다.

시간은 과거 현재 미래가 있지만, 수행자는 오직 현재에만 머물러야 합니다. 그것을 수행이라고 말합니다. 현재에 머물기 위해서는 항상 자신의 몸과 마음을 주시해야 합니다. 이것을 알아차림이라고도 말합니다. 과거와 미래는 실재하지 않는 시간입니다. 오직 현재만이 실재하는 시간입니다. 실재하는 시간에 있을 때만 깨어서 대상을 알아차릴 수가 있습니다.

지나간 과거는 거의 우리들에게 회한입니다. 아쉬움, 회한 그것만 남깁니다. 추억은 마치 깨진 도자기의 파편과 같은, 이미 지나간 일입니다. 이 과거와 함께 우리들에게는 미래가 있습니다. 이 미래는 두려움입니다. 오지 않은 미래는 우리들에게 불안을 줍니다. 그래서 두렵고 공포에 떨게 합니다. 그러나 현재는 단지 알아차릴 대상일 뿐이므로 존재한다는 것의 속성이 무엇인지를 아는 지혜를 현재에서만 얻을 수 있습니다. 진정한 행복은 오직 현재에 머물 때만 있습니다.

부처님께서는 행복의 조건은 과거나 미래가 아닌 현재라고 말씀하셨습니다. 우리가 연기를 알고, 원인과 결과를 알아서 수행을 한다는 사실은 과거는 현재의 원인이고, 현재는 다시 미래의 결과라는 사실을 알아서 오직 현재에만 머물러서 행복을 찾는 것, 그것입니다. 그것이 오늘 우리가 고통 속에서 벗어나서 행복을 얻는 유일한 길이라고 부처님께서는 말씀하셨습니다.

모든 것들은 원인과 결과에 의해서 진행됩니다. 이 원인과 결과를 조건이라고 합니다. 일어나는 원인이 있으면 사라지는 결과가 있습니다. 그래서 조건에 의해서 일어난 것은 조건에 의해서 사라집니다.

연기를 이해하면 정견이 생긴다

연기는 부처님밖에 모르는 매우 난해한 법입니다. 우리가 처음부터 이것을 알기는 어렵습니다. 그러나 차츰 공부를 하다 보면 조금씩 연기를 이해하게 되고, 결국은 모든 것은 원인이 있어서 생긴 결과라는 사실을 알게 됩니다. 그러므로 처음부터 모든 것을 다 알 수는 없으므로 그냥 들으면 됩니다.

오늘은 『어디서 와서 어디로 가는가』에 있는 '연기는 부분이 있고, 연결이 있고, 요소와 시간'이라는 것에 대해 말씀드리겠습니다.

첫째, 12연기의 도표 중앙을 보면 무명과 갈애라는 근본원인이 있습니다. 모든 것의 근본원인은 '모른다'와 '바란다'입니다. 그래서 세속의 연기에서는 모른다는 것과 바라는 것, 이 힘으로 연기가 돌아갑니다. 수행자는 바로 이것을 알아야 합니다. 바로 어리석음과 갈애가 연기를 회전하기 때문에 모든 것의 근본원인이 모른다와 갈애라는 사실을 아는 순간부터 연기는 회전하지 않게 됩니다.

둘째, 두 가지의 성제聖諦인 집제와 고제에 대한 문제입니다. 이때 성제는 성스런 진리라는 뜻과 함께 성인聖人이 되어야 비로소 알 수 있는 진리이기 때문에 성스런 진리, 즉 성제라고 합니다. 세속에서 일어나는 연기에서는 집제와 고제 두 가지밖에 없습니다. 집제라는 것은 괴로움의 원인이 무엇이냐와 괴로움이 있다는 사실이 고제입니다. 연기는 굴레에 대한 논의이기 때문에 두 가지 성제와 또 다른 출세간의 성제인, 멸제와 도제가 있다는 사실을 앞으로 공부하겠습니다.

셋째, 연기에는 네 가지 부분이 있습니다. 먼저 과거의 원인의 연속입니다. 우리는 과거로부터 왔습니다. 그래서 우리에게는 과거가 있습니다. 그리고 그 과거에 의해서 만들어진 현재의 결과의 연속이 있습니다. 이런 현재의 결과의 연속은 현재 및 미래의 원인의 연속으로 발전합니다. 그리고 현재 미래의 원인의 연속이 다시 미래의 결과로 연속됩니다. 이처럼 연기는 일정한 룰에 의해서 원인과 결과라는, 현재 과거 미래가 함께 돌아가는 것입니다.

연기는 스무 가지의 요소로 구성되어 있습니다. 이때 요소라고 하는 것은 사물의 성립을 위해서 필요한 근본요소를 말합니다. 이 스무 가지 요소를 살펴보면 다음과 같습니다.

과거의 원인의 요소는 '무명, 행, 갈애, 집착, 업의 생성'입니다.
현재 결과의 요소는 '식, 명색, 육입, 접촉, 느낌'입니다. 이때 수受는 느낌입니다.
현재 및 미래 원인의 요소는 '갈애, 집착, 업의 생성, 무명, 행'입니다.
마지막 미래의 결과의 요소는 '식, 명색, 육입, 접촉, 느낌'입니다.

다시 말하면 과거에 어리석어서 행위를 한 결과로, 바라고 집착해서 업을 생성한 것 때문에 현재 오온을 가지고 있고, 다시 또 오온을 가지고 과거에 했던 갈애, 집착, 업의 생성, 무명, 행을 되풀이해서 미래에도 오온을 가지게 된다는 것입니다. 이것이 원인과 결과입니다.

연기에는 열두 가지의 연결고리가 있습니다. 최초에는 무명으로부터 시작해서 행으로, 행을 원인으로 식이 일어나고, 식을 원인으로 명색이 일어나고, 명색을 원인으로 육입이 일어나고, 육입을 원인으로 접촉이 일어나고, 접촉을 원인으로 느낌이 일어나고, 느낌을 원인으로 갈애가 일어나고, 갈애를 원인으로 집착이 일어나고, 집착을 원인으로 업의 생성이 일어나고, 업의 생성을 원인으로 생, 태어남이 일어나고, 태어남을 원인으로 늙어서 죽는 노사가 있습니다.

연기는 시간으로 보면 세 가지로 구분하는데 과거, 현재, 미래입니다. 시간은 과거 현재 미래이지만, 수행자는 항상 현재에 머물러 몸과 마음을 알아차려야 합니다.

그리고 12연기는 세 가지 굴레에 의해서 회전합니다. 앞서 말씀드린 대로 번뇌의 굴레가 일어나서 업의 굴레를 일으키고, 업의 굴레가 과보의 굴레를 일으켜서 연기가 회전합니다. 탐욕, 성냄, 어리석음이라는 번뇌가 있어서 행위를 하고, 그 행위가 다시 과보를 일으키고, 이 과보가 다시 번뇌를 일으키는 악순환을 연기라고 합니다. 부처님께서는 이러한 연기의 고리에서 탈출하신 분입니다. 그러나 윤회하는 세속의 모든 사람들은 이런 끊임없는 연기의 고리 속에서, 고통에서 벗어날 수가 없습니다.

12연기는 세 가지의 연결고리가 있습니다. 첫째는 과거의 원인과 현재의 결과입니다. 둘째는 현재의 원인과 현재의 결과입니다. 셋째는 현재, 미래의 원인과 미래의 결과입니다. 이때 노사에서 무명으로 넘어오지 않는 것은 늙어서 죽으면 그 마음이 끝나기 때문에 연결고리는 세 개밖에 없습니다. 부처님께서는 한 오온이 사라지고, 새로운 오온을 일으키는 것을 통찰하시고, 계속해서 생성되고 소멸하는 오온의 연속적인 인과의 연기법을 말씀하셨습니다.

『어디서 와서 어디로 가는가』의 저자이시며 법문을 해주신 모곡 사야도께서는 12연기를 주의 깊게 관찰하신 뒤에 알기 어려운 12연기를 쉽게 풀어서 여러분들이 지금 보시는 도표를 만드셨습니다. 이 도표를 가지고 공부하면 한결 연기를 숙지하고 이해하는 데 도움이 되실 것입니다. 이를 통해서 우리는 다음과 같은 것을 이해할 수 있습니다.

첫째, 연기라는 것이 특별한 게 아니고 바로 자신의 오온이라는 것입니다. 연기는 우주적 연기가 아니고 한 인간의 정신과 물질이 원인과 결과로 지속된다는 것에 국한합니다.

둘째, 이 오온은 일어나고 사라지는 과정만 있다는 것입니다. 오온은 항상 하지 않습니다. 매 순간 마음은 일어났다 사라지고, 그리고 물질도 연속적으로 일어났다 사라지는 과정만 있습니다.

셋째, 이렇게 일어나고 사라지는 것은 불만족이고 괴로움입니다. 우리는 만족할 수 없습니다. 왜냐하면 항상 하는 것이 없기 때문입니다. 모든 것들이 일어나고 사라지는 무상은 우리들에게 고통과 괴로움을 줍니다.

넷째, 불만족과 괴로움은 삼법인의 하나인 고제라는 사실입니다. 이것이 바로 통찰력을 가지고 바르게 이해하고 인식해야 할 오온의 본질이며, 이렇게 바르게 이해하고 인지했을 때라야 비로소 잘못된 견해인 유신견과 상견, 단견 등의 사견들을 제거할 수 있습니다. 그러므로 수행자는 오온이 나타내고, 드러내며, 의미하고, 가리키는 바를 온전하게 이해하려고 노력해야 합니다.

모곡 사야도께서는 이런 게송을 읊으셨습니다.

"무명과 갈애가 중심에서 회전시켜 명색을 일으킨다. 나무로부터 씨앗이, 씨앗으로부터 나무가 생기듯이 집착과 업의 생성으로 인하여 동일한 인과의 연속이 끊임없이 반복된다. 명색으로 인하여 업이 일어난다. 창조주 혹은 위대한 브라마Brahma에 의해서 이들 연속적인 인과가 만들어진 것이 아니라는 진실을 지혜로서 인식해야 한다."

여기서 동일한 인과의 연속이라는 것은, 역사가 반복된다는 것은, 한 인간의 생명이 조건에 의해서 반복된다는 것을 말합니다.

이와 함께 또 다른 게송이 있습니다.

"뿌리는 둘, 진리도 둘, 무리는 넷, 연결고리는 모두 열둘, 세 겹의 굴레와 세 개의 연결, 시간은 세 가지, 전체 요소는 스무 가지."

이것이 연기의 전부입니다.

연기가 매우 어려우시죠? 그런데 아난다 존자가 부처님께 이런 말씀을 했습니다. 한때 아난다 존자는 부처님께 연기법이 깊이 있고 심오한 것이라고 말씀을 드렸습니다.

그런데 부처님께서는 연기법은 실로 심오하며 그 나타난 바, 그대로 깊은 뜻이 있으니 그렇게 여겨서는 안 된다고 세 차례나 말씀하셨습니다.

아난다가 "세존이시여, 연기법이 심오합니다. 너무 심오합니다"라고 부처님께 말씀 드렸는데, 부처님께서는 "아난다여! 그렇게 말하지 마라. 연기법이란 실로 심오하다"라고 세 번이나 반어법을 쓰셨습니다. 그 말뜻은 우리가 '연기법이 심오하다! 심오하다!'라고 말하는 것은 아직 자기의 견해이지 그 심오한 깊은 뜻은 알 수가 없다는 것입니다.

연기는 단순히 무명을 원인으로 행이 일어난다는 것을 외우는 것으로 알 수는 없습니다. 수행을 해서 원인과 결과라는 지혜가 날 때 비로소 연기를 이해할 수 있습니다. 그러므로 수행이 없는 연기는 단지 지식에 불과한 것입니다.

그래서 아난다 존자께서 심오하다고 말씀하셨는데, 부처님께서는 네가 말한 대로 심오한 수준, 그 상태 이상의 것이라고 말씀하신 뜻은 표피적으로 연기가 심오하다는 것에 머물지 말고, 수행을 실천해서 그 깊은 뜻을 통찰해야 한다는 의미로 말씀하셨습니다.

또 붓다께서 아난다 존자에게 말씀하시길 인간이 엉클어진 실 뭉치나 골풀처럼 혼란에 휩싸여서 존재의 비참한 상태와 윤회의 연결고리를 뛰어넘지 못하는 것은 바로 연기법을 간파하는 철저한 지식과 지혜가 없기 때문이라고 하셨습니다.

연기는 그냥 단순한 연기가 아닙니다. 해탈로 가는 필연적인 지름길입니다. 연기의 과정을 뛰어넘지 않고서는 결코 한 발도 앞으로 나아갈 수가 없습니다. 부처님께서도 역시 6년 만에 원인과 결과라는 연기법을 아신 뒤에, 비로소 오온을 발견하시고, 오온의 느낌을 통찰하신 뒤에 해탈의 깨달음을 얻으셨습니다. 여기서 부처님이 말씀하신 수행은 탐욕, 성냄, 어리석음의 번뇌를 불태우는 것을 말합니다. 연기를 이해하지 못하고서는 탐욕, 성냄, 어리석음의 번뇌를 결코 불태울 수가 없습니다. 이는 부처님께서 『대념처경』에서 밝히신 사실입니다.

그러나 단지 이와 같이 밝혀져 있을 뿐이지, 우리는 이것이 실재인지는 알 수가 없습니다. 우리가 실재를 알기 위해서는 오직 자신의 노력으로 열반을 성취할 때만이 비로소 진리를 알 수 있습니다.

그러므로 좋은 것이라고 해도 '좋다!'라고 말하는 것으로는 부족합니다. 엉킨 실타래처럼 혼란한 상태에서는 진리를 볼 수 없으므로 연기의 원인과 결과를 바탕으로 이해해야, 그러한 지혜가 나야 비로소 우리는 수행을 바르게 할 수가 있는 것입니다.

이처럼 연기는 아무나 알기가 어려운 것이므로 인내를 가지고 지속적으로 공부를 하면 언젠가 여러분이 연기를 보는 바른 견해를 갖게 될 것입니다. 방법은 딱 하나입니다. 계속해서 원인과 결과라는 사실을 아는 길밖에 없습니다.

12연기의 구조

앞에서 12연기라는 것은 매우 어려운 것이라고 말씀드렸습니다. 왜냐하면 모든 것은 원인과 결과로 진행된다는 것을 우리는 알 수가 없기 때문입니다.

그러나 사실 모든 것은 원인과 결과에 의해서 진행됩니다. 이 원인과 결과를 다른 말로는 조건이라고 합니다. 또 과보라고도 하고, 인과응보라고도 합니다. 다 같은 이야기입니다. 인과응보, 원인과 결과, 과보, 조건, 그런 것들이 모두 동의어입니다. 바로 일어나는 원인이 있으면 사라지는 결과가 있으며, 조건에 의해서 일어난 것은 반드시 조건에 의해서 사라진다는 의미를 담고 있습니다. 결과는 다시 원인이 되어서 원인과 결과가 지속됩니다.

이렇게 흐르고 지속되는 것을 우리는 윤회라고 말합니다. 몸과 마음이란 과거의 원인에 의해서 생긴 것이며, 일어날 원인이 사라지면 결과도 사라진다는 것을 아셔야 합니다. 원인과 결과가 사라진 자리가 바로 열반입니다. 열반이라는 것은 원인이 없고 단지 작용만 하는 마음의 상태를 말합니다. 이것을 또 다른 말로는 깨달음, 해탈이라고 합니다.

선한 마음은 선한 행위를 하고 그리고 선과보를 받게 됩니다. 그리고 선하지 못한 마음은 선하지 못한 행위를 만들고 바로 선하지 못한 과보를 받습니다. 이것이 연기이자 윤회입니다. 그래서 윤회하는 세계가 바로 무명과 갈애라는 근본원인에 의해서 회전합니다. 바로 모든 괴로움의 근본원인이 무명과 갈애임을 깨닫는 것이 오늘 우리가 연기를 공부해야 되는 이유입니다. 이처럼 우리가 연기에 대해서 충분한 마음의 여유를 가지고 이 법을 연구하는 것이 좋습니다. 그렇게 함으로써만이 우리들이 많은 이익을 얻을 수 있습니다.

수행자가 연기법의 큰 뜻을 완전하게 이해할 때, 이 수행자는 일어남과 사라짐을 통찰하는 지혜를 얻게 됩니다. 즉, 오온이 일어나는 과정을 인과의 법칙에 따라 이해할 때 우리는 단멸론斷滅論이라는 그릇된 견해를 제거할 수가 있습니다.

그러니까 '이 세상으로 끝이다. 윤회가 없다'라고 하는 것은 부처님 당시의 육사외도 六師外道 중의 하나인 단견斷見, 단멸론자들의 견해입니다. 그래서 연기법을 이해하면 이 세상이 끝이다, 혹은 윤회가 없다고 하는 단견에 빠지지 않습니다.

이전의 오온이 사라지고 새로운 오온이 일어나는 과정을 인과의 법칙에 따라 완전히 이해할 수 있을 때 우리는 또 다른 잘못된 견해인 상견常見을 제거할 수가 있습니다.

이러한 잘못된 견해는 내가 있다고 하는 유신견有身見과 이생으로 끝이라고 하는 단견, 그리고 항상 하다, 영원하다고 하는 상견이 있습니다. 이 세 가지의 잘못된 견해를 연기를 통해서 우리는 제거하고 무명에서부터 지혜로 나아갈 수가 있습니다.

일어나고 사라지는 현상이 원인과 결과의 연속적 과정일 뿐이고, 그 속에 인간, 남자, 여자 또는 자기라고 불릴 만한 것이 있을 수 없다는 사실을 우리가 알 때 비로소 우리는 유신견으로부터 자유로워질 것입니다. 유신견은 무아의 반대입니다. 내 몸이라고 하는 견해, 내 마음이라고 하는 견해, 그것들은 항상 하다고 하는 이런 견해는 잘못된 견해입니다. 이런 견해를 부수지 않고서는 우리가 한 발도 앞으로 나아갈 수가 없습니다. 바로 그 한 발을 내딛기 위해서 우리는 연기를 이해해야 됩니다. 일어나고 사라지는 과정을 인과법의 결과로 이해할 때 우리는 원인과 결과를 아는 지혜를 얻을 수가 있습니다.

위빠사나 수행은 칠청정과 열여섯 단계의 지혜로 시작됩니다. 열여섯 단계의 지혜는 부처님께서 깨달음을 얻은 과정이며, 그것이 낱낱이 기록되어 있을 뿐이 아니라 모두 이 과정을 거쳐야 됩니다.

지혜의 시작은 정신과 물질을 구별하는 지혜로부터 시작합니다. 우리는 정신과 물질이 있는데, 이 정신과 물질을 분리해서 볼 수 있어야 합니다. 예를 들면 몸이 아플 때 마음이 아프지 않아야 됩니다. 그러나 정신과 물질을 구별하지 못하면 몸이 아플 때 마음까지 아파서 고통으로부터 벗어나기가 어렵습니다. 그래서 수행의 지혜는 먼저 정신과 물질을 구별하는 지혜로 시작합니다. 정신과 물질을 구별하는 지혜가 성숙되면 다음 단계의 지혜가 나타납니다.

그것이 방금 말씀드린 원인과 결과를 아는 지혜입니다. 원인과 결과를 아는 지혜는 바로 정신과 물질의 현상이 원인에 의한 결과에 의해서 조건 지어진다고 하는 것을 아는 것입니다. 수행을 계속하면 이처럼 정신과 물질이 상호관계를 이루면서 조건에 의해 일어나고 사라지는 현상만 있다는 것을 알게 됩니다.

몸을 움직이는 모든 행위도 마음이 선행되어서 일어납니다. 제가 지금 여러분들에게 이렇게 말하고 있는 것도 사실은 선행하는 마음이 있어서, 선행하는 원인이 있어서 말을 한다는 결과가 있는 것입니다. 우리가 걷고, 서고, 사랑하고 하는 모든 일련의 행위들은 다 선행하는 마음이라는 원인이 있어서 나타나는 물질적 현상인 결과입니다.

그러나 우리는 마음을 볼 수가 없기 때문에, 앞서서 모든 것을 이끄는 이 마음을 모르기 때문에, 원인과 결과라는 것에 대해서 잘 알지를 못했습니다. 호흡도 일어남의 원인에 의해서 사라지는 결과가 있습니다. 오른발, 왼발도 하려는 의도에 의해서 오른발, 왼발이라는 결과가 있습니다. 또 오른발을 들어올렸을 때 올린 원인으로 인해서 내리는 결과가 있습니다. 이처럼 모든 것들이 원인과 결과를 벗어나는 것은 아무것도 없습니다.

다시 12연기는 무명과 갈애 그리고 행을 원인으로 하여 오온이 형성된다는 것을 완전하게 알고 이해하는 것입니다. 이렇게 알 때 수행자는 존우론尊祐論, 비작업론非作業論, 무인론無因論을 제거할 수가 있습니다.

여기서 존우론이라는 것은 초월적 존재에 의해서 우주가 창조되었다고 하는 견해입니다. 이것은 불교의 교리에서는 '잘못된 견해'라고 봅니다.

다음으로 비작업론이 있습니다. 비작업론이라는 것은 선행이나 악행이 그에 수반되는 이득이나 손해를 가져오지 않는다고 하는 견해입니다. 우리는 이것과 상반된 업자성정견을 가지고 있습니다. 그 업자성정견은 모든 것은 원인이 있어서 생긴 결과다, 모든 것들은 지은 대로 받는다, 하는 것입니다.

그다음 무인론이 있습니다. 이 무인론은 원인에 따른 결과는 없고, 모든 것들이 원인 없이 발생한다는 것입니다. 우연히 발생한다는 것입니다.

그러나 이제 과학 문명이 발전하고 우리의 인식능력과 지혜가 생김으로 인해서 모든 것들이 원인이 없이 생기는 결과가 없다는 사실을 차츰 이해하는 시대가 되었습니다.

다음으로 연기법의 바른 이해를 통해서 수행자는 오온은 단지 육체적·정신적 현상들, 즉 물질, 느낌, 지각, 형성 작용, 의식이 끊임없이 일어나고 사라지는 과정이 축적된 무더기일 뿐이라는 것을 깨닫게 됩니다. 결국 수행자는 오온은 불만족과 괴로움의 축적물일 뿐이라는 것을 아는 통찰력을 얻게 됩니다. 이렇게 통찰이 되어야 비로소 우리들의 일상사에 대한 크고 작은 모든 번뇌로부터 자유로워질 수가 있습니다.

지금까지 말씀드린 네 가지 요점들을 완전하게 이해할 때 수행자는 사악도에 떨어질 위험에서 일시적으로 자유롭게 됩니다.

여러분! 부처님께서는 이렇게 말씀하셨습니다. 12연기의 원인과 결과를 아는 지혜를 얻은 자는 어떤 일이 있어도 지옥, 축생, 아귀, 아수라라는 사악도에 떨어질 위험이 적어진다고 하셨습니다. 여기서 완전히 떨어지지 않는다고 말씀하시지 않고 사악도에 떨어질 위험이 적어진다고 말씀하신 것은 원인이 있어서 생긴 결과라는 지혜가 나면 자기가 잘못된 원인을 일으켜서 잘못된 결과를 받는다는 사실을 알기 때문에 스스로 악한 일을 하지 않는다는 것을 말합니다.

그래서 우리는 12연기 공부를 해서 원인과 결과를 아는 지혜가 성숙되면 우리가 죽어서 갈 수 있을지도 모르는 지옥과 축생, 아귀, 아수라라는 네 개의 악처에 떨어지지 않는다는 것을 주목해야 합니다. 이 네 개의 악처는 무지하기 때문에 가는 곳입니다. 이 네 개의 악처는 바로 원인과 결과를 모르기 때문에 불선행을 해서 불선과보를 받아서 가는 곳입니다.

그러므로 우리가 위빠사나 수행에 들어가기에 앞서 이 연기법을 완전히 숙지할 때만 이 믿음, 지혜 그리고 노력에 따라 사성제의 첫째, 둘째, 셋째, 넷째 단계의 이익을 거둘 수가 있습니다.

우리는 과거의 원인으로부터 현재의 결과로 태어났습니다. 어디서 온 것이 아니고 과거의 원인으로부터 왔습니다. 이 태어남과 죽음은 우리들에게 불가피한 원인과 결과입니다.

누구나 좋은 곳에서 좋은 사람으로 태어나기를 원합니다. 누구나 좋은 태어남을 원하면서도 사실은 좋은 일은 하지 않습니다. 좋은 일을 하지 않고서는 결코 좋은 결과를 얻을 수가 없습니다. 그런데 좋은 일을 할 수가 없는 것은 우리들이 과거에 살아온 습관, 과거의 원인으로 인해서, 새로운 원인을 만들 수가 없다는 사실입니다.

이제 12연기와 더불어 여러분들은 수행을 통해서 새로운 원인을 만들어야 됩니다. 우리가 오늘 이 시대를 사는 목적, 우리가 인간으로 태어나서 가장 소중한 사명은 오늘 새로운 원인을 만들어서 지금 이후에 좋은 결과를 받는 것입니다.

좋은 곳에서 태어나기를 원하지만 사실은 이것이 최선은 아닙니다. 태어남과 삶과 죽음에는 반드시 고통이 따르기 때문입니다. 최상의 선택은 죽은 뒤에 다시 태어나지 않는다는 것입니다. 죽은 뒤에 태어나지 않는다는 것은 원인이 끊어져서 결과가 없다는 것입니다.

우리들의 마음은 선심과 불선심, 그다음 선과보와 불선과보와 무인작용심이라는 것이 있습니다. 이 무인작용심이 바로 원인과 결과가 끊어진 마음입니다. 우리가 원인과 결과라는 사실을 알아야 되는 이유는 원인이 없으면 결과도 없다는 사실을 알기 위해서 필요한 것입니다. 바로 원인과 결과가 끊어진 것을 무인작용심이라고 말하며, 이러한 원인과 결과가 끊어진 것이 바로 아라한 부처님의 마음입니다.

우리가 수행을 하면, 바로 그 순간 단지 대상과 아는 마음만 있을 때, 그 순간 원인과 결과가 끊어지는 마음의 상태가 됩니다. 우리가 대상과 아는 마음만 가지고 있는 수행의 상태에서는 연기가 회전하지 않습니다. 그래서 세속의 범부는 출세간의 성자의 정신세계를 알 수가 없습니다. 바로 이러한 지혜가 나야 다시 태어나지 않는 것이 행복인지를 압니다.

우리는 태어나지 않는다고 했을 때는 두려움이 있습니다. 그러나 사는 것이 고통인지를 모르기 때문에 다시 태어나는 것을 원해서 고통을 지속적으로 받습니다. 그래서 우리가 얻어야 되는 이러한 지혜는 몸과 마음을 통찰하는 수행을 통해서만 얻을 수가 있습니다. 이것이 오늘 우리가 연기를 알아야 되는 가장 중요한 목적입니다.

오온의 연기(1)

오늘은 『어디서 와서 어디로 가는가』에 들어 있는 '오온의 연기'에 대해서 공부하겠습니다. 오온의 연기는 현재의 측면입니다. 부처님께서는 오랜 세월 동안 살아 있는 생명 중에서 최고의 바라밀 공덕을 쌓은 과보로 인간으로 태어나서 위없는 깨달음을 얻으신 스승이 되셨습니다.

29세에 출가를 하신 후에 색계와 무색계 4선정을 이루신 뒤에, 이것이 진리가 아님을 아셨습니다. 색계와 무색계 선정을 얻고서도 답을 얻을 수가 없어서 6년 동안 고행을 하셨습니다. 이렇게 6년 동안 고행을 하신 그 끝에 과거 생의 원인으로 현재 생이 생겼다는 것을 아셨습니다. 모든 것은 원인에 의해서 생긴 결과이고, 원인이 없으면 결과도 없다는 사실을 알아서 깨달음을 얻으셨습니다.

이렇게 원인과 결과를 안 뒤에 무상, 고, 무아라는 존재하는 것들의 속성을 통찰하셔서 모든 번뇌를 불태우셨습니다. 부처님께서는 스스로 깨달음을 얻으셨고, 위없는 깨달음을 얻으셨고, 그 결과로 많은 사람들에게 해탈의 행복을 주시기 위해서 법을 폈습니다. 부처님께서는 누구나 자신과 똑같이, 이렇게 번뇌를 불태운 아라한이 될 수 있는 길을 열어주셨습니다. 그것이 우리가 연기를 공부하는 목적입니다.

부처님께서는 "행복은 오직 스스로 만족하는 자, 진리를 들은 자, 그리고 진리를 본 자에 한정한다"고 말씀하셨습니다. 행복은 집착으로부터 떠나는 것이며, 감각적 욕망을 뛰어넘는 것입니다. 여기에 나라고 하는 자만심의 억제는 실로 가장 큰 행복이라고 말씀하셨습니다.

연기는 과거의 연기와 현재의 연기와 미래의 연기가 있습니다. 수행자는 과거, 현재, 미래의 연기를 모두 알아야 합니다. 그러나 그중에서도 현재에 해당하는 오온의 연기를 아는 것이 가장 중요합니다. 왜냐하면 우리가 가지고 있는 정신과 물질이 어떠한 과정을 거쳐서 시작되었고, 어떻게 끝을 맺는가를 알 수 있기 때문입니다. 뿐더러 행복은 오직 여기 현재에만 있기 때문에 우리가 현재 여기에 있는 자신의 정신과 물질을 알아차려야 됩니다.

고 대장로 모곡 사야도께서는 수행자의 이익을 위해서 오온의 연기에 대해서 설하셨습니다. 이는 수행을 시작하려는 자에게 실 수행으로 가는 지름길이 될 것입니다. 단지 이론만으로는 우리가 해탈할 수 없습니다. 연기적 바탕에 근거한 실천 수행이 우리를 행복의 길로 이끌 것입니다.

오온의 연기를 통해서 수행자는 오온의 시작과 원인 그리고 사라짐을 비로소 이해할 수가 있습니다. 우리가 무엇을 본다고 할 때 보는 것은 단순히 보이는 것이 아닙니다.

첫째, 눈이라는 물질을 조건으로 하여 안식이 일어납니다. 이때 접촉에 의해서 느낌이 일어납니다. 이 느낌을 원인으로 또 갈애가 일어납니다. 갈애를 원인으로 집착이 일어납니다. 집착을 원인으로 하여 업의 생성이 일어납니다.

우리가 갈애라고 말하는 것은 탐욕, 바라는 마음을 말합니다. 특히 욕망이라는 뜻의 갈애는 범부가 목마르게 원하는 것들입니다. 보통 이 갈애를 크게 세 가지로 나누는데, 먼저 감각적 쾌락에 대한 갈애가 있습니다. 안, 이, 비, 설, 신, 의가 색, 성, 향, 미, 촉, 법에 부딪칠 때 반드시 그냥 있는 그대로의 대상을 보지 못하고 바이러스가 생깁니다. 볼 때 좋은 것을 탐착하고, 들을 때 좋은 것을 탐착하면 좋지 않은 것은 또 싫어합니다. 그래서 여섯 가지 감각기관이 감각대상에 부딪칠 때마다 우리는 더 좋은 것을 바라는 갈애가 일어납니다. 이것을 감각적 욕망에 대한 갈애라고 말합니다.

둘째, 존재에 대한 갈애입니다. 우리가 오래 살고 싶다거나 더 좋은 곳에 태어나고 싶다는 것, 이런 것들이 갈애에 속합니다. 모든 것은 원인이 있어 생긴 결과인데, 우리는 원인은 만들지 않고 좋은 결과만 얻으려고 합니다. 이것이 존재에 대한 갈애입니다.

셋째는 비존재에 대한 갈애입니다. 그러니까 이 삶이 끝나기를 바라고, 또 죽고 싶다는 마음, 허무에 대한 갈망, 다시 태어나고 싶지 않은 마음들입니다. 지혜가 나서 받을 것이 없어서 태어나지 않는 것과 그만 살고 싶다는 것은 다릅니다. 비존재에 대한 갈애는 싫은 것을 좋아하는 것을 말합니다. 우리가 누구를 미워할 때도 좋아서 미워합니다. 우리가 스스로 괴로울 때도 괴로워하는 것을 좋아해서 바라기 때문에 괴로움이 그치지가 않습니다. 그렇기 때문에 갈애에 대해서 자세히 알아야 합니다.

눈이 대상을 볼 때 바로 눈을 원인으로 하여 눈에 보이는 물질이라는 결과가 일어납니다. 다시 눈과 물질을 원인으로 인하여 이것이 무엇이라고 아는 안식이라는 결과가 일어납니다. 이와 같이 눈과 물질과 안식이 합쳐진 것을 촉이라고 말합니다. 다시 안식에 알아차림이라는 행이 있어서 이것을 원인으로 하여 대상을 있는 그대로 보는 아는 마음이라는 결과가 있습니다. 그러니까 우리가 모르고 사는 세상도 다 원인과 결과가 있어서 사는 것이고, 아는 지혜도 다 원인과 결과가 있어서 지혜가 납니다.

계속해서 말씀드리자면, 생성을 원인으로 하여 생生, 태어남이 일어납니다. 태어남을 원인으로 하여 늙음, 죽음, 슬픔, 비탄, 고통, 비애, 절망이 일어납니다. 미래에 우리는 태어나서 늙어서 죽습니다. 이것을 연기적 구조로 보면 생과 노사라고 말합니다. 이때 병은 포함되지 않습니다. 주석서에서는 생로병사라고 말하는데, 연기에서는 병은 포함되지 않습니다. 그 이유는 태어나는 것, 늙는 것, 죽는 것들은 이미 물질적·정신적 병을 수반하고 있기 때문입니다. 우리가 살아 있는 동안 여러 가지 형태의 질병, 신체적·정신적 질병을 앓고 있기 때문에 우리가 사는 것이 고통스럽습니다. 이와 같이 오직 고통스러운 오온의 집합이 있습니다.

다시 말씀드리면, 귀와 소리를 조건으로 하여 이식이라는 아는 마음이 일어납니다. 코와 냄새를 조건으로 하여 비식이라는 냄새를 아는 마음이 일어납니다. 혀와 맛을 조건으로 하여 설식이라는 맛을 아는 마음이 일어납니다. 몸과 접촉을 조건으로 하여 신식이 일어납니다. 마음과 마음의 대상을 조건으로 하여 의식이 일어납니다.

이처럼 단순히 보고, 듣고, 냄새 맡는 것이 아니고 반드시 조건, 원인과 결과에 의해서 우리가 아는 마음이 생기는 것입니다. 본다는 것은 눈으로서의 안근眼根과 보이는 대상으로서의 색경色境이 있습니다. 이들 두 가지 현상이 부딪칠 때 안식眼識이 일어납니다.

여기서 매우 중요한 사실이 있습니다. 우리가 여기서 알아야 할 것은 안식의 일어남이 있을 뿐 거기에 나는 없습니다. 대상을 보는 나는 없습니다. 눈이라는 물질과 대상이라는 물질과 그것을 아는 마음에는 단지 원인과 결과, 조건만 있지, 내가 보는 것이 아닙니다. 감각기관이 보는 것입니다. 그리고 감각기관이 아는 것입니다. 그것을 우리는 모르기 때문에 내가 본다고 잘못 이해하고 있습니다.

그래서 나, 너, 우리, 그녀, 그 사람, 이런 것들은 없습니다. 이처럼 보는 자가 없는 것은 여기에 조건, 원인과 결과만 있기 때문입니다. 눈이나 보이는 대상 안에 나 혹은 그녀가 없다는 것은 수행을 통해서 실재하는 느낌을 알아차릴 때 비로소 알 수가 있습니다. 우리가 누구라고 아는 마음은 다만 인식일 뿐 그 인식이 나, 너라고 생각해서는 안 됩니다. 단지 나, 너라는 것은 명칭에 불과하고, 이것을 뛰어넘는 지혜가 나려면, 모든 것들은 원인과 결과, 조건이라고 알아야 됩니다.

그래서 대상을 볼 때는 보는 인격체가 있어서 보는 것이 아닙니다. 이상의 여러 가지 조건이 성숙되어서 보는 것이므로 나, 너, 우리가 보는 것이 아니라고 알아야 됩니다. 다시 말씀드리면, 눈은 물질이라는 대상이 있어서 빛에 의해서 아는 마음이 일어납니다. 여기에 어떤 것도 개입되지 않습니다. 눈이 없으면 볼 수가 없습니다. 대상이 없어도 볼 수가 없습니다. 빛이 없어도 볼 수가 없습니다. 그것을 아는 마음이 없어도 볼 수가 없습니다. 이 네 가지 조건이 원인과 결과입니다.

이런 이유로 우리는 조건에 의해서 태어나고 조건에 의해서 죽는다고 말하는 것입니다. 눈, 보이는 대상인 물질, 그리고 안식의 결합이 접촉을 일으키고, 이러한 접촉을 원인으로 하여 느낌이 일어납니다. 그러나 그 느낌을 느끼는 '나'는 없습니다. 단지 감각기관이 느끼는 것입니다. 그런데 우리가 괴로운 것은 나의 느낌이라고 생각해서 집착하기 때문입니다. 나의 느낌이라고 알기 때문에 이 느낌을 원인으로 갈애가 일어납니다.

그리고 갈애를 원인으로 집착이 일어나며, 그 집착을 원인으로 업의 생성이 일어납니다. 이때 업의 생성은 신구의身口意 삼업三業을 말합니다. 즉, 몸으로 짓는 업, 말로 짓는 업, 생각으로 짓는 업을 말합니다. 그러한 업의 생성을 원인으로 인하여 미래의 태어남이 있습니다. 이때 중요한 것은 생명은 거의 사악도에 태어난다는 사실입니다.

생명이 사는 31개의 존재의 세계가 있습니다. 행복만 있는 세계도 있고, 괴로움만 있는 세계, 그리고 행복과 괴로움이 함께 있는 인간계가 있습니다. 우리는 무명으로 인해서 끊임없이 바라고 살아왔기 때문에 미래에 태어난다는 것은 거의 사악도에 태어남이라고 부처님께서 말씀하셨습니다.

"예를 들면 내 손톱 위에 흙이 있다. 그리고 손톱 밖의 저 우주에, 또 저 땅 위에 많은 흙들이 있다. 그런데 내 손톱 위에 있는 이 흙은 인간으로 태어나는 사람의 수효를 말한다. 인간으로 태어나는 것은 손톱 위의 흙만큼이며, 그 외의 다른 모든 태어남은 거의 지옥, 축생, 아귀, 아수라의 태어남을 의미한다."

우리는 인간이기 때문에 태어난다고 말하면 다시 인간으로 태어나는 것을 연상합니다. 그러나 경전에서는 그렇게 말하지 않습니다. 태어남이라는 것은 거의 지옥, 축생, 아귀, 아수라의 사악도의 태어남을 말합니다. 이처럼 우리는 사악도에서 태어나지 않기 위해서 느낌에서 갈애로 발전하지 않아야 됩니다.

우리가 생을 원인으로 하여 노사, 이 노사는 늙음, 죽음, 슬픔, 비탄, 고통, 비애, 이런 것들이 일어납니다. 이러한 방식은 괴로움의 덩어리가 뭉쳐서 함께 일어나는 것들입니다.

귀에 들리는 대상인 소리는 이식耳識을 일으킵니다.

이상 여섯 가지 감각기관이 여섯 가지 감각대상에 부딪칠 때도 똑같은 조건으로 똑같이 일어납니다. 이것이 바로 대장로 모곡 사야도께서 설하신 오온의 연기법입니다.

조금 더 분명하고 명확하게 이해를 하기 위해서 우리는 12연기를 다른 측면에서 고찰해야 합니다. 우리가 오늘 다시 모곡 사야도의 뜻을 되살려서 12연기는 밖에 있는 12연기가 아니고, 자신의 정신과 물질, 현재 여기에 있는 몸과 마음이 바로 느낌을 느끼고, 그 느낌이 어떻게 갈애로 발전하는가 하는 것을 알아야 합니다.

오온의 연기(2)

모곡 사야도께서는 오온의 연기에 대해서 조금 쉽게 설명하셨습니다. 어떤 사람이 아름다운 대상을 봅니다. 그는 그 대상을 바라고 집착하게 되어 그것을 가지려고 애를 씁니다. 즉, 아름다운 대상을 볼 때 그는 그것을 갖고 싶어 합니다. 이것이 바로 갈애입니다. 이는 소유하고자 하는 욕망이며, 이렇게 갖고자 하는 열망에 사로잡혀 그것을 집착하게 된 것입니다. 이것이 바로 집착입니다. 다시 그가 생각과 말과 행동으로 온갖 노력을 기울인다면, 바로 이것이 업의 생성입니다. 업의 생성을 원인으로 해서 생이 일어납니다. 태어남이라고 하는 생을 원인으로 하여 늙음, 죽음, 슬픔, 비탄, 고통, 비애, 절망이 일어납니다.

이것이 바로 연기가 도는 과정, 즉 우리 자신의 오온의 일어남과 사라짐입니다. 이러한 오온은 오직 괴로움일 뿐이며, 연속적인 괴로움의 무더기일 뿐입니다.

우리는 하루 동안에 갈애, 집착, 업의 생성이 일어나는 쉼 없는 과정을 수없이 겪고 있습니다. 즉, 우리는 보고, 바라며, 갈망과 집착에 사로잡혀 생각과 말과 행동으로 업을 짓습니다. 우리는 우리도 모르는 사이에 얼마나 많은 생각과 얼마나 많은 업을 짓는지는 다 알기가 어렵습니다.

같은 방식으로 어떤 소리를 들을 때도 우리는 좋아하거나 즐기는데, 바로 이것이 갈애입니다. 이때 좋아하거나 즐기는 것만 갈애가 아닙니다. 싫어하는 것도 갈애입니다. 만약 싫어하는 것을 계속한다면 그것은 싫어하는 것을 즐기고 싫어하는 것을 좋아하고 있다는 사실을 알아야 됩니다. 이렇게 좋아하거나 싫어하는 갈망에 사로잡힐 때, 이것이 바로 집착이며, 이처럼 세 가지 종류의 업을 지을 때 이것이 업의 생성입니다.

같은 원리로 냄새 맡음, 맛봄, 신체의 접촉, 생각도 모두 여기에 적용됩니다. 우리는 의식하고 있든 의식하지 않든 일어나서 잠자리에 들 때까지 이러한 과정을 끊임없이 반복합니다.

이제 수행자는 연기가 바로 자신의 행위 속에서 연속된다는 사실에 주의를 기울여야 합니다. 그리고 오온에 의식을 집중해서 자신의 행위가 인과의 법칙 하에 있으며, 연기법의 사상과 조화를 이루고 있다는 사실을 알아야 합니다.

12연기에서 업의 생성은 어디에서 어떻게 일어나는가요? 바로 연기는 볼 때, 들을 때, 냄새 맡을 때, 맛볼 때, 접촉할 때, 생각할 때, 바로 여섯 가지 감각기관이 감각대상에 부딪쳐서 느낌이 일어났을 때, 이 느낌이 갈애로 발전하는 것을 연기가 회전한다고 말합니다.

갈애는 단지 갈애로 그치지 않습니다. 바람은 단지 바람으로 그치지 않습니다. 우리가 아름다운 것을 볼 때, 보고 또 보고, 생각하고 또 생각하고 하는 것은 느낌이 갈애로 발전한 것이며, 이 갈애가 집착으로 발전한 것이며, 그래서 손을 잡고 싶다, 만나고 싶다고 하는 행위를 일으키는 것은 업을 생성하는 것입니다.

단지 바라는 마음으로 그치지 않고 그 바라는 마음인 갈애는 집착으로 발전해서 업을 생성시켜서 반드시 결과인 문제를 일으킵니다. 그래서 갈애가 일어나면 갈애로 그치지 않고 집착과 업의 생성이 일어나는데, 이것을 미래의 태어남의 원인이라고 볼 수 있습니다. 그러나 여기서 연기가 멈추면 윤회가 끝나고, 연기가 계속되면 슬픔, 고통, 비탄, 절망 등의 괴로움이 끝없이 반복된다는 사실을 알아야 합니다.

연기는 부처님께서 발견하신 것이지 부처님이 연기를 만드신 것이 아닙니다. 부처님의 출현 이전에도 연기는 있었습니다. 그러나 그 연기의 원인과 결과를 누구도 발견하지 못했습니다. 부처님이 비로소 연기의 원인과 결과를 발견하신 뒤에 그 연기의 사슬을 끊어서 연기로부터 탈출하셨기 때문에 모든 괴로움, 모든 번뇌로부터 자유로워지신 것입니다. 우리가 연기를 공부해야 하는 이유는 알아차려서 연기가 회전하지 않도록 하기 위해서입니다.

연기에 따른 연속적 행위들이 멈춰야 할 시점이라고 생각한다면 바로 윤회로부터 벗어날 수 있는 길이 거기에 있습니다. 보통 때와 같이 연기의 순환을 계속한다면 가차 없이 슬픔, 고통, 비탄, 절망 등 한 무더기의 고를 끝없이 반복해야만 할 것입니다.

눈과 보이는 대상이 부딪칠 때 안식眼識이 일어납니다. 수행자는 이 안식을 대상으로 그것이 지속되는지 혹은 사라졌는지를 지켜보아야 합니다. 이때 '지켜보는 의식'으로 알아차렸을 때, 이전의 안식은 이미 사라졌음을 알게 됩니다. 지켜보는 자에게 있어 명백한 사실은 아는 마음이, 안식이 찰나적으로 일어났다 사라졌기 때문에 그것을 더 이상 찾을 수가 없다는 사실입니다. 이것이 수행을 해서 얻는 지혜입니다.

같은 방식으로 안식, 이식, 비식, 설식, 신식, 의식이 일어날 때 이 일어남 뒤에 오는 아는 마음으로 지켜보아야 합니다. 아는 마음이 일어날 때에 이미 먼저 일어난 의식 혹은 식이 사라졌다고 하는 것은 두 가지 의식이 병행하여 존재하지 않기 때문이라는 것을 우리가 알아야 합니다.

마음은 한순간에 하나밖에 없습니다. 우리가 지혜로 대상을 볼 때, 대상이 있고 그것을 아는 마음이 있을 때는 이미 아는 마음이 뒤에 생긴 마음이라서 전에 있는 마음은 사라집니다. 이렇게 원인과 결과로 볼 때, 모든 것들은 항상 하지 않고 끊임없이 흐르고 지속한다는 사실을 알아서 비로소 무상의 법을 볼 수가 있습니다.

우리가 지켜보는 의식 또는 아는 마음은 알아차림이라는 행을 수반할 때 일어납니다. 그러니까 우리가 단지 대상을 볼 때 그냥 보지만, 깨어서 아는 알아차림이라는 것이 있을 때는 우리는 이런 원인과 결과를 발견할 수가 있습니다.

마음은 매 순간 새로 일어납니다. 그래서 같은 마음이 아닙니다. 이렇게 일어난 마음들은 매 순간 일어났다 소멸합니다. 그래서 어떤 의미로는 우리들의 태어남과 죽음은 매 순간이라고 보아도 좋습니다.

미얀마의 쉐우민 사야도인 저의 스승께서는 이렇게 말씀하셨습니다.
"우리는 일 년 중 하루를 생일이라고 말하지만, 나는 사실 매 순간 태어나고, 매 순간 죽는다."
이것은 지혜로, 마음이 계속 원인과 결과로 흐르고 있으면서 새로 일어난 마음이 바로 일어난 즉시 소멸한다는 것을 아는 지혜로 매 순간이 생일이라고 말씀하신 것입니다.

그래서 같은 것이 하나도 없다고 보는 견해가 생길 때, 우리는 대상으로부터 자유로워져서 집착을 하지 않게 됩니다. 만약 이것이 항상 하고, 영원하고, 내 것이라고 생각한다면 우리는 반드시 바라고, 그리고 움켜쥐고 놓지 않으려고 할 것입니다. 그러나 매 순간 일어나고 사라진다는 것을 알게 되면 그것을 움켜쥘 하등의 이유가 없습니다. 그것들이 움켜쥐는 순간 소멸한다는 것을 알 때 애써 고통스러움을 선택할 이유가 없습니다.

이것은 한순간에 오로지 하나의 의식이 일어나는 것을 말합니다. 그러므로 수행자는 색, 수, 상, 행, 식이라는 오온에서 어떤 것이 일어나든지 간에 그것은 찰나적으로 사라지는 것이라고 알아야 합니다. 이것이 바로 당신의, 우리의 오온에 관한 실상입니다.

모든 일어남은 순간적입니다. 이전에 일어난 오온의 사라짐은 새로운 오온을 일으키고, 똑같은 과정이 끝없이 반복됩니다. 수행자가 안식을 알아차리지 못하거나 숙고하지 못한다면 갈애가 일어납니다. 이런 욕망인 갈애를 알아차리지 못하거나 숙고하지 못한다면 결국은 집착이 따라올 것입니다. 이때 집착을 알아차리고 숙고해야 합니다. 만약 이렇게 알아차리지 못했다면 업의 생성이 따라옵니다. 업의 생성을 일으킨 결과로 반드시 태어나서 늙어서 죽는 노사가 필연적으로 따라오게 됩니다. 이렇듯 연기의 회전은 끝이 없습니다.

생명은 호흡과 호흡 사이에 있습니다. 마지막 호흡이 일어났다 사라질 때, 마지막 마음도 함께 사라집니다. 생명이란 몸과 마음이 일어나고 사라지는 순간적 현상의 연속 선상에 있습니다. 이때 여기에 나라고 하는 것은 실재하지 않습니다. 만약 나라고 했다면 그것은 부르기 위한 명칭이고 관념입니다.

생명은 지속되지만 같은 몸과 마음이 아닙니다. 매 순간 일어나고 사라지는 조건 속에서 원인과 결과에 의해 지속되는 현상만 있습니다. 몸과 마음이 조건에 의해서 연속되는 것을 상속된다, 흐름이다 또는 윤회라고 말씀드릴 수가 있습니다. 이러한 윤회는 매 순간의 윤회가 있고, 한 일생의 윤회가 있습니다.

흔히 우리는 일생을 한 단위로 보지만 지혜가 있는 분들은 매 순간을 태어나고 죽는 것으로 봅니다. 생명이 어리석음으로 시작하면 끝없이 지속되고, 이처럼 연기적 지혜로 시작하면 지속의 끝이 있습니다. 생명이 계속되는 것이 윤회이고, 생명이 끝나는 것이 깨달음입니다.

다른 예를 한번 들어보겠습니다. 어떤 사람이 학교에서 돌아오는 어린 아들이 부르는 소리를 들었습니다. '엄마~'라고 부르자 그 소리를 들은 엄마는 아들이 무척 보고 싶어지고, 더욱 아들을 끌어안고 싶어져 귀여운 아들을 쓰다듬고 입을 맞춥니다. 그러한 행동은 친아들을 사랑하는 것이 어떤 도덕적 규범을 어기는 것이 아니므로 죄나 과실이 된다는 생각 없이 합니다. 그러나 진실은, 냉혹한 연기의 과정이 여기에서도 진행되며, 그 끝없는 회전을 계속하고 있다는 사실을 알아야 됩니다.

학교에서 돌아오는 어린 아들의 목소리를 듣는 순간 연기가 어떻게 돌기 시작하는지 밝혀 보기로 하겠습니다. '엄마~'라고 부르는 아들의 목소리가 들립니다. 목소리가 들리자마자 아들을 보고 싶고, 안고 싶어 하는 갈애가 생깁니다. 그 갈애로 인하여 아들을 포옹하고 귀여워해 주고 싶은 참을 수 없는 욕구가 일어납니다. 이러한 포옹과 귀여워함이 바로 업의 생성입니다. 이제 업의 생성으로 인해 바로 생이 일어납니다.

그러면 12연기 도표를 참고해 보기 바랍니다. 3번 칸에 있는 업의 생성이 일어날 때, 바로 업의 생성을 원인으로 생이 일어납니다.

모든 것을 아시는 부처님께서는 업의 힘을 멈출 수가 없다고 하셨습니다. 새벽에서 황혼까지 이 과정은 계속됩니다. 어떤 매력적인 대상이 보일 때 즉시 갈애가 일어납니다. 그 갈애로 인해서 집착이 일어납니다. 집착으로 인해서 업의 생성이 일어납니다. 이러한 연기의 고리는 끊임없이 회전을 계속합니다. 즐거운 소리를 들었을 때 갈애가 일어납니다. 이러한 갈애로 인해 집착, 업의 생성, 생, 노사가 일어나고 연기의 고리가 가차 없이 회전합니다.

이와 마찬가지로 좋은 냄새를 맡고, 좋은 맛을 느끼고, 좋은 대상에 닿고, 좋은 생각을 할 때마다 갈애, 집착, 업의 생성, 생, 노사 등의 괴로움의 무더기들이 따라 일어납니다. 사실 아름다운 대상, 좋은 소리, 좋은 냄새, 좋은 맛, 좋은 촉감, 좋은 생각이 여섯 감각기관을 통해 들어올 때마다 갈애와 다른 일련의 요소들이 반드시 함께 일어납니다.

이러한 연속적인 과정들이 바로 번뇌의 굴레입니다. 이 번뇌의 굴레는 업의 굴레를 일으키고, 여기에서 또 과보의 굴레가 나와 다시 세 가지 굴레의 원을 이룹니다. 무명, 갈애, 취는 번뇌의 굴레인 반면, 행과 업의 생성은 업의 굴레이고 식, 명색, 육입, 접촉, 느낌, 생, 노사는 과보의 굴레를 이룹니다.

오온의 연기는 이렇게 위빠사나 수행을 통해서 알아차리고 숙고되어야 합니다. 그렇지 않다면 그 고통과 슬픔이 끝없이 반복되는 윤회의 과정이 무한히 지속될 것입니다.

우리는 행복하기 위해서 태어났습니까? 괴롭기 위해서 태어났습니까? 행복하기 위해서 태어났습니다. 우리의 행복은 감각적 욕망이 아닌 갈애를 일으키지 않는 평온함, 지혜가 있는 지고의 행복을 얻어야 합니다. 이 길을 위해서 우리 함께 노력해 봅시다.

어떻게 연기가 느낌으로부터 회전하는가(1)

으뜸이 되는 가르침을 종교宗敎라고 말합니다. 마루 종宗 자 가르칠 교敎 자 해서 종교라고 말하는 것은 깨달은 자의 말씀을 말합니다.

그래서 부처의 가르침을 종교라고 합니다. 절대자의 가르침은 일방적이지만, 깨달은 자의 가르침은 일방적이지 않고 선택적입니다. 깨달은 자의 가르침은 보편적인 가치입니다. 그래서 하나도 비밀이 없습니다. 그리고 모든 것들이 소상히 다 밝혀져 있습니다.

깨달은 자의 가르침은 '와서 보라!'라고 말합니다. 이것을 '에히빠시꼬ehipassiko'라고 말합니다. 부처님께서는 '에히빠시꼬', 즉 '와서 보라!'라고 말씀하셨습니다. 그런데 '와서 보는' 이것이 바로 자신의 몸과 마음을 대상으로 탐구하라는 그런 의미를 가지고 있습니다. 이렇게 대상을 알아차린 결과로 비로소 확신에 찬 믿음을 가져라! 하는 것이 으뜸 되는 가르침의 요지입니다.

무조건 맹목적으로 믿지 말고, 자신의 몸과 마음을 원인과 결과로 통찰해서 지켜보고, 그것에 대한 신뢰가 확립되면 그때 믿음을 가져라는 것이 불교의 핵심입니다. 대상을 탐구하지 않으면 맹목적인 신앙에 빠져서 의존적인 사람이 될뿐더러 우매해집니다.

우리가 가슴에 박힌 화살을 뽑는 일에 특정한 종교가 필요한 것은 아닙니다. 종교적 명분으로 화살을 뽑는 것을 거부한다면 이것은 으뜸이 되는 가르침이라고 말할 수 없습니다. 우리는 모든 사람에게 공히 적용되는 그 가르침을 우리들의 대상으로 삼아야 합니다. 그것이 바로 연기입니다.

♠ ♠ ♠

오늘은 『어디서 와서 어디로 가는가』에서 '어떻게 연기의 고리가 느낌으로부터 회전하기 시작하는가에 대한 공부입니다. 12연기 도표를 펼쳐 보기 바랍니다. 12연기 도표는 부분 1, 부분 2, 부분 3, 부분 4로 나누어져 있습니다. 부분 2에는 '식, 명색, 육입, 접촉, 느낌' 다섯 가지가 있습니다. 이것을 사실은 연기적 오온이라고 말하기도 합니다.

우리가 흔히 오온을 색, 수, 상, 행, 식이라고 말하는데 12연기에서는 정신과 물질이 원인과 결과로 지속되는 것을 말하기 때문에 식, 명색, 육입, 접촉, 느낌, 이 다섯 가지를 오온으로 표현합니다.

거기서 보면 감각기관과 감각대상 그리고 의식이 만날 때마다 접촉이 일어나고 이 접촉은 즐겁거나 괴롭거나 덤덤한 느낌을 일으킵니다. 여기서 우리가 즐거운 느낌이 일어날 때 만족하여 그것을 행복이라고 여깁니다. 그리고 이 행복이 더 많기를 바라고, 더 오래 계속되기를 바랍니다. 이것이 느낌에서 갈애가 일어나고 집착을 하는 것입니다. 바로 이런 집착이 괴로움을 가져옵니다.

즐거움은 느낌이며 순간적으로 일어났다가 사라집니다. 그리고 이 느낌은 조건에 의해서 일어난 것이며 감각기관이 느끼는 것이지 나의 느낌이 아닙니다. 또 괴로운 느낌, 이것은 불만족입니다. 왜 괴로움이 일어났는가? 좋아하기 때문에 좋은 것이 성취되지 않아서 괴로운 것입니다. 실제로 괴로움의 범인은 즐거운 것입니다. 좋아하는 것 때문입니다. 그래서 갈애가 연기의 시작이라고, 연기를 일으키는 원인이라고 말씀을 드리는 것입니다.

또 이런 접촉이 일어날 때 덤덤한 느낌이 일어난다고 하는데 이때 덤덤한 느낌은 좋지도 싫지도 않은 느낌을 말합니다. 빨리어로는 '우뻬카 웨다나upekkhā-vedanā'라고 하는데 이 말의 뜻은 평등의 느낌이라고 말합니다. 우뻬카upekkhā라는 것은 매우 좋은 뜻입니다. 평등이라는 것이 균형이 잡혔다는 의미에서 중도적 관점이기 때문입니다. 그러나 여기서 말하는 '우뻭카 웨다나' 덤덤한 느낌은 '무관심'이라는 뜻이 있습니다. 유일하게 느낌에서만 평등이 무관심이라는 뜻으로, 무지의 느낌으로 표현됩니다.

예를 들어 봅시다. 어떤 사람이 무척 아름다운 꽃을 봅니다. 그 꽃이 마음에 들 경우에 즐거운 느낌을 갖습니다. 그 꽃을 갖고 싶은 욕망인 갈애가 일어날 경우에 필연적으로 집착이 따라옵니다. 바로 이 순간 연기의 고리가 회전하는 것입니다. 이렇게 시작된 연기의 회전은 결국 꽃을 꺾게 되는 업을 생성합니다. 우리에게 일어나는 모든 일들의 진행은 바로 이러한 일련의 과정을 거쳐서 일어납니다. 느낌이 갈애를 일으켜 행위를 하게 하는 것입니다. 하지만 연기는 그 시점 그 자리에서 멈추지 않는다는 것을 알아야 합니다. 집착을 한 다음에 업의 생성이 일어나면 필연적으로 생이 따라옵니다.

도표의 부분 3과 부분 4에 보면 업의 생성과 생 사이에 화살표가 있습니다. 이것을 연결고리라고 합니다. 업의 생성은 업의 생성으로 그치지 않습니다. 행위를 한 그 힘이 반드시 태어남이라는, 어떤 사건을 만드는 결과로 연결됩니다. 행위는 결코 행위로 그치지 않습니다. 행위는 반드시 행위를 한 결과인 과보가 일어나서 그 과보가 미래의 태어남, 미래의 사건을 만듭니다.

그러니까 단순하게 갈애가 일어나서 집착해서 업을 생성하는 것은, 업의 생성으로 그치지 않고 미래의 어떤 태어남, 어떤 사건을 유발한다는 것입니다. 이 연결은 12연기에서 연속적으로 이어지는 행위의 과정을 의미합니다. 이처럼 연기의 회전은 느낌에서부터 출발합니다. 12연기의 시작이 무명이지만, 무명은 과거의 출발이고, 현재의 연기는 느낌으로부터 출발합니다.

부처님께서 이렇게 말씀하셨습니다.
"느낌에 이어 갈애가 일어나면 도道와 과果에 이르는 열반을 결코 실현할 수가 없다. 이와 마찬가지로 느낌에 이어 화냄, 성냄, 근심이 따라오면 도과에 이르는 열반을 실현할 수 없다."

그러므로 깨달음은 느낌과 갈애 사이에서 일어납니다. 지금 이 순간 느낌에서 갈애로 가지 않으면 연기가 회전하지 않고 깨달음으로 가는 길을 이 순간 경험하는 것입니다. 우리들이 부처님의 깨달음이라는 것을 사실 그대로 보면, 느낌에서 갈애로 넘어가지 않는 그 자리입니다. 부처님께서는 네란자라 강가에서, 보리수나무 아래서 깨달음을 얻으셨지만 실제로는 깨달음을 얻은 그 자리는, 그 황금의자는, 느낌에서 갈애로 넘어가지 않은 바로 이 자리입니다. 왜냐하면 그 갈애가 업을 생성해서 미래의 태어남을 만들기 때문입니다.

연기의 과정이 멈추지 않고 계속된다는 것은 바로 우리 자신의 오온이 끊임없이 윤회하는 과정을 겪고 있다는 것을 의미합니다. 여기에서 오온이라는 다섯 가지 무더기는 고작해야 40킬로그램에서 70킬로그램 정도 나가는 몸무게를 의미하는 것은 아닙니다. 전통적인 의미에서 오온인 정신과 물질의 무더기를 말하는 것입니다. 우리가 오온이라고 말할 때 다섯 가지 무더기를 말합니다. 온은 무더기 온蘊 자입니다.

무더기가 의미하는 것은 무엇일까요? 어떤 대상이 감각기관에 들어올 때 의식의 무더기, 즉 식온識蘊이 일어납니다. 마음은 하나지만 여러 가지 복잡한 마음들이 복잡하게 일어나는 것들이 다 무더기입니다.

접촉이 있을 때마다 느낌의 무더기인 수온受蘊이 일어납니다. 느낌은 하나지만 여러 가지 형태의 수많은 느낌들이 복합되어 있습니다. 매 순간 느낌이 다릅니다. 그래서 느낌의 무더기라고 말하는 것입니다.

접촉이 있을 때도 지각의 무더기인 상온想蘊이 일어납니다. 이 상온은 기억, 표상, 인식, 지각, 이런 것들을 말합니다. 이 지각이, 고정관념이, 인식이, 하나가 아닙니다. 무수한 인식이 있습니다. 그래서 상온을 무더기라고 말합니다.

의도적 행위의 무더기는 행온行蘊으로 불립니다. 이 행온은 경전에서 50가지로 나눕니다. 이 행온은 '마음의 형성력'이라고 해서 마음의 작용들입니다.

그리고 마지막에 물질의 무더기인 색온色蘊이 있습니다. 이 물질의 무더기도 32가지로 구성되어 있으며, 실재하는 느낌은 지수화풍 사대의 무더기들로 구성되어 있습니다.

이처럼 위에서 말씀드린 색온, 수온, 상온, 행온, 식온은 어느 것이나 무더기로 모여서 무더기로 일어나며, 이 과정이 연기입니다. 사실상 오온과 관련된 연기는 빨리어 삼장이나 암송문에 거론되지 않았지만, 우리는 오온 안에서 분명하게 찾을 수가 있습니다. 연기가 지속되는 것은 오온이 자연적으로 일어나는 것으로, 거기에는 근심과 고통의 덩어리가 있을 뿐입니다.

부처님께서 단지 정신과 물질은 오온이라고 더 자세하게 밝힌 이유는 치유에 목적을 두고 있기 때문입니다. 우리는 이 정신과 물질을 나의 몸, 나의 마음이라고 알고 있습니다. 그런데 부처님께서는 실재하는 현상을 있는 그대로 보시고, 이것은 나의 몸과 마음이 아니고, 단지 정신적 현상과 물질적 현상이라고 밝히기 위해서 오온으로 분석하신 것입니다.

실제 정신과 물질에 수상행이라는 마음의 작용이 있다는 것을 밝힌 것은 부처가 아니고서는 밝힐 수 없는 매우 위대한 지혜라고 나가세나 존자께서는 말씀을 하셨습니다. 누구나 정신과 물질이 있는지는 압니다. 그러나 그 정신이 아는 마음인 식과 마음의 작용인 수상행이 있어서 모든 것들이 이루어진다는 것을 누구도 알 수가 없습니다.

최고의 깨달음을 얻으신 부처의 지혜로 수, 상, 행이라는 마음의 작용을 알 수가 있는 것입니다. 그런데 이 색, 수, 상, 행, 식이 단지 색, 수, 상, 행, 식이 아니고, 무더기로 모여 있다는 것입니다. 여기서 무더기가 주는 의미는 매우 중요합니다.

예를 들면 자동차는 부르기 위한 명칭입니다. 자동차에 실재하는 것은 3만 가지의 부속들이 결합되어서 자동차로 모여 있는 것입니다. 그렇다고 본다면 타이어가 자동차가 아닙니다. 핸들이 자동차가 아닙니다. 엔진이 자동차가 아닙니다. 그런 것들을 모아서 자동차라고 할 뿐이지, 거기에 차는 없습니다. 다만 부르기 위한 명칭일 뿐입니다.

바꾸어 말하면 부처님께서 오온의 무더기들을 설명하신 것은 마치 자동차의 부속들처럼 그것들이 모여서, 결합되어서 정신과 물질이 있는 것이지 원래 나라고 하는 것이 거기에 없다는 것을 밝히기 위해서 이렇게 자세하게 분석하신 것입니다. 그래서 나라는 것이 없다는 것을 밝히려는 치유에 목적을 두고 이렇게 오온을 낱낱이 분석하신 것입니다.

『상윳따니까야Saṁyutta-Nikāya』의 인연품에서 말씀하시기를, "연기의 길을 따라가는 자는 그릇된 삶을 사는 자로 불린다. 위빠사나를 수행하는 자는 올바른 삶을 사는 자로 불린다"라고 하셨습니다.

다시 말하면 원인과 결과로 사는 사람들은 끝없는 윤회를 거듭해야 합니다. 그래서 우리는 그 길을 가지 않아야 됩니다. 그 길을 가지 않는 방법이 부처님께서 "바로 느낌에서 갈애로 넘어가지 않는 자리"라고 말씀하셨습니다. 단지 느낄 뿐이지, 그 느낌을 좋은 느낌으로 발전시키지 말라는 것입니다.

음식을 먹을 때도 단지 필요해서 먹어야지 그것을 바라고 욕망으로 먹거나 집착해서 먹지 말라는 것입니다. 대상을 볼 때도 단지 있어서 봐야지 그것을 나의 것으로 가지려고 하는 집착을 일으키지 말라는 것입니다.

여기서 아무것도 하지 말라는 것이 아니고, 필요한 만큼 알맞게 하라는 것입니다. 그런 의미에서 갈애라는 것은 하나의 욕망, 정상적인 상태가 아닌 균형이 깨진 상태를 말합니다.

그래서 연기의 길을 가는 자는 고통뿐인 윤회를 거듭할 뿐이며, 연기의 길을 벗어나는 자는 고통이 없는 지고의 행복인 열반의 길을 가는 자입니다. 우리가 인간으로 태어나서 무엇을 해야 되겠습니까? 인간으로 태어났다면 괴로움을 여의고, 자기의식을 고양시켜서 지고의 행복을 얻는 것이 우리들의 궁극의 목표여야 됩니다.

어떻게 연기가 느낌으로부터 회전하는가(2)

지난 시간에 『상윳따니까야』의 인연품에서 말하는 "연기의 길을 따라가는 자는 그릇된 삶을 사는 자로 불린다. 위빠사나 수행을 하는 자는 올바른 삶을 사는 자로 불린다" 하는 것에 대해 말씀드렸습니다.

여기서 올바른 삶이란 무엇일까요? 바로 연기의 길을 따라가지 않고, 느낌에서 갈애를 일으키지 않는 삶을 올바른 삶이라고 부릅니다. 이 올바른 삶이라는 것을 다른 말로는 도범행道梵行이라고 하는데, 여덟 가지 바른 길인 팔정도八正道, 위빠사나 수행을 말합니다.

그래서 우리가 열반을 성취하기 위해서는 반드시 팔정도, 계정혜 삼학三學, 위빠사나 수행을 해야 됩니다. 팔정도와 계정혜 삼학과 위빠사나는 같은 말입니다. 그래서 우리가 올바른 길에 의한 청정행을 하면 위빠사나 수행을 하는 자이며, 이런 수행자는 업의 힘으로 오온이 다시 연결되는 것을 끊는 자입니다. 다시 말하자면 연기를 중단시키려고 노력하는 사람이라고 할 수가 있습니다.

여기서 업력을 끊으려는 것은 선한 업이나 불선한 업을 모두 끊으려는 것입니다. 우리가 선이라고 말할 때는 반대급부의 불선이 항상 함께 있습니다. 그러니까 부처의 깨달음은 선과 불선을 모두 여윈 단지 작용만하는 마음의 상태를 갖는 것을 말합니다. 그래서 선과 불선은 연기의 사슬 안에 있기 때문에 '선이다, 불선이다'를 뛰어넘는 것이 바른 도제의 길입니다.

여기서 12연기 도표를 참조해 보기 바랍니다. 난해한 12연기를 모곡 사야도께서 알기 쉽게 도표를 그려서 법문을 하셨습니다. 이 도표는 마얀마에서 공개된 이후에 한국에서 처음으로 공개하여 12연기를 보다 알기 쉽게 드러내고 있습니다. 이 도표를 참조하시면 여러분들이 난해한 12연기를 이해하시는 데 한결 도움이 되실 것입니다.

위빠사나 수행은 부분 3과 부분 4의 연결을 끊으려는 것이자, 업의 힘이 일어나는 것을 막기 위하여 갈애를 없애는 것입니다. 12연기는 크게 네 칸으로 분류되어 있는데, 2번 칸의 오온을 가진 상태에서 3번 칸의 갈애를 일으키지 않는 것을 연기를 끊는 것이라고 말합니다.

위빠사나 수행은 '느낌이 갈애를 일으키는 것'을 '느낌이 지혜를 일으키는 것'으로 바꿔 가려는 작업이라고 말할 수가 있습니다. 우리는 느낌을 느낄 때 반드시 그 느낌을 단지 맨 느낌의 상태에 멈추지 않고, 갈애를 일으켜서 육체적 느낌과 정신적 느낌으로 발전시킵니다. 그래서 느낌이 갈애로 넘어갈 때 연기는 회전합니다. 그래서 이 느낌에서 일어나는 갈애를 위빠사나 도道로 바꾸어 가는 것이 수행자가 해야 될 일입니다.

위빠사나 도라는 것은 다섯 가지입니다. 바른 견해, 바른 사유, 바른 정진, 바른 알아차림, 바른 집중, 이상의 다섯 가지 도의 항목을 위빠사나의 도라고 말합니다. 이 다섯 가지 도의 항목은 계정혜에서 정定과 혜慧에 속합니다. 그런데 팔정도를 위빠사나라고 말하는 이유는, 정과 혜밖에 없고 계戒가 빠졌는데도 정념이라고 하는 알아차림이 있기 때문에, 알아차리는 순간에는 정어, 정업, 정명, 바른 말과 바른 행위, 바른 생계가 확립되기 때문에 다섯 가지 위빠사나 도의 항목에 계를 포함해서 팔정도를 위빠사나라고 말합니다.

위빠사나의 도를 닦지 않는다면, 위빠사나 수행을 하지 않는다면 필연적으로 갈애가 따라옵니다. 이 경우에 어떤 것으로도 갈애가 일어나는 것을 막을 수가 없었습니다. 어떤 의미에서는 우리가 산다는 것은 오히려 갈애를 일으키는 것인 줄 알고, 스스로 갈애를 일으키면서 살아왔습니다. 마치 갈애가 없는 것은 무미건조하다고 생각했으며, 갈애가 없는 삶은 무슨 재미가 있느냐고까지 생각해 왔습니다.

연기의 길을 가는 자는 괴로움의 원인과 괴로움에 맞닥뜨리게 될 뿐입니다. 그는 윤회 속의 나그네와 같고, 이 세상에 붓다가 출현한다고 해도 영원히 나그네로서 떠돌 것입니다. 우리가 어리석다는 것은 오히려 괴로움뿐인 갈애를 선택하려고 한다는 것입니다. 그 갈애는 반드시 집착을 하게 하고, 업을 생성시켜서 괴로움뿐인 윤회를 거듭하게 합니다.

이제 우리가 어느 길을 선택해야 되겠습니까? 열반인 도과의 길을 선택해서 윤회를 끝내는 것이겠습니까? 아니면 괴로움뿐인 윤회의 나그네로 영원히 떠도는 것이겠습니까? 윤회의 소용돌이 속에서부터 벗어나고자 하는 자는 반드시 도의 길을 가야 합니다.

그런데 이 도라는 것은 사마타 수행의 도가 있고, 위빠사나 수행의 도가 있습니다. 사마타 수행은 위빠사나를 시작하기 전에 우선 일어나는 번뇌를 억누르는 단계의 도입니다. 그러므로 열반에 들어가기 위해서는 반드시 팔정도 위빠사나 수행을 해야 합니다. 위빠사나 수행을 해야만, 다섯 가지 도지道支인 바른 견해, 바른 사유, 바른 정진, 바른 알아차림, 바른 집중을 확립할 수가 있습니다. 그렇게 함으로써만 바른 말, 바른 행위, 바른 생계가 포함된 팔정도를 완성하게 됩니다.

우리가 이렇게 느낌을 통찰해서 그 느낌이 일어나고 사라지는 것이라는 것을 알 수 있을 때, 그런 통찰력을 가지고 있을 때, 비로소 연기가 회전하지 않고 윤회를 벗어나는 길로 들겠습니다.

여기서 하나 지적해 둘 것이 있습니다. 느낌은 일반적인 생각과는 달리 여기저기로 찾아다녀서는 안 됩니다. 느낌을 찾으려고 해서는 안 됩니다. 느낌은 부딪침이 있을 때마다 일어납니다.

눈이 대상에 부딪쳐서 아는 마음이 일어날 때 느낌도 함께 일어납니다. 귀가 소리에 부딪쳤을 때 이식, 소리를 듣는 마음이 일어날 때, 느낌도 함께 일어납니다. 코가 냄새에 맡을 때, 냄새를 아는 마음이 일어날 때, 느낌도 함께 일어납니다. 혀가 맛에 부딪쳤을 때, 맛을 아는 마음이 일어날 때, 느낌도 함께 일어납니다. 피부에 어떤 외부의 무엇이 부딪쳤을 때, 그것을 아는 마음이 일어날 때, 느낌도 함께 일어납니다. 마음이 생각에 부딪칠 때, 그것을 아는 마음이 일어날 때, 느낌도 함께 일어납니다. 그래서 우리가 안다는 것은 모두 느낀다는 것입니다.

그래서 우리가 즐거우나 괴로우나, 기분이 좋거나 나쁘거나, 색다르거나 덤덤하거나 간에 어떠한 종류의 느낌이 항상 우리 안에 내재되어 있기 마련입니다. 느낌은 우리의 여섯 가지 감각의 문門 중에 항상 있는 것이기 때문에 이것을 의도적으로 찾을 필요는 없습니다.

저희 명상원에서는 위빠사나 수행을 지도할 때, 제일 처음에 현재의 마음을 보라고 말합니다. 그러고 나서 몸으로 돌아와서 제일 먼저 눈꺼풀이 닿아 있는 느낌을 느끼라고 말합니다. 그리고 입술이 닿아 있는 느낌, 손이 닿아 있는 느낌, 엉덩이가 바닥에 닿아 있는 느낌, 이렇게 네 종류의 느낌을 시작하면서 위빠사나 수행을 시작합니다.

그런데 "눈꺼풀이 닿아 있는 느낌을 느끼십시오" 하면 "느낌이 없다"고 말합니다. 우리가 말하는 느낌은 특별한 것이 아닙니다. 단지 알고 있는 것을 느낌이라고 말합니다. 그러니까 눈꺼풀이 닿았을 때 따뜻하다, 떨린다, 무겁다, 가볍다 하는, 닿아 있음을 아는 자체가 느낌이지, 특별한 것이 느낌이 아닙니다. 물론 이런 맨 느낌의 상태에서 우리는 눈꺼풀이 떨려서 싫다, 눈꺼풀이 가벼워서 기분이 좋다 하는 육체적 느낌으로 발전하는 것도 느낌입니다. 그러니까 느낌은 맨 느낌에서 육체적 느낌으로, 정신적 느낌으로, 이렇게 일련의 과정을 거치면서 발전합니다. 어쨌거나 우리가 느끼는 것은 항상 우리와 함께합니다.

느낌은 일어남과 사라짐을 통해서 그 모습을 드러내고 있습니다. 수행자는 이렇게 느낌을 알아차렸을 때, 느낌이 무상한 것이며, 일어나고 사라진다는 통찰지혜를 갖게 됩니다. 수행자가 느낌을 올바르게 이해했다면 영원永遠에 대한 그릇된 인식의 경계에서 빠져나올 수가 있습니다.

느낌은 항상 하는 것이 아닙니다. 느낌은 감각기관이 느끼는 것입니다. 우리가 느낌을 알아차려야 되는 이유는, 이 느낌이 항상 하지 않고 매 순간 변한다는 사실, 즉 무상無常을 알기 때문에 느낌을 봐야 되는 것입니다. 그리고 이 느낌의 성품을 자세히 보면, 그 느낌은 나의 의도와 상관없이 저 스스로 일어나고 사라지는 현상을 통해서, 내가 느끼는 것이 아니고, 단지 감각기관이 느끼는 것이라고 알 수 있게 되어 무아를 철견徹見하게 됩니다.

그래서 느낌의 무상함은 위빠사나의 통찰지혜로 이해할 때만이 비로소 그 느낌의 성품을 알 수가 있습니다. 이렇게 느낌을 알아차리는 것이 바로 올바른 길에 접어든 것이라고 말할 수가 있습니다. 느낌은 항상 변하기 때문에 매우 알아차리기에 좋은 대상입니다.

느낌이 소멸되면 갈애도 소멸됩니다. 느낌이 일어나면 갈애가 일어납니다. 우리가 느낌을 알아차려서 갈애를 일으키지 않는다는 것이 열반으로 가는 길이라는 것을 12연기를 통해서 공부를 해야 됩니다. 이러한 느낌은 화살에 비유합니다.

내가 아는 모든 것은 느낌으로 압니다. 인간이 산다는 것은 느끼고 있는 것입니다. 보고, 듣고, 냄새 맡고, 맛보고, 접촉하고, 생각하는 것이 모두 느끼는 것입니다. 처음에 일어나는 느낌을 맨 느낌이라고 하며, 맨 느낌에서 반응한 느낌을 육체적 느낌이라고 말합니다. 육체적 느낌은 즐거움과 괴로움 그리고 덤덤함입니다. 이 육체적 느낌이 다시 반응을 하면 이제 정신적 느낌으로 변화합니다. 정신적 느낌은 정신적으로 즐거운 느낌, 정신적으로 괴로운 느낌 그리고 정신적으로 덤덤한 느낌입니다.

맨 느낌에서 육체적 느낌으로 변했을 때, 우리는 화살을 한 번 맞은 것으로 비유합니다. 이 육체적 느낌에서 다시 정신적 느낌으로 변하면 화살을 두 번 맞은 것에 비유합니다. 누구를 볼 때 처음에 맨 느낌이 일어납니다. 그런데 보고 '좋다!'라고 하면 육체적 느낌이 일어난 것입니다. 그런데 '좋아서 죽겠다!'라고 하면 느낌을 집착하는 정신적 느낌으로 발전한 것입니다. 그런데 이 정신적 느낌이 그냥 정신적 느낌으로 남아 있지 않습니다.

우리는 고통스런 느낌이 있을 때, 또 좋은 느낌이 있을 때, 더 좋기를 바랍니다. 그래서 그것들이 사라지기를, 그것들이 간절하기를 더 바랍니다. 이와 같이 느낌은 반드시 갈애를 일으키기 때문에, 다시 한 번 욕망의 느낌이 생겨서 세 번째 화살을 맞게 됩니다.

이처럼 정신적 고통과 갈애가 일어난 것을 모르는 것이 무명의 느낌입니다. 우리는 갈애가 괴로움뿐이라는 사실을 모르기 때문에, 그것을 알아차려서 갈애를 일으키지 않아야 되는데, 오히려 갈애는 좋은 것이라고 생각해서 계속 갈애를 일으킵니다. 그러면 네 번째 무명, 무지의 화살을 한 번 더 맞게 됩니다.

이렇게 갈애로 인해서 일어난 느낌은 바로 거듭 네 개의 화살을 맞는 것으로 발전해서 그 상처가 우리들에게 괴로움과 고통을 줍니다. 인간이 파국적인 종말을 맞게 되는 배경에는 이런 느낌의 발전단계를 가지고 있습니다. 누구나 맨 느낌으로 시작해서 그 느낌이 괴로움으로 증폭되어서 끝없는 화살을 계속 맞은 뒤에 비탄에 잠기고 생명을 끊거나 여러 가지 좋지 않은 마지막 결론에 도달하게 됩니다.

그러나 어떤 느낌이나 수행자는 단지 느낌이라고 알아차리면, 모든 느낌은 단지 대상으로서의 느낌에 불과한 것입니다. 그래서 부처님께서는 느낌은 반드시 느낌으로 알아차리라는 당부를 거듭하셨습니다. 만약 느낌을 느낌으로 알아차리지 못하면 갈애가 일어나서 필연적으로 집착을 하고 괴로움이 따르게 됩니다.

어떻게 연기가 느낌으로부터 회전하는가(3)

어려운 12연기 공부를 하느라고 얼마나 수고가 많으십니까? 12연기는 원인과 결과를 아는 지혜입니다. 이 지혜는 부처님이 발견하신 지혜라서 일반적인 범부들은 알기가 어렵습니다.

바로 12연기의 원인과 결과를 발견한 뒤에 오온을 발견하시고, 오온의 느낌을 발견한 뒤에 위빠사나라는 수행을 통해서 열반에 이르는 과정이 부처님이 가신 길입니다. 그래서 지혜가 나야 알 수 있기 때문에 생각으로는 이해하기가 어렵습니다.

불교의 과정은 제일 먼저 '빠리얏띠pariyatti'라는 과정으로 시작합니다. 이 빠리얏띠는 『경장』, 『율장』, 『논장』을 이해하고 숙지하는 과정입니다. 이 빠리얏띠의 과정을 통해서 우리는 '빠띠빠띠patipatti'의 과정을 거칩니다. 기본적으로 법문을 듣고, 읽고, 이해하는 과정을 통해서 다음에는 빠띠빠띠라는 수행의 과정을 경험합니다. 듣기만 해서는 안 됩니다. 반드시 수행이 따라야 합니다.

저희가 지금 하고 있는 법문의 제목이 '12연기와 위빠사나'이듯이 12연기로만 그치면 이론에 불과한 것입니다. 연기를 탈출할 수가 없습니다. 12연기의 원인과 결과를 아는 그 방법을 선택해서 실천하는 것이 위빠사나 수행입니다. 그래서 빠띠빠띠는 사마타 수행이나 위빠사나 수행 두 가지를 다 말합니다. 이렇게 칠청정과 여섯 단계의 지혜인 위빠사나의 과정을 거치면 마지막에는 '빠띠웨다pativedha'라고 해서 통찰지혜가 나서 도와 과를 성취합니다. 바로 이 도와 과가 열반입니다.

그래서 지금 저희가 듣고 있는 12연기는 먼저 교학적으로 이해를 하신 뒤에 반드시 실천적 수행을 통해서 그 뜻을 숙지하여야 하고, 그렇게 숙지되었을 때에 비로소 통찰 지혜가 나서 연기의 구조를 완전히 이해하게 됩니다. 그러니까 우선 듣고 생각으로라도 받아들여야 됩니다.

지난 시간에 제가 두 번이나 말씀을 드렸습니다. 아난다 존자께서 부처님께 이렇게 말씀을 하셨습니다.
"세존이시여! 희유합니다. 세존이시여! 불가사의합니다. 그리고 세존이시여! 이 연기는 심오하고 그리고 더욱 더 심오하게 보입니다. 그리고 한편 저에게 명료한 것과 같이 생각됩니다."
이렇게 아난다 존자가 부처님께 12연기의 심오함을 말씀드렸습니다.

한 번만 말씀을 드린 게 아니고 세 번이나 강조를 했습니다. 여기서 '희유하다'라는 말은 '경이롭습니다'라는 뜻이고, '불가사의합니다'는 '놀랍습니다. 실로 놀랍습니다'라는 말이고, '심오하다'는 '그 뜻이 깊고 그윽하다'라고 말한 것입니다.

이렇게 연기를 최대한 칭송했을 때 부처님께서는 의외의 답변을 하셨습니다.
"아난다여! 실로 그와 같이 말을 해서는 안 된다. 아난다여! 실로 그와 같이 말을 해서는 안 된다. 그리고 아난다여! 이 연기는 심오하고 더욱 더 심오하게 보인다."
이렇게 세 번이나 거듭 말씀을 하셨습니다. 그리고 다시 말씀하셨습니다.
"아난다여! 이 법을 깨닫지 못함으로부터, 이해하지 못함으로부터 이와 같이 이 사람들은 뒤얽힌 실과 같이 되고, 먼지에 덮인 공과 같이 되고 문자풀과 빠빠짜풀과 같이 되어 고처, 악취, 악처의 윤회를 넘을 수가 없다."

그렇습니다. '연기가 심오하다' 그랬는데 세존께서는 "아난다여! 그런 말을 하지 마라"고 반어법을 쓰신 것은 연기가 심오하지 않다는 말이 아니고, 아난다가 알고 있는 수준의 연기가 아니라는 사실입니다. 이 당시에 아난다는 수다원의 도, 과를 성취한 수준이었습니다. 그러니까 완전한 깨달음에 이르렀을 때야 비로소 연기를 이해할 수 있다는 것을 시사하고 있습니다.

그러니까 여기서 '희유하다, 불가사의하다, 심오하다. 그런 말을 하지 마라. 이 법을 진심으로 이해하는 것이 중요하다. 넌 아직 연기에 대해서 표피적 관점만 가지고 있다'라고 말한 것입니다. 그래서 "이런 연기를 완전히 알 때만이 고처, 악취, 악처의 윤회를 끊을 수가 있다"라고 말씀하셨습니다.

여기서 고처는 괴로움만 있는 세계, 사악도인 지옥, 축생, 아귀, 아수라의 세계를 말합니다. 그리고 악취는 비참한 존재의 세계를 말합니다. 그리고 악처는 고통뿐인 지옥 그런 곳을 말합니다. 그래서 고처, 악취, 악처, 이것이 다 사악도를 의미합니다. 이처럼 연기는 아난다 존자의 이야기처럼 '심오하다는 것은 아는데, 그 참뜻, 그 깊이는 우리가 알기가 어렵습니다. 왜냐하면 연기의 원인과 결과는 우리가 이론적으로 원인과 결과라고 하지, 실제로는 원인과 결과의 지혜가 날 때만이 비로소 원인과 결과를 알 수가 있습니다.

제가 오래전 미얀마에서 수행할 때, 두 가지 분명한 사실을 알았습니다. 첫 해에 미얀마에 가서 수행을 할 때에 사람이 윤회한다는 사실을 확인할 수가 있었습니다. 그리고 모든 것이 원인과 결과로 일어나고 사라진다는 사실을 알았습니다. 그러고 나서 저는 많은 의문을 해결했습니다. 그 모든 원인과 결과는 자기 스스로가 일으킨 원인에 의해서 자기 스스로가 받는다는 사실을 알았습니다. 단지 이론으로 원인과 결과를 안 것이 아니고, 위빠사나 수행을 하면서 모든 것들이 원인과 결과라는 통찰지혜가 났을 때, 저는 구름이 덮인 어둠에서 밝음을 보았습니다.

'그렇다. 모든 것이 원인과 결과로구나.' 그렇다고 본다면 '모든 것은 내가 일으킨 원인으로 내가 받는 결과밖에 없구나'라고 알고 밖으로 나가 있는 모든 번뇌, 괴로움을 제가 해결할 수가 있었습니다. 왜냐하면 스스로가 일으킨 원인으로 스스로가 받았다는 사실에 대해서 누가 무엇을 더 불평할 수가 있겠습니까? 이것이 연기입니다.

우리가 연기를 이해하기 어려운 것이, 바로 무명과 다른 원인인 결과로서의 행을 이해하기가 어려운 것입니다. 어리석기 때문에, 과거에 우리가 어리석은 행위를 한 그 결과로 현재를 받았습니다. 그러니까 지혜가 있으면 지혜가 있는 행위를 하고, 어리석으면 어리석은 행위를 하도록 되어 있습니다.

그래서 현재 우리가 잘살고 있다면 과거에 선한 마음으로 선한 행위를 해서 선한 과보를 받아서 잘사는 것입니다. 만약 우리가 예쁘게 태어났다면 과거에 아름다운 마음으로 아름다운 행위를 해서 그 과보로 현재에 아름답게 태어난 것입니다.

그러나 과거의 원인으로 현재 내가 아름답게 태어났다고 해도, 내가 부자가 되었다고 해도, 현재 이것을 지속하는 새로운 원인을 일으키지 않으면 그것은 현재로 끝납니다. 그러니까 과거의 원인으로 현재 내가 어떤 이익을 보았다 하더라도, 지금 새로운 현재의 원인을 만들지 않으면 지금 이후의 미래는 그 결과가 달라집니다.

그래서 우리가 연기를 이해하기 어렵다는 것이, 과거에 내가 어디서 왔는지를 모르고, 단지 과거의 전생으로부터 왔다고 생각하기 때문에 거기서부터 잘못된 견해가 생깁니다. 우리는 과거의 전생으로부터 오지 않았습니다. 그러면 어디서 왔을까요? 과거의 내가 온 것이 아닙니다. 과거의 그 순간의 마음이 일으킨 행위의 결과가 지금 나입니다. 그러니까 내가 어디서 온 것이 아니고 과거의 원인으로부터 왔다는 사실입니다. 내가 온 것이 아닙니다. 이미 나는 그 순간에 없었습니다. 마음은 있었지만, 매 순간 일어나고 사라지는 연속적 현상의 마음만 있었을 뿐입니다.

이처럼 과거의 원인과 현재의 결과를 모르기 때문에 시작부터 연기가 어려운 것입니다. 이것을 이해하기가 어렵습니다. 왜냐하면 실천적 수행인 위빠사나 수행의 통찰지혜가 나지 않고서는 과거의 원인으로부터 현재가 왔다는 사실을 누구도 용납하기가 어렵습니다.

그래서 대부분의 사람들은 정신과 물질에서 생기는 괴로움을 행복이라고 잘못 생각합니다. 이것은 행복이 아닙니다. 감각적 욕망입니다. 우리가 무명의 눈으로 보기 때문에 행복이라고 생각하지만, 그 행복의 실상은 괴로움투성이입니다. 그것을 우리는 행복으로 잘못 알고 있습니다. 우리가 생각하는 것을 실재하는 자아라고 믿고, 또 행이 무명의 결과라는 사실을 모르는 것은 우리가 어리석기 때문입니다.

우리는 이 난해한 12연기를 이해하기 위해서 수행을 해야 됩니다. 어떤 수행을 해야 될까요? 물론 사마타 수행의 과정을 거쳐서 반드시 위빠사나 수행으로 넘어와야 됩니다. 수행이 없는 연기는 아무 의미가 없습니다. 반드시 수행을 해야만 연기로부터 탈출할 수 있습니다. 이 수행은 사유가 아닌 실천적 수행을 말합니다. 그 수행을 팔정도라 말하고, 그것을 위빠사나라고 말합니다.

인간만 수행을 할 수 있습니다. 살아 있는 모든 생명 중에서 오직 인간만 수행을 할 수 있습니다. 지옥, 축생, 아귀, 아수라의 세계에서는 고통만 있지 결코 수행을 할 수가 없습니다. 천상의 색계와 무색계의 세계는 행복만 있어서 수행을 할 수가 없습니다. 색계 사선정의 정거천에서만 수행을 해서 아라한이 되어 윤회를 끊을 수 있는 곳입니다. 색계 사선정은 특별한 세계입니다.

인간은 행복과 불행이 함께 있습니다. 오직 인간만 수행을 할 수 있습니다. 인간만 자기 삶을 유일하게 반전시킬 수가 있습니다. 그래서 부처가 인간에서만 나옵니다. 왜냐하면 사악도는 수행을 할 수가 없고, 또 색계, 무색계는 행복만 있기 때문에 수행을 할 필요를 느끼지 못합니다. 오직 인간만 수행을 해서 행복의 길로 나아갈 수 있는 특권이 있습니다. 인간의 특권이라는 것은 자기의식을 고양시킬 수 있는 그런 기회를 맞았다는 것이고, 우리가 산다는 것은 이런 사명감을 가지고 살아야 하는 것을 말합니다.

삶은 드라마입니다. 우리는 우리 자신의 삶의 희곡을 써야 합니다. 결과대로 살지 말고 드라마를 새로 써서 자신의 삶을 반전시켜야 됩니다. 이것이 오늘 우리가 사람으로 살아가는 이유입니다.

사람으로 태어나서 해야 할 일 중에 가장 고귀한 것은 행복을 얻는 것입니다. 보통 사람들의 행복은 감각적 욕망인데, 이것을 행복이라고 잘못 알고 있습니다. 진정한 행복이란 만족할 수 있는 것입니다. 그러나 우리는 아무리 행복을 얻어도 만족할 수가 없기 때문에 이것은 행복이 아닌 것입니다. 얻고 나서 만족할 수 있는 행복은 평등심 이후에 오는 해탈의 지혜로밖에 이르지 못합니다. 그래서 수행을 통해서 무지와 갈애가 끊어진 자리에서만이 가장 고귀한 행복이 실현될 수가 있습니다.

사람이 사람다우려면 선한 마음으로 선한 행위를 해서 자신과 남을 모두 이롭게 해야 합니다. 누구나 선한 마음을 갖기 위해서는 마음을 알아차리는 수행을 해야 합니다.

탐욕이 있을 때는 탐욕이 있는 마음을 알아차려야 됩니다. 화를 낼 때는 화를 내는 마음을 알아차려야 됩니다. 어리석을 때는 '내 마음이 어리석다'라고 알아차려야 됩니다. 어리석어서 스스로 자신을 비하하는 것으로는 수행이 아닙니다. 단지 '화를 냈네, 욕심을 부렸네, 어리석었네, 그렇네'라고 알아차리는 것을 수행이라고 합니다.

수행은 특별한 것이 아닙니다. 현재 있는 것을 있는 그대로 '그렇네'라고 알아차리는 것이 수행입니다. 괴로울 때는 '괴롭네'라고 알아차리면 됩니다. 즐거울 때는 '즐거워하고 있네'라고 알아차려야지 그 즐거움을 더 이상 더 큰 즐거움으로 발전시키지 않습니다. 우리들의 괴로움은 항상 더 큰 즐거움을 얻으려고 하기 때문에 즐거움을 알아차리지 못하면 반드시 괴로움으로 떨어집니다.

그래서 일차적으로 일어난 대상을 알아차리는 것과 마음을 알아차리는 대상으로 하는 것, 이렇게 또 구별이 됩니다.

우리가 대상을 알아차린다는 것은, 무엇이나 객관화시켜서 그것에 휘둘리지 않고 단지 그것을 지켜보는 마음만 갖는다는 사실입니다. 우리가 연기를 이해하고 연기로부터 탈출하기 위해서는 반드시 이런 수행이 뒤따라야만 할 것입니다.

법문—12

시작부터 끊는 연기의 회전(1)

우리가 공부하고 있는 12연기는 열두 가지인데, 이 열두 가지는 시작부터 끊을 수가 있고, 중간에서 끊을 수가 있고, 끝에서 끊을 수가 있습니다. 끊는다는 것은 알아차려서 지혜가 나서 연기의 회전을 멈추는 것을 말합니다.

지난 시간에 말씀드린 '어떻게 연기의 고리가 느낌으로부터 회전을 시작하는가?'라는 것은, 연기가 느낌에서 갈애로 넘어가지 않는 자리에서 끊어지는 것을 말합니다. 이것을 중간에서 끊어지는 것이라고 말합니다. 오늘은 연기가 시작부터 끊어지는 것을 말씀드리겠습니다.

느낌에서 갈애로 넘어가지 않으면 갈애가 있어야 될 자리에 지혜가 들어섭니다. 그러면 그 지혜가 지금 이후의 새로운 시작을 일으켜서 연기가 회전하지 않습니다. 오늘은 '시작으로부터 보는 연기의 회전'을 공부하겠습니다.

연기의 시작은 현재적인 측면에서는 여섯 가지 감각기관이 감각대상에 부딪치는 것으로 시작됩니다. 과거의 무명과 행은 현재로 보면 잠재적 요소입니다. 눈이 대상을 볼 때 알아차림이 있으면 연기가 시작되지 않습니다. 알아차림이 없으면 무명으로부터 시작됩니다. 그러니까 우리는 알아차릴 때는 현재 느낌에서 갈애로 넘어가지 않기 때문에 연기가 끊어지지만, 알아차리지 못하면 지금 이 순간에도 과거로부터 내려온 무명으로 인해서 연기가 새로 시작합니다. 그래서 알아차림이 없는 것을 '연기의 새로운 시작의 회전'이라고 말합니다.

수행자는 알아차림이 부족하기 때문에 보이는 대상과 눈이라는 감각기관의 문에서 생기는 일어남과 사라짐을 놓칩니다. 우리는 보는데, 보는 것을 단지 의미 없이 그냥 지켜볼 뿐이지, 보이는 것들이 모두 일어나고 사라진다는 지혜로 보지 못합니다. 우리가 무심히 본다고 말할 때 깨어 있는 알아차림이 없이 보는 것을 말합니다. 대상은 일어나고 사라지는 성품을 가지고 있는데, 그냥 단지 무심히 보면 그것이 일어나고 사라지는 것을 모르기 때문에 우리가 법의 성품을 보질 못해서 갈애를 일으킵니다.

우리가 대상을 알아차린다고 말할 때 이것을 수행이라고 말합니다. 수행은 먼저 아는 마음과 그 마음이 보는 대상이 있어야 합니다. 그리고 거기에 있는 것을 깨어서 보는 알아차림이 있는 것을 수행이라고 말합니다.

그래서 우리는 먼저 대상이 있고, 이 대상을 알아차리는 것을 대상을 겨냥한다고 말합니다. 이것이 수행의 시작입니다. 그런데 이 시작으로는 되지 않습니다. 한순간만 알아차리고 끝내면 알아차림이 지속되지 않아서 집중이 되질 않습니다. 그래서 먼저 대상을 겨냥해서 알아차리고, 다음에는 반드시 알아차림을 지속하는 집중이 필요합니다.

위빠사나의 위vi는 분리하다, 다르다, 라는 의미로, 이렇게 다르게 분리해서 보기 때문에 무상, 고, 무아라는 법을 본다는 의미가 있고, 빠사나passanā는 통찰한다는 뜻인데 먼저 알아차리고 알아차림을 지속한다는 의미까지 포함합니다.

대상을 보는데 단지 알아차리는 것에 그치지 않고, 알아차림을 지속하는 것까지를 볼 때 우리가 비로소 알아차린다고 말하는 것입니다. 이것을 계, 정, 혜에서 정定이라고 말합니다. 위빠사나에서 말하는 '정'은 단지 한순간의 알아차리는 것으로 그치지 않고 그 알아차림을 지속할 때 정이라고 말합니다. 이때 비로소 찰나집중이 되어서 무상, 고, 무아의 지혜를 철견하게 됩니다.

보통 우리는 대상과 하나가 되어서 알아차리는 것을 먼저 배웁니다. 이것을 사마타 수행이라고 합니다. 대상과 하나가 되어서 알아차리는 것은 여러 가지 장애가 나타날 때 우선 그것을 누르기 위해서, 그리고 고요함을 얻기 위해서 선택하는 수행방법입니다.

그래서 어느 정도 대상을 억눌러서 고요함을 얻었을 때, 이제 사마타 수행에서 위빠사나 수행으로 바꾸어야 됩니다.

대상을 억눌러서 생긴 고요한 힘으로, 이제는 대상을 누르지 않고 있는 그대로 두고 지켜봐야 합니다. 이것을 위빠사나 수행이라고 말합니다. 그래서 이렇게 집중력이 생겨서 대상을 분리해서 보았을 때만이 비로소 대상의 성품이 보입니다. 바로 그 대상의 성품은 일어나고 사라진다는 것입니다. 일어나고 사라진다는 것은 변한다는 것으로 무상을 말합니다.

초보자가 처음부터 무상을 보기는 어렵습니다. 그러므로 인내를 가지고 일련의 과정을 거쳐서 지혜가 성숙되어야 비로소 일어나고 사라지는 무상의 법이 보입니다. 우리가 일반적으로 책을 통해서 수행을 배우는 경우에는 무상의 법을 보지 못합니다. 책은 사유이기 때문입니다. 지식으로는 지혜를 얻을 수가 없습니다. 책은 특별히 완성된 것을 말하지 그 과정이 또 생략되어 있습니다. 실천적 수행은 자기 단계에 맞는 하나하나의 과정을 거쳐야 됩니다. 그런 의미에서 우리가 수행을 새로운 시각에서 보는 것이 필요합니다.

이처럼 눈이 대상을 볼 때, 깨어서 보지 못하는 경우에는 대상을 있는 그대로 보지 못합니다. 표피적으로 봅니다. 그리고 고정관념으로 봅니다. 그리고 감각적 욕망으로 봅니다. 자기 이해에 얽혀서 봅니다. 그렇기 때문에 대상을 있는 그대로 보기 위해서는 개입하지 않고 위빠사나로 단지 대상을 분리해서 볼 수 있어야 됩니다.

이처럼 눈이 대상을 볼 때처럼 귀도 소리를 단지 있는 그대로 보기 위해서는 반드시 알아차림이 있어야 됩니다. 우리는 소리를 들을 때, 싫은 소리, 좋은 소리, 그저 그런 소리로 육체적 느낌으로 발전합니다. 그런데 소리를 들을 때 내 마음이 육문인 감각기관에 두고 그냥 소리를 들으면, 그것은 단지 소리일 뿐입니다. 마음이 소리 나는 곳으로 가서 어떤 소리에 빠지면 좋다, 싫다고 하면서 소리로 인해 우리가 고통을 겪게 됩니다. 그래서 그 순간 연기가 회전합니다.

마찬가지로 코가 냄새를 맡을 때에도 알아차림이 있으면 그 순간 연기가 회전하지 않습니다. 그러나 코가 냄새를 맡을 때 알아차리지 못하면 좋은 냄새, 싫은 냄새로 느낌이 변해서 연기를 회전시킵니다. 이처럼 연기라는 것은 경전에 있는 문자가 아니고, 우리의 정신과 물질, 몸과 마음이 살고 있는 동안 끊임없이 지속되는 그것입니다. 연기는 인간의 정신과 물질이 원인과 결과로 진행되는 것을 말합니다. 지금 우리가 살고 있는 것은 모두 연기의 과정 속에 있다는 사실을 알아야 합니다.

혀가 냄새를 맡을 때에도 알아차림이 있을 때는 단지 그것을 맛으로 보는데, 만약 알아차림이 없으면 맛있네, 맛없네, 하고 투정을 합니다. 그러면 그 순간 연기가 시작부터 회전합니다.

요즘처럼 날씨가 추울 때 또는 더울 때, 이런 때에는 피부가 추위나 더위에 부딪칩니다. 그래서 단지 그것을 느낌으로 알아차리면 그것은 단지 추위일 뿐이고 더위일 뿐인데, 만약 알아차리지 못한다면 '어휴, 추워서 죽겠네', '어휴, 더워 죽겠네'라고 스스로 괴로움을 만듭니다. 그래서 추위나 더위가 우리들에게 괴로움을 만들 때, 그 순간 연기는 회전합니다.

또 우리들의 의식이 어떤 생각을 할 때 알아차리지 못하면 끊임없는 생각에 빠져서 미워하고 좋아하고 괴로움에 빠집니다. 그러면 연기가 회전합니다. 그러나 우리 마음이 망상을 할 때 '지금 내 마음이 망상을 하고 있네'라고 알아차리는 순간에는 연기가 회전하지 않습니다.

이처럼 우리가 여섯 가지 감각기관의 문이 여섯 가지 감각대상을 받아들일 때 알아차림이 있으면 연기가 회전하지 않고 알아차림이 없으면 연기가 회전해서 갈애와 집착, 업의 생성을 일으킵니다. 그래서 미래의 결과가 생깁니다.

이처럼 우리 오온의 일어남과 사라짐을 지켜보고 알아차리지 못하기 때문에 무명으로 시작한 연기의 고리가 돌기 시작합니다. 무명에 덮여 있는 우리는 생각과 말과 행위인 삼업을 짓게 됩니다.

여기서 행을 업이라고 하는데, 몸으로 짓는 신업과 입으로 짓는 구업, 생각으로 짓는 의업을 말합니다. 일반적으로 말할 때 행은 마음에 의해서 일어난 업의 형성력으로 수동적인 상태를 말합니다. 그러나 연기에서 말하는 행은 매우 능동적인 측면이 있습니다. 즉, 업을 짓고 그 업을 드러내는 것을 뜻합니다. 그러니까 마음의 형성력으로 업이 형성된다는 의미가 아니고, 업을 짓고 그 업을 드러낸다는 그런 뜻을 가지고 있습니다. 다시 말하면 선하거나 선하지 못한 몸과 말과 생각으로 짓는 의도적 행위를 말합니다.

12연기와 위빠사나 수행에서는 과거의 수동적인 업보다 현재의 능동적인 업을 대상으로 합니다. 다시 말하면 행위를 해서 업을 짓고 그 업의 결과를 드러내는 것을 말합니다. 다시 한 번 도표를 살펴보겠습니다.

무명을 원인으로 행이 일어납니다. 행을 원인으로 하여 식이 일어납니다. 식을 원인으로 하여 명색이 일어납니다. 이는 오온이 형성된 것을 함축적으로 표현한 것입니다.

오온이 있기 때문에 접촉이 일어나기 마련이며, 접촉을 원인으로 하여 느낌이 일어나고, 느낌을 원인으로 하여 갈애가 일어나고, 갈애를 원인으로 하여 집착이 일어나고, 집착으로부터 업의 생성이 일어나고, 업의 생성으로부터 생이 일어납니다. 태어남이라고 하는 생이 일어나면 온갖 종류의 고통이 따라오고, 끝없는 연기의 고리가 다시 돌기 시작합니다.

여기서 우리는 무명과 무명으로 인해서 행이 일어나고 행으로 인해서 오온이 생긴다는 사실을 알아야 합니다. 그러니까 연기의 시작은 모르기 때문에, 알아차림이 없기 때문에, 지혜가 없기 때문에 반드시 그 무명은 갈애를 일으켜서 연기를 회전시킵니다.

요약하자면 오온이 있기 때문에 육문이 육경과 접촉하게 되고, 바로 느낌이 일어나서 갈애가 생기며, 집착과 업이 생성된다는 것입니다. 이런 과정으로 인해 태어나서 죽게 되고 윤회를 거듭합니다. 그러므로 수행자가 어떤 일에 정신이 팔려 있거나 일어남과 사라짐에 대한 알아차림을 놓칠 경우에는 연기가 무명부터 회전을 시작합니다.

이것은 그릇된 길을 밟는 잘못된 사도邪道의 길로서 여덟 가지의 요소인 식, 명색, 육입, 접촉, 느낌, 갈애, 취, 업의 생성이 두드러지게 나타납니다. 우리는 어리석음으로부터 현재의 몸과 마음을 이어받았습니다. 무명은 모른다는 뜻입니다. 그래서 지혜의 반대입니다.

무명이란 여덟 가지를 모르는 것이라고 말씀을 드렸습니다. 괴로움이 있는 것을 모르는 것, 괴로움의 원인이 집착이라는 것을 모르는 것, 괴로움이 소멸되는 것을 모르는 것, 괴로움을 소멸하는 길인 팔정도를 모르는 것, 출생 이전의 과거 생을 모르는 것, 죽음 이후의 미래 생을 모르는 것, 과거와 미래를 모두 모르는 것, 그리고 12연기의 바른 원인과 결과라는 성품을 모르는 것을 무명이라고 합니다.

이렇듯 무명의 특성은 모르는 것입니다. 그리고 그릇되게 아는 것입니다. 그리고 어리석으며, 항상 이 무명은 번뇌의 소용돌이와 가까이 있습니다. 무명의 계층은 매우 다양합니다. 지혜가 많고 적음에 따라 무명의 정도도 모두 다르게 나타납니다. 과거의 무명이 업을 형성하여 현재를 있게 하고, 현재의 무명이 갈애를 일으켜 미래를 만듭니다.

무명이 있는 한 윤회의 세계를 벗어날 수가 없습니다. 윤회가 끝나는 열반은 무명이 불타서 소멸한 것입니다. 무명은 연기를 돌리고 모든 번뇌의 우두머리입니다. 그래서 괴로움을 일으키는 갈애와 집착의 원인이 되기도 합니다.

시작부터 끊는 연기의 회전(2)

우리는 지금 연기를 공부하면서 그 연기가 느낌에서 갈애로 넘어가지 않는 자리, 즉 중간에서 끊어지는 것을 공부하였으며, 이제는 시작부터 끊어지는 연기를 공부하고 있습니다. 지난 시간에 이어서 오늘도 '시작으로부터 보는 연기의 회전'을 공부하겠습니다.

누구나 모르는 채로 태어났습니다. 그래서 우리는 자신이 모른다는 것을 잘 모릅니다. 모르는 것에는 알아야 할 것을 모르는 것과 모르는 것을 아는 것처럼 말하는 것이 있습니다. 욕망이 자신을 사망케 하는 것을 모르며, 지혜가 자신을 살리는 것을 모릅니다. 인색과 후회가 자신을 괴롭히는 것을 모르며, 관용과 보시가 자신을 즐겁게 하는 것을 모릅니다. 모르면 모르는 것을 좋아하고, 알면 아는 것을 좋아합니다. 모르면 불선을 좋아하여 수행을 멀리하고, 자신을 더욱 가혹한 상황으로 내몰아버립니다. 인간으로 태어난 가장 소중한 사명은 바로 무지에서 벗어나 지혜를 얻는 것입니다.

우리는 무지로 인해 잘못된 견해가 생기지만, 여기서 무지와 잘못된 견해는 서로 내용이 다릅니다. 무지는 괴로움이 있는 것을 모르는 것이지만, 잘못된 견해는 자아가 있다는 확신을 갖는 것입니다. 무지는 실재하는 것에 대하여 모르는 것이지만, 잘못된 견해는 탐심으로 인해서 일어나는 것입니다. 잘못된 견해는 변하는 것을 영원한 것으로 알고, 괴로움을 즐거움으로 알고, 무아를 자아로 압니다.

무지는 단지 모르는 것에 그치지만 잘못된 견해는 무지보다 더 깊은 병입니다. 모르는 것은 지혜가 나면 그만이지만, 잘못된 견해는 쉽사리 바뀌지 않습니다. 결국 내가 있다는 사견으로 인해 불선심이 일어나고 악행을 해서 사악도에 떨어지는 고통을 겪어야 합니다.

우리가 무명에서 벗어난다는 것은 사실은 무명뿐 아니고 잘못된 견해에서 벗어난다는 것입니다. 무명보다 더 무서운 것은 잘못된 견해입니다. 우리가 잘못을 해도 통찰지혜로 알아차리면 그 순간 열반에 들 수는 있겠지만, 유신견이나 상견, 단견을 가지고 있는 한은 결코 열반에 들 수 없습니다.

그래서 무명과 더불어 우리가 알아야 될 것이 잘못된 견해입니다. 화가 날 때 그 마음을 알아차리십시오. 그러면 항상 탐욕이 도사리고 있는 것을 알게 될 것입니다. 탐욕이 일어날 때 그 마음을 알아차리십시오. 그러면 무지한 마음이 버티고 있다는 것을 알 것입니다. 무지한 것을 알았을 때 그 마음을 알아차리십시오 그러면 무지해서 무지하다는 것을 알게 될 것입니다. 이처럼 무지보다 더 한 근본원인은 없습니다. 모든 것은 모르는 것으로부터 시작합니다.

바로 무지에서 벗어나는 길은 단 한 가지입니다. '내가 몰랐네!'라고 그 사실 자체를 새로 자각하는 것입니다. 그래서 무지하다는 것을 알아차리는 길이 무지로부터 벗어나는 유일한 길입니다. 바로 '내가 몰랐네!'라고 알아차리는 순간 연기는 처음부터 회전하지 않습니다. 그러나 우리가 무지해서 알아차림이 없는 순간에는 연기가 끊임없이 회전하여 고통의 늪에서 벗어날 수가 없습니다.

몰라서 행하지 못하는 사람이 있습니다. 그러나 알아도 행하지 못하는 사람이 있습니다. 모르는 사람은 무명 때문에 눈이 먼 사람이고, 알아도 못하는 사람은 믿음이 부족한 사람입니다. 무명에서 깨어나는 것도 자신의 역할이며, 믿음을 갖는 것도 자신의 힘으로 해야 합니다. 무명에서 깨어나기 위해서 믿음을 가져야 하지만, 믿음을 갖기 위해서는 스승의 가르침을 따라야 합니다. 믿음은 경전을 읽고 법문을 들어야 하며, 가르침에 따라 수행을 해야 생깁니다.

이런 법문을 들을 때 나의 견해를 개입시키지 마십시오. 단지 그냥 법문으로 들으십시오. 그 법문을 자신과 비교하지 마십시오. 자신의 고정관념, 자신의 유신견은 잠시 접어두시고, 오직 법이 무엇인지, 그것이 무엇을 말하고 있는지, 단지 그것만 유념하십시오. 절대 비교하거나 법을 평가하지 마십시오. 단지 그냥 법을 법으로 들으십시오.

우리는 법을 들을 때 자신의 견해로 비추어서 듣습니다. 그러면 법의 성품을 모릅니다. 법은 있는 것을 있는 그대로 말합니다. 우리는 무지하기 때문에 있는 것을 있는 그대로 보지 않고 자기의 견해로 봅니다. 그렇다고 본다면 법이 의미하는 진정한 뜻을 우리는 영원히 알 수가 없습니다. 그래서 수행을 할 때 알아차린다는 사실은 어떤 선입관 없이 단지 있는 것을 있는 그대로 본다는 것입니다. 어떤 전제도 없어야 합니다. 단지 법을 법으로 존중해야 합니다.

법은 와서 보라고 나타난 것입니다. 우리 몸에 통증이 있을 때에도 그 통증은 와서 보라고 드러낸 것입니다. 법은 항상 와서 보아 달라고 그 자체로 말하고 있는 것입니다. 그런데 와서 보라는 법을 우리는 보지 않습니다. 자기의 견해로 그것을 없애려 하거나 또 다른 것을 바라면서 법을 봅니다. 그러면 우리는 위대한 진리인 깨달음의 세계로 나아갈 수가 없습니다. 법을 법답게 보셔야 합니다. 그러기 위해서는 반드시 알아차림이 필요합니다.

어떤 경우에도 알아차림이 있으면 연기가 시작부터 회전하지 않습니다. 연기가 시작부터 회전하지 않을 때 바로 지혜로 살게 되고, 지혜가 있을 때 선행을 해서 선한 과보를 받습니다. 그 선한 과보의 끝이 바로 열반입니다.

다시 12연기 도표를 참조해 보기 바랍니다. 연기는 부분 1, 부분 2, 부분 3, 부분 4로 크게 네 칸으로 나뉘어 있습니다. 2번 칸은 오온을 가진 칸입니다. 이것은 괴로움의 진리입니다. 3번 칸으로 넘어가면, 이것은 괴로움의 원인을 일으키는 잘못된 길로 가는 것입니다. 느낌에서 갈애를 알아차리면, 2번 칸에서 3번 칸으로 넘어가지 않는 것이고, 또 2번 칸에서 3번 칸으로 넘어가지 않아서 갈애가 지혜로 바뀌어 지금 이 순간 연기가 흐르지 않는 새로운 시작이 옵니다.

잘못된 길을 밟는 사도는 식, 명색, 육입, 접촉, 느낌, 갈애, 취, 업의 생성이라고 합니다. 이들 여덟 가지 요소를 성제로 분류해 보자면 고제와 집제에 해당됩니다. 고품는 연료입니다. 집集은 불입니다. 오온은 연료입니다. 갈애와 집착, 업의 생성은 불로써 연료와 불이 결합하는 것입니다. 윤회의 모든 과정은 오로지 연료와 불의 결합일 뿐입니다. 불이 그 격렬함을 이룰 때마다 연료가 다시 공급됩니다. 이것은 한 일생의 태어남이 되기도 하고, 지금 이 순간의 윤회도 갈애라는 연료가 공급되어서 다시 불이 타는 것입니다.

분명한 것은 누구나 존재가 윤회하는 과정에서 단 한 생에도 그 불을 끄려는 의도나 노력을 기울인 흔적이 없다는 사실입니다. 왜 그랬을까요? 우리는 오온과 갈애가 연료와 불이라는 사실을 몰랐습니다. 끊임없이 바라서, 끊임없이 갈애를 일으켜서, 불이 꺼지려고 하면 끊임없이 연료를 공급했습니다. 우리는 연료를 공급하는 것이 좋은 것인 줄 알고 살았습니다. 끊임없이 어떻게 하면 더 좋은 연료를 공급할까에 대해서 골몰해 왔습니다. 이것이 바로 윤회고, 이것이 괴로움인 줄을 우리는 알 수가 없었습니다.

여기서 괴로움이 있는 오온은 연료에 해당됩니다. 갈애, 집착, 업의 생성은 불입니다. 몸과 마음이라는 연료가 있는데, 이 연료가 소멸하면 다시 갈애, 집착, 업의 생성이라는 불을 지펴서 연료에 또 불을 붙게 합니다. 갈애, 집착, 업의 생성이라는 불이 오온이라는 연료에 불을 붙여서 불이 타오르는 것입니다. 이 두 가지가 합쳐져서 불이 타오르는 것을 우리는 윤회라고 말합니다.

큰 믿음과 다소나마 지혜를 가진 자라면, 마땅히 이번 생에서 연료를 끊어 불을 끄려는 노력을 해야 합니다. 그러나 사람들은 말합니다. '바라지 않고 어떻게 살아?', '무슨 재미로 살아?' 그렇게 말합니다. '갈애를 일으키지 않고 어떻게 살아?' 그러나 그 갈애는 욕망입니다. 불입니다. 그 불을 다시 붙이는 것입니다. 그러면 결과는 괴로움뿐입니다.

우리가 성장을 해서 나이를 먹습니다. 이제 나이를 먹었으면 감각적 욕망에 대한 갈애를 일으키려 하지 말고 지혜를 가져야 합니다. 우리가 살면서 감각적 욕망만 키우지 말고, 이제 경륜, 경험으로 그것들이 괴로움이라는 사실을 알아서 갈애를 일으키지 않아야 합니다. 갈애를 일으키면 다시 태어나서 오온이라는 연료를 만들고, 연료를 만들면 다시 불을 붙이고 싶어 해서 불이 붙으면 계속해서 윤회를 합니다. 이 불은 누가 붙입니까? 이 괴로움은 누가 가져옵니까? 스스로 갈애를 일으켜서 불을 붙여서 자기 몸을 불태워서 괴로움에 처합니다.

그러나 알아차림이 있으면 무명 대신에 지혜가 생겨서 연기가 시작부터 회전하지 않습니다. 우리는 어떻게 살아야 할까요? 알아차리면서 살아야 합니다. 우리들에게 일어나지 말아야 할 일이 일어난 것 같지만 사실 그렇지 않습니다. 반드시 일어날 수밖에 없는 조건이 성립되어서 일어났습니다. 그것은 나의 갈애로 불을 일으킨 것이 바로 원인입니다.

오온은 연료이고 갈애, 집착, 업의 생성은 불입니다. 다시 말하면 연료와 불이 결합해서 윤회가 계속된다는 사실을 주지하여야 합니다. 오온이 나, 내 것이라고 생각하기 때문에 갈애, 집착, 업의 생성을 일으켜서 불을 지핍니다. 내 몸, 내 마음이라고 생각하지 않으면 갈애를 일으키지 않습니다. 내 자식, 내 아내, 내 가족, 내 나라라고 생각하지 않으면 갈애를 일으키지 않습니다.

그러므로 실재하지 않는 나를 실재하는 것으로 알아서 우리는 그 무명 때문에 끊임없이 갈애를 일으켜서 집착을 합니다. 그 집착의 결과가 오온을 지속하게 하는 것입니다. 갈애, 집착, 업의 생성이라는 불이 꺼지려고 하면 오온이 다시 불을 지피도록 충동을 합니다. 그러니까 몸과 마음, 정신과 물질은 심심하면 무언가 꺼리를 찾습니다. 그렇게 해서 갈애를 스스로 또 일으키도록 만듭니다. 그래서 몸과 갈애가 서로 되먹임을 합니다. 몸은 갈애를 일으키고, 갈애는 또 오온을 불태우고, 이렇게 서로 원인과 결과로 지속되는 것을 윤회라고 합니다.

오온을 만드는 연기의 길을 가는 것은 어리석은 일입니다. 수행은 연기의 사슬에서 벗어나서 행복의 길로 가는 것입니다. 내가 태어나고 죽는 것이 아닙니다. 죽는 나도 없고 태어나는 나도 없습니다. 죽는 순간에 마지막 마음이 일어났다가 사라지면 끝납니다. 그러나 사라진 마음이 강력한 과보의 빛을 일으켜 공기를 타고 다시 태어나는 마음을 만듭니다. 사라진 마음이 다시 일어난 것이 아니고, 단지 과보가 일어난 것이므로 이때 나의 마음이 아닙니다. 여기서 원인과 결과라는 조건만 있지 어떤 자아도 없습니다.

윤회를 한다는 것은 정신적·물질적 현상이 조건에 의해서 지속적으로 흐르는 것을 말합니다. 이때 지혜의 눈으로 보면 나의 몸과 마음이 아니라는 사실을 알아서 갈애를 일으키지 않을 때 비로소 연기는 중간에서 끊어지고 시작부터 끊어집니다.

끝에서 멈추는 연기의 회전(1)

지금까지 우리는 연기가 중간에서 끊어지는 것과 연기가 알아차림에 의해서 시작부터 끊어지는 것을 공부했습니다. 느낌에서 갈애로 넘어가지 않을 때 연기는 그 순간 중간에서 끊어지며, 갈애가 일어날 자리에 지혜가 일어나면 무명이 지혜로 바뀌어서 연기가 시작부터 끊어집니다. 그래서 알아차림이 있으면 연기가 중간에서 끊어지며 그리고 다시 시작부터 끊어지는 결과를 맞게 됩니다. 오늘은 연기가 끝에서 끊어지는 것에 대해서 말씀드리겠습니다.

일어나는 것은 사라집니다. 원인이 있으면 반드시 결과가 있습니다. 그래서 모든 것은 일어난 뒤에 반드시 사라집니다. 사라지는 힘으로 다시 일어나는 힘이 생깁니다. 새로운 일어남이 있어서 다시 또 새로운 사라짐이 있습니다.

모든 것이 일어난 뒤에 반드시 사라지지만, 사라지는 힘이 없으면 다시 일어남이 생기지 않습니다. 새로운 일어남이 없으므로 다시 사라짐도 없게 되는 것입니다. 일어나고 사라지는 것은 세속에서 윤회를 거듭하는 것이고, 사라짐만 있고 일어남이 없는 것은 윤회가 끝나는 것입니다. 사라짐에 갈애가 없으면 새로운 일어남이 생기지 않습니다.

범부는 모르기 때문에 나고 죽는 것을 즐겨 반복하지만, 성자는 알기 때문에 나고 죽는 괴로움으로부터 벗어납니다. 무지는 모르기 때문에 계속하고, 지혜는 알아서 끊습니다.

우리는 정신과 물질로 구성되어 있습니다. 이 정신과 물질은 서로 다르지만 하나의 요소로 결합되어 있습니다. 정신이 물질을 떠날 수 없고, 물질이 정신을 떠날 수 없습니다. 죽을 때 마음이 소멸하고 그 과보의 마음이 찰나 간에 다음 재생연결식으로 연결되어 새로운 탄생을 합니다. 이러한 과정을 통해서 새로 일어난 마음은 다시 죽을 때까지 항상 물질과 함께 있습니다.

정신은 물질에 영향을 주고 물질은 정신에 영향을 줍니다. 생존한다는 것은 이 두 가지의 상호작용에 의한 것입니다. 마음은 하고 싶은 것이 있어도 물질이 없으면 할 수가 없고, 물질은 마음의 의도가 없으면 아무것도 할 수가 없습니다. 정신은 저 스스로 움직일 수가 없어서 앉은뱅이라고 말합니다. 물질은 저 스스로 볼 수가 없기 때문에 장님이라고 말합니다. 우리가 산다는 것은 이처럼 앉은뱅이와 장님이 동거하는 것입니다.

이러한 우리의 삶은 연속적인 괴로움뿐입니다. 그래서 죽을 때 어떤 마음으로 죽는가에 따라서 다음 생이 결정됩니다. 죽는 마음으로 다음 생이 결정되는 것은 인간만의 특권입니다. 사악도, 색계, 무색계에서의 죽음은 선택의 여지가 없습니다.

가장 위대한 죽음은 갈애가 소멸되어 다시 태어나지 않는 것입니다. 다음으로 위대한 죽음은 지혜를 가진 인간으로 태어나는 것입니다. 그다음으로 위대한 죽음은 기능을 가진 인간으로 태어나는 것입니다.

가장 위대한 죽음은 반드시 수행을 해서 갈애를 소멸시키는 것이며, 다음으로 위대한 죽음은 반드시 수행을 해서 지혜를 얻는 것입니다. 그다음으로 위대한 죽음은 지식을 쌓아서 기능을 갖는 것입니다. 죽을 때 이것이 결정됩니다.

연기가 끝에서 다시 회전하는 것은 죽을 때 바라는 마음이 있느냐 없느냐의 차이입니다. 우리가 고통을 알아차리면 그 순간 고통은 단지 원인이 있어서 생긴 결과라고 알 때 그 고통은 소멸합니다. 그런데 이 고통이 소멸하는 과정에서 반드시 알아차림에 의한 지혜가 있기 때문에 고통이 있어도 내가 고통이라고 느끼지 않기 때문에 고통은 있는 것일 뿐이지 나를 괴롭히는 원인이 되지 못합니다. 그래서 죽을 때 몸이 갑갑하고 숨이 벅찬 고통을 우리가 있는 그대로 받아들인다고 한다면 그 고통이 소멸됩니다.

그런데 고통을 알아차려서 소멸하게 될 때에 그냥 고통만 소멸되는 것이 아닙니다. 고통이 소멸될 때 고통을 알아차려서 고통과 함께 소멸되는 것이 또 한 가지 있습니다. 그것이 갈애입니다. 이것을 빨리어로는 사마시시samasīsī 혹은 사마시사samasīsa라고 합니다. 무슨 얘기인가 하면 고통이 알아차림에 의해서 소멸될 때 고통만으로 끝나는 게 아니고 갈애까지 소멸되는 것을 말합니다. 이것이 해탈입니다. 이것이 아라한이나 부처가 되는 길입니다.

우리가 수행을 해야 하는 이유는, 있는 고통을 단지 고통으로 알아차리면 그것은 마음까지 아프지 않아서, 원인과 결과에 의한 고통이라고 알 때 갈애가 일어나지 않기 때문입니다. 고통이 일어나서 소멸하면 반드시 갈애가 소멸됩니다. 이것이 오늘 우리가 수행을 해야 되는 이유입니다. 그렇게 되었을 때 우리는 아라한이 되어서 열반을 성취합니다. 열반이라는 것은 탐욕, 성냄, 어리석음이라는 번뇌가 불탄 것을 말합니다. 그리고 더 받을 것이 없는 상태를 말합니다.

물론 열반은 특별한 정신적 상태입니다. 열반에 이르기는 해도 들어갈 수가 없습니다. 그래서 열반을 얻은 자는 없습니다. 성자는 있어도 성자를 얻은 자는 없습니다. 부처는 있어도 부처가 된 자는 없습니다. 깨달음이라는 것은 정신적 상태이지 그것을 얻은 자는 없습니다.

이렇듯 열반은 탐욕과 성냄과 어리석음이 불탄 것을 말합니다. 바로 모든 번뇌가 불타서 끊어진 것이 지고의 행복입니다. 이것은 연기가 끝에서부터 회전하지 않는 것을 말합니다. 그러나 열반은 원한다고 해서 얻을 수 있는 것이 아닙니다. 알아차린 결과로 무상, 고, 무아를 철견해서 집착이 끊어져서 자연스럽게 오는 것입니다.

열반의 상태에 이르기는 해도 들어갈 수가 없습니다. 열반에서 벗어나서 비로소 우리는 열반에 든 것을 알 수 있습니다. 몸을 가지고 매번 의식이 정지된 상태의 열반이 있고, 윤회가 끝나서 다시 태어나지 않는 반열반, 빠리닙바나parinibbāna가 있습니다.

수다원, 사다함, 아나함의 도과를 성취한 사람은 지속적으로 열반을 경험합니다.

이때 열반은 죽음을 의미하지 않습니다. 반열반이라고 해서 다시 태어나지 않는, 윤회가 끝나는 열반을 죽음이라고 말합니다. 열반에는 유여의열반과 무여의열반이 있습니다. 몸을 가지고 경험하는 열반과 몸이 다시 재생되지 않는 열반이 있습니다.

어리석음으로 얻은 기쁨은 진정한 기쁨이 아닙니다. 지혜로 얻은 열반의 기쁨만이 진정한 기쁨입니다. 열반이라는 것은 원인과 결과를 벗어난 정신적 상태입니다. 그러므로 열반은 있어도 열반을 얻은 자는 없습니다. 수다원의 정신적 도과는 있어도 수다원을 얻은 자는 없습니다. 무아이기 때문입니다. 성자의 정신적 상태는 있어도 깨달음을 얻은 자는 없습니다. 무아이기 때문입니다. 만약 내가 깨달음을 얻었다라고 말한다면 그 사람은 깨달은 사람이 아닙니다. 왜냐하면 자아가 없기 때문입니다.

열반은 지혜의 상태에 따라 수다원, 사다함, 아나함의 열반이 있고, 아라한의 열반이 있습니다. 이때 아라한이 되어야 비로소 빠리닙바나라고 하는 반열반에 이릅니다. 우리들의 궁극적 목표는 열반입니다. 이 열반은 모든 번뇌의 괴로움을 불태우고 지고의 행복만 남아 있는 상태입니다.

우리가 살아서 가지고 있는 물질적 재산은 재산이 아닙니다. 살면서 가지고 있는 정신적 상태가 진정한 재산입니다. 살면서 얻은 모든 부귀영화는 영원한 것이 아니지만 살면서 얻은 수행의 지혜는 계속해서 상속됩니다. 물질과 정신이 모두 원인과 결과에 의해서 생멸하지만, 죽을 때 가지고 갈 수 있는 지혜만이 진정한 재산입니다.

죽을 때 가지고 가는 재산은 살면서 행한 계율과 선행이며 계율과 선행으로 청정하다면 그 과보로 인해서 다시 태어나서 한 대로 받는 좋은 생을 받습니다. 우리는 누구나 죽습니다. 그리고 연기가 회전하지 않는 죽음 혹은 연기가 회전하는 죽음을 맞이합니다.

누가 나를 죽이는가요? 바로 자신의 탐욕과 성냄과 어리석음이 몸과 마음을 병들게 하여 비참한 죽음으로 내몹니다. 누가 나를 죽입니까? 자신의 무명이 나를 죽입니다.

어리석음이 행위를 일으켜 끝없이 태어나게 합니다. 누가 나를 죽입니까? 자신의 몸과 마음이 나를 죽입니다.

세월은 근본원인이 아니고 단지 따르는 것입니다. 원하는 시기에 원하는 장소에서 죽으려는 것은 탐심입니다. 죽음은 때와 장소를 가리지 않고 옵니다. 누구나 죽지만 자신의 죽음만은 외면합니다. 죽음을 받아들이고 싶지 않다는 것은 사실 어리석음입니다. 왜냐하면 우리는 죽을 수밖에 없기 때문입니다.

우리는 행복을 원합니다. 그런데 행복을 얻기 위해서 우리는 노력하지 않습니다. 행복하기 위해서는 무명으로부터 벗어나서 지혜를 얻어야 됩니다. 그런데 이 지혜를 구하려고 하지 마십시오. 지혜는 알아차린 결과로 오는 것입니다.

무지는 모르는 것이고 지혜는 아는 것입니다. 무지는 불선의 행위이고, 지혜는 선한 행위입니다. 무지는 끊을 수가 없고 집착을 하게 하지만 지혜는 끊어버리기 때문에 집착을 하지 않습니다. 그러나 애써 지혜를 얻으려고 하지 마십시오. 자신의 어리석음을 알아차리는 것이 지혜입니다. 마음이 일을 할 때 욕망으로 하느냐 알아차림으로 하느냐에 따라서 그 결과가 달라집니다.

지혜가 나서 좋아하면 퇴보합니다. 지혜가 나서 지나치면 간교해집니다. 그래서 이 지혜도 알아차려야 됩니다. 지혜도 알아차릴 대상이기 때문에 이것을 알아차리지 못하면 지혜가 다시 번뇌로 바뀝니다. 그래서 언제나 알아차림만 있어야 합니다.

재산, 지위, 사랑은 잃어버릴 수 있지만, 번뇌의 불을 끈 지혜는 잃어버릴 수가 없습니다. 세상의 행복은 번뇌에 뿌리를 둔 것이라서 진정한 행복이 될 수 없지만, 지혜의 행복은 알아차림에 뿌리를 둔 것이라서 지고의 행복이라고 합니다.

알아차림으로 인해 지혜가 나지만, 나중에는 이 지혜가 앞에서 알아차림을 이끕니다. 그래서 법이 앞에서 이끈다고 말합니다. 인간으로 태어난 과보 중에서 가장 큰 과보는 지혜를 가지고 태어나는 것입니다. 인간으로 태어난 뒤에 해야 할 가장 큰 목표는 바로 지혜를 얻어서 번뇌로부터 자유로워지는 것입니다. 지혜는 수행을 할 때만이 계발될 수 있으며 지혜만이 번뇌를 불태울 수 있는 힘을 가지고 있습니다.

지혜는 업의 원인과 결과를 아는 지혜가 있고, 다음으로 사마타 수행의 선정의 지혜가 있습니다. 그리고 위빠사나 수행의 칠청정과 통찰지혜가 있으며, 마지막으로 도와 과의 지혜가 있습니다. 도와 과의 지혜는 열반에 이르는 것을 말합니다. 수다원의 도과의 지혜, 사다함의 도과의 지혜, 아나함의 도과의 지혜, 아라한의 도과의 지혜가 있습니다. 지혜는 단 한 번에 일어나는 것이 아니며, 수행을 통해서 점진적으로 계발되다가 최고의 지혜에 이르게 됩니다.

오늘 우리가 12연기를 통해서 위빠사나 수행을 하는 이유는 최고의 지혜에 이르러서 끝없는 윤회의 사슬을 벗어나는 것입니다.

끝에서 멈추는 연기의 회전(2)

과거도 현재도 미래도 연기는 회전하고 있습니다. 그러나 지혜가 있는 자들은 이 순간 정신과 물질을 다스려서 연기를 회전시키지 않습니다. 연기를 회전하는 것은 모르는 자의 길이고, 연기를 회전하지 않는 것은 아는 자의 길입니다. 오늘은 끝에서부터 보는 연기의 회전에 관해서 말씀드리겠습니다.

우리는 적이나 싫어하는 사람을 보았을 때 성냄이나 분노가 일어납니다. 우리는 그 사람과 얼굴을 맞대거나 말을 하면 더욱 화가 납니다. 그의 목소리와 모습은 비열하게 느껴지고 참을 수가 없게 됩니다. 이 순간에 이미 연기가 회전한 것입니다. 이렇게 되었을 때, 이것은 원인으로 인해서 연기가 끝에서 새로 시작된 것입니다.

빨리어 경전에 이런 말이 있습니다. "성냄, 슬픔, 비탄, 근심, 고뇌가 일어난다. 이와 같이 이것이 혼자 괴로움의 무더기가 발생된다." 이 말은 성냄, 슬픔, 비탄, 근심, 고뇌로 인하여 괴로움의 무더기인 오온이 일어난다는 것을 말합니다. 이것은 고통과 슬픔의 큰 무더기가 일어난다. 왜냐하면 연기가 끝에서부터 회전하기 때문이라는 의미입니다.

그러니까 우리가 알아차리지 못하면 연기가 끝에서부터 다시 회전해서 새로운 생을 맞게 됩니다. 그러나 끝에서 알아차리면 더 바랄 것이 없어서 태어남이 끊어집니다. 이것이 연기가 끝에서부터 끊어지는 것이라고 말합니다. 그러나 죽을 때 알아차리지 못하면 연기가 끝에서부터 새로 시작하는 것입니다.

연기가 끝에서 새로 시작한다는 것은 연기의 회전이라는 것이 한 일생을 통해서 거듭되기도 하고, 또 매 순간 거듭되기도 하는 것을 말합니다. 이러한 연기의 회전이 시작에서 돌기 시작하는 것은 어리석음이라는, 모른다는 무명으로 인한 것입니다.

연기가 시작부터 돌기 시작하는 것은 어리석기 때문에 무명으로 인한 것입니다. 연기가 중간에서 회전하는 것은 느낌에서 갈애를 일으켰기 때문입니다. 연기가 끝에서 다시 회전하는 것은 업의 생성으로 인해서 태어나서 늙어서 죽을 때에도 알아차리지 못하고 바라는 마음을 가지고 있기 때문입니다.

연기가 중간에서 끊어지는 것도 알아차림에 의해서 느낌에서 갈애로 넘어가지 않을 때 끊어지며, 연기가 시작부터 끊어지는 것은 갈애가 일어날 자리에 지혜가 일어나서 알아차림이 있을 때 연기가 시작부터 끊어지며, 늙어서 죽을 때 알아차리지 못하면 연기가 회전하지만 알아차리는 순간에는 연기가 회전하지 않는 것입니다. 이것은 바로 알아차림을 이야기합니다.

이 알아차림이라는 것은 깨어서 대상을 아는 마음을 말합니다. 이것을 수행이라고 말합니다. 이것을 여기서는 염念 또는 각覺이라고 말하지만, 빨리어로는 사띠sati라고 말합니다. 이것을 우리말로는 관찰, 알아차림, 주시, 보다, 라는 뜻으로 말하고 있습니다.

그래서 연기의 회전은 어느 위치가 중요한 것이 아닙니다. 언제고 어디서고 알아차리는 순간 연기가 끊어집니다. 여러분, 연기가 중간에서 끊어지는 게 좋을까요? 아니면 시작부터 끊어지는 게 좋을까요? 끝나고 나서 끊어지는 게 좋을까요? 결코 좋은 것이 없습니다. 언제 어디서고 알아차리는 순간 연기는 끊어지기 때문에 어느 때, 어느 시간 이라는 것이 없습니다.

이 얘기는 무엇을 말하는가 하면 수행자들이 하루를 보내면서 알아차리지 못한 것을 후회합니다. '아! 오늘 알아차림을 놓쳤다. 아! 오늘 하나도 못 알아차렸다. 그래서 나는 죽어야 돼! 그래서 나는 바보 같아!'라고 말합니다.

그러나 아닙니다. 알아차림이란 원래 새로운 습관입니다. 하기가 어려운 것입니다. 전에 해보지 않은 것입니다. 그래서 조금씩 알아차림을 계속하다가 조금씩 조금씩 더 많이 알아차리게 됩니다. 그래서 알아차리지 못했다는 것을 알았으면 가장 큰 알아차림입니다. 그것이 끝에서 알아차리는 것입니다.

사람들은 알아차리지 못하기 때문에 끝도 시작도 없습니다. 그러나 수행자는 시작과 중간과 끝을 알아서 언제고 어디서고 그냥 알아차리면 됩니다. 그래서 하루 중에 자기가 알아차리지 못했다고 후회할 것이 아니고, 그 순간 그 생각을 하는 그 마음을 알아차리고, 그 생각을 하는 그 순간의 호흡을 알아차리면 됩니다. 알아차림은 언제나 현재로 오면 됩니다.

여러분! 불쾌하고 마음에 안 드는 대상을 볼 때 수행자는 그 일어남과 사라짐에 대해서 알아차리지 못한다면 연기는 끝에서부터 돌기 시작하는 것입니다. 끝에서 알아차리는 것은 죽을 때 알아차리는 것을 말하지만, 사실은 무슨 일이 진행되고 나서 알아차리지 못했다는 것을 알아차리는 것도 포함됩니다. 지나고 나서도 알아차리지 못하면 무명으로 새로 시작되지만, 지나고 나서라도 새로 알아차리면 무명이 아닌 지혜로 새로 시작하기 때문입니다.

끝에서 알아차리면 그 순간 연기는 다시 회전하지 않습니다. 무명인 상태로 죽으면 다시 무명인 상태로 태어나서 다시 갈애를 일으켜 윤회를 거듭합니다. 그러나 지나고 나서 알아차리거나 죽을 때 알아차리면 그 순간 윤회가 끝난다는 사실을 우리는 유념해야 됩니다. 빨리, 더 빨리, 더 많이, 알아차린다는 것은 욕망입니다. 언제고 어디서고 자기가 알아차릴 수 있는 만큼 알아차리는 것이 수행자의 역할입니다.

우리는 어디서 왔습니까? 나는 어디서 왔습니까? 나는 조건에 의해서 생긴 과거의 원인으로부터 왔습니다. 나는 어디서 온 것이 아닙니다. 그러므로 어떤 장소에서 온 것이 아닙니다.

과거의 어떤 원인으로부터 왔습니까? 과거에 있었던 무명과 행위로 인해서 현재의 결과가 생겼습니다.

나는 그러면 어디로 갑니까? 현재의 원인으로 인해서 미래의 결과로 갑니다. 우리가, 내가, 어디서 오고, 어디로 가는 것이 아닙니다. 여기에는 단지 원인에 의해서 생긴 결과만 있을 뿐입니다. 그러므로 특별한 장소에서 온 것도 아니고 내가 온 것도 아닙니다. 그리고 어디로 가는 것도 아닙니다. 단지 원인과 결과만 흐르고 있습니다.

그렇다고 하면 현재의 원인은 무엇일까요? 현재의 원인은 미래를 만드는 갈애와 집착, 업의 생성으로 인해서 현재의 원인이 생겼습니다. 그럼 현재의 원인으로 인해서 미래의 결과로 갑니다.

나는 왜 살고 있습니까? 과거의 무명으로 인해 생긴 현재의 갈애가 이끌기 때문에 살고 있습니다. 자기 의지대로 살지 못합니다. 우리는 과거에 만들어 놓은 무명으로 인한 행으로 의해서 그 과보의 힘으로 흘러가고 있습니다. 그래서 나의 의지대로 되지 않습니다. 내가 과거에 만들어 놓은 많은 선한 행위의 원인과 선하지 못한 원인에 의한 결과가 그 과보를 받아서 과보의 힘으로 우리가 살고 있습니다.

나는 어떻게 살아가야 할까요? 현재와 미래의 괴로움으로부터 벗어나서 행복하게 살기 위해서 선한 마음으로 선한 행위를 하면서 살아야 합니다. 바로 그 선한 행위가 알아차림이고 마침 알아차리지 못했더라도 '지금 알아차리지 못했네!'라고 생각하고 다시 알아차리면 그것 자체가 새로운 것입니다. 이렇게 알아차린 결과로 우리는 중도적 관점을 갖습니다.

위빠사나 수행의 알아차림은 중도입니다. 중도라는 것은 사유하는 것이 아니고, 실천하는 것을 말합니다. 직접 길을 걸어가는 것. 그것을 중도라고 말합니다. 생각은 결코 중도가 아닙니다. 행동하는 양심이 진정한 양심이라고 우리가 말합니다. 중도도 마찬가지입니다. 사유로 하는 중도는 위험합니다. 중도가 아닙니다. 직접 몸소 실천을 해서 중립적 지혜를 얻는 것을 우리는 중도라고 합니다. 그러니까 수행이 없는 중도는 살아 있는 중도가 아니고 죽은 중도입니다.

보통은 한쪽에 편리함이 있으면 다른 한쪽에 불편함이 있고, 한쪽에 이익이 있으면 다른 한쪽에 불이익이 있습니다. 그러나 양쪽 모두에게 유익함을 주는 것이 있습니다. 이것이 바로 중도입니다. 그래서 이 중도를 인간의 삶에서 가장 최고의 지혜로 칩니다.

편리하거나 불편하거나 이익이 되거나 되지 않거나 어느 한쪽으로 기울지 않고 균형을 이루는 것을 중도라고 말합니다. 좋은 것만을 선호하면 좋지 않은 것을 견디지 못합니다. 좋지 않은 것만을 선호하면 좋아질 기회를 상실합니다. 중도는 감각적 쾌락이 아니고, 극단적 고행도 아닙니다. 치우침이 없는 평등심의 마음이라서 이것은 해탈의 마음이라고 말합니다.

우리는 극단적 고행을 마치 수행으로 잘못 알고 있습니다. 이것은 결코 수행이 아닙니다. 이것은 지성을 나약하게 합니다. 부처님은 극단적 고행을 결코 용납하지 않으셨습니다. 본인이 직접 6년 동안 고행을 한 결과 이것은 사람의 정신을 나약하게 하고 피폐하게 해서 지혜가 나지 않는다는 사실을 알고 중도적 관점에서 연기를 발견하셨던 것입니다. 선하다는 명분으로 과정이 무시되어서는 안 됩니다. 전 과정이 균형을 이룰 때만이 좋은 결과가 있습니다.

중도라는 것은 계, 정, 혜 삼학을 말하며, 팔정도 위빠사나 수행을 실천하는 것을 중도라고 합니다. 우리가 수행을 해서 중도적 견해를 갖는다는 것은 바로 행복하기 위해서 그렇습니다.

행복은 세속의 감각적 행복이 있으며, 사마타 수행의 출세간의 행복이 있고, 위빠사나 수행의 더 높은 출세간의 행복이 있습니다.

세속의 행복은 감각적 욕망을 성취했을 때이고, 출세간의 행복은 번뇌를 억누르는 고요함에서 얻는 것이고, 위빠사나 수행의 더 높은 출세간의 행복은 번뇌를 말린 지혜를 얻을 때 지고의 행복을 얻습니다.

세속의 행복은 얻을수록 갈증을 느끼지만, 출세간의 행복은 얻을수록 만족하고, 더 높은 위빠사나의 출세간의 행복은 그 만족함에서도 벗어나는 것입니다.

세속의 행복은 과거나 미래 속에서도 찾을 수 있지만, 출세간과 더 높은 출세간의 행복은 과거나 미래에서는 찾을 수 없습니다. 오직 현재의 대상을 알아차릴 때만 가능합니다.

세속의 행복에서는 대상을 알아차리는 것이 없고, 출세간의 행복에서는 사마타 수행의 알아차림이 있고, 더 높은 행복은 위빠사나 수행의 알아차림이 있습니다.

해탈의 행복은 오직 현재에 머물 때만이 있습니다. 과거는 지나간 것이라서 현재가 아니며, 미래는 아직 오지 않은 것이라서 현재가 아닙니다. 현재는 지금 이 순간에 있는 실재를 알아차리는 것입니다. 이 순간에 현재를 알아차리면 행복을 만들 수 있는 순간이 됩니다. 그리고 알아차리지 못하면 불행을 만드는 순간이 되기도 합니다.

지금 이 자리에서 행복을 만드는 일을 하지 못하거나 행복을 느끼지 못하면 어느 때고 행복할 수가 없습니다. 지금 이 순간에 자신의 몸과 마음을 알아차려야 합니다. 행복은 오직 이 순간에 있는 정신과 물질을 알아차려서 그것이 무상하고, 그것이 괴로움이며, 거기에 자아가 없다는 사실을 알아서, 갈애가 끝나고, 갈애를 일으키지 않아서, 업이 생성되지 않는, 그것이 행복입니다.

행복은 과거, 미래에 있지 않습니다. 행복은 현재에 있습니다. 그 현재로 오기 위해서 자신의 몸과 마음을 알아차려야 됩니다. 내 몸과 마음을 알아차리는 순간 어떤 번뇌도 침투하지 못합니다.

그래서 우리는 어느 때고 알아차려서 연기가 끝에서 다시 회전하지 않도록 해야 합니다. 알아차리지 못했다고 후회할 것이 아니라, 그 순간 알아차려서 연기를 끝에서 회전시키지 말아야 합니다.

위빠사나 수행을 하지 않으면 윤회는 계속된다

오늘은 『어디서 와서 어디로 가는가』의 '위빠사나 수행을 하지 않을 때 연기의 윤회는 계속된다'는 것에 대해서 말씀드리겠습니다.

현재 얼마나 괴로우십니까? 때로는 괴로움이랄 것도 없이 그냥 괴로울 수도 있습니다. 사는 것이 행복인 것 같아도 사실은 괴로움입니다. 원래 괴로운 것이니 괴로워하지 마십시오. 괴로움을 받아들이면 그 순간 괴롭지 않습니다. 우리는 괴롭지 않으려고 하기 때문에 괴롭습니다. 그러나 그 괴로움이 원인과 결과로 인해서 온 괴로움이라고 알아차리면 그 순간 단지 느낌일 뿐입니다.

사실 괴로움이란 것은 하찮은 것입니다. 우리가 하찮은 것을 크게 생각해서 괴롭지, 사실 그것은 흘러가는 한순간의 느낌일 뿐입니다. 우리가 큰일은 포기하고 괴로워하지 않습니다. 괴로움만 있다면 살기가 어렵겠지만 행복도 있습니다. 그러니 어쩌겠습니까? 기다려야 하지 않겠습니까? 인간 세계의 60년은 천상의 90시간입니다. 그래서 60년이 천상의 3일 18시간에 불과합니다. 그러니 과연 무엇을 따지고 산단 말입니까?

지금 당신이 괴롭다면 그간 감각적 쾌락을 행복으로 잘못 알고 있었기 때문입니다. 진정한 행복은 괴로움을 있는 그대로 알아차렸을 때만 얻을 수가 있습니다. 지금 당신이 괴롭다면 그간 잘못한 일에 대한 마땅한 과보를 받은 것일 뿐입니다. 지금은 괴롭지만 괴로움을 알아차리면 괴로움이 소멸되고 그다음은 괴롭지가 않습니다.

지금 당신 혼자서 겪는 괴로움이 아닙니다. 윤회하는 세계에서는 누구나 똑같은 괴로움을 똑같이 겪고 있습니다. 그러니 괴로움을 피하려고 하지 마십시오. 결코 피할 수가 없습니다. 그냥 괴로움을 온몸과 마음으로 받아들이십시오. 그러면 그 순간 괴로움이 아닙니다.

모든 것은 과정입니다. 괴로운 것도 과정이고, 괴롭지 않은 것도 과정입니다. 다행히도 우리에게는 알아차릴 수 있는 선한 마음이 있으며, 그렇게 노력할 수 있는 힘이 있습니다. 우리들이 가지고 있는 것은 때로는 약이 독이 될 수도 있고, 독이 약이 될 수도 있습니다. 약도 잘 써야 약이지 잘못 쓰면 독이 됩니다. 독도 잘 쓰기만 한다면 약이 될 수도 있습니다.

그래서 수행을 하는 것은 모든 면에서 이익을 주지만, 잘못하면 남과 나에게 불이익을 줄 수도 있습니다. 먼저 자신이 수행자라는 특별한 신분이라고 생각하거나 내가 수행을 한다고 그렇게 말하고 다녀서는 안 됩니다. 왜냐하면 자신의 내면을 통찰하는 수행이기 때문에 자칫 잘못하면 수행만을 우선으로 하는 수행병에 걸릴 수도 있습니다. 수행은 단지 대상을 알아차리는 것이지, 수행자연하는 것이 아닙니다. 수행하는 마음은 있어도 수행자는 없습니다. 수행 중에 남을 이해하지 못하고 자기만 아는 독을 피우고 있지 않은지 우리는 알아차려야 합니다.

수행의 위험을 방지하기 위해서 위빠사나 수행은 먼저 자신의 내면을 통찰하는 과정을 반드시 거칩니다. 그런 뒤에 밖에 있는 다른 대상을 알아차립니다. 내면만을 알아차렸을 때 오는 잘못을, 이렇게 밖을 알아차리면서 막을 수가 있습니다. 다시 말해서 우리는 먼저 자신을 알아차려야 되고, 그리고 밖에 있는 대상을 알아차려야 되고, 그리고 이것들의 조화를 이루도록 안과 밖을 함께 알아차려서 어떤 조건도 적절하게 균형을 이루도록 해야 합니다.

이처럼 수행을 할 때만이 연기가 회전하지 않아서 윤회로부터 탈출할 수가 있습니다. 연기는 예나 지금이나 끊임없이 돌고 있습니다. 잠자는 시간을 제외하고는 좋거나 싫은 대상을 대함에 있어 때로는 탐욕으로, 때로는 성냄으로, 때로는 어리석음으로 함께 연기를 돌리고 있습니다. 이때 잠자는 시간에는 잠재의식이라고 해서 연기가 회전하지 않습니다. 이 잠재의식을 '바왕가찌따Bhavaṅgacitta'라고 하는데 존재의 조건을 형성하는 의식을 말합니다.

연기가 이들 탐욕, 성냄, 어리석음과 함께 회전할 때 불선심이 일어나고, 이를 일러서 공덕이 되지 않는 행의 상태라고 말합니다. 공덕이 되지 않는 행은 탐, 진, 치를 가진 자가 하는 행위를 말하며, 죽으면 그 과보로 사악도인 지옥, 축생, 아귀, 아수라에 태어나게 됩니다.

우리는 공덕을 짓습니다. 공덕이라는 것은 어떤 것일까요? 우리들에게는 도道와 덕德이 있습니다. '도'는 깨달음으로 가는 바른 길이고, '덕'은 바른 마음가짐으로 도덕적인 행위를 하는 것입니다. 그래서 도와 덕이 함께 있어야 합니다. 사실 도가 없으면 덕이라도 있어야 합니다. 도는 소멸하는 것이고, 덕은 쌓는 것입니다. 도는 윤회하는 세계를 벗어나게 하지만, 덕은 윤회하는 세계를 벗어나지 못합니다. 그래서 우리가 도를 추구할 때 덕의 힘으로, 덕의 바탕으로 도를 추구할 때만이 올바른 도를 성취할 수가 있습니다.

여기서 말하는 공덕이라는 것은 선한 일을 하는 힘을 말합니다. 그런데 공덕이 있는 행이 있고, 공덕이 없는 행이 있습니다. 우리가 하는 행에는 공덕이 되는 행, 공덕이 없는 행으로 나눌 수 있습니다.

그래서 공덕이 되지 않는 행을 하는 사람은 지옥, 축생, 아귀, 아수라에 사악도에 떨어집니다. 어떤 사람이 자기의 사랑하는 아들이나 딸, 아내, 또는 소유물이나 즐거운 일과 함께할 때 연기는 탐욕과 함께 회전합니다. 때로는 이와 반대로 사업의 실패나 자녀의 반항을 접하게 되면, 이때 성냄과 함께 연기가 회전합니다. 무의식적으로나 알지 못한 채 잘못된 행위를 하는 경우에는 어리석음과 함께 연기가 회전합니다. 이렇듯 우리는 알아차리지 못할 때는 공덕이 되지 않는 행을 합니다.

여기서 우리는 바라밀이라는 것을 한번 공부해 봐야 되겠습니다. 바라밀을 빨리어로 빠라미pāramī라고 말합니다. 이 바라밀은 완성, 완전함, 도피안이라는 뜻으로 해석됩니다. 이는 완전한 것을 말하고, 피안의 세계로 건너감을 의미하는 말입니다. 이것은 깨달음의 세계에 이르는 것을 뜻하며, 수행의 완성을 말합니다. 깨달음은 먼저 바라밀 공덕을 쌓는 결과로 오는 것이며, 이 결과는 열반, 곧 닙바나로 나타납니다. 바라밀은 보살이 부처가 되기 위해서 목표를 세우고 노력하는 과정입니다.

주석서에서는 바라밀을 이렇게 말합니다. 바라밀은 연민에 의해서 함양되고, 이성에 의해서 이끌리고, 이기적 동기에 의해서 영향을 받지 않으며, 그릇된 믿음과 자만심에 의해서 타락되지 않는 덕목들이라고 말합니다.

바라밀은 열 가지가 있습니다. 첫째 보시, 둘째 지계, 셋째 출가, 넷째 지혜, 다섯째 정진, 여섯째 인내, 일곱째 진리, 여덟째 발원, 아홉째 자애, 열째 평등입니다. 이 바라밀이라는 것은 퍼펙트하다, 완전하다, 피안으로 건너가는 길을 말하는데, 이것은 보살이 부처가 되기를 서원하고 하는 공덕행을 말합니다.

고따마 싯닷타 부처님은 무수한 생애 동안에 최고의 바라밀 공덕을 쌓은 그 과보로 부처가 되셨습니다. 고따마 싯닷타 부처님은 31개의 존재의 세계에서 안 가본 곳이 없습니다. 단지 색계 사선정의 정거천에만 가지 않으셨습니다. 그 이유는 정거천은 아나가미anāgāmi가 가서 거기서 윤회를 끝내기 때문입니다. 부처는 부처가 되기 위해서 윤회를 끝내지 않습니다. 부처님도 지옥에 가셨습니다. 부처님도 축생이 되었습니다. 31개의 세계에서 부처님은 색계 사선정의 정거천만 가지 않고 계속 윤회를 계속하면서 최고의 바라밀 공덕을 쌓으셨습니다. 그 공덕의 과보로 부처가 되셨습니다.

이처럼 부처의 길은 멀고 험합니다. 그래서 부처님이 부처가 되신 뒤에, 매우 힘든 부처가 될 것이 아니고, 부처와 똑같은 아라한이 되어서 번뇌를 불태우고 윤회를 끝내라고 말씀하셨습니다. 부처의 또 다른 이름은 아라하따arahata입니다. 탐, 진, 치, 번뇌가 불타서 윤회가 끝난 것은 부처나 아라한이나 똑같습니다.

우리는 연기를 돌릴 때 탐욕, 성냄, 어리석음이라는 불선심으로 불선과보를 일으켜서 연기를 회전시킵니다.

선한 행, 공덕을 짓는 행은 다음과 같습니다. 공덕을 짓는 행은 복행이라고 말합니다. 그리고 덕행이라고도 말합니다. 이 덕행, 복행은 선한 업을 짓는 것을 말하는데 욕계 공덕행과 색계 공덕행과 부동행이 있습니다. 욕계 공덕행을 지으면 죽어서 인간으로 태어나거나 욕계 천상에 태어납니다. 색계 공덕행을 지으면 천상의 색계천에 태어납니다. 이렇게 우리는 한 대로 받습니다. 선한 업을 짓는 것을 공덕을 짓는 행이라고 말합니다.

공덕이 되는 행에는 색계 공덕행, 욕계 공덕행, 무색계 공덕행인 부동행이 있습니다. 다시 말씀드리면 욕계 공덕행을 지으면 죽어서 인간으로 태어나거나 욕계 천상에 태어납니다. 색계 공덕행을 지으면 죽어서 천상의 색계천에 태어납니다. 또 부동행이라고 하는 것은 사마타 수행을 하는 무색계 선정수행의 세계입니다. 이 부동행은 무색계 선정수행으로 태어남을 말하는데, 너무 오랫동안 생명이 유지되기 때문에 움직이지 않는다고 해서 부동행이라고 말합니다.

선한 행을 우리가 공덕행이라고 하는데, 내생에서 보다 나은 곳에 태어나고자 하는 염원으로 공덕을 짓는 행을 했을 경우에 윤회를 계속하게 하는 선한 행이라고 말합니다. 고제의 진리를 알지 못하거나 무언가 보상을 바라고 한 선한 행위를 공덕을 짓는 행이라고 말합니다.

빨리어 경전에는 다음과 같은 부처님 말씀이 있습니다.
"비구들이여! 지혜가 없고 무명이 가득한 이는 공덕을 짓는 행과 공덕이 없는 행을 하고, 높은 경지인 범천의 세계에 태어나고자 부동행을 한다." 그리고 다시 "비구들이여! 무명이 물러가고 지혜가 밝았다. 무명에서 해방되어 지혜가 밝은 자는 다시 공덕을 짓는 행을 하지 않는다."
이 말은 공덕을 짓되 바람이 없는 공덕행을 하라는 말입니다.

여기서 중요한 사실은 선행, 복행이 공덕행인데 이것은 반쪽짜리밖에 안 된다는 사실입니다. 무언가 바라는 공덕행을 하면 또 태어나야 되기 때문에 그것은 완전한 선이라고 말할 수가 없습니다.

우리는 때로는 부동행을 얻기를 원합니다. 이것은 색계 선정보다 더 높은 비상 비비상처, 이런 무색계 선정을 원합니다. 이 무색계 선정이란 것은 안정되고 움직이지 않는다고 해서 부동행이라고 하는데 사마타 수행을 하면 마음이 움직이지 않는 근본 삼매에 들어가지고 이처럼 움직이지 않는 선정, 무색계의 세계에 태어나는 것을 의미합니다. 그렇지만 이 부동행에서도 윤회가 계속됩니다.

윤회를 끊는 공덕행

지난 시간에 위빠사나 수행을 하지 않을 때 연기의 윤회가 계속되는 것에 관해서 말씀을 드렸습니다. 모든 것은 원인과 결과에 의해 진행됩니다. 이 원인과 결과를 조건 이라고도 합니다. 일어나는 원인이 있으면 사라지는 결과가 있으며, 조건에 의해 일어 난 것은 반드시 조건에 의해서 사라집니다. 결과는 다시 원인이 되어 원인과 결과가 지속됩니다. 이렇게 흐르고 지속되는 것을 우리는 윤회라고 말합니다.

몸과 마음은 과거의 원인에 의해 생긴 결과이며, 일어날 원인이 사라지면 결과도 사라 집니다. 이러한 원인과 결과가 사라진 자리에 열반이 있습니다. 우리가 말하는 열반은 원인이 없이 작용만 하는 마음의 상태를 말합니다. 선심은 선업을 만들고 그리고 선과보 를 받습니다. 불선심은 불선업을 만들고 불선과보를 받습니다. 윤회하는 세계의 모든 근본원인은 바로 무지와 갈애이며, 이 무지와 갈애가 사라진 것이 깨달음입니다.

단지 원인과 결과만 아는 지적 수준에서, 이것을 실천하는 수행을 할 때만이 연기의 사슬에서 탈출할 수가 있습니다. 지난 시간에 우리는 연기에서 탈출하는 방법을 공부했 습니다. 우리가 선한 일을 하는 힘을 공덕이라고 말했는데, 우리는 공덕을 짓는 행을 하기도 하고, 때로는 공덕이 없는 행을 하기도 합니다. 공덕을 짓는 행 중에서 우리가 욕계 공덕행이라는 것이 있어서 인간과 욕계 천상에 태어나는 공덕을 짓는 일과 색계 공덕행을 짓는 일, 그다음에 무색계 공덕행을 지어서 무색계천에 태어나면 오랜 동안 천상에 머물기 때문에 그것을 부동행이라고 말했습니다. 그리고 공덕이 없는 행은 지옥, 축생, 아귀, 아수라 사악도의 과보를 받는 것을 말씀드렸습니다.

그렇다고 본다면 윤회를 끝내는 공덕은 무엇일까요? 지난 시간에 이어서 오늘은 윤회를 끊는 공덕행에 대해서 말씀드리겠습니다.

윤회를 끊는 공덕행은 공덕을 짓되 바람이 없는 공덕행을 말합니다. 원래 인간의 마음은 네 가지가 있습니다. 어떤 사람이나 처음에 태어날 때는 네 가지 종류의 마음을 가지고 태어납니다. 그 첫째가 선심입니다. 그리고 불선심도 함께 가지고 태어납니다. 세 번째는 과보심입니다. 이 과보가 원인과 결과의 마음입니다. 이 과보심은 선과보와 불선과보가 있습니다.

그리고 네 번째는 무인작용심이 있습니다. 바로 이 무인작용심이 연기를 탈출하는 유일한 마음입니다. 깨달음이란 무명과 갈애가 사라져서 새롭게 원인과 결과를 일으키지 않는 마음만 있는 것을 말하는데 바로 이것이 무인작용심입니다. 원인과 결과가 있는 마음에는 번뇌의 티끌이 있는데, 원인과 결과가 끊어진 마음에는 번뇌가 불타버린 열반이 있습니다. 바로 이 무인작용심이 아라한과 부처님의 마음입니다. 아라한이나 부처님은 원인과 결과가 끊어진 무인작용심만 있기 때문에 윤회가 끝납니다. 이 무인작용심을 또 다른 말로는 불성佛性, 부처의 마음이라고도 표현합니다. 그러니까 부처의 마음을 불성이라고 그러는데 그것은 바로 무인작용심이며, 그 마음은 원인과 결과가 끊어진 마음입니다.

바꾸어 얘기하면 12연기에서 탈출할 수 있는 유일한 길은 공덕을 짓되 바람이 없는 공덕행을 하는 무인작용심일 때만이 연기의 사슬에서 탈출할 수가 있습니다. 우리의 선한 마음은 항상 선하지 못한 마음과 함께합니다. 그러나 무인작용심은 선하고 선하지 않은 반대급부의 마음이 없고, 오직 모두 선한 마음만 있는 상태를 말합니다. 그래서 우리는 수행을 한다는 것은 바로 부처의 마음이신 무인작용심을 얻기 위한 것입니다.

지난 시간에 말씀드렸듯이, 부처님께서 "지혜가 없고 무명이 가득한 이는 공덕을 짓는 행과 공덕이 없는 행을 하고, 높은 경지인 범천의 세계에 태어나고자 하면 부동행을 한다"라고 말씀하셨습니다. 그런데 부처님께서는 또 "비구들이여, 무명이 불러가고 지혜가 밝았다. 무명에서 해방되어 지혜가 밝은 자는 다시 공덕을 짓는 행을 하지 않는다"라고 말씀하셨습니다. 이 말이 바로 바람이 없는 공덕행을 한다는 내용입니다.

좋지 않아서 문제가 있지만, 사실은 좋아도 문제가 있습니다. 좋은 것이라고 해서 다 좋은 것이 아닙니다. 왜냐하면 좋은 것에는 반드시 바라는 갈애가 따르기 때문입니다. 좋은 것을 바라는 마음이 있을 때는 좋은 것이 문제가 되지만, 사실은 좋은 것을 바라지 않고 좋은 일을 하면 더 좋은 것을 얻게 된다는 사실을 우리가 알아야 합니다.

이렇듯이 위의 경전 구절에 따라 무명을 멀리하고 무명에서 해방되어 자유로워진 자가 바로 아라한입니다. 아라한은 어떤 공덕을 짓는 행을 하지도 않고, 그렇게 할 필요도 없습니다. 공덕을 짓더라도 어떤 부수적인 결과가 따르지 않는 단순한 행위만 합니다. 이 단순한 행위를 빨리어로는 '끼리야kriyā'라고 말합니다. 이것이 바로 무인작용심을 뜻합니다.

수다원, 사다함, 아나함의 경우에는 보시와 지계를 더욱 많이 쌓아야 합니다. 범부의 경우에는 물론 보시와 지계를 더욱더 많이 쌓아야 합니다. 그러나 명심해야 할 것이 있습니다. 보시와 갈애는 다릅니다. 보시와 갈애를 혼돈해서는 안 됩니다. 바꿔 얘기하면 보시를 할 때 어떤 바람이 있는 마음으로 보시를 하면 보시의 과보가 반감됩니다.

또 보시와 사견이 뒤섞이지 않아야 합니다. 가령 내가 잘되기 위해서 보시를 한다고 하면 그것은 사견이 개입된 것입니다. 내가 좋은 곳에서 태어나야 되겠다고 보시를 하면, 내가 없는데도 불구하고 내가 있는 것으로 잘못 알고 있는 사견이 개입된 것입니다. 이렇듯이 보시를 할 때는 무명에 지배되지 않아야 됩니다. 우리는 모르기 때문에 감각적 욕망의 갈애를 갖고 좋은 곳에 태어나기를 바라고 그리고 죽었으면 좋겠다는 비존재에 대한 갈애를 갖습니다.

보시가 선한 행위인지, 선하지 않은 행위인지를 묻는다면 보시는 반드시 선한 행위입니다. 보시를 하려는 의도는 의심할 여지없이 선한 행위입니다. 그러나 내생의 보다 나은 곳에 태어나고자 하는 욕망을 가진 것은 갈애이므로 이것은 선하다고 말할 수 없습니다. 그렇다고 한다면 이것은 불선일까요? 그렇지도 않습니다. 이것은 선과 불선이 뒤섞인 공덕행에 속합니다. 좋은 곳에 태어나려는 것은 갈애가 있어서 선과 불선이 뒤섞인 공덕행이라고 봐야 합니다.

양무제가 초조 달마에게 자기가 한 많은 지금까지의 공덕에 대해서 물었습니다. "나는 탑을 세우고 불사를 하고 여러 가지 공덕을 세웠습니다." 그 공덕에 대해 묻자 달마대사께서는 "공덕이 없다!"라고 말했습니다.

양무제가 불사를 한 그 공덕은 달마대사께서 공덕이 없다라는 그 말 한마디로 없는 것일까요? 아닙니다. 누구나 자기가 한 행위에 대한 공덕은 이미 생겼습니다. 그런데도 대사께서는 왜 공덕이 없다고 말했을까요? 그것은 자기가 한 모든 선한 행위에 대해서 그것을 과시하거나 공덕을 바라는 행이 될 때는 그 공덕이 반감된다는 사실을 알려주기 위해서 그렇게 표현한 것입니다. 그러므로 공덕이 없는 것이 아니고, 이미 공덕은 생겼지만, 그 공덕을 바랄 때 그 공덕의 의미가 반감된다는 것을 말합니다.

가끔 이런 경우도 있습니다. 예를 들면 어떤 불사佛事를 할 때 도반한테 묻습니다. "나 오늘 어떤 불사를 하고 싶다. 얼마를 보시하고 싶다." 그렇게 말할 때 옆에 있는 도반이 "왜 그렇게 많이 해? 절반만 해." 그렇게 말합니다. 우리가 스스로 바라는 마음으로 보시를 하는 것도 문제가 있지만, 남이 하는 보시를 가로막는 것도 매우 좋지 않은 불선입니다. 우리는 무심히 '왜 그렇게 많이 보시하느냐?'라고 말하는데, 사실은 남이 보시하는 것에 대해서 개입하면 안 됩니다. 오히려 훌륭한 일을 한다고 말할 때 보시를 한 사람과 동등한 과보를 받습니다.

그러니까 우리가 보시라는 것을 꼭 해야 되는 것은 아닙니다. 남이 하는 보시를 기꺼이 즐겁게 칭찬하고 함께 공유할 때 그것을 칭찬하는 사람에게도 똑같은 보시의 과보가 있습니다. 그러니 보시는 결코 어려운 것이 아닙니다. 이렇게 마음만 내면 되는 것을 우리는 스스로의 마음이 인색하기 때문에 이런 보시의 마음을 내지 못합니다.

우리가 다음 생에 이익을 얻고자 보시를 행한다면 그 행동은 선하지 못한 사견에 지배되고 영향을 받은 것입니다. 그러므로 보시를 행할 때 갈애와 사견에 흔들리지 말아야 합니다. 그리고 무명이 지배하지 못하도록 해야 합니다.

만일 어떤 사람이 적합한 보시가 무엇인지를 이해하는 지혜가 부족하거나 바른 결과로서의 이익을 선택할 능력 없이 보시를 한다면 이는 윤회로 이끄는 보시입니다. 이것이 바로 바람이 있는 덕을 짓는 행위입니다. 결국 바람이 있는 보시는 윤회의 순환의 과정으로 귀결된다는 사실을 우리가 알아야 합니다.

따라서 윤회의 과정이 연장되는 것은 보시 때문이 아닙니다. 보시를 할 때 우리가 올바른 마음을 이해하지 못하기 때문에 그 보시로 인해서 윤회를 하는 것입니다. 진정한 보시, 바른 보시라는 것은 아무것도 바라지 않는, 윤회에서 벗어나는 보시입니다. 그렇습니다. 보시를 할 때는 바람이 없어야 합니다. 이것이 연기에서 탈출하는 길입니다. 만약 바람이 있다면 선과 불선이 뒤섞인 보시입니다.

바람이 없는 보시를 하기 위해서는 먼저 무슨 마음으로 보시하는가를 알아차려야 합니다. 가령 내가 남을 도울 때, 무심히 보시를 하지 마십시오. 먼저 현재 내가 무슨 마음으로 보시를 하는지 그 순간의 자신의 마음을 알아차려 보십시오. 이때 과시를 하는 마음이 있거나 또는 어떤 공덕이나 음덕을 바라는 마음이 있다면, 잠시 보시를 멈추십시오.

그리고 그것을 바라는 그 순간의 자기의 마음을 알아차려 보십시오. 그리고 난 뒤에 보시를 다시 생각해 보십시오. 그렇게 보시를 하고자 하는 마음을 알아차린 뒤에 반드시 탐욕이 있거나 바라는 마음이 있거나 또는 어떤 이익을 얻기 위해서 보시를 하는 마음이 발견될 것입니다. 그러면 그 순간 그 마음을 알아차리십시오.

그리고 나서 다시 보시를 행하십시오. 그리고 그때 다시 보시를 행하는 그 마음을 또 알아차려 보십시오. 그러면 그 순간의 마음은 아무것도 바라는 마음이 없는 상태가 될 것입니다. 이처럼 우리는 사소한 보시를 하나 하더라도 바라는 마음이 없을 때 연기의 사슬에서 탈출할 수 있습니다.

바라지 않는 공덕행

오늘도 공덕에 대해서 잠시 말씀드리겠습니다. 공덕은 착한 일을 많이 한 힘을 말합니다. 좋은 일을 하면 좋은 일을 한 만큼 그에 따른 좋은 공덕이 있습니다. 공덕을 지으면 지은만큼 과보를 받습니다. 그리고 공덕이 없으면 없는 만큼의 과보가 따릅니다. 공덕의 과보는 현생과 다음 생까지 전해지며, 공덕이 없어도 현생과 다음 생까지 영향을 받습니다.

공덕이 없는 것보다는 공덕이 있는 것이 좋습니다. 그러나 공덕의 과보를 바라는 것보다는 공덕의 과보를 바라지 않는 것이 더 좋습니다. 그 이유는 그 길만이 윤회를 끝낼 수 있기 때문입니다.

공덕이 없는 행위를 하면 지옥, 축생, 아귀, 아수라의 사악도에 태어나서 괴로움뿐인 생활을 해야 됩니다. 그리고 공덕이 있는 행을 하면서 바람이 있는 욕계 공덕행을 하면 인간이나 욕계 천상에 태어나서 그 과보를 받습니다. 다시 공덕이 있는 행을 하면서 바람이 있는 색계 공덕행을 하면 색계 천상에 태어납니다. 이 색계 천상에 태어나는 것은 선정수행을 해서 그 선정수행의 세상에 태어나는 것을 말합니다.

또 공덕이 있는 행을 하면서 바람이 있는 무색계 공덕행을 하면 바로 무색계에 태어납니다. 무색계는 워낙 오랜 시간 동안 머물러야 되는 세계이기 때문에 움직임이 없고 안정적이라고 해서 또 다른 말로는 부동행이라고 합니다. 이와 같이 욕계 공덕행, 색계 공덕행, 부동행은 모두 바람이 있는 공덕행으로 윤회계에 머무는 공덕입니다.

그러니까 공덕을 지을 때 바람이 있는 것과 바람이 없는 것의 차이가 이렇게 현격하게 차이가 납니다. 우리는 베풀 때 바람이 없는 것을 전혀 알지 못했습니다. 반드시 바라는 마음으로 공덕을 베풀었습니다. 그러나 부처님께서 바람이 없는 공덕행을 실현하시고 그 결과로 윤회가 끝나는 위대한 붓다가 되신 것입니다. 우리가 가고자 하는 길이 바로 이 길입니다.

모든 생명은 공덕이 있는 행과 공덕이 없는 행에 따라서 태어나는 세계가 다를 뿐이지 그 과보를 받는 것은 마찬가지입니다. 공덕의 과보를 바라거나 바라지 않는 행에 따라서 윤회를 하게 되거나 윤회에서 벗어나는 길이 바로 결정됩니다. 미얀마에 계시는 저희 스승이신 쉐우민 사야도Shwe Oo Min Sayādaw께서는 제게 이런 법문을 해주셨습니다.

"사람들이 집에 토속신 등 신당을 모셔놓고 꽃과 과일을 올리며 잘되게 해달라고 빈다. 그런데 만일 잘 모시지 않으면 신이 우환이나 병을 나게 한다고 생각한다. 그렇다면 만약 집에 불이 났을 때 그 신당도 같이 불타 버릴 것이다. 정말 그 신들이 보호해 줄 것 같으면 집에 불이 나기 전에 미리 알려주어서 막아주어야 할 것이 아닌가? 만약 부처님께 꽃을 올렸는데 오래 두면 꽃이 시드는 게 당연한데, 그 꽃을 갈지 않고 그냥 두었다고 부처님이 병을 주시거나 우환을 주시겠는가?

바른 법을 믿으면 그런 위험을 당하지 않는데, 바르지 못한 법을 믿으면 그런 병, 우환의 위험을 당한다. 이것은 스스로 만든다는 것을 말한다. 불법승 삼보를 존경하는 뜻에서 공양을 올리지만, 정말로 의지해야 할 것은 자신의 계정혜 삼학이다. 이것이 바른 견해다.

지금 내가 하고 있는 것이 모두 다 업이 되는데, 업으로서 업을 갚으려 하면 절대로 다 갚을 수가 없다. 예를 들어, 세세생생 쌓인 업이 10만원이라고 할 때, 그 빚을 복을 짓는 것으로 다 갚으려 한다면 도저히 다 갚을 수가 없고, 어느 세월에 다 갚을지도 알 수가 없다. 그러므로 그것은 지혜로 갚아야 한다. 앙굴리 말라는 999명의 목숨을 빼앗았는데도 그 크나큰 업을 바로 지혜로 갚을 수가 있었기 때문에 그 생에 바로 아라한이 되어서 윤회에서 벗어나게 되었다.

손님이 와서 염소를 잡아 대접한다면, 그 과보로 그 사람은 죽어서 바로 지옥에 떨어진다. 그다음에 축생으로 나서 다른 사람들에게 수없이 죽임을 당하고 난 뒤라야 비로소 손님을 대접한 복을 받게 되는데 언제 그 빚을 다 갚을 것인가? 위빠사나의 지혜로서 빚을 갚게 되면 완전하게 빨리 갚을 수가 있다.

그렇게 하려면 노력이 필요하다. 지금 지계, 보시, 수행을 하고 있다. 그런데 수행을 한다는 것은 집에서 음식을 할 때도 알아차림을 하라는 말이다. 그래서 꼭 수행처에 오지 않고 집에 있어도 수행자가 될 수 있다. 알아차림으로써 생각하고 말하고 행동하고, 이 모든 것을 알아차림으로써 해야 한다.

보시 또한 지혜로써 해야 되는데, 만일 10만원으로 열 분의 스님에게 공양을 올리려고 할 때 반찬 몇 가지만 하면 세 번을 나누어서 할 수 있는데도 사람들은 그저 더 잘해 드리려고 그것을 한번에 다 써버린다. 이것은 욕망이 있는 것이다. 나누어서 공양을 하면 복도 여러 번 짓게 되고, 공양을 받는 스님들도 공양이 없는 날은 잘 못 드시는데 못 드신 날이 없이 공양을 할 수 있으니 그 공덕 또한 크지 않겠는가?

여기 미얀마의 어느 마을 사람들은 미얀마 신들과 그들이 타고 올 백마 상까지 모셔놓고 제단 위에 제물을 올린다고 매년 잔치를 벌인다. 나중에는 미얀마 사람들이 모시는 신들로 모자라서 한국의 신들까지도 웰컴welcome하고 환영할 것이다."

이렇게 스승께서는 보시에 대해서 말씀하셨습니다. 그렇습니다. 보시는 단지 베푸는 것으로 그치지 않습니다. 어떻게 베푸느냐에 따라서 그 과보는 다릅니다. 보시를 우리는 해야 됩니다. 반드시 보시는 필요한 것입니다. 그러나 그 보시가 윤회를 계속하게 하는 족쇄가 되어서는 안 됩니다. 저희 스승께서는 또 이렇게 말씀하셨습니다.

"선업을 지으면 어떤 선업이든 나쁜 허물과 위험에서 벗어나게 된다. 그러한 그릇된 허물들과 위험에서 벗어나게 되기 때문에 선업의 보시는 알아차림과 집중의 밑거름이 된다. 이런 보시의 공덕으로 마음이 청정해지고, 마음이 청정해지므로 계가 청정해지고, 계가 청정해지므로 정이 청정해지고, 정이 청정해지므로 혜가 청정해지고, 혜가 청정해지므로 도와 과의 지혜가 청정해진다.

각 종교마다 그 종교의 가르침이 있는데 불교에서는 계정혜 삼학이다. 모두들 이 삼학을 갖추도록 노력해야 한다. 이렇게 각 종교마다, 나라마다, 종족마다 따르고 있는 가르침들이 다 다른데, 그러한 것들을 통해서 사악도에서 벗어날 수 없다. 지금 우리가 수행하고 있는 삼학은 사악도에서 벗어날 수 있지만, 다른 종교에서 하는 것은 꼭 사악도에서 벗어날 수 있다고 확실히 말할 수가 없다.

계학과 정학은 좋은 세계에 나게 하지만, 혜학을 닦아서 지혜가 나야만 늙고 병들고 죽음에서 벗어나는 열반의 행복을 얻을 수 있다. 지금 여러분들이 수행을 하는 것은 정학에 해당하는 것이고, 팔계를 지키는 계학에 해당하는 것이며, 몸과 마음에서 일어나고 사라지는 것을 아는 것은 혜학에 해당된다."

"수행이 잘 되는가?" 그러자 수행자들이 "잘 되지 않습니다"라고 말했습니다. 스승께서는 다시 이렇게 말씀하셨습니다.

"왜 수행이 안 되느냐? 항상 노력해야 한다. 지금 지키고 있는 것은 계학에 해당하고, 내가 무엇을 할 때마다 하는 것을 아는 것은 정학과 혜학에 해당된다. 항상 알아차림을 하고 있으면 삼학이 다 될 수가 있다. 그러므로 여기에 있을 때나 한국에 가 있을 때나 항상 알아차리면서 생활할 수 있도록 하라. 그러면 삼학을 다 이룰 수가 있을 것이다.

지금 보시를 했으니 공양보시의 가르침에 해당되고, 지금 계를 지키고 있으니 그것은 계학에 해당되고, 지금 내가 몸과 마음에서 일어나는 것을 다 알면서 하기 때문에 이것은 정학과 혜학에 해당되어 삼학을 다 갖추었다고 말할 수가 있다. 모두 자기가 지은 보시의 공덕과 지키고 있는 계의 공덕과 수행을 하고 있는 수행의 공덕으로 인해 내가 모든 허물과 위험에서 벗어나서 행복을 얻는 것처럼 그 행복을 모든 이들이 나누어 가질 수 있도록 해야 한다."

보시는 필요한 것입니다. 그런데 어떤 보시냐에 따라서 이렇게 갈 길이 확연히 구별됩니다. 보시는 관용입니다. 세속에서 살아가는 방식은 일반적으로 투쟁입니다. 투쟁은 오직 자신의 이익을 위해서 합니다. 그래서 우리가 자신의 이익과 무관하면 방관합니다.

그러나 출세간의 삶은 투쟁이 아닌 관용입니다. 이 관용은 반드시 보시를 수반합니다. 관용은 자신의 이익과 남의 이익을 함께 위하고, 또 자신과 남을 모두 사랑하게 합니다. 투쟁을 하면 상처와 고통만 남지만, 관용을 보이면 행복과 평화가 있습니다. 이러한 관용이 바로 수행자의 마음입니다.

가장 처절한 싸움은 남과 하는 것이 아니고, 끊임없이 계속되는 자신과의 싸움입니다. 가장 첨예한 이해가 걸린 것이 사실은 가족과의 싸움입니다. 먼저 자신과의 싸움이 있고, 그리고 가족과의 싸움이 있습니다.

우리는 싸웁니다. 그러나 싸워서 졌다고 해서 결코 진 것이 아닙니다. 선하기 때문에 졌다면 사실은 지고도 이긴 것입니다. 오히려 지고도 선한 과보를 받는 것입니다. 싸워서 이겼다고 해서 결코 이긴 것이라고 볼 수 없습니다. 불선으로 이겼다면 이기고도 진 것이고, 오히려 이기고도 불선의 과보를 받습니다. 이기고 지는 삶에서는 윤회가 계속되고, 이기는 것도 없고 지는 것도 없는 삶에서는 나고 죽는 생사의 괴로움이 끊어집니다.

우리가 바른 보시를 해야 하는 이유가 바로 여기에 있습니다. 보시를 하지 않는 마음은 탐욕이며 인색한 마음입니다. 인색은 자신이나 남을 배려할 줄 모르는 빈곤한 마음이며, 미워하거나 싫어하는 마음과 함께 일어납니다.

인색은 선하지 못한 마음으로 이기적이고, 혐오와 함께 있으며, 남과 아무것도 나누려 하지 않기 때문에 고립된 채로 살아가야 합니다. 남에게 베풀어도 자신에게 베풀지 않으면 사실은 똑같이 인색한 것입니다. 자신에게 베풀어도 남에게 베풀지 않으면 역시 똑같이 인색한 것입니다. 인색한 사람은 인색한 것을 좋아하면서 살기 때문에 살아서도 굶주리며 죽어서도 굶주리는 아귀가 됩니다. 인색은 재물만 말하는 것이 아니고 마음이 가난한 것입니다. 자애로우면 인색하지 않고, 인색하면 자애롭지 못합니다.

우리들의 삶은 이제 우리들 스스로가 선택해야 할 때가 되었습니다. 우리는 받아들여야 합니다. 관용은 자신과 무관한 일을 받아들이는 것보다 피해를 입는 것도 받아들이는 것입니다. 받아들인다고 해서 잘못을 인정하는 것이 아니고 잘못도 자애로 포용하는 것입니다. 내가 선하다고 잘못된 것을 비판하지 말고, 그가 단지 몰라서 그랬다고 알아차려야 합니다. 받아들여야 자신이 변하며, 받아들여야 상대가 변화됩니다. 우리는 먼저 받아들이는 관용을 배워야 합니다. 이 관용의 정신을 존중할 때 우리는 다음 단계의 보시의 베푸는 마음이 따르게 됩니다.

세간의 행복과 출세간의 행복

우리는 지금 12연기를 공부하고 있고, 그리고 12연기 공부와 함께 어떻게 하면 연기를 탈출할 수 있는가에 대해서도 함께 공부하고 있습니다. 우리가 연기를 탈출해야 하는 이유는 단 한 가지입니다. 행복하기 위해서입니다. 그런데 그냥 오지 않습니다. 반드시 적절한 노력을 해야 그에 따르는 행복이 옵니다.

우리는 누구나 행복하기를 바랍니다. 아마도 불행하기 위해서 세상에 태어나는 사람은 없을 것입니다. 그러나 우리가 원하는 행복이 이렇게 중요한 것임에도 불구하고, 정작 행복이 무엇인지는 잘 모릅니다.

행복이 무엇인가요? 부귀영화인가요? 부자가 되고 지위가 높아져서 이름이 빛나는 것을 부귀영화라고 합니다. 과연 이것이 진정한 행복일까요? 예, 그렇습니다. 이것은 행복입니다. 그러나 이것은 우리가 바라는 것이지만, 완전한 행복이라고는 볼 수가 없습니다.

오히려 이것을 얻는 순간부터 불행이 시작되고 고통이 뒤따릅니다. 우리는 이것을 얻는 순간부터 더 많은 부귀영화를 얻으려고 할 것입니다. 이것은 가진 만큼 고통을 준다는 특성이 있습니다. 이것은 가진 만큼 변화를 두려워합니다. 그러나 세상에 변하지 않는 것은 아무것도 없습니다. 이것이 비극의 시작입니다.

세계 최고의 재벌이나 최고의 지도자가 되었다고 해서 만족할 수가 있을까요? 아닙니다. 만족할 수 없습니다. 그들은 끊임없이 더 많은 것을 추구합니다. 때로는 선을, 때로는 불선도 마다하지 않습니다. 그렇다면 이것을 행복이라고 말할 수 있을까요? 이것은 행복이지만 사실은 세속적 행복입니다. 이런 것들은 감각적 욕망을 충족시키는 것들이며, 진정한 행복이라고 말할 수는 없습니다. 진정한 행복은 가진 것에 만족하는 것입니다.

그러나 우리가 가진 것에 만족할 수 있는 것은 그 무엇도 없습니다. 그래서 모두 불만족입니다. 그래서 이것을 고苦라고 말합니다. 그러므로 우리의 삶은 구조적으로 고통과 불행이 수반되어 있습니다. 여기서 피할 길이 없습니다. 진정한 행복은 이런 세속적인 행복의 의미를 뛰어넘어서 출세간의 행복을 얻는 것입니다.

그러므로 이 세계에는 세간이라는 세속적인 사회와 출세간이라는 초세속적인 사회가 있다는 것을 알아야 합니다. 세속이 물질적인 사회라고 한다면 초세속은 정신적인 사회입니다. 물질적인 세계에서는 영원히 답이 없지만, 정신적인 세계에서는 항상 그 자리에 바로 답이 있습니다. 그 순간 바로 자기 자신이 알아차림을 통해서 자기의 마음의 번뇌를 해결할 수가 있습니다.

물질적인 것은 나누어 가질 수가 없습니다. 그것은 한정되어 있기 때문에 먼저 차지해야 합니다. 그래서 강한 자가 빼앗어가기 마련입니다. 그러나 정신적인 것은 무한한 것입니다. 이것은 누구와도 나누어 가질 수가 있는 것입니다. 누가 아무리 퍼가도 줄어들지 않습니다. 사랑도 이성간의 사랑은 두 사람만 나누어 가질 수 있습니다. 그러나 정신적인 사랑, 인류애는 많은 사람들이 나누어 가질 수 있는 사랑입니다.

세상은 항상 이렇게 양자의 모습이 있습니다. 이것들에 대한 선택은 항상 자신이 하는 것입니다. 누가 주는 것이 아닙니다. 내가 세속적인 행복을 선택할 수도 있고, 또 괴로움이 없는 출세간의 행복을 선택할 수도 있습니다. 우리는 이것을 알아야 합니다. 세간의 행복은 부귀영화, 무병장수입니다. 쉽게 말하면 잘 먹고 잘 사는 것입니다. 요새 말로는 웰빙wellbeing입니다. 그러나 진짜 웰빙은 정신적인 것이며, 초세속적인 것입니다.

세속의 행복은 자기만의 행복입니다. 세속에서는 상대의 행복은 고려하지 않습니다. 아니 오히려 상대가 불행해야 내가 행복합니다. 그래서 독선적인 행복입니다. 그러나 출세간의 행복은 계율을 지키고, 마음의 평화와 고요함을 얻어 지혜가 나는 것입니다. 이 행복은 나의 행복과 남의 행복이 함께 존중됩니다. 나의 이익보다 상대의 이익을 더 우선합니다. 그래서 상대의 불행이 가슴 아픕니다. 그리고 내가 행복할 때, 이 행복을 남과 나누고 싶어 합니다. 이것이 출세간의 초세속적 행복입니다.

세간의 행복은 탐욕과 성냄과 어리석음과 아만심으로 얼룩져 있지만 출세간의 행복은 관용과 자애와 지혜를 가진 것입니다. 세간의 행복은 아무리 많이 가져도 행복할 수가 없는 것이지만 출세간의 행복은 욕망에 의한 집착이 사라져서 만족할 줄 아는 평온함이 있습니다. 선한 것이란 진정한 행복이고, 선하지 못한 것은 불행입니다. 그러나 우리는 선하지 못한 것을 추구하며, 행복을 얻으려고 하지 않습니다.

선하다고 말하는 것은 과연 무엇일까요? 선한 것이란 정신적으로 건강한 것, 과오가 없는 것, 능숙하여 행복한 결과를 낳는 것을 말합니다. 이러한 선에는 반드시 세 가지의 조건이 충족되어야 합니다. 첫째, 관용입니다. 둘째, 계율입니다. 셋째, 수행입니다. 우리가 선하다고 말하는 것은 관용과 계율과 수행이 함께할 때만이 비로소 온전한 선이라고 말할 수가 있습니다. 이렇게 선하다는 것 세 가지를 잠시 살펴보겠습니다.

첫 번째로 관용은 관대한 행위입니다. 관대한 행위를 또 다른 말로 관용이라고 합니다. 이것이 선의 시작입니다. 무엇이나 너그럽게 용서하여 받아들이는 것입니다. 이 관용이 있으면 바로 뒤따르는 마음이 있습니다. 그것이 남을 돕는 베푸는 마음입니다. 지난 시간에 말씀드린 보시가 바로 관용의 마음으로부터 비롯된 것입니다.

그러므로 관용과 보시는 동의어라고 볼 수가 있습니다. 관용이라는 마음이 있으면 상대를 받아들이기 때문에 즉시 주고 싶은 선하고 순수한 마음이 일어납니다. 이것은 마치 빛의 속성과도 같습니다. 그리고 마치 사랑의 속성과도 같습니다. 내가 상대를 받아들이면 먼저 내가 편하고 그리고 상대도 편합니다.

내가 상대를 받아들이면 나의 마음이 편하여 먼저 나의 이익이 있습니다. 나의 이익이 있으면 상대에게도 그 이익이 돌아갑니다. 그리고 나로 하여금 편한 마음을 가진 상대가 내게도 이익을 줍니다. 나의 평화는 가정의 평화이고 사회의 평화입니다. 이 모든 것은 상대를 받아들이는 것에서부터 시작합니다.

설령 불선업이라 할지라도 우리가 관용으로 받아들여야 합니다. 상대도 어쩔 수 없어서 축적된 성향으로 불선업을 지은 것입니다. 그러니 받아들이지 않고 어떻게 하겠습니까? 받아들이지 않으면 영원히 해결할 방법이 없습니다. 그러나 받아들이면 그 자리에서 끝납니다. 그리고 오히려 베풀고 싶은 마음까지 생깁니다.

받아들이는 것은 선한 원인을 만드는 것이며, 선한 원인은 반드시 선한 결과를 낳습니다. 이것이 인과응보라고 하는 것입니다. 선한 씨앗을 심으면 선한 열매가 과보로 주어집니다. 그래서 사람은 행한 행위의 결과를 그대로 받습니다. 그래서 이 세상에서 단 하나의 유일한 해결방법은 받아들이는 것밖에 없습니다. 이런 문제는 법률적 차원에서 보는 것이 아니고 정신적 차원에서 이해해야 하는 것입니다.

이 세상에서 원인과 결과를 벗어난 것은 아무것도 없습니다. 모두 그 그물 안에 있습니다. 이것이 자연의 질서이며 섭리입니다. 관용에 의해서 보시를 할 때 부처님께서는 이렇게 말씀하셨습니다.
"보시행이 마음을 깨끗이 하려는 노력에 도움이 된다."

비구 보디 스님께서는 이렇게 또 말씀하셨습니다.
"선한 마음으로 행해진 보시는 다음 세 가지 형태의 고의 근절을 돕는다."

첫째, 우리가 누구에게 무엇인가를 주려는 마음을 먹으면 그 순간 대상에 대한 우리의 집착이 줄어듭니다. 따라서 베푸는 버릇을 몸에 붙이면 불행의 주된 요소 가운데 하나인 갈애가 점차 약해집니다. 그러니까 우리가 베풀어서 손해를 보지 않고 오히려 이익을 얻는 것은 베푸는 순간 갈애가 사라지기 때문입니다.

둘째, 선한 마음으로 보시를 하면 다음 생에 청정한 불법을 만나 수행하기에 적합한 복된 곳에 태어납니다.

마지막으로 가장 중요한 것은 베풂을 통해 열반을 성취하기에 만족할 만큼 마음을 부드럽게 만들겠다는 생각을 하게 됩니다. 바로 그러한 보시의 너그러운 행위는 곧바로 계정혜 삼학을 항상 북돋아줍니다. 계정혜는 바로 부처님께서 가르쳐주신 고귀한 팔정도이며, 이 팔정도의 완성이야말로 고를 벗어나는 해탈입니다.

만일 우리가 내세의 복된 삶을 얻겠다는 어떤 바람 속에서 베푼다고 해도 보시를 착실하게 행하기만 한다면 그 목적을 성취할 수는 있습니다. 그러나 부처님께서는 내생의 세간적 복을 구해 노력하는 것보다는 해탈을 향한 수행으로서의 보시가 훨씬 수승하다고 말씀하셨습니다.

왜냐하면 복을 받겠다는 바람으로 하는 보시는 어딘가 마음속 깊이 자리 잡은 갈애와 연결되어 있기 때문입니다. 갈애는 반드시 집착을, 또 집착은 업을 생성시켜서 미래의 고통뿐인 태어남을 가져옵니다. 그러므로 공덕을 바라고 행한 보시로 얻는 세간적인 행복은 덧없는 즐거움 속에서 언젠가는 끝장이 오고, 괴로울 수밖에 없는 생사윤회 속을 언제까지나 헤매게 만듭니다.

결국 그렇게 얻어진 행복은 좀 더 깊숙이 헤쳐 본다면 다른 형태의 고통에 불과한 것뿐입니다. 갈애와 연결된 보시는 윤회를 벗어나게 하는, 결코 멸하지 않는 영원한 행복의 길이 아닙니다. 갈애가 없는 보시일 때만 우리는 자유로울 수 있습니다. 그러한 경지는 오로지 갈애의 완전한 소멸에 의해서만 이루어질 수 있습니다.

갈애와 집착으로 오염되지 않은 청정한 보시는 불법이 살아 있는 시대, 즉 부처님의 가르침을 만날 수 있는 시대에만 우리가 실현할 수 있습니다. 불법이 없는 시대에는 바람이 없는 공덕행, 이것을 알 수가 없습니다.

모두 탐욕에 눈이 멀어 있기 때문에, 오직 바라는 것만이 목표인 세계에서는 우리는 결코 행복할 수가 없습니다. 따라서 지금 바로 그런 시대에 태어나서 살고 있는 우리가 무언가를 베풀고자 한다면, 바로 갈애를 뽑는 원인을 만드는 것이 됩니다. 갈애가 끝날 때 괴로움이 끝납니다. 그리고 그것이 곧 해탈입니다.

우리는 갈애를 끝내기 위해서 어떻게 노력해야 할까요? 갈애는 욕망입니다. 우리가 욕망을 없애기 위해서 다시 욕망을 사용해서는 안 됩니다. 비가 와서 생긴 흙탕물을 없애기 위해서 거기에 다시 흙탕물을 끼얹어서는 안 됩니다. 있는 그대로 알아차리는 것이 맑은 물을 끼얹는 것입니다.

우리는 가지 말아야 할 곳에 가서 괴롭지 않으려고 하면 잘못입니다. 하지 말아야 할 것을 하고서 괴롭지 않으려고 하면 잘못입니다. 가지 말아야 할 곳에 가서 겪는 괴로움이 있다면 기꺼이 감수해야 합니다. 하지 말아야 할 것을 행해서 얻는 괴로움이라면 기꺼이 감수해야 합니다.

그러니 우리가 누구를 탓하겠습니까? 지금 이 순간 우리가 자신의 몸과 마음을 알아차려서 스스로 괴로움뿐인 이 연기의 사슬을 끊어야 합니다.

보시와 지계

지난 시간에 이어서 오늘도 선善한 것에 대해서 말씀드리겠습니다. 우리가 연기의 사슬에서 탈출하기 위해서는 먼저 선해야 합니다. 선이란 단지 선으로 그치지 않고, 세 가지 조건이 충족되었을 때 비로소 선하다고 말할 수가 있습니다.

첫째는 관용입니다. 그리고 관용에 뒤따르는 보시가 선행되어야 합니다. 둘째는 지계입니다. 계율을 지키는 것입니다. 이 계율을 빨리어로는 '실라sīla'라고 말합니다. 이것은 덕스런 행위, 훈련, 도덕적 행위를 계율이라고 말합니다. 계율은 사람들에게서 번뇌를 빼내는 역할을 합니다. 그래서 불행을 막아줍니다. 계율이 없으면 즉시 위험이 따릅니다. 언제 위험이 닥칠지 모르는 풍전등화와 같습니다.

그래서 계율의 진정한 의미는 삼가는 것이고, 막아서 보호하는 것입니다. 우리가 흔히 계율을 매우 딱딱하게 생각하기 마련인데, 오히려 계율은 가장 부드러운 것입니다. 계율 때문에 우리가 바르게 살 수 있습니다. 계율이 없다면 우리는 축생처럼 살아야 합니다. 사람이 계율 안에 있을 때 가장 행복하고 안전합니다. 그리고 계율 안에 있을 때 가장 칭송을 받습니다. 그래서 계율처럼 사람에게 이익이 되는 것이 없습니다.

인간에게 있는 재산 중에서 죽어서 가지고 가는 재산이 진정한 재산입니다. 죽을 때 가지고 가는 재산이 바로 계율을 지킨 것입니다. 계율을 지켰으면 선한 행위를 한 것으로, 그에 상응하는 과보가 뒤따릅니다. 그래서 죽을 때 계율을 가지고 간다라고 아셔야 합니다. 그 사람이 지킨 계율이 있으면 계율을 지킨 만큼의 과보를 받을 것이고, 계율을 지키지 않았다면 계율을 지키지 않은 그 과보를 가지고 다음 생에 태어날 것입니다.

계율은 딱딱한 것 같지만 가장 부드러운 것입니다. 그리고 가장 확실한 성공의 지름길입니다. 계율을 지킨 사람은 남의 신뢰를 받습니다. 그래서 사회에서 진급하거나 출세를 하거나 사업이 번창합니다. 계율은 세간에서나 출세간에서 자기를 지켜주고 평화롭게 해주는 안정장치와 같습니다.

그래서 사람이 계율의 바탕 위에 서 있지 않으면 모래 위에 집을 지은 것과 다를 것이 없습니다. 예를 들어서 내가 부정한 방법으로 가정이 있는 어떤 이성과 관계를 맺었다고 가정해 봅시다. 이것은 나의 욕망을 충족시키기 위한 행위이지 결코 상대를 위한 행위는 아닙니다. 상대나 그 배우자 가족에게는 크나큰 범죄가 될 것입니다. 그러니 나의 감각적 욕망을 위해서 계율을 어겼다면 그 큰 과보를 어떻게 받지 않겠습니까? 그래서 나의 욕망이 남의 불행이 됩니다. 더 나가서는 나의 욕망이 이 사회를 불행하게 됩니다.

불선업을 가진 사람은 선업이 괴롭고 어색하기까지 할 것입니다. 선업이 맞지 않은 옷을 입은 것과 같아 불편할 것입니다. 그래서 선하지 못한 동류끼리 모입니다. 그러나 선업을 가진 사람은 불선업이 괴롭고 어색합니다. 그래서 선한 일에는 잘 맞는 옷을 입은 것처럼 편합니다. 그리고 편안하기 때문에 선한 사람과 어울립니다.

계율이란 필연적으로 고요함을 얻는 전단계입니다. 계율을 지키지 않고는 고요함을 얻을 수가 없습니다. 고요함이 없으면 지혜를 얻기가 어렵습니다. 그러므로 수행의 출발은 계율로부터 시작한다는 사실을 아셔야 됩니다. 그런데 이 딱딱한 계율을, 하기 힘든 계율을 모든 사람들이 싫어합니다. 그렇지만 계율처럼 쉬운 게 없습니다. 그 많은 계율을 알 필요가 없습니다. 사실은 위빠사나 수행자들은 '알아차림' 하나를 계율이라고 말합니다.

부처님께서 말씀하신 법문이 팔만사천법문이라고 하는 것은, 많은 종류의 법문을 통상적으로 말하는 숫자입니다. 그 팔만사천법문을 줄이면 37조도품이라고 합니다. 깨달음에 이르는 여러 가지 방법들, 기능들을 말하는 것입니다. 37조도품을 줄이면 팔정도를 말합니다. 팔정도가 바로 계, 정, 혜 삼학입니다. 계, 정, 혜 삼학을 줄이면 바로 알아차림 하나입니다. 그래서 불교에서는 알아차림 하나면 팔만사천법문을 관통합니다.

우리가 특별히 계율을 지키려고 노력할 것 없습니다. 깨어서 대상을 알아차리는 순간에는 번뇌라는 도둑이 들어오지 못하기 때문에 바로 계율을 지키는 것입니다. 그래서 계율을 지키지 않으면 결코 고요함에 이를 수 없고, 고요함에 이르지 못하면 지혜에 이르지 못하기 때문에, 수다원이 되는 것도 계율로부터 시작합니다. 그리고 사다함이 되는 시작도 역시 계율로부터 시작해서 고요함과 지혜를 얻습니다. 마찬가지로 아나함의 도과도 계율로부터 시작해서 고요함을 얻어서 지혜를 얻습니다. 마지막 아라한의 도과도 역시 계율로부터 시작해서 고요함을 얻어 아라한의 무인작용심이라는 지혜가 나서 해탈에 이르게 되는 것입니다.

이렇듯 계율은 모든 시작의 출발입니다. 그러나 계율은 결코 우리들에게 고통스런 것이 아니라는 사실을 알아야 됩니다. 매우 부드러운 것이고, 우리들에게 가장 이익이 되는 조건이라고 이해하십시오.

보통 계율을 말할 때 우리는 오계와 팔계를 말합니다. 이런 계율은 인간이 생존하기 위한 기본 조건이며, 선한 인간이 가지고 있는 가장 고귀한 정신에 속합니다. 인간이 사악도의 존재와 다른 것은 계율을 지키는 것이며, 바로 이런 계율을 통해서 해탈에 이를 수가 있습니다. 계율을 지키면 번뇌가 생기지 않고 안전하며, 자신과 타인의 불행까지 함께 막아서 보호해 줍니다.

인간이 지켜야 할 기본적인 계율은 먼저 다섯 가지입니다. 살생, 도둑질, 간음, 거짓말, 술을 삼가는 것입니다. 수행자가 수행을 하는 장소에서 지켜야 할 계율은 다섯 가지에서 세 가지가 추가되어서 팔계를 지켜야 합니다.

다섯 가지 계율에 세 가지를 포함한다고 할 때, 여섯 번째는 정오 이후에 음식물을 먹지 않는 것입니다. 부처님께서는 사시 공양을 하신 뒤에 오후 불식을 하셨습니다.

그리고 일곱 번째는 춤추고 노래하며 몸을 치장하지 않는 것입니다. 여덟 번째로 수행자가 지켜야 할 마지막 계율은 호화로운 침대를 사용하지 않는 것입니다.

인간은 계율 안에 있을 때만 숭고한 행복이 보장됩니다. 위빠사나 수행의 알아차림 하나면 바로 이러한 계율을 지킬 수가 있습니다. 계율을 지키는 것은 앞서 말씀드린 대로 지혜를 얻기 위한 수단입니다. 그러므로 계율을 지키는 것 자체가 목적은 아닙니다. 계율은 수단입니다. 계율을 목표로 했을 때는 계율지상주의자가 되어서 잘못된 것을 비난하거나 배척하는 또 다른 극단이 생깁니다.

계율을 지키면 마음이 청정해지고, 마음이 청정해지면 견해가 청정해지고, 견해가 청정해지면 지혜를 얻기 때문에, 그래서 계율이 모든 것의 바탕이 된다고 말씀드리는 것입니다.

지혜는 계율을 뛰어넘는 것이지만, 계율이 지혜를 만듭니다. 그래서 계율과 지혜는 상호보완적인 것으로 수행의 두 축이라고 보아야 됩니다. 계율 없는 지혜가 있을 수 없고, 지혜는 반드시 계율을 수반한다는 사실을 유념하여야 되겠습니다.

이러한 계율을 지키는 이익이 과연 무엇일까요? 계율을 지키는 마음은 선한 마음이라서 즐겁습니다. 계율을 지키지 않는 마음은 선하지 못한 마음이라서 항상 괴롭습니다. 계율은 탐욕과 성냄과 어리석음의 번뇌를 소멸시킵니다. 그래서 삼가는 것으로부터 막아서 보호하고 범하지 않는 것을 말합니다.

계율은 몸과 마음이 편안하고 기쁨이 생기게 하여 노력과 알아차림과 집중력을 얻어 지혜가 나게 합니다. 계율은 맑은 정신으로 노력하여 재산을 모으게 하지만 계율이 없으면 정신이 흐려져서 재산이 쉽게 사라집니다. 계율은 좋은 소문이 나서 평판이 좋고, 높은 지위를 얻게 됩니다.

그리고 계율을 지키면 어느 장소, 어떤 사람 앞에서도 두려움 없이 밝은 얼굴을 하고 지낼 수가 있습니다. 계율을 지키면 죽을 때 허둥대지 않고 맑은 정신과 기쁜 마음으로 죽게 됩니다. 죽을 때 마음 상태에 따라서 다음 생이 결정된다고 한다면, 계율이야말로 우리에게 가장 필요한 덕목 중에 하나입니다.

계율은 자신의 수행을 위해서 잘못된 것을 막아서 자신을 보호하는 수단이지, 남을 비판하고 결점을 찾는 데 사용하는 무기는 결코 아닙니다. 우리는 계율을 통해서 고결한 삶을 향상시켜야 합니다.

보통 우리가 지켜야 될 계율은 자식은 부모를 부양하고, 그들의 의무를 행하고, 가계를 유지하면서 상속물과 그 이외의 것들을 가치 있게 활용해야 되며, 멀리 떨어진 친척들을 도와주면서 부모를 돌보는 것을 말합니다. 이와 같이 자식에 의해서 부양받은 부모는 자식을 악에 물들지 않게 하며, 좋은 일을 하게 하며, 그들에게 기술을 가르쳐주고, 알맞은 배우자와 결혼하게 하고, 때가 되면 그들에게 유산을 물려주는 것, 이런 것도 계율에 속합니다.

우리가 계율을 지키는 것 중에 제자는 스승을 위해서 높이 공경하며, 시중을 들어주며, 주의 깊게 경청하고, 개인적으로 도와주며, 가르침을 받으면서 존경스럽게 모시는 것입니다. 이렇게 계율은 딱딱한 것이 아니고 지켜야 될 하나의 의무입니다.

그렇다고 한다면 제자들에 의해서 이렇게 섬김을 받은 스승은 어떻게 해야 될까요? 지고의 수련으로 제자들을 훈련시키며, 그들이 가르치는 것을 잘 받아들이도록 하여 그들에게 적합한 기술과 모든 학문을 가르치고, 그들에게 좋은 친구를 소개해서 사귀게 하고 그들의 안전을 위해서 물심양면으로 도와주는 것을 말합니다.

그렇다면 남편은 아내를 위해서 지켜야 될 계율이 무엇일까요? 정중하고, 무시하지 않고, 믿음을 가지고 있어야 되며, 아내에게 필요한 권한을 넘겨주고, 장신구를 주면서 돌보아야 하는 것을 말합니다.

그렇다면 남편에 의해서 보살핌을 받은 아내는 어떻게 해야 될까요? 자신의 의무를 완벽하게 완수하고, 주위의 사람들을 환대하며, 믿음직스럽고, 남편이 가져온 것을 보호해 주고, 근면해서 의무를 하는 수행을 게을리 하지 않는 것입니다.

선량한 자들은 자신의 친구들을 위해서 어떻게 해야 될까요? 관용을 지키고, 정중한 말을 하고, 선한 것을 증진시키고, 평등하고 진실하게 사귀어야 합니다.

이처럼 계율은 딱딱한 것이 아니고, 인간이 지켜야 할 바른 규범입니다. 그래서 우리가 계율 안에 머물 때 가장 행복하다고 말하는 것입니다. 계율이 있는 곳에서는 탐욕, 성냄, 어리석음이 없습니다. 그리고 계율이 있는 곳에서는 관용, 자애, 지혜가 있습니다.

수행, 사마타와 위빠사나

지난 시간에 연기의 사슬에서 탈출하는 방법은 선해야 되는 것이고, 선하다는 것은 관용 그리고 지계, 수행을 말한다고 말씀드렸습니다.

그렇습니다. 선하다는 것은 이 세 가지를 실천하는 것입니다. 너그럽게 용서하거나 받아들이는 관용과 청정하게 계율을 지키는 일과 마음을 계발하는 수행을 하는 것입니다. 관용을 보이면 베푸는 마음이 뒤따르고, 계율을 지키면 자신과 남에게 이익을 주며, 수행을 하면 자유와 행복을 가져다줍니다. 이것이 바로 연기에서 탈출하는 방법들입니다.

그렇다면 선하지 못한 것은 무엇일까요? 용서하지 못하고 받아들이지 못하는 것입니다. 그리고 계율을 어겨 청정하게 살지 못하는 것입니다. 그리고 수행을 하지 않아서 번뇌에서 벗어나지 못하는 것입니다. 이것은 괴로움입니다. 이 괴로움이 윤회하는 세계 속에서 사는 사람들의 실상입니다.

세 가지 선한 것과 선하지 못한 것의 선택은 바로 알아차림이 있느냐 없느냐 하는 것으로 결정됩니다. 알아차리는 수행을 하면 관용과 계율이 따르게 됩니다. 그래서 관용과 계율, 수행 이 세 가지가 되었을 때 비로소 완전한 선이라고 말할 수 있는 것은 연기에서 탈출할 수 있기 때문에 그렇게 말하는 것입니다.

수행은 크게 사마타samatha 수행과 위빠사나vipassanā 수행으로 구별합니다. 부처님이 출현하시기 전에는 사마타 수행밖에 없었습니다. 부처님이 연기를 아신 뒤에 연기 속에서 오온을 발견하시고 오온의 느낌을 통찰하신 결과 무상, 고, 무아를 철견하셔서 해탈의 길로 가셨습니다. 그 방법이 팔정도, 계정혜 삼학, 중도, 위빠사나입니다. 팔정도나 계정혜나 중도나 위빠사나는 모두 같은 말입니다.

사마타라고 하는 말은 우리말로 고요함을 얻는 선정수행을 말합니다. 한문으로는 멈춤이라는 뜻으로 지止라고도 말합니다. 이것은 하나의 대상에 집중하여 실재하는 현상이 아니고 관념적인 것을 대상으로 합니다. 그래서 고요함을 얻습니다. 우리가 알고 있는 수행이라는 것들은 모두 사마타입니다. 기도를 한다, 절을 한다, 뭘 한다 하는 것들은 어떤 목적을 가지고 윤회하는 세계에 머물면서 대상과 하나가 되는 것을 말합니다.

이때 선택하는 대상은 실재가 아닌 관념이며, 이것은 다섯 가지 장애를 극복하기 위해서 번뇌를 억누르는 형태의 수행을 말합니다. 이때 이 사마타의 대상은 고유한 특성이 없습니다. 그래서 이것들을 관념이라고 말합니다. 가령 예를 들어서 우리가 장미꽃이라고 말할 때는 장미꽃은 관념입니다. 그러나 그 실재는 장미꽃이 가지고 있는 향기입니다.

이러한 사마타 수행과 다른 위빠사나 수행이 있습니다. 위빠사나는 몸과 마음이라는 실재하는 대상을 통해서 있는 그대로 보는 지혜수행입니다. 사마타 수행이 선정수행으로 고요함을 얻는 수행이라고 한다면, 위빠사나 수행은 지혜수행으로 열반의 해탈에 이르는 수행이며 무상, 고, 무아의 지혜를 통찰하여 궁극의 해탈에 이르게 수행입니다.

위빠사나라는 말은 주객을 분리해서 주시한다는 뜻입니다. 위vi는 다르다, 분리하다라는 말이며, 다르고 분리해서 봄으로써 무상, 고, 무아를 알게 된다는 의미를 가지고 있습니다. 그리고 빠사나passanā는 통찰한다는 말인데, 이것은 대상을 겨냥하고, 겨냥한 대상을 지속한다는 의미까지 들어 있습니다.

사마타 수행은 근본집중을 해서 대상과 하나가 되는데, 위빠사나는 실재하는 느낌을 대상으로 하기 때문에, 대상과 하나가 되지 않기 때문에, 근본집중이 아닌 찰나집중을 합니다. 바로 그 찰나집중을 통해서 무상, 고, 무아를 발견하게 되는 것입니다. 지금까지 우리는 대상과 하나가 되어서 밀착하는 수행만 해왔는데, 이 수행은 대상을 객관화해서 알아차리기 때문에 대상의 법의 성품을 봅니다.

그래서 보는 자와 보이는 것을 분리해서 알아차리는 수행입니다. 이렇게 알아차릴 때만이 비로소 대상의 바른 성품을 볼 수가 있습니다. 그렇지 않으면 대상에 빠져서 대상의 성품을 볼 수가 없습니다. 예를 들면 숲 속에서는 숲의 모습을 모두 볼 수가 없듯이, 숲 밖에 나와서 비로소 숲을 지켜볼 때 숲이 무엇인지를 알 수 있는 것과 같습니다.

위빠사나 수행의 대상은 자신의 몸과 마음입니다. 자신의 몸과 마음이 무엇인지를 아는 것이야말로 모든 것과 통하는 지름길입니다. 자신의 문제가 바로 모든 문제로 귀결되기 때문입니다. 그래서 이 수행을 단 하나의 길이라고 말합니다. 우리들이 몸과 마음을 가지고 생긴 번뇌는 몸과 마음이 무엇인지를 아는 것으로부터 답을 얻을 수가 있습니다. 그래서 우리가 궁극의 열반을 성취하기 위해서 모든 번뇌가 몸과 마음으로부터 비롯된 것이기 때문에 알아차릴 대상을 몸과 마음으로 한정합니다. 어떤 의미로는 이것은 불교의 세계관입니다.

부처님께서 말씀하신 '나는 일체를 알았다!', '모든 것을 알았다!'라고 말하는 일체나 모든 것은 부처님 자신의 몸과 마음을 말합니다. 왜냐하면 우리가 살고 있는 것은 자신의 몸과 마음을 가지고 있기 때문입니다. 자신의 몸과 마음을 보는 것을 때로는 오온으로 볼 수도 있고, 때로는 여섯 가지 감각기관으로도 볼 수가 있습니다. 그래서 위빠사나 수행은 부처님께서 깨달음을 얻은 수행입니다. 이 수행이 있기 전에는 오직 사마타 수행밖에 없었지만 이 수행을 통해서 부처가 가신 길을 우리가 이제 가야 합니다.

위빠사나 수행과 사마타 수행은 상호 보완적입니다. 경전에 기록되기를, 열반에 이르는 길은 네 가지가 있다고 말씀하셨습니다. 첫째, 사마타 수행을 한 뒤에 위빠사나 수행을 통해서 열반에 이르는 길, 둘째, 위빠사나 수행을 하고 사마타 수행을 통해서 열반에 이르는 길, 셋째, 사마타와 위빠사나 수행을 병행해서 열반에 이르는 길, 넷째, 사마타 수행을 하지 않고 오직 위빠사나 수행만으로 열반에 이르는 길, 이 네 번째 길을 순수 위빠사나 또는 숫다suddha 위빠사나라고 말합니다.

또 다른 말로는 사마타가 없기 때문에 건관자乾觀者, 순수 위빠사나 수행자를 건관자라고 말하기도 합니다. 어쨌거나 사마타는 멈추는 수행이고, 위빠사나 수행은 마음으로 보는 수행입니다. 그래서 사마타 수행과 위빠사나 수행을 한문으로는 지관止觀법이라고 말합니다. 우리나라의 천태종에 천태지관법이라는 것이 있는데, 이 말은 옛날에 사마타 수행과 위빠사나 수행이 있었다는 것을 증명하는 표현이기도 합니다.

오늘은 위빠사나 수행에 대해 말씀드리겠습니다. 위빠사나 수행은 왜 해야 되는 것인가요? 지혜를 얻기 위해서 합니다. 왜 지혜를 얻어야 되는가요? 지혜만이 괴로움을 해결하기 때문입니다. 위빠사나 수행은 바로 괴로움을 해결하기 위해서 하는 수행입니다.

누구나 특별히 괴롭지 않다고 생각하겠지만 사실은 행복한 것도 괴로움입니다. 언제 이 행복이 사라질지 몰라서 괴롭고, 더 행복하지 못해서 괴롭고, 다음에 이와 같은 행복이 오지 않았을 때도 괴롭습니다. 그래서 그런 행복을 바라기 때문에 불만족스럽습니다. 그리고 무료하고 심심해서도 괴롭습니다. 그리고 한편으로는 행복하면서도 또 한편으로는 불안하고 괴롭기 때문에 좀 더 편안한 삶을 살고 싶어 해서 괴롭습니다.

그래서 무엇인가 찾아나서는 중에 수행도 선택하는 것입니다. 이때 수행을 선택했다는 것은 매우 용기 있는 행위입니다. 왜냐하면 이런 실천 없이는 결코 행복을 얻을 수가 없기 때문입니다. 누군가에게 다 맡기고 매달리면 편안할 텐데, 이 수행이라는 것은 고생을 사서 하는 것입니다. 그러나 매달려 보아도 별것이 없어서 수행을 하는 사람도 있을 것이고, 처음부터 지혜가 나서 수행을 선택하는 사람도 있을 것입니다. 어떤 경우가 되었건 선택을 한 것인 만큼 이 선택은 좋은 결과를 줄 것입니다. 이 결과의 확인은 누가 해주는 것이 아닙니다. 바로 수행을 한 스스로가 알게 됩니다.

수행을 한다는 것은 먼저 알아차릴 대상이 있어야 합니다. 그리고 알아차리면 됩니다. 그러면 지금까지 이 세상을 살면서 알지 못하고 살았는가? 우리는 무심히 살았습니다. 깨어서 대상을 별로 본 적이 없습니다. 왜냐하면 자신의 몸과 마음을 제대로 본적이 없기 때문입니다. 우리는 태어난 이래 모든 마음이 밖으로 향해져 있습니다. 그리고 모든 것을 밖에서 구했습니다.

그러나 답은 자신의 몸과 마음에 있다는 사실을 부처를 통해서 우리는 알게 되었습니다. 그런데 우리가 과연 일생을 살면서 자신에 대해서, 자신의 몸에 대해서, 자신의 마음에 대해서 과연 무엇을 얼마나 알아차렸으며, 무엇을 얼마나 알 수 있었단 말입니까? 그래서 거의 우리는 알지 못하고 살았습니다. 여기서 알아차린다는 것은 지금까지 세상을 살 때 알았던 것과는 다릅니다.

이것은 어떤 것이 되었든 대상을 깨어서 자세히 알아차린다는 말입니다. 우리는 무엇을 하면서도 하고 있다고 분명히 알지 못하고 행합니다. 그러나 알아차림을 할 때는 이것을 분명하고 자세하게 알면서 행합니다. 이렇게 알아차리면 반드시 집중이 생기고, 그 집중의 힘으로 지혜가 나서 대상의 성품을 보게 됩니다. 이것을 일러 수행이라고 합니다.

수행이라는 것은 '바와나bhāvanā'라고 해서 마음을 계발하는 것입니다. 마음을 계발하면 자연스럽게 몸에도 많은 치유능력을 갖습니다. 그러나 저의 스승께서는 우리가 "스승님, 수행을 하면 건강이 좋아집니까? 제가 병이 있는데 수행을 통해서 병을 좀 낫고 싶습니다"라고 질문하면, "몸이 아프면 병원에 가라"고 말씀하십니다. 수행을 하면 마음이 계발되어서 치유능력이 있는데 왜 그렇게 말씀하셨을까요?

지난 시간에 말씀드린 것처럼 병을 나으려고 수행을 해서는 안 됩니다. 알아차린 결과로 생긴 청정한 마음이 몸의 치유능력으로 연결되어 자연스럽게 병이 낫는 것이지, 처음부터 병을 나으려는 바람으로 수행을 하면 바른 수행을 할 수 없기 때문입니다. 수행처럼 더 좋은 것이 어디 있겠습니까? 그러나 수행의 참뜻을 알리기 위해서 몸이 아프면 병원에 가라고 말씀하신 것입니다. 보통의 스승들은 이 수행을 하면 병이 낫는다고 말합니다. 그러나 저의 스승은 그렇게 말씀하지 않으셨습니다. 왜냐하면 바람 없이 알아차려야 한다는 뜻을 전하고 싶었기 때문입니다.

이렇게 알아차릴 때는 자세하고 분명하게 알아차리는 행위가 있고, 여기에 곁들여지는 것이 또 하나 있습니다. 바로 집중입니다. 이 집중을 '사마디samādhi'라고도 말합니다. 위빠사나 수행에서는 찰나집중을 합니다. 그래서 바로 집중이 될 때만이 우리가 대상의 성품을 볼 수가 있고, 대상의 성품을 보아야 갈애가 끝나기 때문에 우리들이 가고자 하는 길을 갈 수가 있습니다.

위빠사나 수행의 대상(1)

이 세상에서 가장 좋은 맛은 수행을 해서 얻는 법의 맛입니다. 법은 항상 그 뜻이 잘 나타나 있으며, 지금 이곳에서 경험할 수가 있고, 시간을 지체하지 않으며, 와서 보라고 할 수 있는 것이고, 열반으로 이끌어 줄 뿐만 아니라 현명한 사람에 의해 직접 체험되는 것입니다. 대상을 있는 그대로 알아차려야 바람처럼 자유로운 법의 맛을 볼 수 있습니다. 오늘도 법의 맛을 보는 방법에 대해서 함께 공부하겠습니다.

지난 시간에 수행을 할 때 알아차림과 집중에 대해서 말씀드렸습니다. 이 알아차림과 집중이 저절로 되는 것이 아닙니다. 반드시 노력이 필요합니다. 노력이 없으면 밭에 씨를 뿌리고 거름도 주지 않고 열매 맺기를 기다리는 것과 같습니다. 노력은 조건을 충분히 충족시키는 데 절대적으로 필요한 의지입니다.

수행을 할 때 노력은 않고 결과만 가지고 탓하는 것은 욕심과 성냄을 일으키는 마음입니다. 보통의 사람들은 수행을 시작하자마자 바로 좋은 결과를 원합니다. 이것은 잘못된 것입니다. 수행이란 전에 없던 새로운 습관을 길들이는 것입니다. 알 수 없는 수많은 생 동안에 내려져 온 축적된 성향, 그 습관을 바꾸는 것이 어떻게 단 한순간으로 가능하겠습니까?

새로운 습관은 반드시 알아차림과 집중과 노력에 의해서만이 가능합니다. 물론 제일 앞에서 신뢰에 의해서 생긴 믿음이 이끌어야 됩니다. 이 믿음이 앞에서 이끌면 자연스럽게 노력이 따르고, 노력이 따르면 알아차림이 되며, 알아차림과 노력이 함께할 때 알아차림이 지속되어서 집중이 됩니다. 이런 집중의 결과로 지혜가 납니다. 이렇게 생긴 지혜는 앞에서 믿음과 함께 노력과 알아차림과 집중을 또 이끕니다. 이때 법이 앞에서 이끈다고 말합니다.

우리는 지혜와 믿음이 앞에서 이끄는 그런 과정까지 부단히 노력해야 합니다. 알맞은 조건이 이렇게 성숙되면 어둠에서 전기불이 켜지듯이 한순간에 어둠을 밝히는 지혜가 생깁니다. 지혜는 확실히 안다는 것이고, 알았기 때문에 번뇌를 자른다는 뜻이 있습니다. 생각은 아는 것으로 끝나 반복하고 되풀이하지만, 지혜는 완전히 알았기 때문에 대상의 성품을 바로 보아서 잘못된 것을 끊는다는 의미가 있습니다.

그래서 수행을 한다는 것은 매우 적극적으로 긍정적인 삶을 살아간다는 것입니다. 적극적이지 못하다면 단 얼마간도 알아차림을 지속할 수가 없습니다.

그리고 이 알아차림은 언제나 현재에만 가능합니다. 설령 우리가 과거나 미래를 생각한다 해도 현재라는 입장에서 알아차리면 그것이 알아차림에 속합니다. 거의는 마음이 과거나 미래로 갑니다. 그런데 '과거의 일들을 생각하고 있네!'라고 알아차리는 순간 과거는 사라지고 현재만 남습니다. 아직 오지 않은 미래에 대한 두려움과 불안 때문에 걱정할 때도 '지금 두려워하고 있네!'라고 미래로 간 자기 마음을 알아차리면 그 순간 현재로 돌아와서 알아차림이 지속되며, 그것을 우리는 수행이라고 말합니다.

그래서 어떠한 상황에서나 알아차리는 자와 현재라는 시간 위에서 아는 것이 함께 가야 합니다. 과거나 미래에서는 수행을 할 수가 없습니다. 현재로 와야 수행이 됩니다. 그러므로 알아차림이라는 것은 깨어 있는 현재의 행위를 말합니다.

여기서 우리가 위빠사나 수행의 알아차릴 대상이라는 것을 특별한 것이라고 생각해서는 안 됩니다. 바로 우리들의 몸과 마음입니다. 우리가 특별한 것을 말하는 줄 알지만, 실상 우리들의 삶에서 특별한 것은 없습니다. 바로 우리들의 감각기관인 눈, 귀, 코, 혀, 몸, 의식이 보고, 듣고, 냄새 맡고, 맛보고, 접촉하고, 생각하는 것, 이것이 알아차릴 대상입니다.

이것이 바로 육문과 육경이 부딪친다고 하는 것입니다. 이렇게 부딪쳤을 때 여섯 가지 아는 마음이 일어나는 것을 육식이라고 말합니다. 그러므로 육문과 육경이 부딪친 것을 열두 가지 장소라고 해서 12처라고 말하고, 거기에 여섯 가지 아는 마음을 포함해서 18계라고 합니다. 이 18계는 바로 정신과 물질의 모든 것입니다. 이것이 불교의 세계관입니다. 정신과 물질을 벗어난 것은 불교의 세계관이 아닙니다.

부처님이 45년간 설법하신 것은 오직 한 인간의 정신과 물질이 어떻게 고통에서 벗어나는가? 그것만 말씀하셨습니다. 물론 과거나 미래를 말씀하기도 하셨습니다. 그러나 그것은 현재를 말하기 위해서 부연 설명한 것이지 꼭 과거를 목표로 하지는 않으셨습니다. 그리고 미래를 목표로 말씀하시지도 않으셨습니다.

실제로 수행자가 알아차릴 대상은 별것이 아닙니다. 뿐더러 호흡도 알아차려야 할 대상의 일부에 불과한 것입니다. 몸을 알아차릴 때도 단단하고 부드러운 것, 가볍고 무거운 것, 따뜻하고 차가운 것, 그다음 몸의 움직임, 찌릿거리는 것, 두근거리는 것, 아프고 가렵고, 졸리고, 하기 싫은 것, 또 좋아하는 것, 이런 단순하고 실재하는 것, 현실적인 것들이 바로 모두 알아차릴 대상인 것입니다.

수행은 특별한 것을 대상으로 하지 않습니다. 결코 특별한 것을 알아차려야 될 이유가 없습니다. 단지 지금 여기에 있는 정신과 물질에 관한 것이면 됩니다. 그래서 수행은 지극히 일상적인 것, 사실은 어찌 보면 시시해 보이는 것들이지만, 모두 그것들은 실재하는 현상이라서 가장 고귀한 대상입니다.

이런 잡다하고 일상적인 것들이 모두 소중한 대상이고 손님으로 찾아온 것들입니다. 나타난 대상은 무엇이 되었거나 손님입니다. 손님은 너무 박대해서도 안 되고, 너무 반겨서도 안 되고, 정중하게 대접해야 합니다. 바로 위빠사나 수행자는 몸과 마음에 나타난 모든 현상을 손님을 대하듯이 정중하게 그냥 알아차리면 됩니다. 무엇은 좋고 무엇은 안 된다는 것이 없습니다.

그것은 몸과 마음에 나타난 실재하는 현상이기 때문에 모두 진실입니다. 진실이라는 것은 있는 것입니다. 없는 것은 진실이 아닙니다. 그러기 때문에 남을 미워하는 마음조차도 그것이 있다면, 진실입니다. 단지 '미워하고 있네', '욕심을 부리네'라고 알아차리면 된 것입니다.

그래서 수행은 좋고 싫고 그런 것들이 없습니다. 있는 것이면 모두 우리가 알아차려야 될 대상입니다. 이렇게 찾아온 손님을 내쳐서는 안 됩니다. 찾아온 손님을 없애려고 해서도 안 됩니다. 찾아온 손님에게 무엇을 바라서도 안 됩니다. 그냥 단지 손님으로 맞이하면 됩니다. 이것이 위빠사나 수행의 알아차림입니다. 이때 대상과 하나가 되지 않고, 단지 주인으로서 손님을 지켜보는 그런 과정을 수행이라고 말합니다.

또 이런 모든 대상들은 잘 차려진 밥상의 밥과 반찬들과 같습니다. 차려진 밥상의 밥과 반찬은 다 먹어서 깨끗하게 해야 합니다. 좋은 것만 골라먹으면 남아 있는 것들이 부패하거나 냄새가 납니다. 그것이 번뇌입니다. 편식을 하지 말고, 이것저것 모든 것을 다 먹어야 고요하고 평등심의 상태가 됩니다. 좋은 것만 먹으면 탐심이고, 싫어서 안 먹으면 성냄입니다.

수행 중에 나타난 모든 대상은 설령 그것이 괴로운 것이나 즐거운 것이래도 똑같이 단지 알아차려야 할 대상일 뿐입니다. 왜 이렇게 해야 되는가에 대해서 의문이 생깁니다. 그럴 때는 의심하고 있는 자신을 알아차려야 됩니다. 아직 우리는 다 알기가 어렵습니다. 의심을 풀고 수행하려고 하지 말고, 수행을 하면서 의심을 풀어야 합니다. 자기의 식이 고양되지 않은 상태에서는 알았다 해도 이해가 되지 않습니다. 아직 모르는 지혜를 설명해 주어도 다 알 수가 없습니다. 그러므로 단지 의심이 났을 때는 '지금 의심하고 있네'라고 의심하는 그 자체를 알아차리면 됩니다.

여기서 간단하게 이유를 말씀드리면 몸이 있는 곳에 마음을 붙여놓으면 몸과 마음의 역할이 무엇인지를 알게 되고, 마음이 밖으로 달아나지 않아 고요함이 생깁니다. 마음이 달아나서 하는 일이란 차별과 시비와 탐심, 성냄밖에 없습니다. 그래서 달아나는 마음을 몸에 붙여서 온전히 대상으로 보게 하는 것입니다. 마음이 달아나면 계율을 어기는 것입니다. 그래서 몸과 마음에 붙여놓고 고요한 집중의 상태를 얻고자 하는 것이 수행의 일차적 목표입니다.

알아차림이 있을 때 계율을 지킨다고 말하는 것이 바로 이런 이유입니다. 우리가 알아차리지 못할 때는 마음이 밖으로 나가서 남을 비난하거나 욕망을 내거나 화를 내거나 합니다. 이때는 바로 계율을 어기는 것입니다. 그러나 알아차리는 순간에는 그것들이 단지 대상이기 때문에 어떤 번뇌도 들어올 수가 없을뿐더러 항상 청정한 계율을 지키는 것이 됩니다.

우리가 보통 아는 것은 consciousness, 즉 의식意識이라고 합니다. 이것을 정신, 자각이라고 하는데, 자각은 아는 것을 말합니다. 이 의식은 감각 또는 느낌이라고 하는 것과 동일하게 함께 일어납니다. 그래서 이 느낌과 아는 마음이 함께 있는 것을 우리는 정신 상태라고 말합니다.

알아차린다는 것은 기존의 우리가 알고 있는 것에서 한 발 더 나아가서 분명하게 깨어서 아는 것을 말합니다. 우리는 할 때 하는 것을 모르고 무심히 하지만 알아차림이 있을 때는 할 때 하는 것을 자각합니다. 이것이 수행입니다.

그래서 우리가 막연하게 아는 것이 아니고 알아차릴 대상을 확실하게 선택하여 밀착해서 알아차리는 것을 알아차림이라고 합니다. 이런 알아차림을 빨리어로 사띠sati라고 합니다. 이 사띠를 또 다른 말로는 mindfulness, awareness, look, see 등 다양하게 표현합니다. 알아차림, 주시, 관찰, 보다, 이해하다가 모두 동의어입니다. 이때 이런 알아차림은 깨어서 대상을 지켜본다는 의미가 포함되어야 합니다.

'사띠'라고 말하는 빨리어를 더 자세하게 말하면 '사띠빠타나satipaṭṭhāna'라고 말합니다. 여기서 빠타나paṭṭhāna는 면밀하게 알아차린다는 뜻입니다. 우리가 알고 있는 대상을 늘 깨어서 밀착해서 자세하게 아는 것을 말합니다. 우리가 그냥 살아갈 때처럼 알지 않고, 대상을 확실히 깨어서 아는 것을 말합니다.

이것은 직접 체험하는 것이며, 언어의 거미줄에 걸리지 않는 언어 저편에 있는 경지를 말합니다. 그러므로 일상의 인식을 뛰어넘어 대상을 꿰뚫어보는 힘이 있는 것을 우리는 위빠사나 수행의 알아차림이라고 말합니다.

위빠사나 수행은 알아차리기만 하면 되기 때문에 쉽고 단순한 것 같아도 알아야 할 대상이 많아서 의외로 복잡할 수도 있습니다. 특별하게 어느 것 하나만을 대상으로 알아차리지 않고 나타나는 대상을 그때마다 모두 알아차려야 하기 때문에 처음에는 다소 혼란스러울 수 있습니다. 그래서 어느 경우에 무엇을 알아차려야 될까라고 망설이는 경우가 허다합니다. 이런 때는 가장 강한 대상을 알아차려야 합니다.

기본적으로 좌선을 할 때는 호흡을 보지만, 망상이 나타나거나 통증, 가려움, 졸림, 하기 싫음이 나타날 때는 그것이 대상이 되어야 합니다. 그때마다 모른 체하지 말고 나타난 것들을 그 즉시 알아차리면 됩니다. 이것이 수행자의 선택입니다. 꼭 특별한 것을 하나만 선택해야 될 이유는 없습니다. 나타난 것들이 모두 알아차릴 대상입니다.

위빠사나 수행의 대상(2)

유명한 것과 훌륭한 것은 다릅니다. 유명한 만큼 더 세속적일 수도 있습니다. 훌륭해서 유명하기도 하지만 세속적이어서 유명하기도 합니다. 유명해지려고 해서 훌륭하지 않으며, 유명해지기를 바라지 않아서 훌륭합니다. 수행은 유명해지려고 하는 것이 아니고, 훌륭하게 되기 위해서 하는 것입니다.

우리들에게 있는 번뇌도 자신이 만듭니다. 그리고 우리가 얻는 지혜도 자신이 만듭니다. 불행도 자신이 만들고 행복도 자신이 만듭니다. 불행은 감각적 욕망으로 생기며, 행복은 수행의 지혜로 얻습니다. 우리가 나쁘기 때문에 좋아질 수도 있지만, 나쁘기 때문에 더 나빠질 수도 있습니다. 이렇듯 삶은 외부의 힘에 의해 결정되지 않고, 자신의 마음가짐이 결정하는 것입니다. 이것을 우리는 수행이라고 말합니다.

그런데 어리석은 자는 수행의 이익을 모릅니다. 그래서 수행을 손해 보는 짓이라고 생각합니다. 지식이 있는 자는 수행의 이익을 알지만 생각으로 그치고 수행을 하지 않습니다. 공덕을 쌓은 자는 수행의 이익을 알아 사마타 수행으로 선정의 고요함을 얻습니다. 그러나 지혜롭고 선한 자는 수행에 대한 확신을 갖고 위빠사나 수행을 해서 해탈의 자유를 얻습니다.

수행을 하면 마음이 청정해져서 번뇌가 제거되고 슬픔과 비탄, 근심에서 벗어날 수가 있습니다. 또 육체적인 고통과 정신적인 고뇌가 극복되며 수다원, 사다함, 아나함, 아라한의 도과를 성취하게 됩니다. 수행의 궁극적 목표는 열반을 성취하여 고통뿐인 기나긴 윤회에서 벗어나는 것입니다. 윤회에서 벗어나는 이 길이 수행입니다.

♠ ♠ ♠

지난 시간에는 몸을 알아차릴 때에 호흡, 망상, 통증, 가려움, 졸림 등 이런 것들이 나타날 때 무엇을 알아차려야 될까 방황하는 것을 말씀드렸습니다. 우리들이 한순간에 마음은 하나의 대상밖에 알아차리지 못합니다. 그러나 마음은 워낙 빠르게 일어나고 사라지기 때문에 여러 가지 대상들이 동시다발적으로 일어나는 것을 경험합니다. 그러나 그 빠른 순간에도 마음은 하나밖에 알아차리지 못합니다.

그래서 우리가 수행을 할 때에 두세 가지 대상이 나타날 때는 먼저 이곳저곳으로 왔다 갔다 하지 말고 하나의 대상을 선택해야 합니다. 이때 일반적으로 강한 대상을 선택하는 것이 좋습니다. 이렇게 강한 대상을 선택한 뒤에 차츰 알아차리는 힘이 생기면 때로는 오히려 강한 대상보다 미세한 대상을 알아차릴 수도 있습니다.

왜냐하면 수행은 처음에는 아는 힘을 강화하기 위한 것입니다. 그래서 알아차릴 대상을 밖에 있는 것들에 두지 말고 항상 자신의 몸과 마음으로 해야 됩니다. 밖으로 나가면 시비가 벌어집니다. 그리고 알아차림을 놓칩니다. 그래서 먼저 자신의 몸과 마음을 알아차린 뒤에 그 힘이 축적되면 밖에 있는 대상을 지켜볼 수도 있습니다.

우리가 수행을 할 때 여러 가지 대상이 나타난다는 것은 매우 자연스런 것입니다. 사실 이런 모든 것들은 다 대상으로 알아차리는 것이 위빠사나의 특성이라고 말할 수도 있습니다. 하나의 대상만을 고집하지 않고, 나타나는 모든 대상을 손님처럼 맞이한다는 것은 자연스럽게 대상에 접근하여 그 실체를 알 수 있는 기회이기 때문입니다. 가령 잠재의식 속에 숨어 있던 고정관념들이 망상으로 튀어나온다면 오히려 그것은 기회인 셈입니다. 이런저런 망상이 많이 떠오른다는 것은 자신이 어떤 고정관념을 가지고 있는지를 알 수 있는 것이기도 합니다. '아! 지금 내가 주로 무슨 생각을 하고 있구나!' 하고 알 수 있기도 합니다.

수행 중에 나타나는 것은 버릴 것이 하나도 없다는 것을 유념해야 합니다. 그것들은 모두 하나같이 알아차릴 대상입니다. 결코 좋은 것과 나쁜 것을 구별해서는 안 됩니다.

이처럼 수행은 일단 알아야 하는데, 먼저 나타난 대상을 그리고 강한 대상을 알아차리는 것으로부터 시작해야 합니다. 그러나 알 것도 많고, 알아차리는 방법도 자기 욕심으로 대하기 때문에 있는 그대로 알아차리기가 어렵습니다. 그래서 이런 혼란 때문에 수행지도자의 도움을 필요로 합니다. 그래서 자기가 체험한 것을 보고하고 적절한 답변을 듣는 것으로 수행이 발전합니다. 이것은 부처님 이래로 매우 중요합니다. 자기 혼자서는 결코 깨달음의 길로 갈 수가 없기 때문에 앞서서 경험한 스승의 도움을 받는 것이 매우 중요합니다.

그래서 위빠사나 수행은 반드시 필수적으로 면담의 과정을 거칩니다. 왜냐하면 면담 없이 한 발도 나아갈 수가 없기 때문입니다. 자기 혼자 판단하고 자기 혼자 내린 결정은 바르지 못합니다. 저도 과거에 미얀마에서 수행을 할 때 늘 스승께 이런 고통을 말씀드렸습니다.

"스승님, 수행이 안 됩니다. 괴롭습니다." 그러면 스승께서는 늘 이렇게 말씀하셨습니다. "판단은 내가 한다. 너는 단지 일어나는 것만을 보고하라. 너는 지금 매우 수행을 잘하고 있다." 그래도 "아닙니다. 수행이 안 됩니다"라고 하면, "바로 그것이 네가 판단하는 것이다. 너는 겪어야 될 과정을 지금 겪고 있는 것이다"라고 말씀하셨습니다.

그러니 수행이란 것은 잘 되는 것만 말하지 않습니다. 잘 안 되는 과정이 연속적으로 일어나는 것이 수행입니다. 어느 날 잘 되면 그 순간 교만심에 사로잡혀서 수행이 퇴보합니다. 그래서 끊임없이 잘 안 되는 과정을 거치는 것이 수행이라고 이해하셔야 됩니다. 그러므로 수행은 좋은 것을 보기 위해서 하는 것이 아니고, 잘 되건 되지 않건 똑같이 모두 나타난 것을 대상으로 알아차리는 것입니다. 욕심을 부려서는 안 됩니다.

수행을 할 때에 무엇을 어떻게 알아차리는가에 대한 것 못지않게 무엇을 알았는가에 대해서 보고하는 것이 중요합니다. 보고의 과정은 제대로 알아차리고 있는가를 검증하는 기회이지만, 또 더 열심히 알아차리도록 노력하게 하는 긍정적인 측면이 있습니다. 수행을 제대로 하고 있는가에 대한 점검 외에 보고하기 위해서 더 열심히 알아차리려는 노력을 하게 되는 부수적인 효과까지도 있습니다. 수행은 이렇게 총체적으로 진행되어야만 바르게 할 수가 있습니다.

그래서 수행을 한다는 것은 먼저 무엇을 알아야 하는가가 필요하고, 어떻게 알았는가가 뒤따라야 되고, 알았으면 그것이 정리되어서 보고되는 과정을 거칩니다. 이러한 명확한 과정이 있어야 제대로 수행을 할 수가 있습니다.

그러나 보고하기가 매우 어렵습니다. 우선 자기의 내면이 드러나기 때문입니다. 그리고 자랑할 것이 못 되기 때문에 고통을 겪습니다. 그러나 똑같은 이야기를 똑같이 해야 됩니다. 같은 이야기라도 스승은 같은 이야기로 받아들이지 않습니다. 왜냐하면 같은 마음 같은 몸이 아니기 때문입니다.

제가 스승에게 면담을 할 때에 이런 질문을 하면 어떤 답변을 할 것이라는 것을 예감할 수도 있습니다. 그래도 해야 합니다. 왜냐하면 같은 순간의 마음과 같은 순간의 몸이 아니라는 사실을 자각하기 때문입니다. 그리고 같은 답변을 들었어도 면담을 했을 때와 하지 않았을 때는 엄청난 수행의 차이가 있습니다. 보통 면담을 하루 하면 3일 정도 면담의 효과가 지속됩니다. 이렇게 수행은 혼자 하기가 어려운 것입니다.

수행을 시작한다는 것은 바라는 것 없이 해야 합니다. 바라는 것 없이 한다는 말은 매우 생경한 말입니다. 그러나 출세간에서는 갈애가 없는 것으로부터 출발합니다. 갈애는 반드시 집착을 하게 되고 업을 생성해서 태어남이라는 결과를 낳기 때문에 바라는 것 없이 단지 있는 그대로 대상을 지켜보아야 합니다.

산다는 것이 모두 바라는 것뿐인데 처음부터 이러한 수행을 하면 바로 부딪칩니다. 그러나 어쩔 수 없습니다. 수행은 바라는 것 없이 해야 합니다. 우리는 바라지 않고 살아 본 적이 없습니다. 그러나 출세간의 이 길로 가기 위해서는 바라지 않는 새로운 길을 가셔야 됩니다. 가야 할 길이 아무리 험하고 멀더라도 우리는 이 길을 가야 합니다.

안 해보던 것이라고 해서 언제까지나 안 할 수는 없습니다.

또 바라는 것과 함께 없애려고 하지도 말아야 합니다. 우리는 바라고 없애려고 하는 것이 모두 탐심과 진심, 성냄이라는 것을 알아야 합니다. 처음부터 바라고 없애려고 하기 때문에 우리는 오히려 수행이 더 힘든 것입니다. 그러나 이것을 받아들이기가 쉽지 않기 때문에 수행이 힘든 것이라고 알아야 합니다.

수행을 시작하려면 좌선을 하기 마련인데, 좌선이란 것은 일정한 시간을 움직이지 않고 앉아 있기 때문에 쉽지가 않습니다. 우선 아프고 졸리고 망상이 떠오르고 가렵고 해서 괴롭습니다. 도대체 무엇을 얻으려고 이러고 앉아 있는지 의심이 들기도 합니다. 움직이면 안 된다고 해서 또 움직일 수도 없습니다. 더구나 호흡을 알아차리라고 하는데 잘 알아차리기도 힘듭니다. 이 호흡을 알아차려서 도대체 무엇을 한단 말인가, 라는 의심도 듭니다. 이렇게 별로 볼 것도 없는 하찮은 것들을 알아차리고 있을 때 자신이 한심한 생각도 듭니다.

수행은 바로 이런 괴롭고 이해할 수 없는 것을 알아차리는 것으로부터 출발해야 합니다. 수행을 한다는 것은 언제나 현재의 입장에서 자신의 몸과 마음에 나타나는 것을 알아차리는 것이기 때문입니다. 그렇기 때문에 현재라는 시제가 항상 따라야 됩니다. 현재에 있는 것이면 그것이 무엇이든지 알아차려야 됩니다. 거기에 좋고 싫은 것이 없습니다.

하찮은 것이라고 알아차리는 것은 진실입니다. 그리고 그것은 실재하는 것입니다. 적어도 여러분의 마음이 그 순간 하찮다고 여기는 것을 알아차리는 동안에는 탐욕과 성냄, 어리석음이 들어올 수 없다는 매우 귀중한 사실을 놓치고 있습니다. 대상이 중요한 것은 아닙니다. 무엇이나 대상으로 알아차릴 때에, 깨어서 대상으로 아는 마음만 있을 때에 탐욕과 성냄과 어리석음이 들어오지 않는다는 것이 중요합니다.

그러나 우리는 처음에는 이것을 알기가 어렵습니다. 우리들의 알아차리지 못한 마음은 마치 발정한 코끼리와 같다는 구절이 경전에 있습니다. 그래서 온갖 것을 시비하고,

온갖 것을 비난하고, 온갖 거리를 만듭니다. 그러나 마음이 하나의 대상을 집중할 때, 적어도 코끼리의 코처럼 이것저것 시비를 걸지 않습니다. 그 순간 우리는 청정한 상태를 유지합니다. 그래서 혼란 속에서 질서를 찾는 것이 수행입니다.

수행의 이익은 여러분들이 처음부터 알 수가 없습니다. 결과는 그냥 그 걸음으로 갈 때 자연스럽게 나타나는 것이지 결과를 얻으려고 하면 결코 오지 않습니다. 수행은 바로 이렇게 괴롭고 이해할 수 없는 것을 알아차리는 것으로부터 출발해야 합니다.

이러한 알아차림은 부처님께서 찾아내신 훌륭한 수행방법입니다. 현재를 알아차리는 대상으로 자신의 호흡이 가장 뛰어납니다. 또 자신의 몸과 마음을 아는 것이 바로 세상을 아는 것이기 때문입니다. 적어도 몸을 알아차리는 동안에는 마음이 밖으로 달아나서 악업을 짓고 차별을 일으켜 혼란에 빠지지 않는 여러 가지 이익이 있습니다.

그래서 우선 앉아 있으면 몸과 마음에서 나타나는 괴롭고 즐겁거나 덤덤하거나 하는 현상들을 바로 알아차리는 것이 필요합니다. 알아차린다는 것은 특별히 다른 것을 하는 것이 아닙니다.

우리는 항상 수행이라면 어떤 특별한 것을 얻는 것으로 이해하기 때문에 이런 인식의 전환이 먼저 선행되어야 합니다. 이렇게 되려면 나타난 대상을 객관화해서 내가 개입하지 않고 알아야 하는데 그런 경험이 많지 않기 때문에 수행이 어려운 것입니다.

위빠사나 수행의 공덕

수행은 쉽게 해야 합니다. 수행은 어렵게 할 이유가 없습니다. 수행을 할 때 관찰하려고 하지 말고 그냥 알아차려야 합니다. 눈으로 보려 하지 말고 마음으로 느껴야 합니다. 구하려고 하지 말고 그냥 지켜보아야 합니다. 억제하려고 하지 말고 풀어야 합니다. 구속하려고 하지 말고 자유롭게 해야 합니다. 강하게 하려고 하지 말고 부드럽게 해야 합니다. 자세하게 알려고 하지 말고 그냥 아는 대로 알아차려야 합니다. 대상을 따라가려고 하지 말고, 그냥 그 자리에서 있는 대상을 지켜봐야 합니다.

수행은 어렵게 하지 말고 쉽게 해야 합니다. 잘하려고 하지 말고 자연스럽게 해야 합니다. 부족하면 채워주고 많으면 빼야 합니다. 무엇을 하거나 알맞게 해야 합니다. 또 수행은 단순하게 해야 합니다. 대상을 알아차릴 때는 그냥 단순하게 알아차려야 합니다. 단순하게 알아차린다는 것은 대상을 있는 그대로 보는 것입니다. 복잡하게 본다는 것은 알아차리는 것이 아니고 생각하는 것이라서 수행을 하는 것이 아닙니다.

바르게 수행을 하려면 몸과 마음에서 일어나는 현상을 일어나는 그 순간에 있는 그대로 알아차려야 합니다. 대상이 왜 일어났는가? 과연 이것이 무엇인가? 이것을 어떻게 하면 좋을까? 이렇게 생각하면 안 됩니다. 이때 '대상이 지금 왜 일어나고 어떻게 해야 할지를 생각하고 있구나!' 하고 이것을 다시 그대로 알아차려야 합니다. 사유는 수행을 위한 전 단계에 불과하므로 생각을 하지 말고 대상을 객관화시켜서 알아차려야 합니다. 단순하게 알아차려야 명료해지고 직관으로 보게 되어 위빠사나 수행의 통찰지혜를 얻게 됩니다.

사람들은 괴로움 때문에 고통을 겪으면서도 오히려 괴로움을 불러들이는 일만 합니다. 괴로워서 화를 내는데도 계속 화를 낸다면 화를 내는 것이 좋아서 집착하고 있는 것입니다. 괴로움을 해결하기 위해서 여러 가지 방법을 시도하지만 어떤 방법으로도 성공할 수 없습니다. 우리가 무지한 상태로 죽었기 때문에 다시 무지한 상태로 태어나서 갈애를 가지고 있기 때문입니다. 괴로움이 생을 이어가며 계속되는 이유는 다시 태어나기를 바라고 집착하기 때문입니다. 태어남이 가장 큰 괴로움이라는 것을 몰라서 다시 태어나기 위해서 온갖 번뇌를 일으킵니다.

괴로움을 해결할 수 있는 유일한 방법은 괴로움을 있는 그대로 그냥 알아차리는 것입니다. 위빠사나 수행의 목표는 괴로움으로부터 벗어나서 자유롭고 행복하게 사는 것입니다. 괴로움에서 벗어나기 위해서는 먼저 몸과 마음을 알아차려서 갈애가 일어나지 않도록 해야 합니다. 갈애가 일어나지 않으면 집착이 끊어져서 업을 생성하지 않아 윤회가 끊어져 버립니다.

이를 위해서는 바라는 것 없이 알아차려야 하며, 없애려고 하지 않고 알아차려야 합니다. 바라지 않고 없애려고 하지 않는 방법은 대상을 분명하게 알아차리는 것뿐입니다. 우리가 이상을 가지고 최상의 목표를 세워야 하겠지만, 행위를 함에 있어서는 어떤 하려 함도 없이 그냥 해야 합니다.

수행은 괴로움을 없애려고 하는 것이 아니고, 괴로움 때문에 일어난 그 순간의 몸과 마음을 주시하는 것입니다. 이것은 세간의 방식이 아닌 출세간의 노력입니다. 이렇게 노력할 때만이 가장 숭고한 목표에 도달할 수가 있습니다.

살아온 날들 동안 바라고 없애려고만 했었는데, 우리가 과연 무엇을 얻었고, 무엇을 없앨 수 있었는지 돌이켜 보아야 합니다. 바라면 바랄수록 더 갈증을 느끼게 되고, 없애려고 한 만큼 더 화를 내게 됩니다.

나타난 현상은 모두 알아차릴 대상입니다. 그것들은 지금 여기에 와서 보라고 법을 드러낸 것들입니다. 오직 대상을 있는 그대로 알아차릴 때만이 번뇌가 소멸되고, 지고의 행복을 얻게 됩니다. 알아차리지 못하고 사는 무지한 백 년보다 알아차리고 사는 행복한 단 하루가 더 좋습니다. 무지한 채로 고통 속에서 살아가는 백 년보다 지혜를 가지고 고요하게 사는 단 하루가 더 좋습니다.

수행은 선업입니다. 이 선업은 그냥 되는 것이 아니고 반드시 선과보가 있어야 합니다. 우리가 수행을 하려고 해도 자기 의지대로 되지 않는 것은 바로 선업의 과보가 부족하기 때문입니다. 수행을 한다는 것은 선한 마음이고, 이러한 수행을 하고자 하는 지혜는 선업의 공덕의 결과로 되는 것입니다.

그러므로 수행을 한다는 사실에 앞서 가장 중요한 것이 공덕을 쌓는 일입니다. 선업의 공덕은 수행을 증진시키는 데 직접적인 원동력이 됩니다. 수행을 시작함에 있어서나 수행을 해나가는 데 있어서 진전을 하는데, 결과적으로 도과를 얻는 것이나 해탈을 향해 가는 그런 모든 것들이 선업의 공덕이 된다는 사실을 알아야 합니다.

선업과 악업은 물과 기름처럼 섞이지가 않습니다. 선업은 선업 따로 작용하고, 악업은 악업 따로 작용을 합니다. 수행을 하려는 것은 선업이고, 수행이 발전하는 것도 선업입니다. 그러나 수행을 하지 않으려는 마음은 악업이고, 수행에 장애를 받는 것도 악업의 결과입니다. 이와 같이 업의 정확한 적용 범위는 부처님 외에는 알 수가 없다고 말하고 있지만, 수행에 관한 것은 이미 경전의 모든 부분에 상세하게 밝혀져 있습니다.

괴로움을 겪는 것은 악업이고, 괴로움 끝에 수행을 하는 것은 선업의 적용을 받는 것입니다. 그러나 괴로움으로 인해 더욱 불행해지거나 좌절하여 인생을 포기하는 것은 악업으로 인한 것에 또다시 악업이 적용된 것입니다. 물론 모든 것이 업의 적용을 받지는 않지만, 대부분 업의 적용 범위 안에 있습니다. 모든 것이 원인과 결과이기 때문입니다.

저희 스승은 항상 "여러분들이 이곳에 와서 수행을 하는 것은 여러분들이 그간에 지은 선업의 과보로 인한 것이다"라고 말씀하셨습니다. 저는 늘 이 이야기를 들을 때마다 단지 수행자의 기분을 좋게 하려는 의례적인 말인 줄 알았습니다. 그리고 누구나 자기가 하는 수행을 좋은 것이라고 한다고 단순하게 생각했습니다.

그런데 이런 의문도 들었습니다. 그렇다면 이 수행을 위해서 그토록 가혹한 고통이 있어야만 된단 말인가? 하는 생각이었습니다. 왜냐하면 일반적으로 수행은 괴로움이 있어야 하기 때문입니다. 그런데 이 수행을 하도록 꼭 괴로움을 겪어야 하는가? 하는 생각을 한 것입니다. 그리고 어느 날 선업과 불선업은 섞이지 않는다는 말을 듣고서야 비로소 수행은 선업의 과보가 있어야 한다는 사실에 대한 진리를 알게 되었습니다.

불선심은 불선행을 하고 불선 과보를 받아 고통을 겪습니다. 그러니까 선하지 못한 마음이 선하지 못한 행위를 하고, 그 행위에 대한 결과로 선하지 못한 과보를 받아서 괴로운 것입니다. 이때 괴로움을 겪는데, 이 괴로움 속에서 더 괴로움이 지속되느냐, 아니면 과거에 행한 선업의 과보로 수행을 선택해서 괴로움으로부터 벗어날 수 있느냐 하는 선택의 기로가 있습니다.

여기서 선업의 과보가 없는 사람은 괴로움을 겪고도 괴로움에서 벗어나는 길을 몰라 더 깊은 나락에 떨어집니다. 그래서 자살을 하거나 더 비참한 상황으로 스스로를 내몹니다. 그러나 괴로움이 있는 순간에 선업을 쌓은 사람은 수행을 해서 새로운 선택을 합니다. 이때 저는 느꼈습니다. 자기가 겪는 괴로움은 자기가 일으킨 행위에 대한 과보로 받는 것이고, 이때 내가 과거에 쌓은 선업의 과보가 있다면 '아하, 수행만이 살길이구나!' 하고 수행을 선택하게 한다는 것입니다.

그러나 선업의 과보가 없는 사람은 고통 속에서 고통을 해결하는 수행을 생각할 마음을 내지 못합니다. 이것이 바로 선업의 과보입니다. 이것뿐만이 아닙니다. 우리가 선업의 과보로 수행을 시작해도 수행을 하는 중에도 지속적으로 선업의 과보를 받아야 합니다. 그래서 더 큰 선업의 과보가 없으면 수행을 계속하기가 어렵습니다.

이미 말씀드렸듯이 위빠사나 수행은 칠청정과 열여섯 단계의 지혜로 발전하는데, 바로 선업이 없으면 이런 과정을 무사히 지속할 수가 없습니다. 지혜의 매 단계마다 축적된 성향이 수행을 가로막기 때문입니다. 이때 수행자가 선업의 과보가 적어도 끈기 있는 노력을 계속한다면 평등심의 지혜까지는 갈 수가 있습니다. 그러나 평등의 지혜를 넘어서 도과의 지혜에 이르기까지는 반드시 지금 이전에 쌓은 바라밀 공덕의 과보가 없으면 결코 도에 이를 수가 없다고 경전에서는 말합니다.

그렇다고 한다면 내가 쌓은 선업의 공덕이 없을 때 그냥 그것을 한탄만 하고 있어야 된단 말입니까? 그렇지 않습니다. 과거에 쌓은 선업이 없더라도 지금 묵묵히 인내하면서 수행을 계속하면 됩니다. 지금 내가 힘든 수행을 계속하는 것이 새로운 선업을 쌓는 것입니다. 이 길밖에 없습니다. 우리가 없는 선업을 한탄할 이유가 없습니다. 과거는 이미 나의 것이 아닙니다. 지금 이 순간에 알아차려서 새로운 선업을 쌓으면 그 선업이 지금 이후에 수행에 좋은 선과보를 남깁니다.

그래서 바른 마음가짐 없이 선업을 쌓지 않고 법을 얻고자 할 때 과연 법을 얻을 수가 있겠는가? 자문해 보십시오. 욕망 하나로는 법을 얻을 수가 없습니다. 이것은 불가능의 도전입니다. 그런데 이런 것은 안중에 없이 오직 법을 얻고자 한다면 이것은 노력하지 않고 얻으려고 하는 욕망입니다. 수행을 한다는 것은 수행을 해서 스스로 쌓는 공덕에다가 여러 가지 부단한 노력을 필요로 합니다. 어쩌면 수행과 더불어 공덕을 쌓는 그런 모든 것들을 통틀어서 바르게 수행하는 것이라고 말할 수도 있을 것입니다.

범부는 세속의 즐거움이 한계에 와서 괴로움이 절정에 이르렀을 때라야 비로소 도를 구할 마음을 냅니다. 그러나 괴로움이 왔다고 해서 누구나 도를 구하는 것은 아닙니다. 선업의 조건이 성숙된 사람만이 선과보에 의해서 도를 구합니다. 선한 마음과 선하지 못한 마음은 어느 때고 결코 섞이지 않는다고 말씀드렸습니다. 괴로울 때 괴로움을 해결하려고 감각적 쾌락을 추구하거나 또는 수행을 하는데, 이때 각기 선과 불선의 과보가 작용한다는 사실을 알아야 합니다.

괴로울 때 선과보가 많은 사람은 도를 구하여 지혜를 얻지만 불선의 과보가 많은 사람은 쾌락을 추구하여 더 큰 고통을 받습니다. 고통스런 일로 인해 괴로움을 겪는 것은 불선행의 과보이지만 이때 수행하려는 마음을 먹는 것은 선행의 과보가 온 것입니다.

우리가 살면서 선한 마음으로 선한 행위를 하면 선과보가 기다리고 있습니다. 그러다가 어려움에 처했을 때 더 나빠지지 않도록 바른 길로 인도합니다.

알아차림(1)

지난 시간에 이어서 오늘도 우리가 어떻게 하면 연기에서 탈출할 수 있는가에 대해서 공부하겠습니다. 그 방법이 첫째는 관용과 보시이며, 둘째는 지계, 계율을 지키는 것이며, 셋째는 수행이라고 말씀드렸습니다. 그리고 이제부터는 수행에서 가장 중요한 '알아차림'에 관한 것을 몇 회에 걸쳐서 말씀드리겠습니다.

위빠사나 수행에서 차지하는 알아차림의 비중은 매우 큽니다. 어쩌면 알아차림 하나로 모든 것을 관통할 수 있다고 말할 수 있습니다. 위빠사나 수행은 몸과 마음에서 일어나는 것을 있는 그대로 알아차려서 지혜를 얻는 수행입니다. 지혜는 모든 번뇌를 불태워서 열반을 성취하게 합니다. 깨달음을 얻는 바른 삶을 살기 위해서는 위빠사나 수행의 다섯 가지 도의 항목인 정견, 정사유, 정정진, 정념, 정정을 실천해야 합니다. 이 중에 정념은 바른 알아차림으로 계율을 지키는 행위이므로 자연스럽게 정어, 정업, 정명을 수반합니다.

그래서 위빠사나 수행의 팔정도의 계정혜 삼학이 여기에서 성립됩니다. 이러한 팔정도의 계정혜가 바로 중도를 실천하는 것입니다. 팔정도 위빠사나 수행은 사성제인 고성제, 집성제, 멸성제, 도성제 중에서 도성제에 속합니다.

팔정도는 인간의 지성을 나약하게 하는 고행을 하는 것이 아니고, 중도를 통해서 정신의 발전을 퇴보시키는 탐욕을 끊습니다. 위빠사나 수행의 도성제를 통하여 괴로움과 불만족이 있다는 것을 알고 괴로움의 원인이 되는 집착을 끊고 괴로움을 소멸하는 열반을 성취하여 사성제를 완성하는 것이 우리의 궁극의 길입니다. 사성제는 수다원, 사다함, 아나함, 아라한의 성자들만이 경험하는 진리라서 이것을 성스러운 진리라고 말합니다. 궁극의 목표인 최상의 행복을 얻기 위해서는 바로 위빠사나 수행으로 성자의 반열에 이르러야 합니다.

위빠사나 수행은 몸, 느낌, 마음, 법을 알아차리는 수행입니다. 이 네 가지 대상을 지속적으로 알아차려서 집중하기 위해서는 일정한 과정을 거치는 수행이 필요합니다.

괴로울 때는 먼저 괴로운 마음을 알아차리고 가슴으로 와서 괴로운 마음에 의해서 일어나는 콩닥거리는 느낌이나 거친 호흡을 주시해야 합니다. 망상을 할 때에도 먼저 망상한 마음을 알아차리고, 그리고 가슴으로 와서 망상한 마음에 의해서 일어난 느낌이나 호흡을 지속적으로 알아차려야 합니다.

대상을 알아차린 마음을 알아차리는 것이 심념처입니다. 그 마음으로 인해 일어난 여러 가지 형태의 느낌을 가슴이나 머리에서 알아차리는 것이 수념처입니다. 가슴이나 머리에서 일어난 느낌을 알아차린 뒤에 다음 단계로 몸의 호흡을 알아차리는 것이 신념처입니다. 이러한 과정을 거쳐서 대상을 통하여 무상, 고, 무아를 알아차리는 것이 법념처 수행입니다.

위빠사나 수행은 있는 그대로 알아차려야 합니다. 여섯 가지 감각기관에 여섯 가지 대상이 부딪쳤을 때 있는 그대로 알아차리는 것을 청정이라고 말합니다. 보고, 듣고, 냄새 맡고, 맛보고, 접촉하고 생각할 때 어떤 대상이거나 좋아하거나 싫어하지 말아야 합니다. 있는 그대로 알아차린다는 것은 대상에 개입을 하여 바라거나 없애려고 하지 않고 그냥 알아차리는 것을 말합니다.

사람들은 변화하기를 원하면서도 때로는 변화를 원치 않습니다. 있는 그대로 알아차린다는 것은 탐욕과 성냄과 어리석음 없이 아는 마음만 가지고 주시하는 것입니다. 있는 그대로 알아차리면 모든 대상이 가지고 있는 일반적 성품인 무상, 고, 무아의 지혜를 얻게 됩니다. 누구나 번뇌가 사라지고 깨달음을 얻기를 원하지만 사실은 있는 그대로 알아차리지 못합니다. 무언가를 도모하고 고통에서 벗어나기 위한 행위는 오히려 그것들로부터 자유로울 수 없도록 합니다.

있는 그대로 알아차리면 죄가 없이 깨끗하고, 계행이 청정하고, 경솔한 행동을 하는 마음이 제어됩니다. 있는 그대로 알아차리면 복잡한 일에 휩쓸리지 않고 평안을 얻으며, 모든 것이 일어나고 사라지는 것밖에 없다는 지혜를 얻습니다. 이렇게 있는 그대로 알아차려야 위빠사나 수행을 하는 것이며, 이러한 알아차림에 의해서만이 지고의 행복을 얻게 됩니다.

위빠사나 수행은 알아차림을 확립하는 수행입니다. 알아차림은 마음이 대상에서 벗어나지 않게 현재에 붙잡아두고, 대상을 잊어버리지 않고 기억하여 대상과 함께 있는 것을 말합니다.

알아차릴 때는 대상에 대하여 어떤 바람도 있어서는 안 되며, 대상의 흐름을 정지시키지 않고 계속해서 흐름을 주시해야 합니다.

알아차릴 때는 대상을 없애려고 하지 말고, 분석하려고 하지 말고, 따라가려고 하지 말고, 일치시켜서 간단하고 명료하게 알아차려야 합니다.

알아차릴 때는 대상에 정확하게 겨냥하고, 강함과 부드러움이 함께해야 하고, 철저함과 가벼움이 조화를 이루어야 합니다.

알아차릴 때는 활을 쏠 때 과녁을 겨냥하듯이, 대상을 향해 처음부터 끝까지 마음을 떼지 말아야 합니다. 대상을 겨냥하는 것은 대상을 주시하려는 의도를 내는 것이며, 대상을 아는 마음이 일치되면 정확하게 겨냥이 되는 것입니다.

처음에 알아차릴 때는 마음을 대상에 보내서 알아차려야 하며, 차츰 아는 힘이 생기면 육문이나 마음으로 알아차리게 됩니다. 육문에서 대상을 알아차리기 위해서 마음을 집중할 때는 현악기의 줄을 알맞게 조율하듯이 적절한 힘으로 해야 됩니다.

알아차림이란 것은 무엇일까요? 알아차림이란 것은 해탈로 가는 표입니다. 수행은 많은 사람들이 저마다의 근기를 가지고 합니다. 저마다의 근기에 맞는 수행방편을 우리는 팔만사천법문이라고 말합니다. 많다는 뜻으로 사용되는 팔만사천법문을 줄이면 37 조도품이고, 다시 이것을 줄이면 팔정도라고 말씀드렸습니다. 이 팔정도를 줄이면 계정혜 삼학이고, 계정혜 삼학을 줄이면 오직 알아차림 하나라고 거듭 말씀을 드렸습니다. 그러므로 알아차림은 팔만사천법문을 하나로 줄인 것이므로, 알아차림 하나만 있으면 팔만사천법문을 관통하게 됩니다. 알아차림이란 표가 있으면 나고 죽음이 없는 기차를 타고 떠나며, 알아차림이란 표가 없으면 나고 죽음이 반복되는 공동묘지로 갑니다.

여러분! 알아차림이 있는 대상을 주시하는 것이 선한 행위입니다. 알아차리는 것을 기억하는 것이 선한 행위입니다. 마음에 의도가 있어서 행위를 하고, 이런 행위가 업이라고 하며, 깨어서 알아차리는 것이 선업입니다. 대상을 알아차리면 탐욕과 성냄과 어리석음이 없어 계율을 지키고 고요함과 지혜가 열려 이것이 선한 행위입니다.

알아차림이 있는 선한 행위는 반드시 선한 과보를 받게 되는데, 이것이 바로 조건이며, 이것이 바로 원인과 결과입니다. 알아차림이 없는 선하지 못한 행위는 불선업이며, 불선업은 반드시 선하지 못한 과보를 받습니다.

알아차림은 대상을 받아들여서 번뇌의 불을 끄므로, 먼저 자신이 이롭고 남에게도 이로움을 줍니다. 번뇌의 불을 끈 자는 자애가 일어나고 이 자애가 넘쳐 상대를 편안하게 하므로 자신과 남을 함께 돕게 됩니다.

알아차림은 바라고 없애려 하지 않는 비작용적인 행위라서 그물에 걸리지 않는 바람과 같은 것입니다.

알아차림은 대상을 단순화시켜 번뇌를 무력하게 하고, 평등심이 생기게 하여 지혜가 나도록 합니다.

알아차림은 답을 얻으려고 하는 것이 아니고, 단지 대상이 있어서 알아차리는 것일 뿐입니다. 답을 얻으려는 목적으로 대상을 알아차리는 것은 흙탕물을 없애려고 다시 흙탕물을 끼얹는 것과 같습니다.

알아차리는 것도 마음이 하고 알아차리지 못하는 것도 마음이 하는데, 이 두 가지 중에 선택은 오직 자신의 마음이 합니다. 알아차림은 현재의 마음을 알아차리고, 몸과 마음이 긴장을 푼 뒤에 대상을 정확하게 겨냥해야 합니다. 한번이라도 대상을 정확하게 겨냥하게 되면 두 번 세 번 계속할 수 있게 되어 바른 알아차림을 지속할 수 있습니다.

대상을 정확하게 겨냥한다는 것은 대상을 억지로 붙잡는 것이 아니고 마음을 모아 오롯하게 대상에 보내는 것을 말합니다. 마음을 대상에 보낼 때는 과녁을 향하듯이 정확하고 가볍고 부드럽게 해야 한다고 말씀드렸습니다.

마음을 대상에 보낼 때는 지혜를 함께 보내야 하는데 지혜로 대상을 아는 것이 팔정도의 정사유입니다. 여기서 말하는 정사유는 생각하는 것을 말하지 않습니다. 대상에 마음을 보내 지혜로 아는 것을 정사유라고 말합니다. 잘하려고 하는 노력이 지나치면 긴장을 하게 됩니다. 마음이 긴장을 하면 대상을 겨냥하기가 어렵습니다. 지나친 노력은 탐욕이라서 들뜨게 되므로 잘하려는 마음, 긴장하는 마음을 알아차려야 합니다.

대상은 몸과 마음에서 일어나는 모든 것이며, 통증, 졸림, 망상, 선심, 불선심 이런 모든 것들이 다 수행자가 알아차릴 대상입니다. 우리가 수행을 하면서 알아차릴 대상이 많아도 혼란을 느끼는데, 결코 혼란을 느껴서는 안 됩니다. 나타난 것들은 모두 대상입니다. 대상이 아닌 게 없습니다. 어느 의미로 통증, 졸림, 망상, 가려움, 하기 싫음, 이런 것들이 대상으로 나타났을 때는 알아차릴 대상이 많이 생겨서 수행자에게는 기쁨이라고 알아야 합니다.

대상이 많은 것은 결코 나쁜 것이 아닙니다. 알아차릴 대상이 많다는 것은 수행자가 해야 할 일이 많다는 것을 의미하기 때문에 무료함에서 벗어날 수가 있습니다. 알아차릴 대상이 아무리 많아도 대상이 가지고 있는 속성은 같은 것으로 모두 일어나고 사라지는 것입니다.

우리가 알아차리기 위해서는 반드시 노력이 뒤따라야 합니다. 노력 없이는 결코 알아차릴 수가 없습니다. 수행을 한다는 것은 먼저 선한 노력을 하는 것입니다. 노력에 의해서 알아차림이 있고, 알아차림에 의해서 집중이 됩니다. 노력이 없이는 알아차림도 없고 집중력도 키울 수가 없습니다. 노력은 장애를 극복할 수 있고, 뿐더러 몸과 마음이 극한 상황이 될 때 버팀목이 되는 수단입니다.

수행자는 알아차림을 시작하는 노력을 해야 하고, 알아차림을 지속하는 노력을 해야 하고, 알아차림을 통해서 법을 아는 노력을 해야 합니다. 물론 노력이 지나치면 들뜨고 알아차리기가 어렵습니다. 어떤 특별한 것을 성취하려는 노력이 아니고, 긴장하지 않고 들뜨지 않는 노력을 해야 하겠습니다.

알아차림(2)

범부는 알아차리지 못해서 과거에 머물러 후회를 하고 미래의 걱정으로 날을 지새웁니다. 그러나 수행자는 대상을 알아차려서 과거는 이미 지나간 것이고, 미래는 아직 오지 않은 것을 압니다. 수행은 과거나 미래가 아닌 오직 현재에 머물기 때문에 후회가 지혜로, 걱정이 희망으로 바뀌는 것을 말합니다.

우리가 하는 일 없이 살다가 죽는 것보다 보람된 일을 하고 죽는 것이 좋습니다. 이것이 좋은지 알고 마는 것은 단지 생각에 그치는 것입니다. 알아서 실천하는 것이 바로 아는 것입니다 이것이 수행을 하는 것입니다.

욕심을 부리기보다 관용으로 받아들여야 하며, 화를 내는 것보다 자애를 가져야 합니다. 이것이 어리석지 않고 지혜를 가지고 사는 길입니다.

우리가 태어난 이상 언젠가는 죽어야 합니다. 그렇다면 우리가 지금 어떻게 죽음을 준비하고 있습니까? 만약 죽음을 준비하고 있지 않다면, 현재에도 괴로움 속에서 살아가야 하고, 미래에도 괴로움에서 벗어날 길이 없습니다. 그래서 바른 삶을 실천하기가 어렵습니다.

수행이란 어렵고 힘든 것입니다. 그러나 과연 이 길 외에 더 잘사는 방법이 있는지 생각해 보아야 합니다. 없다면 수행을 계속할 수밖에 없습니다. 이 길은 선택이 아니고 인간으로 태어난 유일한 의무입니다. 어떤 사람도 과거로부터 자유로울 수 없으며, 또한 미래로부터도 자유로울 수가 없습니다. 오직 현재에 있는 대상을 알아차릴 때만이 온전한 자유를 누릴 수가 있습니다.

위빠사나 수행의 알아차림을 사띠sati라고 말합니다. 알아차림을 크게 두 가지 뜻으로 나누어서 말하는데, 하나는 기억이라는 뜻입니다. 그리고 또 다른 하나는 알아차림, 주시, 의식, 한문으로는 념念이라고도 말합니다. 경우에 따라서는 보다, 이해하다, 안다, 느낀다 하는 뜻으로도 쓰입니다. 어쨌거나 사띠라고 하는 알아차림의 뜻은 첫째는 기억이고, 둘째는 알아차린다는 것입니다. 여기서 기억은 과거를 기억하는 것이 아니고 현재 알아차리고 있는 것을 기억하는 것을 말합니다.

이 알아차림이 첫째 기억이라는 의미가 주는 뜻은 매우 심오합니다. 알아차리기 어렵기 때문에 항상 알아차리는 것을 기억하라는 그런 뜻의 기억을 말합니다. 그래서 알아차림은 기억의 기본 바탕 위에서 알아차리는 것을 말합니다. 다시 말씀드리면 여기서 말하는 기억은 과거를 회상하는 기억을 의미하지 않습니다. 물론 과거의 기억을 전부 배제하지 않습니다. 하지만 현전하는 기억으로 모든 것을 수용하는 지극히 정상적인 의식 상태에서 깨어서 대상을 알아차리는 그런 기억을 말합니다. 이때 막연히 아는 것이 아니고, 지금 현재의 모든 조건을 분명히 식별할 수 있는 상태로 알아차리는 것을 말합니다.

그러므로 기억이 갖는 의미는 매우 큽니다. 다른 한편으로는 현재 알아차리는 것을 잊지 않고 기억한다는 것을 말합니다. 이때 기억은 알아차림을 지속시키는 연속성의 의미를 가지고 있습니다. 부처님께서는 『대념처경』에서 이렇게 말씀하셨습니다.

"수행자는 깨달음의 요소인 알아차림을 할 때 나에게 내적으로 알아차림의 깨달음의 요소가 있다고 알아차린다. 또는 내적으로 알아차림의 깨달음의 요소가 없을 때는 나에게 내적으로 알아차림의 깨달음의 요소가 없다고 알아차린다. 그리고 아직 생겨나지 않은 알아차림의 깨달음의 요소가 생겨나면 그것을 알아차린다. 그리고 이미 생겨난 알아차림의 깨달음의 요소가 수행을 통해서 성취되면 그것을 올바로 알아차린다."

알아차림의 의미는 위빠사나 수행의 전 과정을 거쳐서 가장 강조되는 말이며, 위빠사나 수행에서 가장 근간이 되는 말입니다. 이러한 알아차림이란 말은 위빠사나 수행에서 말하는 일곱 가지 깨달음의 요소에서 제일 처음에 등장하기도 합니다. 또 알아차림은 팔정도에서 정념이라고 하는 바른 알아차림에도 적용됩니다. 팔정도에서는 정견과 더불어 가장 핵심적인 요인이 바른 알아차림입니다.

또 알아차림은 수행자가 갖추어야 할 다섯 가지 덕목을 말하는 오근에서도 나타납니다. 오력, 오근이라고 말하는 것은 믿음, 노력, 알아차림, 집중, 지혜를 말할 때 오근의 하나로 여기에도 알아차림이 포함됩니다. 여기서 알아차림은 알아차림과 집중과 노력의 균형을 이루는 데 매우 중요한 역할을 합니다. 믿음, 노력, 알아차림, 집중, 지혜 다섯 가지의 요소 중에서 어느 것도 다 지나치면 문제가 있지만, 오직 알아차림 하나만은 많을수록 좋습니다. 균형이 깨지면 수행을 하기가 어려운데, 이 알아차림 하나가 오근의 균형을 잡아줍니다. 그래서 알아차림은 아무리 많아도 부족한 것입니다. 그래서 다다익선多多益善이라고 말합니다.

저희 쉐우민 사야도께서 이렇게 말씀을 하셨습니다. 알아차림을 하면 악업을 짓지 않게 되고, 알아차림이 없으면 악업을 짓게 되는데, 손가락을 한 번 튀기는 한 찰나 간의 꾸테떼떼인이 일어난다. 꾸테떼떼인은 1000만 곱하기 10만인데, 한 찰나 간에 이렇게 많은 생각이 일어났다 사라진다는 것입니다. 그래서 알아차림도 꾸테떼떼인만큼 많이 알아차릴 수가 있고, 만약 한 찰나 간에 내가 나쁜 생각을 한다면 꾸테떼떼인만큼의 많은 악업을 짓게 된다. 만약 알아차림이 있어서 좋은 생각을 하게 되면 그만큼 많은 선업을 짓게 된다. 그러니 한순간이라도 알아차림을 놓쳐서는 되겠는가? 이렇게 말씀하셨습니다.

불교를 한마디로 무엇이냐고 했을 때, 위빠사나 수행자라고 한다면 아마 알아차림이라고 말할 것입니다. 불교를 한마디로 요약할 때 자비라고 말했다면 그 수행자는 사마타 선정수행을 하는 사람입니다. 그러나 위빠사나 수행자는 알아차림이라고 말합니다. 물론 수행자가 아닌 다른 경우에도 다르게 말할 수도 있겠지만, 수행자에게 있어서 알아차림이란 이토록 절대 절명의 것입니다. 이것은 저희 스승들이나 경전에서 한결같이 주장하는 내용들입니다.

부처님께서 수행은 이렇게 하는 것이라고 말씀하신 경전이 바로 『사띠빠타나 수따 satipaṭṭhāna sutta』입니다. 그 뜻은 알아차림을 확립하는 경입니다. 그래서 부처님이 가장 중요히 여기시는 것이 알아차림입니다.

수행 중에 스승이 말하는 모든 면담의 내용을 요약해 보면 거의 알아차림이란 한마디로 귀결됩니다. 어떤 질문을 해도 어떤 인터뷰를 해도 스승들은 알아차리라고 말합니다. 그런데 항상 같은 말인데도 알아차리라고 하는 말을 들었을 때와 듣지 않았을 때가 또 다릅니다. 왜냐하면 알아차림이 아무리 많아도 부족한 것이라서 끝이 없기 때문입니다. 그렇게 해서 알아차리는 새로운 습관을 길들여야 합니다.

우리는 많은 세월 동안 알아차리지 못하고 살았습니다. 감각적 욕망과 게으름, 혼침, 여러 가지 이유로 우리는 깨어 있지 못했습니다. 우리는 무지와 갈애 속에서 살았습니다. 그러나 그 무지와 갈애로부터 벗어날 수 있는 길은 오직 알아차리는 그 순간밖에 없습니다. 그래서 지금까지 해보지 않은 새로운 습관을 우리는 길들이는 것입니다. 다른 수행에서는 오직 집중을 위해 여러 가지 방법을 사용하지만 위빠사나 수행은 오직 알아차림을 통해서 모든 대상을 맞이합니다.

알아차림은 오온 중에서 마음의 작용인 행온에 속합니다. 그래서 그것 자체가 선한 행위입니다. 그러므로 알아차리는 것 자체가 계율을 지키는 것이며, 고요한 마음의 집중에 이르게 하고, 그래서 지혜가 나도록 합니다. 알아차리는 동안에는 탐진치라는 번뇌가 붙지 않기 때문에 그 순간에 온전하게 계율을 지키는 셈입니다. 그래서 알아차리는 수행자들은 특별히 계율을 지키려는 다른 노력을 하지 않아도 됩니다. 우리는 알아차림을 통해서 바른 견해를 갖고, 독선에 빠지지 않고, 모든 위험과 사고를 예방합니다.

이것은 알아차림이 갖는 특성의 하나로, 계율의 측면과 사고의 측면에서 모든 위험을 막아서 보호해 주는 것을 뜻합니다. 그래서 알아차림은 육문의 문지기가 되어 도적을 막아줍니다. 알아차림이 없으면 도둑이 들어와 주인행세를 합니다. 알아차림은 모든 것을 수용합니다. 그래서 알아차림은 무엇이나 받아들입니다. 알아차림이 있는 상태에서는 못 받아들일 것이 없습니다. 적어도 알아차림을 하는 순간에는 사물의 성품을 꿰뚫어보기 때문입니다. 그래서 알아차림에는 다툼과 불목이 없습니다. 알아차림에서는 탐진치가 없으며, 알아차릴 때만이 관용, 자애, 지혜가 생깁니다.

아는 마음과 모르는 마음이 있는데, 아는 마음은 선업이고 알아차림이며, 모르는 마음은 악업이고 알아차림이 없는 마음입니다. 아는 마음은 알아차리는 마음이라서 깨어서 알지만, 모르는 마음은 무지의 마음이므로 혼돈 상태에 있습니다. 알아차림은 대상을 이성적으로 투명하게 보게 하며, 객관적으로 알게 해서 항상 모든 것에 대해서 공평무사합니다.

이러한 알아차림은 언제나 현재에 머물게 합니다. 누구를 막론하고 현재에 머무는 것은 행복의 제일 조건입니다. 그래서 알아차림이 있을 때는 번뇌가 없고 행복이 있습니다. 알아차림은 비현실적인 꿈으로부터 언제나 현실로 돌아오게 하여 항상 건강하고 밝고 온전한 정신을 갖게 합니다. 마치 수레바퀴가 굴러갈 때 땅이 닿는 점은 언제나 하나이듯이 알아차려야 할 대상은 언제나 현재입니다. 현재만큼 가장 실질적이고 진실한 대상은 없습니다. 인생이나 세월은 어디까지나 현재의 연장선상에 있습니다. 현재는 과거에 의해서 생긴 결과이며, 현재는 미래를 만드는 원인입니다. 이것이 모두 알아차림으로 이루어지는 것들입니다.

수행은 원대한 목표가 있으되 바라는 것이 없어야 하는데, 실제 수행에서 목표가 장애가 됩니다. 그래서 이상은 있으되 바라는 것이 없어야 합니다. 아라한이 되기 위해서는 바라는 것이 없어야 합니다. 그냥 바보처럼 알아차릴 대상이 있어서 알아차릴 뿐이라는 자세가 필요합니다.

병이 났을 때도 병을 나으려고 알아차려서는 안 됩니다. 병을 나으려고 알아차릴 것이 아니라 병이 났을 때 일어나는 온갖 현상을 그냥 알아차려야 합니다. 물론 병이 나면 병원에 가야 합니다. 알아차림은 몸의 병을 나으려는 이런 물질적 현상을 추구하지 않습니다. 오히려 그런 병을 통해서 몸과 마음의 실체를 알아차릴 수 있는 기회를 삼는 것입니다.

알아차림(3)

알아차리면 몸이 좋아질 가능성이 매우 높습니다. 그러나 그것조차도 바라는 것이 없이 제대로 했을 때 좋은 결과를 얻습니다. 육신의 아픔은 일상적인 것입니다. 더 큰 문제는 병든 우리의 마음입니다. 몸이 아프면 병원에 가지만 마음이 아프면 어떻게 할 줄 모릅니다. 모든 것을 마음이 하기 때문에 사실 더 중요한 것은 몸보다 마음입니다. 이때도 우리는 아픈 몸만을 지켜볼 것이 아니고, 몸으로 인해서 아파하는 마음을 지켜보아야 합니다. 우리가 몰라서 불필요한 고생을 하고 스스로 병을 더 키우는 것입니다.

수행자는 바라는 것 없이 몸을 있는 그대로 알아차릴 때 그 마음이 자유로운 마음이 됩니다. 몸이 있는 한 병을 비켜갈 수가 없습니다. 마치 죽음이 우리를 비켜갈 수가 없듯이 병도 마찬가지입니다. 누에가 뽕잎을 먹고 살듯이, 몸은 병의 먹이이고 괴로움의 먹이입니다. 몸이 있는 한 병이 있을 수밖에 없고 괴로움이 있을 수밖에 없습니다. 병과 늙음, 괴로움은 몸을 먹고 삽니다. 그래서 병은 극복해야 할 대상이 아니고 단지 알아차릴 대상일 뿐입니다.

부처님께서도 병이 나고, 사리불 목련존자 또는 많은 아라한들도 병으로 고생을 한 기록들이 나옵니다. 그분들은 병이 나면 약을 드시고 다만 알아차렸을 뿐입니다. 부처님께서는 설사병으로 반열반에 드셨습니다. 이 말은 인간과 병과의 관계가 어떤 것인 줄 알게 하는 극명한 사건입니다.

몸이 아플 때 몸만 아파야지, 마음까지 아프지 말아야 합니다. 몸과 마음은 서로 다른 것입니다. 몸이 아플 때 몸이 아픈 것을 알아차리지 못하면 바로 마음까지 아픕니다. 그래서 즉시 몸이 아픈 것을 알아차려야 합니다. 마음까지 아팠을 때는 늦게라도 마음까지 아픈 것을 알아차려야 합니다. 몸이 아픈데 마음까지 아프다면 그 아픔은 상승작용을 일으켜 더욱 커집니다.

우리들이 앓고 있는 병은 업의 결과입니다. 그래서 수행자는 병이 나면 업의 결과로 그냥 받아들여야 합니다. 성자나 범부나 똑같이 병이 나는데, 성자는 업의 결과로 받아들이고 병으로 인한 괴로움이나 원망이나 화를 내지 않습니다. 누구에게 구타나 모함, 비난, 박해를 받았을 때도 마찬가지입니다. 그래서 병으로 그치고, 또 업의 결과로 그치고, 새로운 업을 만들지 않습니다. 그러나 범부는 병이 나면 괴로워하고, 비난을 받으면 화를 내고 미워하는 마음을 내서 새로운 업을 만듭니다. 이것이 범부와 성자의 차이입니다.

알아차림은 비정상적인 환청과 환시를 바로 알아차리게 합니다. 우리는 평소에 많은 헛것을 봅니다. 그리고 그것을 실제처럼 잘못 알고 있습니다. 바로 헛것을 헛것으로 알아차리게 하는 것이 알아차림입니다. 그러므로 대상을 조작하거나 꾸미지 않고 적나라하게 알아차리게 합니다.

수행 중에 집중력이 향상되면서 알아차림이 뒤따르지 못하면 혼몽한 상태에서 없는 형상을 상상력으로 만들어 냅니다. 그리고 실재를 보는 것처럼 착각을 합니다. 그리고 그것들의 노예가 되거나 부정적인 고정관념을 갖습니다. 그런 현상 때문에 일생을 괴로움으로 보내는 경우가 허다합니다. 그런 현상이 반복되면 나중에 그것을 현실로 받아들입니다. 그래서 헛것을 본 것을 기정사실화합니다. 이것들이 모두 바른 알아차림이 부족한 현상입니다.

알아차림은 균형입니다. 균형을 바로잡아, 균형을 이루게 하여 안정감을 줍니다. 그래서 조화를 이루게 합니다. 알아차림은 치우침이 없게 하여 중도를 뒷받침합니다.

알아차림은 겉으로는 공격적이지만 실제로는 공격적이지 못합니다. 다만 적극적입니다. 그래서 대상을 앞서서 끌고 나가지 않고, 그냥 일어난 대상을 있는 순간에 알아차립니다. 겉으로는 적극적으로 보이지만 속내로는 지극히 방관자적이고 수동적으로, 단지 대상을 지켜보는 것입니다. 그래서 알아차림은 대상과 하나가 되지 않고, 대상을 분리해서 지켜보는 행위입니다.

이러한 알아차림에는 나름대로의 순도가 있습니다. 10%, 50%, 90%…… 여러 가지의 알아차림이 있습니다. 낮은 순도의 알아차림은 대상을 정확하게 겨냥하지 않아서 힘이 없는 알아차림입니다. 정확하게 밀착하고 알맞고 집중력이 있고 노력하는 마음이 포함될 때가 높은 순도의 알아차림이 됩니다. 우리가 수행이 잘 안 된다고 할 때는 낮은 순도의 알아차림이 있다는 사실을 알아야 됩니다. 그래서 마음을 공손하게 모아서 대상을 정확하게 겨냥하여 알아차리면 높은 순도의 알아차림이 되어서 순탄한 수행을 할 수가 있을 것입니다.

대상에 깊고 깊지 않고 하는 것은 집중이라는 사마디의 문제가 있습니다. 순도가 높은 알아차림은 대상이 확대되어서 크고 자세하게 보입니다. 이렇게 알았을 때 알아차림이 오래 지속되고 고요함이 생깁니다. 그래서 지혜가 납니다.

수행을 하면서 너무 강하게 대상에 집중하면, 깊은 집중이 되어 오히려 고요함에 빠지게 됩니다. 만약 이렇게 알아차렸을 때는 머리가 아프다거나 다른 장애가 생길 수도 있습니다. 그래서 때로는 못 본척하면서 대상을 알아차려야 할 때도 있습니다. 이렇게 못 본 척한다는 것은 흥분하지 않고 대상을 있는 그대로 분리해서 지켜본다는 것을 말합니다. 이것이 가볍게 알아차려서 생기는 찰나 삼매를 얻게 되는 방법입니다. 이렇게 알아차릴 때만이 비로소 대상을 꿰뚫어볼 수가 있습니다.

현재에 머물러서 감각적 쾌락을 추구하는 것은 알아차림이 없는 것이고, 현재에 머물러서 감각적 쾌락을 추구하지 않는 것이면 알아차림이 있는 바른 삶을 살 수가 있습니다.

알아차림을 할 때 알아차림에 집착하면 유연성이 없어서 오히려 알아차릴 수가 없게 됩니다. 그래서 때로는 할 일 없이 알아차리라고 말하기도 합니다. 무엇을 하려고 하면 안 되듯이 알아차림도 하려고 하지 않고, 단지 대상이 있어서 지켜보는 유연성이 필요합니다. 너무 힘들여서 하거나 꼭 해야 하겠다는 강박관념을 가지고 하면 그 순간 알아차림을 하는 것이 노동이 됩니다. 알아차림이 노동이 되면 마음이 힘들어서 싫어합니다.

일상의 알아차림은 노동을 하지 않고 즐겁게 하는 것입니다. 실제로 노동을 할 때도 일로 생각하지 않고 알아차리면서 하면 노동이 아니고 그 순간 수행으로 바뀝니다. 잘하려고 하는 것은 노력이 지나친 것인데, 노력이 지나치면 산란해지고 들뜨게 됩니다. 잘해야겠다는 생각으로 몸과 마음이 긴장되어 오히려 아무것도 못하는 결과가 됩니다.

그래서 일을 할 때 일이라고 생각하지 말고, 알아차릴 대상으로 생각하고 몸의 느낌을 알아차려야 합니다. 단단함, 부드러움, 가벼움, 무거움, 따뜻함, 차가움, 움직임 등등을 알아차리면 일도 재미있고 수행도 발전합니다. 힘들거나 싫어지거나 즐거울 때도 알아차리면 이내 일하고 있는 현재로 되돌아와 평형감각을 갖습니다. 이렇게 일을 하면 같은 일을 해도 피곤하지가 않아서 일석삼조의 이익이 있습니다.

불을 피울 때 나무를 비벼서 피우는 것처럼 알아차림은 지속적이고 대상을 밀착하려는 속성이 있습니다. 나무를 비비다 말다 하면 불을 낼 수가 없습니다. 계속 비벼서 불을 내듯이, 알아차림에는 게으름이 없어야 합니다. 나태하면 알아차림을 유지할 수가 없습니다. 그래서 나태함을 무지라고 말합니다.

또 망상도 깊은 무지에 속합니다. 왜냐하면 망상은 알아차림이 없기 때문입니다. 망상은 탐진치라는 악업의 세계입니다. 망상을 하고 사는 한 대상을 바로 알아차릴 수도 없으며, 어둠의 세계에 빠져서 사는 것입니다. 어두워서 빛이 없으면 끝없는 윤회를 계속합니다. 그러나 알아차림은 언제나 모든 번뇌로부터 스스로를 자유롭게 합니다.

알아차림은 물위에 뜬 공처럼 물에 빠지지도 않고, 그렇다고 물 밖으로 튀어 오르지도 않고 항상 대상과 함께 있습니다. 수행자가 대상과 더불어 있을 때만 대상에 함몰되지 않고 대상이 가지고 있는 현상을 알아차릴 수가 있습니다. 물위에 있으면서 물의 흐름을 변화시키려고 하지 않습니다.

다만 더불어 있으면서 현재 상황을 알아차리고 있는 것이 알아차림의 임무입니다. 물이 출렁거릴 때는 출렁거리는 것을 알고, 고요히 머물 때는 고요히 머무는 것을 알면 됩니다. 알아차림은 그냥 알고 말아야지, 알고 난 뒤에 무엇인가 있기를 바라서는 안 됩니다. 단지 대상을 아는 것 외에 어떤 조건도 붙여서는 안 됩니다.

알아차림은 단지 알고 말아야 합니다. 알고 난 뒤에 어떻게 하려고 해서는 안 됩니다. 우리는 눈으로 보이는 결과를 얻으려 하지만, 훌륭한 결과는 언제나 눈에 보이지 않게 살며시 옵니다. 그것은 바라지 않고 알아차렸을 때만이 오는 결과입니다.

알아차림은 언제나 대상과 함께 있어야 합니다. 처음에는 모양이라는 대상의 중앙에 고리를 단단히 걸어서 떨어지지 않게 하고, 다음에는 알아차림을 지속시켜서 그 대상의 성품을 보아야 합니다. 수행자가 처음에 수행을 할 때는 먼저 모양이라도 단단히 붙잡고 있어야 합니다. 그렇게 모양이라도 붙잡고 있을 때 차츰 그 알아차림이 지속되면 이제는 성품을 알아차릴 수가 있게 됩니다.

우리는 욕망이라는 이름의 전차를 타고 오직 욕망의 힘으로 앞으로 굴러갑니다. 이 욕망의 전차는 브레이크가 없습니다. 끝도 없는 무한궤도를 질주합니다. 그러나 알아차림이 이 전차의 브레이크입니다. 우리는 알아차리지 못할 때는 욕망이라는 이름의 전차를 타고 끝없는 우주의 끝없는 삶을 떠돌아야 합니다. 그것은 고통입니다. 언제 어디서 무엇으로 태어났든지 그것은 반드시 고통과 죽음이 함께 수반됩니다. 그러니 우리가 알아차리지 않고 무엇을 해야 되겠습니까?

알아차림은 대상을 정확히 겨냥하는 과녁처럼 항상 분명한 표적을 향해 있어야 합니다. 알아차림은 방황하지 않고 언제나 하나의 대상을 주시해서 집중해야 합니다. 그래서 이러한 알아차림은 지극히 상식적이고 자연스러운 것입니다. 비상식적인 것은 거칠고 혼란스럽고 자연적이지 못합니다.

그러나 위빠사나 수행의 알아차림은 비상식적이지 않고 상식이 통하는 매우 자연스런 것이므로 인위적이지가 않습니다. 그래서 이런 알아차림에는 억지가 없습니다. 억지가 없다는 것은 모든 것이 스스로 된다는 것으로 대상의 성품을 알 수 있는 좋은 지름길이 될 것입니다.

알아차림(4)

위빠사나 수행의 알아차림은 습관을 바꾸고 욕망의 거친 물결을 건너게 해줍니다. 알아차림은 불안, 초조, 공포로부터 자유를 줍니다. 알아차림은 들뜨지 않고, 고요함이 생기게 하여 그 순간 긴장으로부터 이완되게 합니다. 그래서 딱딱하지 않고 부드러우며 유연해집니다. 이처럼 알아차림은 내적 고요함의 상태를 말합니다.

알아차림은 작용하지 않고 비작용적인데, 이것은 어떤 경우에도 대상에 개입하지 않는 것을 말합니다. 그냥 단지 대상을 객관적으로 지켜볼 뿐입니다. 이렇게 할 때만이 거미줄에 걸리지 않는 바람처럼 살 수가 있습니다.

알아차림을 시작하면 어느 순간부터 스스로 달라진 모습을 발견할 수가 있습니다. 때로는 자신이 냉정해지거나 차가워진 것을 알게 되기도 합니다. 이렇게 냉정해진 모습에 대해서 놀라기도 합니다. 그리고 가족이나 주위로부터 변했다는 말을 듣기도 합니다. 그렇습니다. 변한 것은 사실입니다. 이것은 매우 좋은 변화입니다. 누구나 수많은 날들 동안 이 일 저 일 가리지 않고 참견하면서 살아왔습니다. 할 일인지 할 말인지 알 것도 없고 그냥 분별도 없이 살다가 이제 대상을 알아차리면서부터 보는 힘이 생긴 것입니다. 그래서 항상 자기감정의 지배를 받고 살다가 이제는 이성적인 힘이 생긴 것입니다. 그래서 오히려 대상을 있는 그대로 보고 있다고 생각해야 합니다.

또 이런 과정을 거쳐 참된 자비가 넘쳐흐르게 됩니다. 이런 과정의 여과를 거쳐야 비로소 바라는 것 없는, 온전한 자애가 생겨서 더 따뜻한 마음이 일어납니다. 그러니 냉정한 것으로 끝난 것이라고 생각해서는 안 됩니다. 이 과정을 거쳐서 따뜻한 자애가 생기는 시기가 반드시 옵니다. 알아차림은 대상을 객관화해서 보기 때문에 이런 경우는 의식이 진일보해 간 것임을 알 수 있어야 합니다. 그러니 냉정해졌거나 이성적인 것에 대해서 걱정할 필요가 없습니다. 이것이 바로 알아차림에 의해서 발전하고 있다는 것에 대한 반증이기도 합니다.

이것은 수행을 해서 냉정해진 것이 아니라 전에 없던 새로운 의식의 개안開眼입니다. 새로운 의식이 계발된 것입니다. 새로운 마음이 열린 것입니다. 이때는 냉정해진 자신을 다시 알아차려야 합니다. 알아차림은 언제나 어느 상황에서 마지막 상황을 다시 알아차려야 합니다. 그래서 끝이 없습니다. 끝이라고 생각한 것이 다시 시작입니다. 그것을 다시 알아차려야 합니다. 무엇을 바라거나 없애려고 하지 말고 그냥 알아차리기만 해야 합니다. 처음에는 이것이 의미가 없는 것인 줄 압니다. 이 진정한 뜻을 누구도 알 수가 없습니다. 그래서 스승의 바른 지도를 받아야 단지 알아차리고 마는 수행을 계속할 수가 있습니다.

어떤 사람이나 간에 모든 삶은 과정입니다. 과정이 아닌 것이 없습니다. 그러나 우리는 과정이라고 생각하지 않는 데 문제가 있습니다. 이것은 바른 견해가 아닙니다. 냉정해졌다고 느끼게 된 것도 과정입니다. 마음이 매 순간 일어났다가 사라지는 것임을 이해하지 못하기 때문에 매 순간이 과정이라는 것을 받아들이지 못합니다. 결정되어서 변하지 않는 것이 과연 무엇인가요? 그러므로 어떤 상황에서나 두려움을 가질 것이 없습니다. 두려운 상황도 그때 그 순간의 마음일 뿐입니다.

좋은 일에 있어서나 나쁜 일에 있어서나 과정이기는 매한가지입니다. 그러므로 수행자는 항상 결론을 내리고 시시비비를 가릴 것 없이, 모든 상황이 물 흐르듯 흘러가는 것을 지켜보아야 합니다. 그런 과정을 경험하다 보면 어느 순간에 변해 있는 자신의 모습을 보게 될 것입니다. 그리고 어느 순간부터 화를 내지 않는 자신을 알고 스스로도 놀라게 될 것입니다.

그러니 여러분들이 위빠사나 수행을 하면서 당장에 어떤 변화나 결과를 기대하지 말아야 합니다. 위빠사나 수행은 지혜수행이기 때문에 자신도 모르게 조금씩 변화의 과정을 거칩니다. 마음은 비물질이라서 보이지 않기 때문에 마음이 변해 가는 과정을 스스로 잘 깨닫기가 어렵습니다. 온전하게 알아차리는 수행자는 사실 남을 생각할 겨를이 없습니다. 알아야 하는 대상이 오직 자신의 몸과 마음이기 때문에 남을 의식할 겨를이 없습니다. 이것은 세상의 관심으로부터 스스로를 지키는 것이 됩니다.

내가 세상에 관심을 보이지 않는 한 세상은 나의 인식의 범주 안에 있지 않습니다. 내가 세상을 끌어들이지 않는 한 세상은 나와 무관합니다. 그러나 이런 과정이 항상 계속되는 것은 아닙니다. 알아차림으로 스스로의 문제를 해결하면 자연히 밖으로 향해지는 마음이 생겨서 따뜻한 마음이 일어납니다. 그래서 밖에 있는 대상에 대해서도 자애로움을 갖습니다. 내 마음이 편해야 세상도 아름답게 보이고 남에게도 관용과 자애가 생깁니다. 그래서 어느 경우에나 스스로의 문제가 우선되어야 합니다. 그래서 어느 경우에나 먼저 자신의 몸과 마음을 알아차려야 됩니다.

수행자가 의식이 고양되어서 수행이 발전된다는 것은 지혜가 성숙된 것인데, 이 지혜는 알아차림의 결과로서만이 나타난 것입니다. 수행자에게 각기 다른 지혜가 있겠지만, 결국 수행자는 알아차림을 얼마나 하고 있는가, 하지 않은가로 평가될 수 있습니다. 알아차림은 발전의 모든 가능성을 가지고 있는 것이기 때문입니다. 큰 스승님들은 항상 알아차림을 놓치지 않고 계셔서 번뇌가 침입할 틈을 주지 않는 행동을 하면서 사십니다. 그래서 그 모습은 참으로 경건하고 소박하고 아름답습니다.

수행자는 우선 알아차리는 것이 필요하고, 그다음으로 알아차림을 얼마나 지속시키느냐 하는 것이 중요합니다. 여기에 따르는 것이 알아차림과 분명한 앎을 하는 것입니다. 우리는 알아차리기가 어렵습니다. 그래서 부처님께서는 알아차림과 함께 항상 분명한 앎을 하라고 말씀하십니다.

알아차림의 확실성, 정확성, 지속성은 분명한 앎이 수반되어야 합니다. 그래서 알아차릴 대상에 대한 이로움, 적절함, 분명한 대상, 무지가 없는 앎인가를 확인해야 합니다. 이것이 분명한 앎입니다. 알아차림은 대상을 겨냥하고, 대상이 겨냥이 되지 않을 때는 무엇이 이익인지, 무엇이 손실인지, 시기와 상황을 알아야 되고, 또 내가 불필요한 대상을 가지고 고뇌하는지, 또는 내가 생각하고 있는 대상에서 바른 법을 보는지, 이렇게 아는 것이 분명한 앎입니다.

알아차림이 안 될 때는 무엇이 이익인지를 보십시오. 그리고 때와 장소를 보십시오 내가 지금 무엇을 해야 할 때인가? 그래서 알아차림이 부족할 때는 이러한 분명한 앎이 함께할 때 알아차림이 발전합니다. 알아차림과 분명한 앎은 두 개의 수레바퀴처럼 상호 필요한 것입니다. 마치 새가 두 개의 날개로 날듯이 알아차림과 분명한 앎은 상호 의존적이고, 알아차림의 기본적인 구성 요건입니다. 이것은 상승효과의 작용으로, 하나보다 둘일 때가 뛰어난 것을 말합니다.

수행이란 죽는 연습을 하는 것입니다. 이 말은 결국 죽음의 의미를 어떻게 받아들일 것인가 하는 문제인데, 위빠사나에서는 열반을 주장하므로 불사의 문으로 가는 것을 목표로 합니다. 불사의 문이란 태어나지 않는, 윤회가 끝나는 것을 말합니다. 태어나지 않고 윤회가 끝나는 불사의 문은 팔정도 위빠사나 수행의 알아차림으로서만 가능합니다. 그래서 이런 알아차림은 영원히 사는 죽음이 없는 표라고 말하는 것입니다. 이 표를 잃어버리면 계속 나고 죽는 공동묘지로 가는 것이라고 말한 것이 그 이유입니다.

경전에 보면 죽기 전에 알아차림을 통해서 아라한이 되는 경우가 많습니다. 물론 그냥 되는 것이 아니고, 알아차림을 통해서 지혜가 성숙되고, 집착이 끊어진 결과로 오는 것입니다. 어쨌거나 여기서도 죽기 전의 상태가 중요한 것임을 알 수 있습니다. 또 우리가 언젠가는 죽음을 맞이해야 하는데, 평소에 알아차림이 있으면 죽음이 두렵지 않고, 실제로 죽을 때도 가장 이상적인 죽음을 맞이할 수가 있습니다.

인간이 죽을 때는 죽을 때의 마음이 있습니다. 이것을 사몰심死沒心이라고 합니다. 이 죽을 때의 마음이 다시 태어나게 하는 재생연결식으로 연결됩니다. 이 인간의 일생을 결정하는 마음이 바로 사몰심입니다. 죽을 때의 그 순간의 마음은 이미 끝났지만, 그 마음에 담긴 과보가 다음 생에 재생연결식으로 전해져서 다음 생이 태어납니다. 그래서 죽을 때의 마음은 이미 끝났지만, 다음 생에 태어나는 과보를 남기고 끝나기 때문에 전혀 무관하다고 볼 수도 없습니다.

그렇다면 죽은 뒤에 끝난 마음이기 때문에 같은 마음이라고 볼 수도 없습니다. 그래서 이것을 과보가 전해진다고 말하는 것입니다. 어쨌거나 죽을 때의 마음이 다음 생을 결정한다고 하면 수행은 어떻게 죽느냐 하는 것을 연습하는 것입니다.

죽을 때의 마음이 다음 생을 결정한다고 했을 때 죽을 때의 마음이 얼마나 중요한지 알 수 있습니다. 그러나 죽을 때 전혀 먹어 보지 않은 마음을 먹을 수가 없다는 것입니다. 평상시의 마음이 죽을 때의 마음으로 그 과보가 지속된다는 사실을 우리는 유념해야 합니다. 그래서 수행은 죽는 연습을 하는 것이라고 말씀드리는 것입니다.

죽기 전의 마음의 상태가 고스란히 다음 생으로 가기 때문에 죽기 전에 무엇이 가장 필요한가가 문제입니다. 이때 필요한 것이 바로 알아차림입니다. 이 상황에서는 알아차림만이 다음 생을 결정하고 결정적인 작용을 합니다. 혼미하게 죽지 않고 죽어가는 것을 생생하게 알아차리며 죽으면 최고의 죽음을 맞이할 수가 있습니다. 그래서 수행은 죽는 연습을 하는 것이라고 하는데, 평소에 해보지 않던 알아차림을 죽기 전에 갑자기 할 수 없기 때문에 하는 이야기입니다. 이처럼 알아차림의 필요성은 새삼 더 거론할 것이 없습니다.

그러나 알아차림을 할 때도 정도가 있습니다. 무엇이나 능력만큼 해야 합니다. 없는 힘을 내서 억지로 하면 안 됩니다. 알아차림이 부족하다고 한탄할 것 없습니다. 알아차림이란 할 수 있는 만큼 하는 것입니다. 알아차림이 아무리 중요해도 알아차림을 집착해서는 안 됩니다. 결국 알아차림을 집착하는 것이 또 다른 욕망이므로 알아차림을 집착하고 있다는 사실을 아는 것이 수행자에게 필요합니다.

알아차림은 언제나 마침표를 찍어서는 안 됩니다. 현재 진행형이어야 됩니다. 언제나 알아차릴 대상은 계속됩니다. 결론을 내리면 그 순간 알아차림이 박제되어 버립니다. 결론을 내리면 그 순간 알아차림이 없어지고 사유로 빠집니다. 그래서 항상 마지막이라고 생각하지 말고, 최종 상황을 또다시 알아차려야 합니다.

괴로울 때 괴로움에 빠져서 괴롭다고 결론을 내리지 말고, '지금 이 순간에 괴로워하고 있네!'라고 그 순간의 마음을 알아차려야 합니다. 언제나 어떻다고 결론을 내렸을 때도 결론을 내린 그 사실을 다시 알아차려야 합니다. 모든 대상은 정체하지 않고 흘러가기 때문입니다. 그런 지속적인 흐름 안에서 알아차림을 통해서 나라는 유신견이 자리 잡을 수 없도록 해야 합니다.

알아차림(5)

미워하고 좋아하지 마십시오 바라는 것이 많으면 상대를 미워합니다. 서로에게 고통이므로 미워하지 마십시오. 미울 때는 미워하는 마음을 알아차리십시오. 그러면 그 마음의 뿌리가 갈애라는 사실을 알 것입니다. 바라는 것이 많으면 상대를 좋아합니다. 서로에게 고통이므로 좋아하지 마십시오. 좋을 때는 좋아하는 마음을 알아차리십시오 그러면 좋아하는 마음의 뿌리가 무지인 것을 알게 될 것입니다 우리가 수행을 하면서 지혜가 나면 매우 기분이 좋습니다. 그러나 이때에도 알아차림을 늦추지 말아야 합니다. 그렇게 되면 그 순간 알아차림을 놓치게 되고 생각에 빠집니다. 그러면 퇴보합니다.

알아차림으로 인해 지혜가 난 것을 기뻐하지 말고 다시 기뻐하는 것을 알아야 됩니다. 수행자의 갈 길은 멉니다. 아직 해야 할 일이 많습니다. 그래서 좋은 것을 알아차리는 것이 사실은 더 중요합니다. 지혜가 난 것을 알아차리지 못하면 지혜를 좋아해서 집착하기 때문에 수행이 퇴보합니다.

제가 언젠가 미얀마에서 귀국을 할 때 저희 스승께 인사를 드리면서 몇 가지 질문을 드렸습니다. 그것은 알아차림에 대한 말이었습니다. 제가 마음을 알아차리는 수행을 하는 말씀을 드렸는데 스승의 눈빛은 잘하고 있다는 자애가 살며시 보였습니다. 저의 스승은 평소에 상대를 잘 보지 않으십니다. 그래서 늘 눈을 바닥에 깔고 이야기를 들으시고 말씀을 하십니다. 그래서 저는 스승을 바라보면서 스승의 표정을 살피고 있었던 것입니다. 제가 마음을 알아차리는 수행을 해서 그 이익이 크고 효과가 컸다라고 말씀을 드리니까 스승께서는 자애로운 미소를 띠셨습니다. 그런데 그 뒤에 제 질문이 계속되었습니다. 제가 그 알아차림이 자꾸 끊어지는 것에 관해서 설명을 드렸습니다. 또 제가 지금 귀국을 하는데, 한국에 가서 어떻게 이 알아차림을 지속할 수 있겠는가? 하는 것을 질문을 드렸습니다.

마치 수행은 스승이 가지고 있는 비밀이 있는 것으로 생각했기 때문입니다. 누구나 특별한 묘수가 있어서 그 방법을 스승은 알고 있는 것처럼 다 생각하기 마련입니다. 저의 이러한 질문에 스승은 단호하게 말씀하셨습니다.

"네가 지금 알아차리는 것을 너무 집착하고 있다. 알아차리다가 끊어졌으면 끊어진 것을 알아차리면 되지 너는 왜 알아차림을 지속시키려고 하는 집착을 하고 있느냐? 알아차림은 끊어지는 것이다. 끊어졌을 때는 끊어진 것을 알고 다시 알아차리면 된다. 그런데 너는 지금 지나친 집중을 얻으려고 하고 있다."

스승의 말이 너무 뜻밖이어서 저는 순간적으로 할 말을 잃었습니다. 그리고 비행기 속에서도 또 한국에 와서도 스승께 경건한 마음으로 항상 감사를 드렸습니다.

집중이 최고로 좋은 것이고, 알아차림을 지속하는 것이 수행자의 가장 좋은 덕목임에도 불구하고, 스승은 오히려 "지금 왜 알아차림이 끊어진 것을 문제로 삼느냐?"라고 말씀하신 것을 어디서 누구에게 들을 수 있단 말입니까? 그렇습니다. 알아차림은 아무리 많아도 부족한 것입니다. 알아차림이 끊어지지 않도록 하기 위해서는 무엇을 하건 노력을 해야 하는 것입니다. 그런데 '알아차림을 집착하지 마라'는 말씀에 제가 할 말을 잃었던 것입니다.

스승은 무엇인가 특별한 것을 알고 계실 것 같은 기대가 있었는데, 바로 이것이 큰 스승이 알고 있는 특별한 방법이었습니다. 바꾸어 이야기하면 저는 알아차림을 지속하는 묘안을 얻으려고 했는데, 스승은 알아차림을 지속하려는 그 마음을 알아차리는 것이 필요하다고 말씀하신 것입니다.

이는 매우 단순하고 지극히 현실적인 것이 항상 자신 안에 있는데, 우리는 그것을 알 수가 없다는 말입니다. 이때 스승께서는 저를 한번 힐끗 보셨는데, 그 눈에는 지혜의 날카로움과 따뜻함이 함께 있었습니다. 스승의 말씀이 무엇인지를 알고 새삼 머리를 숙여 절을 하고 물러나와 귀국을 했습니다. 그리고는 내내 스승의 말씀을 곱씹으면서 수행을 계속할 수 있었습니다 이러한 스승의 한마디가 제 수행에 매우 좋은 지표가 되었습니다.

힘이 있는 만큼 알아차려야 합니다. 그리고 문제인 것은 문제라고 알아차리는 것이 필요합니다. 무엇도 문제는 없습니다. 모든 것이 문제이기 때문입니다. 문제를 푸는 방법은 '내가 지금 문제라고 하고 있네!'라고 알아차리는 것밖에 달리 방법이 없습니다.

알아차림은 부처님께서 주신 가장 고귀한 선물입니다. 위빠사나의 사념처 수행이란 바로 알아차림으로 구슬을 꿰는 것이고, 벽돌을 쌓는 것이기 때문입니다. 그리고 알아차림이란 뗏목을 타고 피안으로 강을 건너가는 것입니다.

『청정도론』이라는 주석서에서는 이렇게 알아차림을 요약하고 있습니다.

알아차림은 항상 함께하는 모든 대상을 기억하고 잊지 않는 것이다. 현재 자기가 마주하는 대상에서 가볍게 떠나가지 않게 하는 특성이 있다. 공을 물위에 놓으면 빠지지도 않고 물위로 솟지도 않는다. 알아차림은 이렇게 대상에 빠지지도 않고 바깥으로 나가지도 않게 자기 대상 속에 머물게 하는 것이다.

대상을 잊어버리지 않고 향하게 하고 보호함으로써 지혜가 드러난다. 알아차림은 튼튼한 기억인 성과 가깝다. 비유를 들면 튼튼한 기둥이 있는 성문처럼 육근의 문을 지키기 때문에 알아차림은 문지기와 같다고 한다.

이렇게 주석서에서는 알아차림에 대해서 설명하고 있습니다.

일상의 알아차림이 강화되면 다음으로 마음을 알아차리는 것이 뒤따라야 합니다. 알아차림으로는 부족하여 분명한 앎이 함께 작용되어야 하듯이, 알아차림은 마음을 알아차리는 것이 뒤따를 때만 온전한 알아차림을 유지할 수 있습니다. 그래서 몸, 느낌,

마음, 법이라는 사념처 안에 있는 심념처는 마음을 사용해서 알아차리라고 하는 말이 아니고 마음을 대상으로 알아차리는 것을 뜻합니다.

그러니까 우리가 먼저 몸을 알아차리고, 느낌을 알아차리고 그리고 알아차리고 있는 그 마음을 알아차리는 단계가 와야 됩니다. 그러나 실제로 마음을 대상으로 알아차림을 하는 경우는 많지가 않습니다. 알아차리는 것은 마음이 하는 것이고, 이 알아차리는 마음이 다시 마음을 알아차릴 때만이 완전한 마음을 알아차릴 수가 있습니다.

마음은 마음의 작용인 느낌, 생각, 행동을 일어나게 합니다. 그런데 마음을 알아차린 다는 것은 느낌이 일어났을 때 느낌을 느낀 그 마음을 알아차린다는 것을 말합니다. 감각적 쾌락의 느낌이 일어났을 때 그 감각적 쾌락을 일으킨 것은 마음이므로 그 느낌을 통해서 그것을 일으킨 마음을 알 수가 있습니다. 그렇게 알아차리면 반드시 그것을 일으킨 것이 탐심이 아니면 진심이라는 것도 알게 됩니다. 처음에는 이런 원인을 몰라도 됩니다. 그러나 수행을 하면 차츰 이러한 원인과 결과를 알게 됩니다.

또 생각이 일어났을 때에도 마찬가지로 생각을 한 그 마음을 알아차려야 합니다. 망상을 했을 때 망상한 것을 알아차리고 나서 다시 한 번 망상한 마음을 알아차려야 합니다. 이렇게 마음을 알아차리면 좋건 싫건 간에 모두 집착으로 망상을 한다는 사실을 알게 될 것입니다. 싫어하는 것도 좋아서 집착으로 한다는 것을 알아야 비로소 스스로의 무지를 알게 됩니다.

다음으로 행위도 마찬가지입니다. 모든 행위는 마음이 시켜서 합니다. 마음이 시키지 않고 자신이 좋아서 하지 않으면 절대 행동을 하지 않습니다. 심지어 우리가 눈꺼풀 하나도 마음이 시키지 않으면 움직이지 못합니다. 눈꺼풀을 움직이지 않으면 갑갑해서 마음이 시킨 것입니다. 그러나 마음은 빠르게 일어나는 것이라서 이렇게 모든 것들을 시키는 것을 우리가 일일이 다 알지 못합니다.

그래서 지난 시간에 "한순간 한 찰나 간에 꾸테떼떼인의 마음이 일어난다"라고 말씀 드린 것은 마음은 매 순간 무한이 일어났다 사라지는 현상이 거듭되는 것을 말합니다.

몸은 통나무와 같이 스스로 앉거나 일어나거나 할 수가 없습니다. 이때 행동을 보고 행동을 일으킨 마음을 알아차릴 수가 있습니다. 이때 행동을 보고 마음을 아는 방법이 바로 행동을 하고자 하는 그 마음을 알아차릴 수 있는 기회인 것입니다. 이것은 의도를 알아차리는 것입니다.

그래서 마음을 알아차릴 때는 있는 마음을 알고, 일어난 마음을 알고, 하려는 마음을 알고, 아는 마음을 알아차리는 방법이 있습니다. 이처럼 마음을 알아차리면 뿌리를 알아차리는 것이 됩니다. 그래야 원인을 알게 되어 점진적으로 악습의 뿌리가 근절됩니다. 악습이 없어지면 자연스럽게 그 자리에는 선업의 습관이 자리하게 될 것입니다. 악습은 알아차림을 통하지 않으면 결코 사라지지 않습니다.

이와 같은 선업의 마음인 알아차림이 있을 때도 선업인 것을 알아차립니다. 선업이라고 알고, 거기에 빠져 기뻐하거나 즐거워하지 말아야 합니다. 이것이 바로 부처님께서 말씀하신 『대념처경』에 있는 유일한 길이라고 말하는 것입니다.

이러한 알아차림은 많은 이익을 줍니다. 알아차림은 일곱 가지 이익이 있습니다. 첫째, 마음의 청정, 둘째, 슬픔의 극복, 셋째, 비탄의 극복, 넷째, 육체적인 고통의 소멸, 다섯 번째, 정신적인 고뇌의 소멸, 여섯 번째, 올바른 길 팔정도에 도달함, 일곱 번째, 열반을 성취함. 이렇게 알아차림의 이익은 매우 많습니다.

여러분, 우리가 왜 알아차려야 되겠습니까? 알아차림만이 우리를 자유롭게 할 수 있기 때문입니다. 누구나 번뇌가 있지만 번뇌가 있는지를 모르는 어리석은 마음이 있습니다.

누구나 저마다 축적된 성향을 가지고 있습니다. 그러나 축적된 성향은 결코 바뀌지 않습니다. 남편과 아내가 서로 축적된 성향을 바꿀 수가 없고, 부모와 자식이 서로 축적된 성향을 바꿀 수가 없습니다. 바뀔 수 없는 성향을 바꾸려고 해서 번뇌가 생깁니다. 바뀌지 않는 성향은 있는 그대로 알아차려야 합니다. 상대의 축적된 성향을 바꾸려고 해도 과도하게 개입하면 오히려 성향을 더 강화하는 결과만 맞게 될 것입니다. 어떤 성인도 단 한 사람의 성향을 바꾸지 못했습니다. 부처님 역시도 마찬가지십니다. 부처님도 단 한 분의 성향도 바꾸지 못했습니다. 다만 길을 안내해서 스스로 바꾸도록 했을 뿐입니다.

상대의 축적된 성향을 존중해 줬을 때만이 자신의 축적된 성향도 용납될 수 있는 것입니다. 축적된 성향은 바뀌지 않지만 알아차림을 지속하면 원인과 결과가 사라져 언젠가 그 축적된 성향은 소멸될 수 있습니다.

여러분! 이것이 오늘 이 순간에 우리가 알아차려야 되는 진정한 이유입니다. 이 알아차림만이 우리가 피안으로 가는 뗏목을 타는 것입니다. 이 알아차림만이 끝없는 윤회의 사슬에서 벗어날 수 있는 유일한 길임을 알아야 합니다.

알아차림(6)

오늘은 알아차림에 대해 총정리를 하는 시간이 되겠습니다.

수행자가 알아차려야 할 기본적인 사항이 있습니다. 부처님의 교훈을 어기지 않고 알아차림의 수행법에 대한 지극한 존경심을 가져야 합니다. 다음으로 활동하지 않을 때는 계속 몸을 움직이지 않고 고요한 상태에서 알아차림을 해야 합니다. 다음에는 행동이 필요한 때는 즉각 움직이지 말고, 우선 움직이지 않은 채 고요하게 마음을 가져야 합니다. 왜냐하면 동작을 하기 전에 보다 강한 알아차림이 필요하기 때문입니다. 자신의 움직이려는 의도를 알아차리고 움직임에 전심전력으로 주의 깊게 알아차림을 해야 합니다.

다음에는 잔치나 축제의 위험한 경계 등에 처했을 때라도 몸을 제어하여 알아차림을 해야 합니다. 다음으로 행주좌와에서 사념처인 신수심법을 굳건히 해야 합니다. 다음에는 자세가 흐트러지지 않도록 자세에 빈틈없이 기민하게 알아차림을 굳건히 해야 합니다.

대화를 할 때도 즐거움, 오만, 흥분, 편견 등으로 지나친 몸짓이나 보기 흉한 꼴을 보여서는 안 됩니다. 다음에는 알아차림을 하여 듣는 사람이 이해할 수 있도록 말을 하며, 너무 크게 소리 내어 말하지 말아야 합니다. 그렇지 않으면 자칫 무례한 우를 범할 수도 있습니다. 다음에는 만약 교양이 없는 사람을 만나는 역경계에 처할 때는 자신의 생각이 상대방의 마음에 잘 이해되고 수용되도록 마음을 가다듬어 알아차리고 말을 해야 합니다.

다음에는 마음은 발정기에 있는 코끼리와 같이 대상을 찾아 이리저리 날뛰고 있습니다. 이 마음을 안으로 향해 항상 내적인 고요함의 말뚝에 꽉 매어두어야 합니다. 떠다니는 마음을 내적 고요함의 말뚝에 꽉 매달아두는 것은 대상을 겨냥하는 것을 말합니다.

다음에는 매 순간 자신의 마음 상태를 알아차려야 합니다. 다음에는 군중이 많이 운집한 가운데서도 다른 행동을 포기하는 한이 있더라도 집요한 알아차림을 놓치지 않기 위해서 위의 설명을 기억하고 실천해야 합니다. 이상이 위빠사나 수행자가 알아차림을 할 때 지켜야 할 기본적인 사항입니다.

이제는 좀 더 구체적으로 알아차리는 방법에 대해서 말씀드려 보겠습니다.

바라지 말고, 얻으려고 하지 말고, 이루려고 하지 말고 알아차려야 합니다. 없애려고 하지 말고, 미워하지 말고, 화를 내지 말고 알아차려야 합니다. 흐리멍덩하게 하지 말고, 정확하고 분명하게 알아차려야 합니다. 졸릴 때는 졸음과 싸우지 말고, 몸과 마음이 졸음에 대해서 어떻게 반응하고 변하는지 알아차려야 합니다.

하기 싫을 때는 하기 싫은 마음을 알아차려야 합니다. 좋아할 때도 좋아하는 마음을 알아차려야 합니다. 따지지 말고, 분석하지 말고, 어떤 차별도 일으키지 말고, 그냥 알아차려야 합니다. 복잡하게 알아차리지 않고, 간단하고 명료하게 알아차려야 합니다. 없는 것을 알아차리지 말고, 있는 것을 알아차려야 합니다. 즐겁고 편안하고 고요하게 알아차려야 합니다.

알아차릴 대상은 시작과 중간과 끝을 알되 처음부터 끝까지 알아차려야 합니다. 지나치게 힘을 주거나 너무 집중을 하거나 억지로 하지 말고 부드럽고 가볍게 알아차려야 합니다. 꼭 알아야 한다는 마음으로 스스로를 구속하지 말고 자연스럽게 알아차려야 합니다. 알아차릴 수 있는 만큼만 알아차리되 확실하게 알아차려야 합니다.

조급함이나 무거움이 있지 않게 하고, 예리하고 철저하게 알아차려야 합니다. 너무 강하게도 너무 약하게도 하지 말고, 강약의 조화를 이루어서 알아차려야 합니다. 과거나 미래를 알아차리지 말고, 언제나 현재를 알아차려야 합니다. 주의력 있게 집중을 하되 깊게 하지 말고, 순간순간의 찰나를 연속적으로 알아차려야 합니다.

여러 가지로 옮겨 다니지 말고 하나의 대상으로 하되, 다른 것이 나타나면 그 대상을 알아차려야 합니다. 알아차릴 대상은 언제나 자신의 몸과 마음임을 잊지 않고 항상 몸과 마음을 알아차려야 합니다. 만약 마음이 밖으로 나갔을 때는 나간 것을 알아차리면 됩니다.

언제나 결론을 내리지 말고 변화하는 대상을 알아차리십시오. 이미 결론을 내렸다고 한다면 결론을 내린 것을 다시 그대로 알아차리십시오. 처음에는 모양이나 움직임을 알아차리고 다음에는 성품을 알아차려야 합니다. 다시 성품의 변화를 일어나고 사라지는 생멸로 알아차려야 합니다. 모든 대상은 무상과 고, 무아임을 알아차려야 합니다. 지혜가 나면 지혜가 난 것을 알고, 지혜 때문에 좋아했으면 좋아한 것을 알아차려야 합니다.

모든 대상은 무엇이나 오직 알아차릴 대상일 뿐입니다. 알아차림은 항상 마음을 새로 내서 알아차려야 합니다. 알아차림은 저절로 되지 않습니다. 알아차리기 위해서 마음을 항상 새로 내야 됩니다. 이것을 기억이라고 말하는 것입니다.

알아차려야 할 여러 가지 대상 중에 마음을 알아차리는 것도 중요합니다. 대상을 알고 있는 마음을 알아차리고, 대상을 일으킨 마음을 알아차리고, 대상을 일으키려는 마음을 알아차려야 합니다.

화가 난 것을 아는 것을 알아차려야 하고, 화가 난 마음을 알아차리는 것은 우리들에게 매우 중요한 것입니다. 화가 난 것을 아는 것과 화가 난 마음을 알아차리는 것은 다릅니다. 이때 화가 난 마음을 알아차리는 것이 심념처 수행입니다.

마음을 대상으로 알아차리면 항상 뿌리를 알아차리는 것이 되므로, 대상의 근본에 접근하는 알아차림을 하는 것입니다. 화를 낼 때 화를 낸 마음을 알아차리면 화를 낸 마음의 성품인 빠라마타paramattha, 그 실재하는 것을 볼 수 있게 됩니다. 그래서 화를 낸 마음의 성품이 탐심인 것을 비로소 알게 될 것입니다.

어떤 대상이나 그것을 일으킨 것은 마음이고, 그 마음을 알아차리면 원인을 아는 것이 됩니다. 마음이 마음을 알아차리면 성품을 아는 것이므로 대상을 바로 알게 되는 것입니다.

상대를 미워하거나 상대로 인해 어떤 느낌이 일어나면 상대를 보지 말고 먼저 자신의 마음을 알아차려야 합니다. 그리고 가슴으로 와서 콩닥거리는 느낌을 지켜보아야 합니다. 이때 가슴의 느낌을 알아차리면 더욱 격렬해질 수도 있습니다. 그래도 가슴에 있는 이 느낌을 없애려 하지 말고 그냥 알아차려야 합니다.

그러나 상대를 미워하는 힘이 강해서 어쩔 수 없이 마음이 상대에게로 다시 갔다면 이때는 상대를 보지 말고 상대의 마음을 보아야 합니다. 그런 뒤에 상대의 마음이 일으킨 축적된 성향을 보아야 합니다. 상대의 행위는 그 사람이 일으킨 것이 아닙니다. 그 사람의 축적된 성향이 일으킨 것입니다. 이렇게 상대의 잠재적 성향을 지켜보아야 미워할 사람이 없게 됩니다.

사람들은 항상 좋아하거나 싫어하는 일로 인해 마음이 들떠 있거나 아니면 멍청한 상태로 어리석음에 빠져 있습니다. 그래서 대상을 있는 그대로 보지 못하기 때문에 언제나 같은 실수를 되풀이합니다.

어리석음이란 좋아하는 것을 집착하고, 미워하는 것을 집착하고, 어리석은 것을 집착하여 번뇌를 키웁니다. 여기서 벗어나려면 좋아하는 것을 알아차리고, 미워하는 것을 알아차리고, 어리석은 것을 알아차려야 합니다. 잘못된 것이 문제가 아니고, 잘못된 것을 알아차리지 못한 것이 문제입니다. 단지 알아차리는 것만이 진정한 행복을 얻는 유일한 길입니다.

쉽게 좋아하는 사람이 쉽게 싫어하기도 합니다. 더 많이 좋아하는 사람이 더 많이 싫어합니다. 좋아하는 것과 싫어하는 것은 같은 마음입니다. 마음이란 한쪽으로 치우치면 반드시 다른 한쪽으로 치우칩니다. 마음이란 한쪽으로 더 깊게 치우치면 반드시 다른 한쪽으로 더 깊게 치우칩니다.

위빠사나 수행은 어느 쪽이냐에 상관없이 치우친 마음을 알아차리는 수행입니다. 균형이 깨지면 고통이 오고, 알아차려서 균형이 잡히면 고통이 사라집니다. 우리가 안다고 말하지만 무엇을 알고 있습니까? 관념을 아는 것보다 실재를 알고 있는 것이 중요합니다. 모르는 사람은 모양에 걸려서 시비를 하지만, 아는 사람은 대상의 성품을 보아 시비를 일으키지 않습니다.

깨달음이란 특별한 능력을 갖는 것을 말하지 않습니다. 단지 자신의 몸과 마음을 알아차려서 내가 아니라는 무아를 아는 것입니다. 마음은 있지만, 내 마음이 아니고, 단지 일어나고 사라지는 조건에 의한 마음이라고 알아야 탐욕과 성냄과 어리석음이라는 번뇌로부터 자유로워질 수 있습니다.

이런 지혜는 감각적 쾌락을 추구하거나 극단적인 고행을 하지 않는 중도의 마음을 가질 때만 일어납니다. 중도의 마음이 팔정도이며, 팔정도가 위빠사나 수행입니다. 그러므로 위빠사나 수행을 하면 느낌을 원인으로 갈애가 일어나지 않고, 느낌을 원인으로 지혜가 일어납니다. 이러한 과정에 의해서만이 번뇌가 소멸됩니다. 이것이 깨달음이며, 이 길은 모든 사람에게 열려 있습니다.

내 몸과 마음이 내 마음대로 되지 않는 것이나 세상의 일이 내 마음대로 되지 않는 것이 바로 무아입니다. 법을 얻는 조건은 현재 선한 마음이 있어야 하며, 선업의 과보가 충분해야 합니다. 이것을 조건이라고 말합니다. 법이 있어도 얻지 못하는 것은 아직 선업의 조건이 성숙되지 않았기 때문입니다.

모든 사람의 마음은 행위로 이어지며, 그 행위로 인해 생긴 결과가 업의 결과물입니다. 사람의 마음과 몸도 업의 결과물입니다. 이것이 원인과 결과입니다. 원인과 결과물인 마음과 몸은 다시 새로운 원인이 되어 새로운 결과를 낳습니다. 이것이 우리가 사는 삶입니다.

과거에 조건이 형성되어 현재의 마음과 몸이 되었는데, 다시 과거의 조건을 되풀이하면 또다시 현재와 같은 괴로움에서 벗어날 길이 없습니다. 수행자의 알아차림은 항상 새로운 선한 원인을 만들며, 이로 인하여 나중에 원인과 결과에서조차도 벗어날 수 있어야 합니다.

수행의 체험은 높은 단계를 말하면서 하는 행동이 낮은 단계일 때는 실재가 아닌 생각으로 체험을 한 것입니다. 우리는 실재하는 체험을 해야 합니다. 법을 얻는 조건은 현재의 선한 마음이 있어야 합니다. 마음이 있어 모든 행위를 합니다. 행위는 업이며, 업은 과보를 낳습니다. 선업은 선한 과보를 낳으며, 불선업은 불선의 과보를 낳습니다.

그러니 이제 우리가 무엇을 해야 하겠습니까? 안심하십시오. 수행을 하다가 죽지 않습니다. 수행을 하면서 두려울 때는 두려워하는 마음을 알아차려야 합니다. 알아차림이 선하고 행복한 것은 알아차리는 순간에 탐욕과 성냄과 어리석음이라는 불선업이 없기 때문입니다. 불평하지 마십시오. 불평은 세 치 혀로 도끼를 찍는 것인데, 가장 먼저 도끼로 찍히는 것은 다름 아닌 자신의 몸과 마음입니다.

지금까지 알아차림에 대해서 말씀드렸습니다.

행복의 조건(1)

오늘은 행복의 조건에 대해서 말씀드리겠습니다. 다른 이들을 존경하기에 앞서서 자기 자신에 대한 존경심을 가져야 합니다. 이것이 행복의 시작입니다.

좋은 마음을 가지고 좋은 일을 한 날이 행복한 날입니다. 나쁜 마음을 가지고 나쁜 일을 한 날이 불행한 날입니다. 누가 여러분의 행복을 방해합니까? 지금 누가 여러분의 행복을 빼앗습니까? 여러분들의 행복을 방해하고 빼앗는 것은 바로 여러분들 자신입니다. 우리는 지금까지 탐욕과 성냄과 무지가 행복을 가로막는 것이라는 것을 알았습니다. 그러나 이러한 것들은 오직 자신의 마음이 하는 일이기 때문에 이제 행복은 스스로가 만든 것임을 알았습니다.

자신이 어떤 상황에 있더라도 그것은 조건일 뿐입니다. 그 조건을 만든 것도 자신이며, 그 조건을 개선시킬 수 있는 것도 오직 자신뿐입니다. 이런 상황이 어떤 경우에 남에 의해서 만들어졌을 수도 있겠지만 결국 그것을 받아들이는 마음은 자신입니다. 그래서 그 마음이 자신의 운명이나 행복과 불행을 결정합니다.

행복은 그냥 오지 않습니다. 그래서 행복은 간단치가 않습니다. 행복은 한순간의 자기의 마음으로 결정될 수 있습니다. 그러나 이 한순간의 마음이 어디서 갑자기 그냥 오는 것이 아닙니다. 이것은 준비하고 실행하는 사람에게만 기회가 옵니다. 그러므로 행복은 굴러오는 것이 아니고 자신이 만들어서 얻는 것입니다.

행복은 물질적인 조건과는 무관합니다. 물질이 행복일 수도 있지만 세속의 기초적인 즐거움일 뿐입니다. 행복의 조건은 감각적 욕망을 뛰어넘는 이욕利慾에서 나옵니다. 감각적 욕망은 느낌으로부터 옵니다. 우리가 이 세상을 살아가면서 안다는 것은 모두 느낌으로 압니다.

우리의 눈, 귀, 코, 혀, 몸, 마음이 밖에 있는 대상인 소리, 냄새, 맛, 접촉, 생각과 만나서 접촉할 때마다 반드시 느낌이 일어납니다. 이것이 바로 육문에 육경이 부딪친다고 말하는 것입니다. 이때에 육문과 육경을 12처라고 말합니다. 여섯 가지 감각기관이 여섯 가지 감각대상에 부딪쳐서 인식되는 것을 말합니다. 우리가 안다는 것은 모두 이 12처의 범주 안에 있습니다. 그래서 이것을 일체라고 말합니다. 이것이 바로 불교의 세계입니다. 그러므로 일체를 알았다, 세계를 알았다라고 말하는 것입니다. 이것은 바로 자기 자신의 몸과 마음을 알았다는 것입니다. 결국 모든 것은 자신의 몸과 마음으로 귀결됩니다.

행복은 자신의 몸과 마음을 어떤 상태에 두느냐 하는 현실적인 문제로 결정됩니다. 12처가 부딪혀서 일어나는 이 느낌이 갈애를 일으켜서 욕망으로 발전하여 집착을 하게 합니다. 바로 이 괴로움은 집착으로부터 옵니다. 이 집착이 습관으로 바뀌면 몸과 마음이 병든 상태입니다. 그래서 진정한 행복과 차츰 멀어집니다. 그리고 잘못된 쾌락을 행복으로 알게 되어 더욱 그것을 추구합니다. 그러므로 행복을 앗아가는 단초는 느낌이 갈애로 발전하는 데 있습니다.

느낌은 수행의 가장 중요한 대상입니다. 이 느낌은 오직 현재 자신의 몸과 마음에 있는 것입니다. 이것이 자신의 가장 유일한 실재입니다. 그래서 느낌을 제어하지 못하면 우리는 아무것도 할 수가 없습니다.

돈도 느낌입니다. 명예도 느낌입니다. 술도 담배도 느낌입니다. 도박도 짜릿한 승부의 느낌입니다. 느낌은 더 좋은 느낌을 추구합니다. 사실 도둑질도 느낌입니다. 불선의 느낌이 습관이 되면 선업의 느낌보다 훨씬 맛이 있을 수도 있습니다. 그래서 자꾸 더 빠지게 됩니다. 느낌은 한순간에 일어났다가 사라지는데, 우리는 한순간의 느낌을 위해서 평생의 목숨을 거는 대 도박을 합니다. 또 한순간의 느낌일 뿐인데 항상 그것을 알면서도 느낌이 영원한 것처럼 착각을 합니다.

이러한 느낌을 알아차리기 위해서 항상 우리는 현재로 와야 됩니다. 현재를 아는 것이 바로 느낌을 아는 것이기 때문입니다. 이런 것을 구체적으로 실행에 옮기는 것이 위빠사나 수행입니다. 이처럼 수행을 한다는 것은 한순간에 일어나는 감각적 욕망이나 느낌을 있는 그대로 알아차리는 것입니다.

이렇게 실재하는 느낌을 알아차리는 자그마한 틈만 보여도 우리는 상당한 발전을 꾀할 수가 있습니다. '아! 지금 이런 느낌이 일어났네!' 또는 '아! 지금 이런 느낌이 있네!'라고 그 순간의 느낌을 알기만 해도 대단한 발전입니다. 처음에는 이렇게 수행을 시작하는 것입니다. 우리는 욕망의 충동을 받으면 반사적으로 실행에 옮기는 과정을 거쳐 왔습니다. 그러나 한순간이라도 이렇게 알아차리게 되면 느낌이 일어난 뒤에 행동으로 일어나는 과정이 차츰 더디어질 수가 있습니다. 그러면 이것도 대단한 발전입니다.

이렇게 알아차린다는 것은 결코 없애려고 알아차리는 것이 아닙니다. 있는 것을 있는 그대로 지켜보아야 합니다. 없애려고 하거나 바라는 것이 있으면 결코 성공할 수가 없습니다. 처음에는 억제되어서 해결된 것 같지만 사실은 잠재의식 속에서 더 크게 도사리고 있습니다. 그래서 이런 억제하는 방법으로는 문제를 더 키울 뿐이지 영원히 해결되지 않습니다. 이것은 작용에 대한 반작용의 물리법칙입니다.

그러나 그냥 바라는 것 없이, 없애려는 것 없이 알아차리면 비작용으로서 전혀 반대 급부의 부작용이 없습니다. 그냥 조건 없이 알아차리는 이것만이 거미줄에 걸리지 않는 바람과 같습니다. 우리가 여태껏 살아온 방법이 고치려 하고, 억제하고, 후회하고, 질타한 것뿐이었는데 과연 그런 방법이 얼마나 효과가 있었습니까? 오히려 상황은 늘 더 나빠지기 마련이었습니다. 같은 상황이 끊임없이 반복될 뿐이었습니다. 그러므로 문제를 해결하는 유일한 방법은 모든 대상을 '그렇구나!' 하고 받아들여서 알아차리고 마는 것입니다. 현재로 와서 알아차리면 모든 것이 견딜 만합니다. 그러나 마음이 과거나 미래로 가는 순간부터 번뇌는 시작됩니다.

어느 날 천인들이 부처님께 와서 숲 속에서 수행을 하고 있는 부처님의 제자들은 어떻게 얼굴색이 평온하게 보이는지를 물었습니다.

"숲 속에서 그들의 평온한 안식처를 만드는 자들, 거룩한 삶을 사는 성스러운 자들, 한 끼의 식사로 허기를 메우는 자들, 어떻게 그들의 얼굴이 평온한지 말씀해 주십시오."

이 말을 들은 부처님께서는 천인들에게 다음과 같이 말씀하셨습니다.

"그들은 지나간 일을 한탄하지 않는다. 그들은 아직 오지 않는 것을 걱정하지 않는다. 그러므로 현재에 있는 것을 자신들의 삶으로 지탱해 나간다. 그러므로 그들의 얼굴색이 평온하게 보인다."

수행자들은 현재에 있는 자신의 몸과 마음을 대상으로 주시합니다. 그러면 언제나 현재에 있게 됩니다. 알아차리는 마음이 몸이나 마음이라는 대상을 선택하여 머물러서 지켜보는 것을 우리는 수행이라고 말합니다. 우리가 과거로 가면 아쉬움과 회한, 후회 등으로 마음이 아픕니다. 이것은 지나간 일에 매달리는 비생산적인 일일뿐더러 가장 어리석은 일입니다. 또 오지 않는 미래는 온통 기대치로 가득 차서 욕망이 불타게 됩니다. 그러나 시간이 지나면 기대했던 만큼 좌절합니다. 그러나 마음이 항상 현재에 머물러 있으면 근심 걱정이 없어집니다. 단 어떤 특정한 대상을 주시하거나 자신의 몸과 마음을 대상으로 해야 됩니다. 이것을 알아차린다고 하는 것입니다.

부처님께서는 행복이란 현생에 행복이 있고, 다음 생인 내생의 행복이 있다고 말씀하셨습니다. 현생의 행복은 살아 있으면서 얻는 행복입니다

이 현생의 행복은 네 가지의 조건에 의해서 성립됩니다. 첫째, 노력하는 것입니다. 둘째, 신중하고 방심하지 않고 알아차리는 것입니다. 셋째, 좋은 친구를 사귀는 것입니다. 넷째, 올바른 생계수단을 갖는 것입니다. 올바른 생계수단은 바른 직업을 갖고 수입보다 지출이 많지 않도록 해야 하는 것을 말합니다. 그리고 수입은 저축과 비상금, 생계비 등으로 분배해서 사용하는 것을 말합니다.

다음에 내생의 행복에 대해서 말씀드리겠습니다. 내생의 행복은 무엇일까요? 내생의

행복을 얻는 것은 열반을 말합니다. 열반을 지고의 행복이라고 합니다. 왜냐하면 나고 죽는 윤회에서 벗어나는 것만이 고통에서 벗어나는 단 하나의 길이기 때문입니다.

그러기 위해서는 수행을 해야 하는데 이것도 네 가지 조건이 있습니다. 내생의 행복을 위해 열반에 이르기 위해서는 첫째로 믿음을 가져야 합니다. 둘째, 계율을 지켜야 합니다. 셋째, 관용을 가져야 합니다. 넷째, 지혜를 가져야 합니다. 이토록 우리는 현생의 행복과 내생의 행복을 위해서 수행을 해야 합니다.

부처님께서는 「축복경」에서 행복에 대해 다음과 같이 말씀하셨습니다.

이와 같이 나는 들었습니다. 한때 세존께서 사왓티의 제따와나에 있는 아나타삔디까 승원에 계셨습니다.

그때 어떤 천인이 한밤중에 아름다운 빛으로 제따와나를 두루 밝히며 세존께서 계신 곳으로 찾아왔습니다. 가까이 다가와서 세존께 인사를 올리고 한쪽으로 물러섰습니다. 한쪽으로 물러서서 천인은 세존께 게송으로 여쭈었습니다.

"많은 인간과 천인들은 모두 행복을 바라면서 축복에 대한 생각을 하고 있습니다. 무엇이 으뜸가는 축복인지 말씀해 주십시오."

이에 부처님께서는 다음과 같이 말씀하셨습니다.

"어리석은 사람과 가까이 하지 않고, 지혜로운 사람과 가까이 하며, 공경할 만한 사람을 공경하는 것, 이것이 으뜸가는 축복이다.

분수에 맞는 곳에서 살며, 일찍이 선한 공덕을 쌓아서 스스로 올바른 서원을 세우니, 이것이 으뜸가는 축복이다.

많이 배우고 익히며, 자신을 절제하고 훈련하여 이치에 맞는 말을 하는 것, 이것이 으뜸가는 축복이다.

부모를 잘 봉양하고, 아내와 자식을 잘 보살피며, 해야 할 일을 잘하는 것, 이것이 으뜸가는 축복이다.

나누고 베풀며, 정의롭게 살고, 친지를 보호하며, 비난받지 않는 행동을 하는 것, 이것이 으뜸가는 축복이다.

악한 일을 멀리하고, 술을 삼가고, 가르침을 부지런히 행하는 것, 이것이 으뜸가는 축복이다.

　존경하는 마음과 겸손한 마음, 만족과 감사할 줄 아는 마음으로, 때에 맞추어 가르침을 듣는 것, 이것이 으뜸가는 축복이다.

　온화한 마음으로 인내하며, 적당한 때에 수행자를 만나서 가르침에 대해 논의하는 것, 이것이 으뜸가는 축복이다.

　감각기관을 수호하여 청정하게 살며, 성스러운 진리를 통찰하고, 열반을 실현하는 것, 이것이 으뜸가는 축복이다.

　세간의 많은 일에 부딪쳐도 마음이 흔들리지 않고, 근심과 티끌 없이 안온한 것, 이것이 으뜸가는 축복이다.

　이러한 방법으로 그 길을 따르고 실천하면 어디서나 실패하지 아니하고 모든 곳에서 번영하리니, 이것이 으뜸가는 축복이다."

　행복은 누가 줍니까? 행복을 가로막는 자는 남이 아니고, 행복은 밖에서 오지 않고 스스로 만듭니다. 세속의 행복은 감각적 쾌락이고, 수행자의 행복은 진정한 행복이라고 말할 수가 있습니다. 행복한 자는 행복을 구하지 않고 단지 알아차리는 것으로 행복을 얻습니다. 그래서 우리가 오늘 행복하기 위해서 수행을 해야 하는 것입니다

행복의 조건(2)

지난 시간에는 부처님께서 말씀하신 「축복경」을 알려드렸습니다. 그 「축복경」은 천인들이 어떻게 부처님의 제자들이 행복하나? 하는 것을 질문했을 때 부처님께서 답변하신 내용입니다. 오늘은 「축복경」을 듣고 난 뒤에 천인들이 똑같이 인간을 파멸로 이끄는 것에 대해 질문한 대목을 말씀드리겠습니다. 천인들의 질문에 부처님께서는 다음과 같이 말씀하셨습니다. 이것을 「파멸의 경」이라고 합니다.

이와 같이 나는 들었습니다. 한때 세존께서 사왓티 마을의 제따와나에 있는 아나타삔디까 사원에 계셨습니다. 그때 어떤 천인이 한밤중에 아름다운 빛으로 제따와나를 두루 밝히며 세존께서 계신 곳으로 찾아왔습니다. 가까이 다가와서 세존께 인사를 올리고 한쪽으로 물러섰습니다. 한쪽으로 물러서서 천인은 세존께 게송으로 여쭈었습니다.

"저희는 파멸하는 사람에 대해서 고따마 부처님께 여쭈어 보겠습니다. 파멸에 이르는 문은 어떤 것입니까? 세존께 그것을 묻고자 이렇게 찾아왔습니다."

그러자 세존께서는 다음과 같이 말씀하셨습니다.

"번영하는 사람도 알아보기 쉽고, 파멸하는 사람도 알아보기 쉽습니다. 가르침을 사랑하는 사람은 번영하고, 가르침을 싫어하는 사람은 파멸한다."

"잘 알겠습니다. 옳은 말씀입니다. 이것이 첫 번째 파멸입니다. 세존이시여, 두 번째 것을 말씀해 주십시오. 파멸의 문은 무엇입니까?"

"진실하지 않은 사람을 사랑하고, 진실한 사람을 사랑하지 않으며, 나쁜 사람이 하는 일을 즐기면, 그것이야말로 파멸의 문이다."

"잘 알겠습니다. 옳은 말씀입니다. 이것이 두 번째 파멸입니다. 세존이시여, 세 번째 것을 말씀해 주십시오. 파멸의 문은 무엇입니까?"

"잠에 빠지는 버릇이 있고, 교제를 즐기는 버릇이 있으며, 정진하지 않고 나태하며, 화를 잘 낸다면, 그것이야말로 파멸의 문이다."

"잘 알겠습니다. 옳은 말씀입니다. 이것이 세 번째 파멸입니다. 세존이시여, 네 번째 것을 말씀해 주십시오. 파멸의 문은 무엇입니까?"

"자기는 풍족하게 살면서도 젊음을 잃어버린 늙으신 부모를 돌보지 않는다면, 그것 이야말로 파멸의 문이다."

"잘 알겠습니다. 옳은 말씀입니다. 이것이 네 번째 파멸입니다. 세존이시여, 다섯 번째 것을 말씀해 주십시오. 파멸의 문은 무엇입니까?"

"성직자나 수행자, 혹은 다른 걸식하는 이를 거짓말로 속인다면, 그것이야말로 파멸의 문이다."

"잘 알겠습니다. 옳은 말씀입니다. 이것이 다섯 번째 파멸입니다. 세존이시여, 여섯 번째 것을 말씀해 주십시오. 파멸의 문은 무엇입니까?"

"재물과 황금과 먹을 것을 많이 가진 사람이 혼자서만 맛있는 것을 먹는다면, 그것 이야말로 파멸의 문이다."

"잘 알겠습니다. 옳은 말씀입니다. 이것이 여섯 번째 파멸입니다. 세존이시여, 일곱 번째 것을 말씀해 주십시오. 파멸의 문은 무엇입니까?"

"혈통에 자부심이 강하고 재산을 자랑하며, 가문을 뽐내고 자기의 친지를 멸시하는 사람이 있다면, 그것이야말로 파멸의 문이다."

"잘 알겠습니다. 옳은 말씀입니다. 이것이 일곱 번째 파멸입니다. 세존이시여, 여덟 번째 것을 말씀해 주십시오. 파멸의 문은 무엇입니까?"

"여색을 즐기고 술에 중독되며, 도박에 빠져 있어 버는 것마다 없애버리는 사람이 있다면, 그것이야말로 파멸의 문이다."

"잘 알겠습니다. 옳은 말씀입니다. 이것이 여덟 번째 파멸입니다. 세존이시여, 아홉 번째 것을 말씀해 주십시오. 파멸의 문은 무엇입니까?"

"자기 아내로 만족하지 않고 매춘부와 놀아나며, 남의 아내와 어울린다면, 그것이 야말로 파멸의 문이다."

"잘 알겠습니다. 옳은 말씀입니다. 이것이 아홉 번째 파멸입니다. 세존이시여, 열 번째 것을 말씀해 주십시오. 파멸의 문은 무엇입니까?"

"젊은 시절을 지난 남자가 띰바루 열매 같은 가슴의 젊은 여인을 유인하여 그녀를 질투하는 일로 잠을 못 이룬다면, 그것이야말로 파멸의 문이다."

"잘 알겠습니다. 옳은 말씀입니다. 이것이 열 번째 파멸입니다. 세존이시여, 열한 번째 것을 말씀해 주십시오. 파멸의 문은 무엇입니까?"

"술에 취하고 재물을 낭비하는 여자나 그와 같은 남자에게 실권을 맡긴다면, 그것이야말로 파멸의 문이다."

"잘 알겠습니다. 옳은 말씀입니다. 이것이 열한 번째 파멸입니다. 세존이시여, 열두 번째 것을 말씀해 주십시오. 파멸의 문은 무엇입니까?"

"왕족의 집안에 태어났어도 권세는 작은데 욕망만 커서 이 세상에서 왕위를 얻고자 한다면, 그것이야말로 파멸의 문이다."

"잘 알겠습니다. 고귀하고 현명한 사람은 세상이 이러한 것으로 파멸에 이른다는 것을 통찰지혜로 살펴서 행복한 세계에 이릅니다."

이렇게 천인들과 부처님께서 축복에 반하는 파멸에 대해서도 말씀을 하셨습니다.

지금 과연 얼마나 행복하십니까? 지금 얼마나 즐거워하고 계십니까? 너무 즐거워하지 마십시오 너무 행복해 하지 마십시오 즐거움 때문에 괴로움이 옵니다. 너무 집착하면 즐겁지 않을 때 괴롭습니다. 즐거움은 스스로 만족할 줄 몰라서 항상 더 큰 즐거움을 찾아서 쾌락을 추구합니다.

즐거움이 인생의 목표가 되어서는 안 됩니다. 즐거움은 단지 일상적인 느낌일 뿐입니다. 보통 사람들의 즐거움은 마치 새장에 갇힌 새와 어항에 갇힌 물고기의 즐거움과 같습니다.

즐겁고 괴로운 것은 단지 느낌입니다. 이 느낌은 결코 나의 느낌이 아닙니다. 이 느낌은 내가 느끼는 게 아니고, 단지 감각기관이 느끼는 것입니다. 이 느낌은 영원한 것이 아닙니다. 물거품보다 빠르게 일어났다가 사라지는 느낌입니다. 그래서 우리는 느낌을 위해서 괴로움을 겪을 것 없습니다.

지금 내가 고통을 겪고 있는 것은 과거의 즐거웠던 기억들 때문입니다. 그렇다고 즐거움을 피하지는 마십시오. 단지 즐거울 때 '아! 지금 즐거워하고 있구나!'라고 알아 차리면 됩니다. 우리가 어떻게 즐겁지 않겠습니까? 그래서 그때마다 알아차려서 균형감 각을 가져야 합니다. 즐거움은 괴로움에 비해 절제하기가 어렵습니다. 그래서 알아차리 기가 더 어렵습니다.

살면서 좋은 일만 있기를 바라지 마십시오. 궂은일이 있어야 좋은 일도 있습니다. 좋은 일과 즐거움은 다릅니다. 더 좋은 일은 알아차려서 지혜를 얻는 것입니다. 지혜가 생겼을 때도 좋아하면 더 이상 지혜가 계발되지 않습니다. 우리는 행복의 조건을 충족시 키기 위해서 인내해야 됩니다. 인내하지 않고는 행복이 오지 않습니다.

저의 스승은 인내에 관해서 이렇게 말씀하셨습니다.

"인내야말로 으뜸가는 덕이며, 열반은 지고하다고 부처님께서 말씀하셨다. 남을 해치거나 억압하는 사람은 참된 비구가 아니다. 인내하는 훈련이야말로 가장 고결한 훈련이라고 부처님께서 말씀하셨다. 부처님께서 율을 제정하시기 전에 언제나 이 인내의 가르침을 가지고 상가를 이끄셨다.

인내하는 힘이 없이는 수행을 제대로 할 수 없고 계를 지킬 수도 없다. 또 계청정 없이는 삼매를 얻기가 힘들다. 잘 닦아진 계율과 삼매, 지혜와 정진 그리고 알아차림 의 가르침이 우리 것이 되기 위해서는 인내가 바탕이 되어야 한다.

명상할 때 우리는 온갖 종류의 신체적 불편을 감내해야만 한다. 쑤시고, 가렵고, 아프고, 피곤하고, 화끈거리는 다양한 이유로 어려움이 생긴다. 계율과 삼매와 지혜 가 계발되면 인류의 괴로움, 천상의 괴로움, 31계의 괴로움이라는 윤회에서 벗어나서 열반의 행복으로 나아가게 된다.

인내만이 이 수행을 성공으로 이끈다. 그런 까닭에 인내가 가장 숭고한 훈련이다. 비구가 되기 위해서 가사를 입으려는 사람과 윤회에서 벗어나기를 바라는 사람은 열반을 성취하기 위해서 그리고 늙고 병들고 죽는 것으로부터 벗어나기 위해서 반드 시 인내하는 것을 훈련해야만 한다.

남을 해치는 사람은 참된 비구가 아니다. 그래서 이것은 비구로서 해야 할 태도가 아니다. 이는 열반이라는 자유로 인도하는 인내가 없는 것이며, 따라서 괴로움에서 벗어나지 못한다. 참된 비구는 남을 해치지 않는다. 참된 비구라면 남을 해칠 수가 없다.

다른 사람이 계율을 범하도록 만드는 것 역시 해롭다. 그런 사람은 불선을 뿌리 뽑으려고 수행하는 사람이 아니다. 남을 억압하는 사람은 이번 삶에서 모든 번뇌를 없애는 사람이 되지 못한다. 정신적으로나 신체적으로나 정서적으로나 남을 해치는 어떤 말이나 행동을 해서는 안 된다. 아울러 상대방이 계율을 범하도록 만들어서도 안 된다.

부처님께서는 번뇌를 몰아내고자 수행하는 사람이 비구라고 말씀하셨다. 번뇌 속에서 흥청대는 사람이라면 그는 청정하지 못하며 참된 비구가 아니다. 그는 스스로를 해치며 번뇌로 괴롭다. 자신이나 남을 해치면 안 된다. 번뇌로 괴롭다면 자신과 남을 해치고 자신의 계율과 집중과 지혜를 파괴한다. 그러면 참된 비구가 아니다. 그래서 괴로움에서 벗어날 수가 없다.

열반을 성취하려면 인내해야 하며, 계율을 범하지 말고, 번뇌 속에서 벗어나도록 수행하여 평화로워져야 한다. 이제 우리는 수행을 한다. 우리는 인내하고 견디며, 모든 것을 참아야 한다. 이것이 부처님의 가르침에 따라 수행을 하는 것이다.

여러분 모두가 수행을 할 수 있고, 여러분이 얻고자 노력하면 열반의 평화로움에 이르러 늙고 병들고 죽는 괴로움에서 자유로워지기를 바란다. 또 여러분 모두가 인내로 견뎌서 덕이 있는 사람이 되기를 바란다. 이것이 여러분들이 진정한 행복을 얻는 길이다."

그렇습니다. 우리는 행복을 원합니다. 그 깨끗한 행복은 몸과 마음을 알아차려서 바로 일곱 가지의 청정으로 얻게 됩니다. 다시 말씀드리자면, 알아차리면 계율이 청정해져서 마음이 청정하고, 견해가 청정해집니다. 이것이 행복입니다. 알아차리면, 모든 것은 원인이 있어 생긴 결과라고 알아서 의심에서 해방되는 청정에 이릅니다. 이것이 깨끗한 행복입니다.

수행 중에 나타나는 번뇌를 알아차려서 도와 도가 아닌 것을 구별하는 청정에 이르게 되면 이것이 행복입니다. 선정의 고요함과 위빠사나의 지혜를 얻어 도를 실천하는 청정에 이르면 이것이 행복입니다. 여러분, 마지막으로 도과에 이르는 통찰지혜의 청정에 이르러 열반을 성취하면 이것이 깨끗한 행복이며, 지고의 행복입니다.

누구나 잘못을 저지르고 삽니다. 그래서 누구나 참회를 해야 합니다. 참회를 하는 것이 행복을 얻는 길입니다. 참회는 잘못을 반성하는 선한 행위로 개선하려고 하는 노력입니다. 참회는 믿음과 양심을 가진 행위로 부끄러움을 알아서 관용과 자애를 갖는 것입니다. 참회한다고 해결되는 것은 아니지만 그렇다고 참회가 없이는 결코 깨달음의 길로 나아갈 수가 없습니다. 후회는 못 이룬 것을 아쉽게 여기고, 참회는 경험을 살려서 좋은 미래를 지향합니다.

여러분, 사실 우리는 행복을 원하면서도 불행을 향해 가고 있습니다. 감각적 욕망을 추구하면서 악한 의도를 가지고 살고 있습니다. 그래서 일상은 게으름에 빠져 있고, 들뜨고 의심에 가득 차 있습니다. 그래서 바로 우리들의 마음 안에 행복이 들어설 틈이 없는 것입니다. 이제 행복이 들어올 빈자리를 만듭시다.

인간의 조건(1)

우리가 왜 인간으로 태어났는가? 어떻게 인간으로 태어났는가에 대해서 말씀드리겠습니다. 우리는 어쨌든 태어났습니다. 그리고 늙어서 죽어야 합니다. 그러면 죽을 때 마지막 마음인 죽음의 마음이 일어났다가 사라지면서, 즉시 태어나는 마음인 재생연결식이 일어납니다.

죽는 마음이 사라지면 그 마음은 끝나지만 과보가 강한 힘과 빛으로 공기를 타고 새로운 마음에 전해집니다. 이때 과보는 인과응보, 원인과 결과를 말합니다. 죽을 때 마음이 사라지면 그 마음이 과보로, 강한 힘과 빛으로 공기를 타고 새로운 마음인 재생연결식으로 전해집니다. 처음에 생긴 재생연결식은 새로 일어난 마음이며, 매 순간 생멸하면서 일생 동안 몸을 떠나지 않습니다.

죽을 때 마지막 마음이 어떤 상태인가에 따라서 태어나는 세계와 그 생명의 수준이 결정됩니다. 깨달음을 얻기 전에는 누구나 무명인 상태로 죽으며, 무명인 상태에서는 나쁜 것을 좋아해서 나쁜 것을 선택하게 됩니다. 만약 죽을 때 마음이 무명인 상태로 개를 좋아한다면 다음 생에서 개의 몸과 마음으로 형성되게 됩니다. 그래서 평소에 수행을 한다는 것은 죽을 때 어떤 마음을 먹느냐 하는 것을 연습하는 것입니다.

처음에 태어날 때에는 선한 마음, 선하지 못한 마음, 과보의 마음, 원인 없이 단지 작용만 하는 마음만 갖습니다. 누구나 선한 마음과 선하지 못한 마음을 가졌지만 이 두 가지 마음으로는 모든 것이 결정되지 않습니다. 항상 과보의 마음이 기다리고 있다가 함께 작용합니다. 그래서 평소에 선심으로 선과보를 쌓아야 합니다. 현재의 마음이 선심일 때는 선과보와 만나게 되며, 선하지 못한 마음일 때는 선하지 못한 과보와 만납니다.

그러나 아라한은 원인이 없이 단지 작용만 하는 마음을 갖기 때문에 다시 태어나는 일이 없습니다. 그래서 우리가 수행을 한다는 것은 이러한 원인과 결과가 끊어진 아라한의 마음을 갖고자 하는 것입니다. 죽을 때 원인 없이 단지 작용만 하는 마음의 상태를 갖게 되면 그 순간 연기가 멈추고 다시 태어나는 마음이 일어나지 않습니다.

죽을 때 마음에 나라고 하는 자아가 없으며, 그래서 태어날 때 마음도 나라고 하는 자아가 없습니다. 마음은 있지마는 매 순간 일어나고 사라지는 생멸하는 마음만 있지 항상 하는 마음은 없습니다. 그리고 내가 소유하는 마음은 없습니다. 이것을 무아라고 합니다.

불교에서는 생명이 사는 세계를 31천으로 분류합니다. 이것을 크게 나누면 지옥, 축생, 아귀, 아수라, 인간, 색계, 무색계로 나누어서 우리는 이것을 육도 윤회한다고 말합니다. 이 중에서 천상의 세계인 색계, 무색계를 더 자세하게 분류하기 때문에 이것들을 모두 합하면 총 31개의 세계로 나뉩니다.

이렇게 많은 세계에 있는 생명들의 숫자는 우리가 상상할 수 없는 그러한 숫자입니다. 지구에 사는 곤충의 숫자만 해도 얼마나 엄청난 수이겠습니까? 바다에 있는 물고기까지 생각해 보면 그 수를 가히 짐작해 볼 수가 없습니다. 그중에 인간의 숫자는 매우 미미한 존재에 불과합니다. 그래서 경전에서는 인간으로 태어나기가 매우 어려운 것으로 말합니다. 인간으로 태어난 것은 특별한 선업의 공덕의 과보를 받은 것입니다. 헤아릴 수 없는 모든 생명의 숫자에서 60억에 불과한 인간으로 태어날 확률은 사막에서 바늘 찾기와 같은 것입니다. 경전에 이런 부처님 말씀이 있습니다.

"인도의 넓은 땅이 다 바다라고 했을 때 그 망망대해에 구멍이 뚫린 날판지가 하나 떠다닌다. 그런데 눈이 먼 거북이가 백 년에 한 번 거북이의 목을 물 밖으로 내밀 때 마침 넓은 바다에 떠다니는 널빤지의 구멍으로 목이 나오는 것과 같이 인간으로 태어나기가 어렵다."

우리가 어떻게 태어났는지를 알면 이 인생을 소홀하게 보내지 않을 것입니다. 정말 어떻게 태어난 소중한 기회입니까? 한번 인간으로 태어났다고 해서 다음 생에 인간이라는 보장은 없습니다. 그러므로 다음에 어디서 무엇이 되어 태어날지 알 수가 없습니다. 그래서 인간으로 태어난 것처럼 더 존귀한 것은 없습니다. 그러나 이렇게 어렵게 태어나서 축복받아야 할 인생도 그렇게 녹록하거나 만만치 않은 것입니다.

인간에게만 희로애락이 있는데 그것은 이유가 있습니다. 인간의 어려움은 오히려 현상을 타개하기 위해서 필요한 상황 반전의 호기라는 조건입니다. 생명계에는 인간만 노력에 의해서 삶의 질이 바뀔 수가 있습니다. 다른 생명의 세계에서는 이것이 결코 허용되지 않습니다. 모두 업대로 살아가며, 그 삶을 반전 시킬 수 있는 노력이나 수행이라는 것을 할 수가 없습니다.

저는 윤회를 믿었습니다. 그러나 인간으로 태어나기가 그토록 어렵다는 말에는 반신반의했었습니다. 제가 미얀마에서 수행을 할 때에 아침에 탁발을 나간 적이 있었습니다. 우연히 탁발을 지나가는 길에 엄청난 양의 개미들이 떼로 줄을 지어서 가는 것을 보았습니다. 문득 '아! 이 동네 개미 숫자만 해도 인간의 숫자와 맞먹겠구나!' 하는 생각을 하면서 인간으로 태어나기가 얼마나 어려운 것인지에 대해서 새삼 긍정했든 적이 있었습니다.

인간으로 태어난 의의는 무엇일까요? 지옥, 축생, 아귀, 아수라의 세계는 사악도의 세계라고 말하는데 자기가 지은 업의 수명으로 삶이 결정됩니다. 이 세계는 고통만 있는 세계입니다. 지옥은 잔인하거나 살생의 과보로 태어납니다. 아귀는 인색하거나 집착을 해서 태어납니다. 축생은 무지하거나 탐욕이 많아서 태어납니다. 아수라는 성냄이 많아서 태어납니다. 이 사악도는 고통만 있지 행복이 없습니다. 그래서 수행을 할 수가 없는 곳입니다.

그러나 인간은 오계를 지켜서 태어납니다. 그래서 인간만 수행을 해서 삶을 반전시킬 수가 있습니다. 그래서 부처님은 인간에게서만 나옵니다. 생명이 존재하는 세계에서 삶을 반전시킬 수 있는 것은 인간밖에 없다는 것을 우리는 주의 깊게 경청해야 합니다.

그래서 인간으로 태어났다는 것은 의식을 고양시켜 선하고 행복하게 살 수 있는 절호의 기회를 잡은 것입니다. 인간으로 태어난 것은 이러한 중대한 사명을 띠고 태어난 것이라고 알아야 합니다.

인간은 어떤 조건으로 형성되었을까요? 인간을 형성하는 것은 마음과 몸입니다. 먼저 마음이 욕망을 가지고 있기 때문에 다음 생에 몸이 만들어집니다. 그래서 생명이 사는 모든 세계를 욕계라고 합니다. 모두 생존의 욕망이 있어서 살기 때문입니다. 그러나 한 생이 끝나고 다음 생이 생길 때, 몸이라는 물질이 만들어질 때는 반드시 네 가지 요소에 의해서 몸이라는 것이 생깁니다.

몸을 구성하는 첫 번째 요소는 마음입니다. 먼저 마음이 있어야 합니다. 모든 것은 마음이 하기 때문입니다. 인간이나 다른 생명이나 같은 것은 모두 마음을 가지고 있다는 것이 같습니다. 다르다면 몸의 모양이 다르다는 것입니다. 이처럼 인간으로 태어난 것은 먼저 마음이 있어야 합니다.

두 번째 업이라고 하는 행위에 의해서 몸이 만들어집니다. 그러니까 마음이 있어서 몸이 만들어지고, 업이라는 행위에 있어서 몸이 만들어집니다. 선업은 선업의 과보를 받고, 악업은 악업의 과보를 받아서 그 과보에 따라 몸의 종류가 결정됩니다. 잔인하거나 살생을 한 과보면 지옥에 떨어지는 지옥의 몸을 받고, 인색하거나 집착을 하면 아귀의 몸을 받고, 무지하거나 탐욕이 있으면 축생의 몸을 받는 것이 바로 과보로 어떤 몸을 결정하게 되는 것입니다.

몸은 태어나는 세계에 따라 다른 형태로 나타납니다. 개와 사람이 같은 것은 마음이 있다는 것이고, 다른 것은 몸이 다르다는 것입니다. 그래서 사람의 몸으로 태어나도록 업이 작용하여 인간이란 몸을 받은 것입니다.

다음으로 세 번째는 열기입니다. 우리는 온도가 없으면 태어날 수가 없습니다.

그리고 네 번째는 자양분입니다. 몸은 자양분이라는 구성 요소를 가지고 있습니다. 이렇게 우리가 몸을 구성하는 인간의 조건은 첫째 마음, 둘째 업, 셋째 온도 열기, 넷째 자양분이라는 네 가지 요소에 의해서 몸이 만들어지는 것입니다. 그러나 몸을 이루게 하는 가장 중요한 역할은 마음입니다.

그런데 이 마음이 원래 하나이지만, 선심과 과보심, 무인작용심으로 구별되어 있다고 말씀을 드렸습니다. 그러면 선심은 무엇일까요? 첫 번째로 선심은 누구나 알고 있는 선한 마음입니다. 다음으로 불선심입니다. 여기서 인간은 선심과 불선심을 기본적으로 가지고 있다는 사실을 중요히 여겨야 합니다.

그리고 과보심은 어떤 원인과 결과라는 조건에 의해 내게 가해지는 선과보심과 불선과보심이 생기게 마련인 것을 말합니다. 이것을 업의 과보에 의해서 내게 주어지는 마음입니다. 다음으로, 앞서 말씀드린 원인과 결과가 없는 무인작용심입니다. 이것이 아라한의 마음입니다.

오늘 말씀드리고자 하는 것은 인간이 선심과 불선심을 가지고 있다는 사실입니다. 이것은 '지킬박사와 하이드'처럼 양면적인 인간의 모습이 있을 수밖에 없는 상황을 설명한 것입니다. 우리는 이 사실을 주목해야 합니다. 또 어쩔 수 없이 받아야 되는 원인과 결과에 의한 과보심도 있습니다. 내가 행한 것에 대한 잘잘못을 따라 그에 상응하는 마음이 뒤따르게 된다는 것이 바로 과보심입니다. 이런 것들은 피할 수가 없습니다.

인간으로 태어난 여러분이나 저나 모두가 마음속에는 이와 같이 선한 마음과 선하지 못한 마음이 있습니다. 그래서 우리에게는 악업을 지을 잠재적 요소가 항상 도사리고 있습니다. 이것은 조건에 의해 형성되는 것입니다. 탐심이 일어나고, 성냄이 일어나고, 무지가 작용하는 것은 나의 의지대로 되는 것이 아닙니다. 이미 그러한 성향을 가지고 있었다면 이것은 그렇게 되도록 되어 있는 것입니다. 그래서 이런 불선업을 제어할 수가 없습니다. 왜냐하면 우리는 업의 적용을 받고 있기 때문입니다.

그래서 인간에게 가장 중요한 것은 조건입니다. 조건이 모든 것을 만듭니다. 업이라는 것도 하나의 조건입니다. 한 인간이 고통 속에 처해 있다는 것은 이미 그렇게 되도록 조건이 형성되었기 때문입니다. 이것이 원인과 결과이고 조건 지어진 것이라고 말합니다. 여기서 선심과 불선심이 조건에 의해 나타나고, 또 하나 작용하는 것이 바로 과보심입니다. 이렇게 선한 마음과 선하지 못한 마음이 원인과 결과라는 조건에 의해서 여러 가지 일들이 일어나는데 다시 과보심이라는 것이 있어서 만들어 놓은 업의 적용을 받게 되어 있다는 것입니다. 그래서 우리가 우리의 의지대로 되지 않습니다.

내 마음이 있다고 하더라도 내가 이미 만들어 놓은 과거의 선과보와 불선의 과보가 끊임없이 기다리면서 나를 유혹하거나 획책합니다. 그러므로 우리가 오늘 이 자리에서 수행을 한다는 사실은 새로운 선과보를 만들어서 지금 이후에 행복을 찾을 수 있게 됩니다.

인간의 조건(2)

인간은 선심과 불선심을 함께 가지고 있으며, 여기에 과보심도 있습니다. 과보심에는 선과보심과 불선과보심이 있습니다. 이것들이 조건에 의해 결합되어서 말과 행위를 하게 합니다. 이때 과보심을 원인과 결과의 마음이라고 합니다.

과거에 잘못한 행위를 했으면 잘못한 행위는 그 순간에 일어나서 사라지고 없지만, 과보심은 남아서 조건이 성숙될 때마다 나타납니다. 그 과보심은 마음에 저장되어 있습니다. 또 과거에 선한 행위를 했으면 선한 행위는 그 순간에 일어나고 사라지고 없지만, 과보심은 남아서 조건이 성숙될 때 나타납니다.

우리가 현재 선한 마음을 먹고 싶은데도 잘 안 되는 것은 과거에 만들어 놓은 불선과 보심이 영향을 미치기 때문에 자기 마음대로 되지 않는 것입니다. 어느 의미에서는 우리는 업의 과보에 의해서 조정 받으며 살고 있습니다. 반대로 유혹에 빠져 나쁜 일을 하려고 하는데 그렇게 하지 못하는 것도 과거에 만들어 놓은 선과보심이 영향을 미치기 때문에 자기 마음대로 나쁜 짓을 할 수가 없는 것입니다.

보통의 경우에는 선심과 선과보는 함께 만납니다. 그래서 더욱 좋은 쪽으로 상황을 전개시킵니다. 그리고 불선심은 불선과보와 함께 만나서 더욱 나쁜 쪽으로 상황을 전개 시킵니다. 동류는 동류끼리 따르기 마련입니다. 그리고 같은 동류가 아니면 배척합니다. 그래서 우리가 수행을 해야 한다는 것입니다. 수행은 선심과 선과보를 일으켜 불선심과 불선과보가 들어오지 못하게 하기 때문입니다.

이렇게 수행을 계속하면 아라한과 부처님의 마음인 무인작용심을 얻게 됩니다. 무인작용심은 원인과 결과가 끊어지고, 단지 작용만 하는 마음이라고 누차 말씀을 드렸습니다. 이렇게 무인작용심이 될 때 모든 번뇌가 완전하게 불타버려서 해탈을 합니다. 그래서 다시 태어날 원인이 사라져 윤회가 끝나게 되는 것입니다.

여러분! 좋은 머리나 잘생긴 얼굴은 모두 선한 행위의 결과로 인한 것입니다. 이는 전생의 선과보로 생긴 것이지만, 그렇다고 이 과보가 영원한 것은 아닙니다. 지금 새로운 선업을 다시 쌓지 않으면 다음에 지금 누리던 것이 보장될 수가 없습니다. 돈이나 명예나 높은 지위를 얻는 것이 부당한 것이 아닙니다. 그것을 소유할 만한 선업이 있었기 때문에 가능한 것입니다. 그러나 새로운 선업을 쌓지 않으면, 그런 것들이 지금 이후에 다시 보장될 수 없는 것입니다.

어리석은 사람은 전생의 불선업의 과보를 받아서 태어난 사람입니다. 어리석은 사람은 살면서 축생처럼 살고 죽어서도 축생이 됩니다. 어리석으면 수행을 해서 지혜를 얻을 때만이 어리석음에서 벗어날 수가 있습니다. 지혜가 있는 사람은 전생의 수행을 한 결과로 태어난 사람입니다. 지혜가 있는 사람은 살면서 행복하고, 죽어서는 윤회를 끝냅니다. 최상의 지혜를 계발하기 위해서 우리는 수행을 해야 합니다.

이렇듯이 우리는 좋은 것이나 나쁜 것이나 모두 과보의 굴레로 이루어집니다. 먼저 윤회를 한다는 것은 세 가지 굴레가 있습니다. 탐욕과 성냄과 어리석음이라는 굴레가 있어서 이 굴레의 힘으로 돌아갑니다. 이것은 번뇌의 굴레라고 말합니다. 굴레는 또 다른 말로 회전이라는 뜻으로도 쓰입니다. 이것을 빨리어로는 '와따Vatta'라고 합니다. 이렇게 탐욕과 성냄과 어리석음이라는 번뇌의 굴레가 일어나서 선한 행위와 선하지 못한 행위의 굴레를 돌립니다. 그래서 이 행위의 굴레가 업의 굴레가 됩니다. 이 업의 굴레는 선한 과보와 선하지 못한 과보의 굴레로 만들어집니다.

그래서 처음 번뇌의 굴레가 업의 굴레를 돌리고, 업의 굴레가 과보의 굴레를 돌려서 다시 또 과보의 굴레로 태어나서 번뇌의 굴레를 돌리고, 번뇌의 굴레가 다시 행위를 해서 업의 굴레를 돌리고, 업을 한 행위의 결과인 과보가 생겨서 그 과보가 굴러가서 다시 또 번뇌를 일으키는 것을 우리는 윤회라고 합니다.

이렇듯 인간의 삶은 오랜 여정을 거치면서 생명이 지속되고 있는 하나의 과정입니다. 그래서 모든 삶은 한낱 과정에 불과합니다. 현재 살아가는 것은 전에 있었던 행위의 연속이고, 앞으로의 삶은 현재 삶의 연장선상에 있습니다. 지금 이생으로 모든 것이 끝나지 않는다는 인식이 있어야 차분하게 다음을 생각하게 됩니다.

모든 것은 과정입니다. 현재 하고 있는 일은 한순간에 지나가 버립니다. 어느 때나 과정의 연속이지 한번 만들어지고 행해진 것은 이미 사라지고 없는 것입니다. 진실한 것은 오직 현재밖에 없습니다. 그래서 현재 자신의 일에 대해서 좌절하거나 심각하게 고뇌할 것이 없습니다. 중요한 것은 삶이 과정임을 알아 현재에 충실하면 되는 것입니다.

과거나 다가올 미래에 대한 삶을 어떻게 할 것이냐 하는 생각도 필요하지 않습니다. 미래를 걱정한다고 해서 해결되지 않습니다. 그것은 오직 망상일 뿐입니다. 그러므로 과거에 대한 기억은 의미가 없습니다. 그것은 하나의 기억일 뿐이지, 실재하는 현상이 아닙니다. 우리에게 필요한 것은 오직 현재입니다.

이미 지나간 과거가 단지 기억 속에 존재하는 과거일 뿐입니다. 이런 기억은 고정관념에 불과합니다. 잘못된 과거를 기억하고 사는 것은 무지한 일입니다. 이러한 분석은 세간의 관념적 관점이 아니라 실재하는 과학적인 현상에 기인한 것입니다. 이것은 정신세계에서 내려진 진리입니다. 그러므로 자신이 이런 문제에 대하여 확신을 가져야 합니다.

우리가 어느 한순간에 잘못된 일을 했다고 해서 그것이 영원히 문제가 될 것은 없습니다. 인간의 사회 통념상 그것을 문제로 삼지 실제로는 이미 지나가 버린 기억에 불과한 것입니다. 그런데도 인간들은 어리석기 때문에 그런 사실을 기억하고 고뇌합니다. 이것은 무지하기 때문에 생기는 현상입니다.

'나는 이미 어떤 사람이다'라고 하는 고정관념은 잘못된 것입니다. 그런 '사람'은 결코 없습니다. 오직 매 순간의 조건만 있고, 또 그 조건은 새로운 조건으로 흘러가므로 단지 과정만 있을 뿐입니다. 조금 전의 마음과 지금의 마음은 다릅니다. 그리고 지금 이후의 마음은 또 다릅니다. 어느 게 내 마음입니까? 마음은 매 순간 일어나고 사라지는 현상으로 그 연속선상 위에 있을 뿐입니다. 거기에 나의 마음은 없습니다.

하지만 인간은 업의 적용을 받습니다. 업의 적용 범위는 매우 판단하기가 어려운 부분이 많습니다. 그러나 전체적으로 보면 우리가 이런 얼굴로 태어나고, 이렇게 사는 것이 모두 여러 가지 형태의 업의 적용을 받는 것만은 분명합니다. 업이란 자신이 한 행위를 말합니다. 자신이 선한 행위를 했으면 선한 과보를 받고, 불선의 행위를 했으면 불선의 과보를 받습니다. 이것은 실제로 업이 적용되는가 아닌가에 상관없이 상당히 공평한 이야기가 아니겠습니까? 이것은 실재하는 현상입니다.

다음에 원인과 결과에 대한 과보가 어떻게 적용되는지 알아보겠습니다. 여러 가지 행위를 했을 때 인간으로 태어나면 어떤 결과가 주어지는지 보겠습니다. 사람이 살생을 많이 했다면 인간으로 태어났을 때 그 과보로 수명이 짧습니다.

그러나 살아 있는 생명에 대해 자비롭고 동정적이면 그 과보로 장수를 합니다. 여기 서 살생의 과보를 강조하는 사상은 생명을 평등하게 보는 생명존중 사상입니다. 이것은 자연현상계의 질서를 가장 잘 따르는 인간만의 정신입니다. 살아 있는 모든 생명을 동등하게 여긴다는 것은 불교의 특성입니다. 사람이 생명을 해치는 습관이 있다면 그 과보로 병을 얻어서 고생을 합니다. 그러나 살아 있는 생명을 해치지 않고 돌보면 그 과보로 건강한 삶을 누립니다.

사람의 성질이 난폭하고 하찮은 말에도 짜증을 내고, 화를 잘 내고, 악의가 있으면 그 과보로 얼굴이 못생기게 태어납니다. 그러나 이와 반대로 성질이 온순하고, 말을 조심하며, 화를 잘 내지 않고, 남을 미워하지 않으면 그 과보로 얼굴이 아름답게 태어납니다.

사람이 질투심이 많고, 남의 존경을 받는 것과 명예를 시기하면, 그 과보로 사회적 지위를 얻을 수가 없습니다. 그러나 반대로 질투심이 없고, 다른 사람이 잘되는 것을 기꺼이 환영하고 성원해 준다면, 그 과보로 사회적인 지위를 얻습니다. 사람이 남을 도울 줄 모르고, 인색하고, 자기만 아는 탐욕이 있으면, 그 과보로 가난하게 태어납니다. 그러나 그 반대로 남을 돕고 인색하기보다 관용을 가지면 그 과보로 부자로 태어납니다.

사람이 고집이 세고, 거만하고, 존경할 만한 사람을 존경하지 않으면, 그 과보로 비천하게 태어납니다. 그러나 반대로 고집이 세지 않고, 거만하지 않으며, 남을 존경하면, 그 과보로 좋은 가문에서 태어납니다.

사람이 학문을 배우지 않고, 닦아야 할 것을 탐구하지 않으면, 그 과보로 어리석은 자로 태어납니다. 그러나 그 반대로 학문을 닦고, 덕망이 있는 사람과 교분을 두터이 한다면, 그 과보로 총명한 사람이 됩니다. 이상에서 보듯이 모든 것은 자기가 한 행위에 의해 그 결과가 주어집니다. 그래서 우리가 어떻게 살아가야 하는가를 알 수 있는 것입니다. 예를 들어서 음란한 행위를 했을 때는 그 과보로 다음 생에 거세를 당하거나 임신을 할 수가 없습니다. 부처님의 제자인 아난존자가 전생에 음란한 행위를 한 과보로 몇 생을 동물로 태어나서 거세를 당하는 고통을 겪기도 했습니다.

이런 사실이 주는 교훈은 과거는 이미 지나간 것이므로 의미가 없습니다. 현재 내가 어떻게 사느냐 하는 것이 지금 이후나 다음 생을 결정한다는 것입니다. 그래서 존귀한 인간으로 태어난 것에 대해서 그 가치를 부여하고, 이제 어떻게 하면 더 훌륭한 삶을 살 수 있는가에 대해서 우리가 고뇌해야 됩니다. 이것은 생각으로 그치는 것이 아니고 실행이 필요합니다.

이렇게 우리의 정신을 고양시키거나 퇴보시키거나 하는 것은 우리의 생각과 말과 행동으로 결정됩니다. 이것을 신구의 삼업이라고 말합니다. 현재에 좋은 조건을 가진 자가 인색하거나 잘못된 행동을 한다면, 지금 이후가 좋아지기를 기대할 수가 없을 것입니다. 뿐더러 다음 생에서 현재에 행한 과보를 받게 될 것입니다. 그러므로 저금은 하지 않고 오히려 해놓은 저금을 까먹으면 안 됩니다.

철학은 지식을 다루지만 수행을 지혜를 나게 합니다. 지혜는 안다는 것입니다. 알면 당하지 않고 잘못을 행하지 않습니다. 그러나 모르면 당하고 잘못을 행합니다. 행복하지 않고 불행을 자초하는 이 모든 것이 모르기 때문에 일어나는 일입니다. 그러나 인간이 인간을 단죄할 이유는 없습니다. 누구나 업의 과보를 받기 때문에 남의 업에 개입할 필요가 없습니다.

오직 자신의 문제에 대해서 노력해야 합니다. 남의 일은 그가 해결할 것이니 내가 상관할 것 없습니다. 나의 일은 내가 해결할 것이니 남이 상관할 것이 없습니다. 그러니 각자가 자신의 일을 자신이 알아서 해야 합니다. 일 중에서 가장 우선하는 것이 관용과 지계와 수행입니다. 오늘도 여러분과 함께했습니다.

부처의 조건(1)

오늘은 부처의 조건에 대해서 말씀드리겠습니다. 12연기법을 발견하신 분은 부처님이십니다. 부처님만이 연기를 발견하셨습니다. 그리고 부처님께서 연기를 발견하신 뒤에 오온을 발견하시고, 팔정도 위빠사나 수행을 통해서 깨달음을 얻으셨습니다. 오늘은 이런 부처님에 대해서 말씀드리겠습니다.

부처님은 BC 623년 5월 보름날, 네팔의 인도 국경지인 카필라 성 룸비니 동산에서 왕자로 태어나셨습니다. 아버지가 정반왕이었으며, 어머니가 바로 마야 부인이셨습니다. 그러나 부처님이 태어나신 지 7일 만에 사랑하는 어머니가 세상을 떠났습니다.

그러자 어머니의 동생인 마하파자삐띠 고따미가 다시 왕과 결혼해서 태자를 양자로 삼아서 유모인 난다가 태자를 보살폈습니다. 이때 뛰어난 왕자의 탄생이라는 이름으로 모두 크게 기뻐하였습니다. 어느 날 아시타 칼라세말라라는 선지자가 이 소식을 듣고 기뻐하면서 왕자를 보려고 왕궁을 방문하였습니다.

왕께서는 예기치 않은 방문에 크게 기뻐하시고 경의를 표하기 위해 왕자를 데려오게 하였습니다. 그런데 놀랍게도 왕자가 발을 움직여서 선지자의 헝클어진 머리 위로 올려 놓았습니다. 그 순간 선지자는 왕자가 장차 큰 인물이 될 것임을 예견하고 그 자리에서 일어나 합장하고 예를 표했습니다. 그러자 정반왕께서도 마찬가지로 왕자에 대해서 경의를 표했습니다.

그 위대한 선지자는 처음에는 기뻐하더니 곧 슬픔에 빠졌습니다. 옆에서 그 이유를 묻자 그는 이 왕자가 장차 완전히 깨달은 부처가 될 것이므로 기뻐서 웃는 것이고, 자신은 그전에 죽어서 무색계에 태어나기 때문에 부처님의 수승한 가르침을 배울 수가 없기 때문에 슬퍼하는 것이라고 말했습니다.

이렇게 태어난 왕자는 바라는 것이 충족되었다는 뜻의 '싯닷타'라는 이름이 지어졌습니다. 그리고 그 왕자의 성은 고따마였습니다. 그래서 고따마 싯닷타가 되었습니다.

고대 인도의 관습에 따라서 많은 박식한 바라문들이 작명의식을 위해서 왕궁에 초대되었습니다. 그들 가운데 여덟 명의 특출한 사람들이 있었습니다. 왕자의 특징을 조사한 후 그중 일곱은 두 개의 가능성을 나타내는 두 손가락을 들어 보이면서 전 세계를 지배하는 왕이 되거나 부처가 될 것이라고 말했습니다. 그러나 가장 젊고 지혜가 있어서 누구보다도 뛰어난 꼰다냐는 이마 위에 있는 머리카락이 오른쪽으로 돈 것을 가리키면서 한 손가락만 들고 이 왕자는 출가하여 부처가 될 것이라고 단호하게 선언하였습니다.

고따마 싯닷타 부처는 이렇게 태어났습니다. 원래 부처님은 태어나신 날이 음력 보름입니다. 그리고 깨달음을 얻은 날도 음력 보름입니다. 또 부처가 되셔서 반열반을 하신 날도 음력 보름입니다. 사실 저희가 알고 있는 탄신일과는 조금 다릅니다. 그리고 출생 연대도 상좌불교와 대승불교가 약간 차이가 있습니다. 또 부처님께서 전법을 펴신 햇수도 상좌불교에서는 45년으로 기록되어 있고, 대승에서는 48년으로 말합니다. 그러나 이런 연대나 날짜는 오늘 이 자리에서 크게 중요한 것은 아닙니다. 우리가 알고자 하는 것은 바로 부처의 탄생의 의미입니다.

진정한 의미에서 한 생명이 생겼다 사라지는 것의 기준을 어디에다 둘 수 있겠습니까? 생명은 호흡과 호흡 사이에 있습니다. 호흡이 끝나면 죽습니다. 그러므로 생명은 호흡과 호흡 사이에 있습니다. 그러나 마음은 호흡보다도 더 빨리 일어났다가 사라집니다. 그러므로 무엇도 변하지 않는 것이 없는데, 엄밀한 의미에서 한순간에 죽음과 탄생이 있다고 볼 수 있는 것입니다. 그래서 우리가 생일이다 무엇이다 하는 것은 큰 의미가 없지만, 그래도 무엇인가를 기억하고 기념하고, 그 뜻을 되새기기 위해서 생일을 정하는 것입니다.

오늘 제가 여러분들께 드리는 말씀은 부처님께서 직접 설하신 말씀을 기록한 빨리어 경전에 근거한 것입니다. 부처님은 인도의 마가다국의 방언이라고 알려진 빨리어를 사용하셨습니다. 당시 상류계급은 산스크리트어를 사용하였습니다. 빨리어는 서민들이 사용한 언어로 알려져 있습니다. 이 빨리어는 문자가 없어서 우리가 알고 있는 빨리어 경전은 비구들에 의해서 암송되다가 스리랑카에서 싱할리어로 기록된 패엽경에 의해서 지금 현재 우리들에게 전해지고 있는 것입니다.

빨리어로 붓다라고 하는 말은 '아는 자'라는 말입니다. 또는 깨달은 자라는 뜻입니다. 이 말을 한문으로 음사한 것이 불佛입니다. 그리고 우리말로는 부처님이라 합니다. 이외에 부처님의 호칭은 여래, 세존, 무상사 등등 모두 열 가지나 됩니다.

부처님에 대한 이야기는 빨리어 『쿳다까니까야』에 있는 『불종성경佛種性經』에서 모두 스물다섯 분이 계신 것으로 기록되어 있습니다. 물론 과거의 모든 부처가 스물네 분이시고, 마지막 고따마 싯닷타까지 포함해서 스물다섯 분이 됩니다. 그러나 경장의 『디가니까야』에서는 열여덟 분의 붓다 이외에 가장 가까운 시대에 태어난 일곱 분의 붓다에 관한 상세한 기록이 있습니다. 이 중에 가장 마지막 우리 시대에 출현하신 부처가 고따마 싯닷타 부처이십니다.

여기서 우리는 부처님의 종류에 대해서 한번 살펴보아야겠습니다. 이 말은 깨달음의 종류가 다르다는 것을 말씀드립니다. 부처님은 두 가지 종류의 부처가 계십니다. 그러나 더 크게 분류하면 붓다를 아라한이라고 하므로 깨달음의 차원에서 보면 세 가지로 분류할 수도 있습니다.

첫째, 부처님을 삼마삼붓다Sammā Sambuddha라고 합니다. 이 말은 정등각자正等覺者라는 말입니다. 앞서 밝힌 스물다섯 분의 부처가 모두 삼마삼붓다이십니다. 모두 정등각자이십니다. 이 말을 다른 말로는 아뇩다라 삼먁삼보리라고 합니다. 우리가 부처님이라고 하는 분들이 모두 여기에 포함됩니다.

216

삼마삼붓다라는 말은 모르는 것이 없는, 위없는 깨달음을 얻은 자를 말합니다. 그러므로 최고의 완성된 지혜를 가진 자를 말합니다. 또 스스로 깨달음을 얻은 자라는 뜻도 있습니다. 부처님은 어느 누구로부터도 가르침이 없이, 스스로 깨달음을 찾아서 얻은 실로 위대한 분이십니다.

그러나 부처님이 밝히신 법은 스스로 만들어낸 것이 아니고, 원래 있는 법을 찾아내신 것에 불과합니다. 그러므로 부처님이 말씀하신 법은 부처에 의해서 발견된 법이지, 부처가 직접 그 법을 만든 것은 아닙니다. 부처님이 6년 동안 고행을 하신 뒤에 이 고행이 필요한 것이 아니라고 생각하고 하시던 수행을 포기하셨습니다. 그리고 다른 수행방법으로 수행을 하신 것이 바로 사념처 위빠사나 수행입니다.

그래서 이 방법으로 깨달음을 얻고, 숙명통으로 전생을 보시니, 자신이 전생의 과보로 인하여 6년간 고행을 했다는 사실을 알았습니다. 부처 이전의 부처이신 전생의 깟사빠 부처 시절에 붓다에 대한 비난을 한 구업의 과보로 6년이라는 고행 기간이 필요했다는 것을 알았습니다. 그리고 역대의 부처들이 계신 것도 알았습니다. 그리고 이 부처들이 모두 하나같이 12연기와 팔정도 위빠사나 수행을 통해서 깨달음을 얻었다는 사실도 확인할 수가 있었습니다. 사실 저희 시대의 부처님만 6년간 고행을 하셨지, 다른 부처님은 3개월, 한 달 등등 매우 짧은 기간에 깨달음을 얻었습니다.

부처님이 깨달음을 얻고 그 법이 살아 있는 시대를 정법正法시대라고 말합니다. 이는 팔정도가 있는 시대를 말합니다. 이미 말씀드린 것처럼 팔정도는 계정혜 삼학을 의미합니다. 그러나 인류 역사가 거듭되는 동안 정법시대는 극히 짧은 한정된 순간에만 존재합니다. 정법 하나가 출현하기 위해서는, 다시 말하자면 부처가 출현하기 위해서는 많은 세월이 필요합니다.

그래서 인간들이 얻기 어려운 것이 세 가지가 있는데, 첫째는 부처의 정법이 존재하는 시대에 태어나기 어려운 것, 둘째는 태어나서 부처의 정법을 만나기가 어려운 것, 셋째는 부처의 정법을 펴는 스승을 만나는 것이 어려운 것이라고 말합니다.

부처의 정법이 있는 시기가 얼마나 짧은가는 뒤에 말씀드리겠습니다. 부처님은 인간만이 될 수가 있습니다. 생명이 사는 31천의 세계에서 수행을 할 수 있는 곳은 오직 인간계밖에 없습니다. 그 외에 아나함이 죽어서 천상의 정거천에 가서 수행을 하는 것을 제외하고는 오직 인간만이 자신의 업을 극복할 수가 있습니다. 이 말은 인간만이 수행을 통해서 삶의 질을 개선할 수 있다는 것이고, 지고의 행복인 열반을 얻을 수 있다는 것을 말합니다. 인간에게만 주어진 삶을 반전시킬 수 있는 힘과 기회가 주어진 것입니다. 그렇지 않은 생명은 모두 자기가 지은 업대로 살아야 하고, 천상에서는 자기가 사는 곳의 수명대로 살아야 합니다.

부처가 되기 위해서 도를 구하는 자를 보살이라고 말합니다. 이 말을 빨리어로는 '보디삿따bodhisatta'라고 말합니다. 보디bodhi는 지혜, 깨달음이고, 삿따satta는 구하는 자라는 말입니다. 그래서 보살은 도를 구하는 수행자라는 말로서 바라밀 공덕을 쌓는 사람을 말합니다. 이 보살은 바라밀 공덕을 쌓기 위해서 사마타 수행을 합니다. 그러나 위빠사나 수행을 하지는 않습니다. 정법이 없는 시대에는 사념처 위빠사나 수행을 알 수가 없어서, 하려고 해도 사실 할 수가 없습니다. 그러나 정법이 있는 시대라고 해도 위빠사나 수행은 하지 않습니다. 만약 위빠사나 수행을 해서 열반에 들면 수다원이 되어서 일곱 생 이내에 아라한이 되고 태어나지 않기 때문입니다.

그래서 오직 부처가 되기를 서원을 세우고 바라밀을 쌓으면서 인고의 세월을 삽니다. 고따마 붓다께서도 무수한 세월을 보살로 살아오다가 선업의 공덕이 가득 차 때가 도래하여 부처가 되신 것입니다. 부처는 생명이 사는 모든 세계에 최고의 바라밀 공덕을 쌓은 그 과보로 붓다로 출현하십니다.

보살의 의미는 부처가 되기 위해 공덕을 쌓는다는 것, 그 이상 아무 의미가 없습니다. 사실 우리가 지금 알고 있는 여러 종류의 많은 보살은 현재 부처를 말하는 보살과는 의미가 다릅니다. 보살은 단순히 구도자 입장에 있을 뿐이지, 어떤 특별한 능력을 가지고 있는 존재는 아닙니다.

오직 부처가 되기 위해서 바라밀을 쌓는 보살은 세 가지 종류가 있습니다. 첫째,

지성적인 보살입니다. 이 보살은 외적 대상에 대해서 숭배하지 않고, 지혜를 계발하기 위해 노력하는 보살입니다. 그래서 열심히 명상을 선호합니다. 둘째, 헌신적인 보살입니다. 이 보살은 믿음과 신앙심이 깊어서 신앙에 대한 확신이 강합니다. 그래서 불상을 경배합니다. 셋째, 활동적인 보살입니다. 이 보살은 언제나 남을 위해서 활동적으로 봉사합니다. 봉사를 해서 얻은 기쁨을 행복으로 알고 노력합니다. 또 남의 비난이나 칭찬에 개의하지 않고 열심히 남을 돕습니다. 보살은 이상의 유형과 이상의 일을 하는 것이 전부입니다. 많은 세월을 오직 부처가 되기를 서원을 세우고 묵묵히 삽니다.

그러나 보살의 길로 들어선 일에 부처에 이를 수 있는 가능성에 대해서 오늘 다시 한 번 생각할 필요가 있겠습니다. 보살은 부처가 되기 위한 삶을 사는 사람입니다. 우리가 오늘 이 시점에서 보살과 붓다의 의미를 다시 한 번 다음 시간에 되새겨 보아야겠습니다.

부처의 조건(2)

　오늘도 지난 시간에 이어 부처의 조건에 대해서 말씀드리겠습니다. 지난 시간에는 정등각자이신 삼마삼붓다에 대해서 말씀을 드렸습니다. 그리고 삼마삼붓다이신 정등각자는 지금까지 스물다섯 분이라는 사실도 말씀드렸습니다.

　오늘은 두 번째로 벽지불에 대해서 말씀드리겠습니다. 벽지불을 빨리어로는 빠제까붓다Pacceka Buddha라고 말합니다. 이를 독각獨覺 또는 연각緣覺이라고도 합니다. 빠제까붓다라고 하는 벽지불은 스승 없이 홀로 깨닫지만 위없는 깨달음의 지혜를 얻지 못하고, 오직 자신의 번뇌를 해결할 뿐이지, 세상에서 법을 펴지 못하는 부처입니다. 그래서 홀로 깨달았다고 해서 독각이라고도 하며, 연기법에 따라 깨달았다고 해서 연각이라고도 합니다. 벽지불은 부처님이 계신 시대에는 태어나지 않습니다. 또 부처님의 정법이 있는 시대에도 태어나지 않습니다. 우리에게 태양이 하나이듯이 부처님도 한 분이시고, 정법도 하나입니다.

　그래서 이런 법을 펴는 것도 쉽게 되는 것이 아닙니다. 모든 것이 합리적인 조건에 의해서 이루어집니다. 벽지불은 부처님과 똑같이 삼법인을 깨달았지만, 법을 선포하지 않는 것이 다릅니다. 그래서 세상에 나타나지 않고, 은자隱者로서 인류를 위해 기원해 주시는 분입니다. 그러므로 벽지불에 대해서는 알 수가 없습니다. 예를 들면, 정신과 물질이 있는 것은 압니다. 그러나 정등각자이신 고따마 싯닷타 부처께서는 정신과 물질이 오온으로 분류된다는 사실을 밝히셨습니다. 정신은 아는 마음이고, 다시 마음의 작용인 수상행이 있다는 사실은 정등각자가 아니면 밝힐 수가 없습니다. 그래서 위없는 깨달음을 얻었다는 사실은 한 인간의 정신과 물질에 관한 모든 것들을 다 아셨다는 의미입니다.

그러나 벽지불은 이렇게 구체적으로 위없는 깨달음을 얻지 못해서 법을 펴지 못하고 스스로 깨달음을 얻었지만, 그냥 세속에 알려져 있지 않은 상태로 열반을 하십니다. 그래서 지금까지 우리는 정등각자와 벽지불이 있다는 사실을 알았습니다.

세 번째는 아라한입니다. 이 아라한을 응공應供 또는 성문聲聞이라고도 말합니다. 여기서 응공이라는 말은 '공양을 받을 자격이 있는 자'라는 뜻이고, 성문은 스스로 깨달음을 얻지 못하고 스승에게 들어서 깨달음을 얻었다는 뜻입니다. 물론 부처님도 아라하따 arahatta라고 해서 아라한에 속합니다. 그러나 아라한은 부처에 속하지는 않습니다. 탐진치라는 불선업의 번뇌가 모두 불타서 해결된 것은 부처님이나 아라한이나 똑같습니다. 그러므로 번뇌가 불타버려서 윤회가 끝나는 것도 같습니다. 하지만 부처는 아라한과 달리 모르는 것이 없이 위없는 깨달음을 얻었지만, 아라한은 위없는 깨달음을 얻지 못하고 자신의 번뇌 탐진치만 해결하는 성자이십니다.

부처는 전지全知 전선全善합니다. 그러나 전능全能하지는 않습니다. 아라한은 전선하기만 하지 전지하지는 못합니다. 그래서 번뇌를 해결한 것은 부처나 빠쩨까 붓다나 아라한이나 똑같지만 깨달음의 종류가 다릅니다. 아라한은 부처님이 선포하신 법에 의해 깨달음을 얻습니다. 그렇기 때문에 위없는 깨달음을 얻지 못합니다. 그래서 아라한은 부처님이 펴신 법에 의해서 수행을 합니다. 그래서 성문이라고 하고 또는 공양받을 자격이 있는 분이라고 합니다.

공양 받을 자격이라는 말은 이미 번뇌가 불탄 분이기 때문에 가장 최고의 공양의 효과가 있다는 것을 말합니다. 부처님의 제자로서 부처님의 법에 의해서 깨달음을 얻은 사리불이나 목련존자 등이 모두 아라한으로 여기에 해당됩니다.

이분들은 아무리 지혜가 수승해도 듣지 않으면 사념처 위빠사나 수행방법을 모르기 때문에 깨달음을 얻을 수가 없습니다. 그리고 12연기를 모르기 때문에 깨달음을 얻을 수가 없습니다. 그래서 단 한마디라도 부처님의 법에 관해서 들어야 비로소 깨달음을 얻습니다. 부처님께서 깨달음을 얻고 제일 먼저 법을 편 『초전법륜경』을 우리가 예로 들어볼 때 그분들도 부처님의 말씀에 의해서 아라한이 되신 분들입니다. 아라한이 되는 과정은 수다원, 사다함, 아나함이라는 지혜의 단계를 거쳐서 마지막으로 아라한이 됩니다.

수다원이 된 과정은 수다원의 도道와 과果로 구별됩니다. 다시 사다함의 도와 과와, 아나함의 도와 과 그리고 아라한의 도와 과라는 단계를 거쳐서 완성됩니다. 여기서 도는 지향하는 것이고, 과는 열매라는 뜻으로 결과를 말합니다. 또 도는 들어가는 것을 의미하며, 과는 나오는 것이라고 설명할 수도 있습니다. 열반에는 이렇게 도와 과가 있습니다.

수다원, 사다함, 아나함, 아라한의 네 가지 성위聖位가 있다는 것은 모두 부처님에 의해 발견된 것이지, 부처님이 만들어 놓은 과정은 아닙니다. 원래 깨달음을 얻기 위해서는 이런 불가피한 과정이 있어야 한다는 것입니다. 이것은 우리 인간이 성자가 되는 과정에서 하나의 질서라고 표현하는 것이 옳을 것입니다. 사실 이런 경우를 곰곰이 생각해 보면, 이 세상은 어떤 질서라는 틀이 존재한다는 것을 부인할 수 없습니다.

수다원이 된다는 것은 일단 열반을 경험한 것으로 빨리어로는 '아리아ariya'라고 부릅니다. 이 아리아를 성자라고 말합니다. 그래서 네 종류의 성자가 각기 도와 과를 얻은 것을 사쌍팔배라고 말합니다. 이처럼 아라한이 되는 이 네 단계의 성자는 부처님이 정하신 것이 아니고, 인간이 깨달음으로 가는 정신적인 성숙 단계로 가는 불가피한 코스에 해당됩니다. 이는 우리의 오랜 무지를 깨는 것이 얼마나 어려운 것인가를 단적으로 증명하는 것이기도 합니다.

여러분! 깨달음은 단 한순간에 이루어지지만 그 과정은 바라밀을 쌓는 무수한 세월의 결정체입니다. 또 수도 헤아리기 어려운 작은 깨달음을 통해서 더 큰 깨달음으로 나아갑니다. 만약 누군가가 쉽게 깨달았다면 이미 오랜 동안 바라밀을 쌓고 수행을 해서 열매가 무르익은 결과일 것입니다. 지혜가 성숙된다는 것은 그냥 우연히 이루어지는 일이 결코 아닙니다. 그러므로 오늘 이 자리에서부터 쉬지 않고 선업을 쌓는 수행을 해야 합니다.

한마디로 요약한다면 부처가 되기란 참으로 어렵습니다. 부처는 살아 있는 생명 중에서 인간에게서만 나옵니다. 그러나 인류의 역사는 그 시작을 알 수가 없고, 얼마나 많은 세월 동안 얼마나 많은 사람이 태어났는지 상상도 할 수가 없는데, 이 기간 동안에 부처는 겨우 스물다섯 분에 불과하셨습니다. 인간으로 태어나기도 어려운데 하물며 부처가 되기가 얼마나 어려운가는 상상 이상의 것입니다. 그래서 부처님이 출현하여 그렇게 되기 어려운 부처가 되려 하지 말고, 자신과 똑같은 아라한이 되어서 번뇌를 해결하라고 부처님께서 45년 동안 법을 펴신 겁니다.

그러나 부처님의 정법이 있어도 나는 아라한이 되지 않고 부처가 되어야겠다고 서원을 세우는 것은 개인의 자유입니다. 지금 여러분이 부처가 되시기를 서원을 세운다면 바라밀 공덕을 쌓으십시오 그러면 그 공덕의 과보로 언젠가 부처가 되실 수가 있습니다. 그러나 그 길은 멀고 너무 험합니다. 그래서 부처와 똑같은 아라한이 되어서 윤회를 끝내라고 부처님께서는 법을 펴셨습니다.

31천에 있는 살아 있는 생명들의 수요가 가히 상상할 수도 없는 것인데, 인간은 많아야 고작 60억밖에 안 됩니다. 이렇게 수많은 생명 중에서 인간이 될 확률은 기적에 가깝다고 해야 할 것입니다. 그래서 인간으로 태어난 것을 소홀히 해서는 안 됩니다. 언제 다시 인간으로 태어날지 알 수가 없습니다. 태어났을 때에도 선업을 쌓아 출세간 으로 가야 하며, 적어도 다시 인간으로 태어날 수 있도록 노력해야 합니다.

부처와 벽지불과 아라한이 되는 조건에는 첫째로 본인이 서원을 세울 때 무엇을 세웠는가에 따라서 다릅니다. 이런 일은 서원이 없으면 이루어지지 않습니다. 그리고 이것을 뒷받침하는 것이 선업의 공덕입니다. 바라밀 공덕을 행해야 그 과보로 이루어지는 것입니다. 그래서 무엇이 되기를 원한다면 제일 먼저 서원을 세워야 되고, 다음으로 바라밀 공덕을 쌓고, 그에 따른 합당한 수행을 해야 비로소 이루어집니다.

부처가 되었다는 것은 오랜 역사를 통하여 최고의 바라밀을 쌓은 과보로 출현합니다. 부처가 되려는 사람은 많아도 그중에 가장 수승한 공덕을 쌓은 구도자가 오직 그 과보에 의해서 부처로 조건 지어지는 것입니다.

다음은 경전에 기록된 일곱 분의 부처에 대해서 말씀드리겠습니다. 이 일곱 분 중 네 분은 현겁에 태어나셨습니다. 그래서 지금을 행운의 겁이라고 합니다. 부처의 출현은 겁과 겁 사이의, 수도 헤아릴 수 없는, 수많은 세월 만에 출현하시는데, 저희가 알고 있는 이 행운의 겁에서는 현재까지 네 분의 부처가 출현했다고 기록되어 있습니다. 부처님께서는 제자들에게 이렇게 설하셨습니다.

"여래는 신통하고, 위력이 넓고 커서, 전생의 무수한 겁 동안의 일을 모조리 알고 있다. 이것은 법의 본성을 잘 이해하기 때문에 아는 것이기도 하고, 천인들이 와서 말해 주기 때문에 아는 것이기도 하다."

여기서 우리는 재미있는 것을 알 수가 있습니다. 부처님께서는 위없는 깨달음을 얻어서 모르시는 것이 없습니다. 그러나 까마득히 오랜 세월의 문제는 색계나 무색계에 있는 천인들이 와서 말해 주기 때문에 알 수 있다고 말하시는 겁니다. 부처님께서 과거의 것들을 모두 아시는 것이 자신의 힘으로도 알뿐더러 천인들이 말해 준다는 사실이 매우 흥미롭습니다.

부처님께서 말씀하신 가장 가까운 과거의 일곱 분의 부처들의 이름은 다음과 같습니다. 첫 번째 부처는 위빠시Vipassī 부처이십니다. 두 번째 부처는 시키Sikhī 부처이십니다. 세 번째 부처는 웻사부Vessabhū 부처님이십니다. 네 번째 부처는 까꾸산다Kakusandha 부처이십니다. 다섯 번째는 꼬나가마나Koṇāgamana 부처이십니다. 여섯 번째는 깟사빠Kassapa 부처이십니다. 일곱 번째로 바로 우리 시대에 출현하신 고따마Gautama 부처이십니다.

고따마 붓다라고 할 때 고따마는 석가족에 남자의 성을 말합니다. 그리고 석가족의 여자의 성은 고따미라고 말합니다. 겁과 겁을 통해서 출현하시는 부처가 우리 행운의 겁에는 네 분이나 출현했다는 것은 매우 상징적인 의미를 가지고 있습니다.

여기서 겁은 산스크리트어로 '깝빠kappa'를 한문으로 소리 나는 대로 음사한 것입니다. 겁은 무한한 시간을 뜻합니다. 이 무한한 시간을 반석 겁, 겨자 겁으로 비유하기도 합니다. 즉, 가로 세로 높이가 약 10킬로미터인 돌산 위를 어떤 사람이 백 년에 한 번씩

긴 옷자락을 입고 지나갈 때 그 스치는 옷자락에 돌산이 다 닳아서 없어진다고 말하는 것을 1겁이라고 합니다. 이렇게 까마득한 세월에 부처가 출현하십니다. 또 가로 세로 높이가 1유순인 성 안에 가득 찬 겨자씨를 어떤 사람이 백 년에 한 알씩 집어내어 그 겨자씨가 다 없어진다고 해도 1겁이 끝나지 않는다고 말하는 기간입니다.

과거의 칠불 중에서 첫 번째 붓다이신 위빠시 부처는 과거 91겁 전에 세상에 출현하셨고, 시키 부처는 31겁 전에 출현하셨고, 그다음으로 31겁 중에 웻사부 부처가 출현하시고, 다음으로 현겁에서 까꾸산다 붓다, 꼬나가마나 붓다, 깟사빠 붓다 그리고 고따마 붓다가 출현하셨습니다. 이렇게 부처는 출현하기가 어렵습니다.

부처의 조건(3)

지난 시간에는 말씀드린 과거칠불七佛에 대해서 좀 더 말씀드리겠습니다. 칠불 중 첫 번째이신 위빠시 붓다시대의 사람의 수명은 팔만사천 살이었습니다. 그리고 시키 붓다 시대의 사람의 수명은 칠만 살이었습니다. 그리고 웻사부 붓다의 시대의 사람의 수명은 육만 살이었습니다. 그리고 까꾸산다 붓다 시대의 사람의 수명은 사만 살이었습니다. 꼬나가마나 붓다 시대의 사람의 수명은 삼만 살이었습니다. 그리고 깟사빠 붓다 시대의 사람의 수명은 이만 살이었습니다. 그리고 우리 시대에 태어나셨던 고따마 붓다 시대의 사람의 수명은 백 살을 넘기지 못합니다.

이렇듯 이 겁의 시대는 우리가 상상할 수 없는 세계입니다. 사람의 수명이라는 것이 이렇게 길 때도 있고, 짧을 수도 있습니다. 인간의 수명이 서른 살이 될 때는 부처가 출현하지 않는다고 경전에 기록되어 있습니다. 그 이유는 수명이 너무 낮으면 무상을 느끼기에 부족한 시대라고 합니다. 사실 이런 것 하나를 보더라도 우리의 삶의 역정이 얼마나 긴 것인가를 알 수가 있습니다.

여기서 얻어야 할 교훈은 지금 우리의 인생이 매우 짧다는 것이며, 생명은 쉬지 않고 윤회한다는 것입니다. 그래서 현재 고통과 슬픔이 있더라도 그것은 짧은 한순간에도 미치지 못하는 것이라는 시간 개념을 가져야 하겠습니다. 이것이 바로 무상을 아는 것입니다. 또 모든 붓다는 그 시대 사람의 수명의 3분의 2정도밖에 살지 못합니다. 고따마 붓다께서도 평균 100세 수명에 80세를 사셨습니다. 고따마 붓다께서는 살아 계실 적에 내가 더 살 수 있지만 그렇게 하지 않는다고 말씀하셨습니다.

다음에는 위빠시 붓다와 시키 붓다, 웻사부 붓다는 무사계급으로 출생하였습니다. 그리고 까꾸산다 붓다, 꼬나가마나 붓다, 깟사빠 붓다는 브라만 계급에서 출생하였습니다. 그리고 고따마 붓다의 신분은 무사계급인 왕족으로 출생하였습니다. 이상의 붓다들이 모두 브라만이나 무사계급인 왕족으로 태어났으며, 낮은 계급이나 천민의 계급으로 태어나지는 않았습니다. 이것이 갖는 의미는 매우 큽니다. 이것은 보살들이 그만큼 큰 공덕을 쌓아 현세에 붓다로 태어나기 때문입니다. 불교의 교리로 보면 죽을 때의 마음이 다음 생을 결정합니다. 또 선업은 선업의 과보를 받고, 불선업은 불선업의 과보를 받기 때문에 선업을 쌓은 보살이 붓다로 태어날 때, 최상의 과보를 받기 때문에 신분은 당연히 최고의 신분으로 태어나는 것이 정상입니다.

또 하나 공통적인 것이 있습니다. 모든 붓다는 나무 밑에서 깨달음을 이룹니다. 위빠시 붓다는 빠딸리나무 밑에서 깨달음을 이루셨고, 시키 붓다는 뿐다리까나무 밑에서 깨달음을 얻으셨습니다. 그리고 웻사부 붓다는 살라나무 밑에서 깨달음을 얻으셨습니다. 그리고 까꾸산다 붓다는 시리사나무 밑에서 깨달음을 얻으셨습니다. 그리고 꼬나가마나 붓다는 우둠바라나무 밑에서 깨달음을 얻으셨습니다. 깟사빠 붓다는 니그로다나무 밑에서 깨달음을 얻으셨습니다. 그리고 우리의 고따마 붓다는 앗삿타나무 아래서 가장 바른 깨달음을 이룩하셨습니다. 이상 역대의 부처들은 모두 나무 밑에서 깨달음을 얻었다는 특징이 있음을 알 수가 있습니다.

또 있습니다. 모든 부처님은 많은 제자 중에서 뛰어난 두 상수제자를 둡니다. 위빠시 부처에게도 두 제자가 있었는데 띳사와 칸다였습니다. 시키 붓다의 제자는 아비부와 삼바와였습니다. 웻사부 붓다의 제자는 소나와 웃따라였습니다. 까꾸산다 붓다의 제자는 위두라와 산지와였습니다. 꼬나가마나 붓다의 제자는 비요사와 웃따라였습니다. 깟사빠 붓다의 제자는 띳사와 바라드와자였습니다. 고따마 붓다의 두 제자는 사리뿟따와 목갈라나였습니다. 고따마 붓다께서는 사리뿟따와 목갈라나가 처음에 찾아왔을 때 이미 전생에 업으로 만나도록 되어 있는 것을 아시고 "어서 오너라! 기다리고 있었다"라고 말씀하시면서 반기셨습니다.

위빠시 붓다의 시자 이름은 아소까입니다. 시키 붓다의 시자는 케망까라입니다. 웻사부 붓다의 시자는 우빠산나까라입니다. 까꾸산다 붓다의 시자는 붓디자입니다. 꼬나가마나 붓다의 시자는 솟티자이고, 깟사빠 붓다의 시자는 삽바밋따이고, 고따마 붓다의 시자는 아난다입니다. 모든 부처가 시자를 가졌다는 특징도 있지만, 또 한 가지 시자들이 천재적인 기억력을 소유한 사람이 시자로 책봉됩니다.

부처님은 45년간 전법을 펴십니다. 아난의 경우는 25년 동안 부처님을 시봉했는데, 시봉하지 못한 20년 동안의 법문을 다시 듣고 모두 기억하는 과정을 거칩니다. 모두 이러한 기억에 의해 경전이 만들어진 것입니다. 그래서 '나는 이렇게 들었다'는 경장의 첫마디는 모두 아난존자가 외워서 구술한 것입니다. 이렇게 구술된 것을 다시 비구들이 합송으로 외워서 지금 우리 세대까지 전해진 것입니다. 현재 미얀마에서 보름에 한 번씩 열리는 포살布薩에서는 초기불교 당시의 경전을 외우는 의식 그대로, 쪼그리고 앉아서 경전을 외웁니다.

다음에 또 다른 특징들이 있습니다. 모든 부처들은 아들을 두었습니다. 그렇다고 본다면 반드시 결혼을 했다는 의미입니다. 결혼을 하지 않으면 부처로 출현하지 못합니다. 왜냐하면 결혼을 해서 인생의 고를 경험해야 하기 때문입니다. 위빠시 붓다의 아들의 이름은 방웅입니다. 시키 붓다의 아들은 무량이고, 웻사부 붓다의 아들은 묘각이고, 까꾸산다 붓다의 아들은 상승이고, 꼬나가마나의 아들은 도사이고, 깟사빠 붓다의 아들은 집권이고, 고따마 붓다의 아들 이름은 라훌라입니다. 우리가 라훌라를 말할 때는 '장애가 생겼구나!'라 하는데, 장애라는 의미로 고따마 붓다가 붙여준 이름입니다.

이처럼 붓다가 되는 과정에서 모두 결혼을 하고 아들을 두었다는 것이 흥미롭습니다. 이는 무상과 고통이라고 말하는 불만족을 알기 위해서 하나의 필요한 과정입니다. 결혼을 해서 인생의 희로애락을 경험한 뒤에 붓다가 되는 것입니다.

다음으로 『디가니까야』의 『대전기경』에 위빠시 부처의 출생에 관한 여러 가지 예를 들어보겠습니다. 지금 말씀드리는 것은 고따마 싯닷타 부처님께서 하신 말씀입니다.

"위빠시 보살이 도솔천에서 내려와 어머니의 오른쪽 옆구리로 들어갔는데 바른 알아차림이 어지럽히지 않았다. 그때 땅이 진동하고 큰 빛을 뿌려 널리 세계를 비치니 해와 달이 미치지 못하는 곳까지 모두 환하게 되어 어둠 속에 있던 중생들이 서로 마주 보게 되었고, 자기네가 사는 세상을 알게 되었다. 그때 이 광명은 악마의 궁전까지 비쳤고, 제석천을 비롯한 천신들과 범천, 사문, 바라문, 기타 중생들이 널리 큰 광명을 받았으며, 하늘의 광명은 저절로 빛을 잃었다."

이것은 위빠시 보살이 입태를 할 때의 광경입니다.

다음은 태어날 때의 광경을 보시겠습니다. 이것도 역시 고따마 붓다께서 비구들에게 설법하신 내용입니다.

"위빠시 보살은 태어날 때 오른쪽 옆구리로 나왔는데, 오로지 한 생각으로 마음이 어지럽지 않았다. 오른쪽 옆구리로 나와서 땅에 떨어지자 부축하는 사람 없이 일곱 걸음을 걷고 나서 사방을 둘러보고 손을 들어 '천상천하에 나만이 높다. 중생들을 나고 늙고 앓고 죽는 데서 건져주리라'라고 말했다. 이것이 바로 정상적인 법이다."

여러분! 여기서 우리가 특이한 것을 알 수 있습니다. 위빠시 보살이 오른쪽 옆구리로 나왔다는 사실입니다. 이것이 실제로 가능했을까요? 우리가 이것을 알아야 되겠습니다. 인도에는 네 계급의 출생이 있습니다. 여기서 브라만 계급은 이마로 왕족 또는 무사계급은 크샤트리아라고 해서 옆구리로 낳습니다. 그리고 바이샤계급은 무릎으로 낳고, 수드라 계급은 발바닥으로 낳는다는 신분에 따른 상징적인 표현을 말한 것입니다.

또한 우리가 알고 있는 천상천하 유아독존이라는 말도 단지 천상천하 유아독존이라는 이 한 문장에 그치지 않습니다. 바로 이 말은 천상천하에서 가장 뛰어난 법으로 중생들의 고통인 생로병사를 끊어주겠다는 그런 의미가 포함된 것입니다. 위대한 부처님이 태어나서 내가 잘났다고 그렇게 말씀하셨겠습니까? 아닙니다. 이미 부처는 내가 없는 무아를 설하시는 분입니다. 그래서 부처는 이 세상에 내가 없다는 무아를 설하러 오셨기 때문에, 무아를 통하여 깨달음을 얻으라는 말씀을 하시려고 출현하셨기 때문에, 자기 자신이 최고라는 의미로 결코 말하지 않았습니다.

부처님께서 설하신 무아를 알아서 무엇을 할까요? 바로 무아이기 때문에 집착이 끊어지는 것입니다. 완전한 무아를 느끼지 않고서는 집착이 완전히 끊어지지 않습니다. 이렇게 집착이 끊어졌다는 것은 깨달음에 이른 자연적 결과를 말합니다. 그러므로 삼법인을 깨닫고 그 결과로 집착이 끊어져서 자연스럽게 열반에 이르게 됩니다. 삼법인 중에서 무상은 다른 사람도 말할 수 있을 것입니다.

철학적인 내용이지만 원래 삶이 불만족이며 고통이라는 것과 나는 없다는 무아는 오직 부처님만이 설할 수 있는 위대한 법입니다. 그런데 부처님께서 설하신 무상도 누구도 알지 못하는 것이었습니다. 왜냐하면 어떤 절대적인 존재, 초월적 존재가 항상 거기에 있다고 알고 있었던 시대였습니다. 지금도 마찬가지입니다. 그래서 사실은 무상, 고, 무아는 존재하는 것들의 일반적 특성이지만 부처가 찾아내신 위대한 진리인 것입니다. 그래서 열반은 오직 붓다에 의해서 설해지고, 우리는 그 방법을 배울 수가 있습니다.

인류 역사에 어느 성자도 무상, 고, 무아를 말하지는 않습니다. 그러기 때문에 인류 역사에 어느 성자도 열반을 말하지는 못했습니다. 무상, 고, 무아를 알아야 집착이 끊어져서 열반에 이르기 때문입니다. 열반은 윤회가 끝나는 것을 말합니다. 그러므로 윤회계에서 탈출할 수 있는 유일한 길은 부처의 가르침밖에 없습니다. 그렇지 않다면 끊임없는 세월을 나고 죽고, 나고 죽고 하는 고통을 거듭해야 됩니다.

이외에도 위빠시 보살이 태자로 태어났을 때, 전륜성왕과 같은 32상호를 갖는 것이며, 어느 날 밖에 나가 차례로 늙은이를 보고, 앓는 환자를 보고, 죽은 사람을 보고 괴로워합니다. 그러던 어느 날 길을 가는 사문을 보고 나서 출가를 결심합니다. 그리고 수행을 하면서 괴로움의 원인에 대해 새겨 볼 때 지혜가 생기고, 안목이 생기고, 깨달음이 생기고, 통달이 생기고, 슬기가 생기고, 증험이 생겼습니다. 보살은 거꾸로 또는 바로 가는 12연기의 인연을 알아차리고, 마침내 더없는 깨달음을 얻으셨습니다.

위빠시 붓다가 처음에 깨달음을 얻었을 때는 몸과 마음을 알아차리는 두 가지 관법을 닦았습니다. 하나는 안정을 얻는 관법으로 아는 관인데, 이것은 사마타 수행을 말합니다. 다른 하나는 관법으로 출리관인데, 이것은 지혜가 나는 위빠사나 수행을 통해서 번뇌, 괴로움에서 벗어나는 것을 말합니다.

　이상 위빠시 붓다의 경우와 같이 다른 붓다의 경우도 매우 유사한 것이 많습니다. 이들 붓다는 하나같이 동일한 과정을 거쳐 깨달음을 얻었다는 것이 사실입니다. 환경이나 수행방법이나 깨달음을 얻는 지혜가 모두 같은 것들입니다. 붓다마다 다른 것을 얻은 것이 아니기 때문에 우리 시대의 고따마 붓다께서 하신 말씀이 더욱 완벽한 그리고 하나밖에 없는 진리임을 우리가 오늘 다시 한 번 새겨 봐야 되겠습니다.

부처의 조건(4)

오늘 부처의 조건에 대해서 마지막으로 말씀드리겠습니다. 지난 시간까지 과거칠불에 대해서 간단하게 정리해 보았습니다. 이외에도 많은 이야기가 있지만 너무 많아서 생략합니다. 이러한 사실이 주는 교훈은 부처가 되는 길은 참으로 상상을 뛰어넘는 오랜 세월 동안 오직 보살로서 바라밀을 쌓은 결과로 얻어진다는 것입니다. 이는 결코 우연히 되는 것이 아니며, 또 진리는 이미 정해진 것 이상 다른 특별한 법이 없다는 사실입니다.

이와 같은 사실을 비추어 볼 때 사람이 누구나 부처가 될 수는 있습니다. 이것을 불성佛性이라고 합니다. 불성은 부처가 될 수 있는 성품입니다. 그러나 이것은 살아 있는 생명이 어느 때인가 부처가 될 가능성을 말하는 것입니다. 그러나 생명이 아닌 것에는 해당되지 않습니다. 육도 윤회하는 생명이 아닌 것과 불성은 상관이 없습니다.

불성의 정확한 뜻은 부처의 마음입니다. 부처의 마음은 우리들 안에 내재되어 있는 무인작용심無因作用心을 말합니다. 이것은 원인과 결과가 끊어진, 갈애가 끊어진 마음입니다. 그래서 받을 것이 없어 태어나지 않는 마음입니다. 이것을 일러 불성이라고 하는 것입니다. 그래서 불성은 특별한 의미가 없습니다. 바로 원인과 결과가 끊어진 마음을 불성이라고 합니다.

우리는 누구나 부처가 될 수가 있습니다. 그러나 부처가 될 수 있다고 해서 누구나 부처가 되는 것은 아닙니다. 부처가 되고 싶다고 해서 부처가 된다는 것은 참으로 상상을 초월한 희귀한 것이라고 알아야 합니다. 이것을 확률의 문제로 보더라도 우리의 헤아림을 뛰어넘는 것입니다.

고따마 붓다의 경우를 예로 들어보겠습니다. 고따마 부처님께서 보살이셨을 때 부처가 되겠다고 생각한 기간이 9띤체이라고 합니다. 그러니까 말을 하지 않고 오직 생각으로만 부처가 되어야겠다고 생각한 기간이 9띤체이입니다. 여기서 띤체이란 말은 10의 140승을 말합니다. 그러니까 1하고 동그라미가 140개 있는 것을 말합니다. 이 띤체이를 영어로는 에이언이라고 합니다. 이것은 동그라미 하나가 한 생애가 아니고 사람이 사는 이 지구가 생겼다 없어지고 다시 새로 생기는, 성주괴공 하는 시간을 말하는 것입니다.

그러니 우리는 상상을 초월하는 시간 속에서 살고 있습니다. 여기서 잠시 불교가 말하는 시간을 알아보겠습니다. 항하사는 10의 52승, 아승지는 10의 56승, 나유타는 10의 60승, 불가사의는 10의 64승, 무량대수는 10의 68승, 방금 말씀드린 띤체이는 10의 140승입니다.

고따마 보살은 이렇게 오랜 세월이 지난 뒤에도 아직도 부처가 되겠다는 서원을 잊지 않고 있었습니다. 그리고 바라밀을 행하지 않고 이제는 말로만 부처가 되겠다고 한 것이 7띤체이가 됩니다. 그러니까 처음에 부처가 되겠다고 생각만 한 것이 9띤체이고, 이제는 부처가 되어야겠다고 말로 한 것이 7띤체이입니다. 다시 이 시기가 지난 뒤에 바라밀을 행하면서 부처가 되겠다고 생각과 말과 행동을 한 것이 4띤체이하고 10만 성주괴공입니다. 4띤체이에다가 또다시 10만 번 우주가 생겼다 없어지는 과정을 말합니다.

고따마 보살이 부처가 되기 위해서 서원을 세운 것을 다시 한 번 요약해 보겠습니다. 첫째 고따마 보살이 붓다가 되겠다고 생각만 한 것이 9띤체이입니다. 다시 붓다가 되겠다고 말로만 하면서 산 것이 7띤체이입니다. 그리고 붓다가 되겠다고 생각과 말과 행동으로 바라밀 행을 쌓은 시기가 4띤체이 10만 성주괴공입니다. 이렇듯 하나의 부처가 출현하기에는 헤아릴 수 없는 무수한 세월 동안에 끊임없는 바라밀 공덕을 쌓아서, 살아 있는 생명 중에서 최고의 바라밀 공덕을 쌓은 과보로 붓다가 출현하시는 겁니다.

우리들의 붓다는 이렇게 위대하신 분입니다. 이렇듯 바라밀을 쌓으면서 부처가 되기를 서원을 세우고 살아가는 과정이 모두 『본생담』에 기록되어 있습니다. 바로 이때 자신의 몸도 보시하고, 처자도 보시를 한 시기입니다. 이 기간에 보살로 살면서 축생이 되기도 하고, 지옥에 떨어진 적도 있습니다. 이 시기에 살생도 하고, 도둑질도 하고, 음행도 했습니다. 인간은 아라한이 되기 전에는 누구나 선심과 불선심을 함께 가지고 있어서 불선업을 짓는 이런 행위는 어찌 보면 일면 불가피한 것일 수도 있습니다. 그러나 불선업을 정당화해서는 안 되겠지요. 그러나 바로 어쩔 수 없는 이 불선업 때문에 괴로워서 우리가 수행을 한다는 사실도 매우 중요합니다.

부처가 되겠다고 서원을 한 사람은 축생이 되었을 때도 부처가 되겠다는 것을 잊지 않는다고 합니다. 그래서 축생이 되어도 왕으로 태어난다고 합니다. 그러나 지옥에 있을 때는 바라밀을 행할 수가 없습니다. 만약 자기가 부처가 되기를 서원을 세웠으면, 자신의 전생에도 서원을 세웠다는 것을 안다고 합니다.

남이 부처가 되겠다고 서원을 세웠다고 해서 욕심이 생겨 자신도 부처가 되기를 서원을 세웁니다. 그러나 서원을 세우고 나서도 바라밀 행을 하지 않습니다. 그러면 부처가 될 수 있을까요? 없습니다. 그렇다고 부처가 될 수 있는 것은 아닙니다. 다만 생각으로 할 때나 말로만 할 때는 부처가 되는 일이 더욱 요원할 뿐입니다.

저희 스승은 이렇게 말씀하셨습니다. 부처가 되는 것이 중요한 것이 아니다. 탐진치 번뇌를 불태우는 것이 중요하다고 말씀하셨습니다. 반열반에 들면 부처나 아라한이나 똑같습니다. 그러나 이러한 차이는 서원으로 달라집니다. 부처가 되기를 서원을 세운 사람을 마하뿌릿사가 되겠다고 서원을 세운 사람이라고 합니다. 이 마하뿌릿사라는 말은 큰마음이라는 말입니다. 이 말은 키가 큰 사람이라는 말을 의미하는 것이 아니고, 큰마음을 가진 사람을 말합니다. 이런 마음을 갖지 않은 보통 사람은 부처가 될 수 없습니다.

그러므로 우리는 이런 큰마음이 없으면 쉽고 빠른 위빠사나 수행을 통해서 아라한이 되어야 합니다. 부처님께서 출현하신 의미는 자신과 같은 붓다가 되라고 하신 것이 아닙니다. 번뇌를 해결하여 행복을 얻는 것은 붓다가 아니어도 된다는 사실을 알려주시려는 자애로운 마음으로 법을 펴신 것입니다. 그리고 자신도 아라한이고, 아라한이 되기 위해서는 사념처 위빠사나 수행을 하라는, 중생들을 위해 법을 펴신 겁니다. 우리가 이 길을 가는 것은 부처님의 뜻을 따르는 매우 지혜로운 행위라고 알아야 합니다. 왜냐하면 이 길이 쉽기 때문입니다.

미얀마에는 바간 왕국이 있었습니다. 무수한 탑을 거느린 바간 왕국이 몽고군에 의해서 멸망되었습니다. 여기서 출토된 기록에 의하면, 바간 왕조시대에 비구들이 부처가 되기를 서원을 세운 것이 발견되었다고 합니다. 그래서 이러한 사실로 미루어 봐서도 상좌불교에서도 부처가 되기를 서원을 세웠다는 것을 알 수가 있습니다. 그래서 지금도 여러분이 부처가 되기를 서원을 세우는 것은 자유입니다. 그러나 너무 까마득한 세월에 하기 힘든 부처가 되기보다도 탐진치 번뇌를 불태우는 아라한이 되는 것 또한 여러분들의 선택의 자유입니다.

부처님께서는 오직 수행할 것을 말씀하셨습니다. 이것이 팔정도입니다. 그래서 우리가 부처님이 가신 길을 따르려면 수행을 해야 합니다. 붓다를 따르는 길은 많습니다. 삶에서 문제가 생겼을 때에도 우리는 이렇게 생각해야 합니다. '지금 부처님이 계시다면 내가 한 이 일을 좋아하셨을까?'라고 반문해 보십시오. 또 '지금 부처님이 계셨다면 부처님께서 이 일을 과연 어떻게 하셨을까?' 이렇게 반문해 보십시오. 이렇게 반문할 때 여러분들은 바른 견해를 갖게 될 것입니다.

고따마 붓다는 45년간 맨발로 탁발이라는 걸식을 하면서 생활하셨습니다. 제가 처음에 미얀마에 가서 비구계를 받고 탁발을 할 때였습니다. 퍼붓는 빗속에서 탁발을 하면서 하염없이 울었습니다. 눈물, 콧물, 빗물이 섞여서 볼 위로 흘렀습니다. 부처가 간 길을 따르는 구도자의 자랑스러움에 감격하였던 것입니다. 더 눈물이 났던 것은 비가 오는데도 비를 무릅쓰고 공양 보시를 하기 위해서 비를 맞고 나와 서 있는 신도들의 모습이었습니다. 붓다가 되신 이래로 평생을 탁발로 걸식하셨다는 것이 상징적인 의미가 있습니다. 그분의 삶을 행동으로 저희에게 보여주신 것입니다. 물론 그것은 출가자의 길이지만 누구를 막론하고 이런 부처님의 삶의 모습을 잊지 말아야 합니다.

부처님은 매우 인간적이고 중도를 표방하는 가장 합리적인 사고를 가지신 분입니다. 그리고 부처님은 절대 강요하지 않으셨습니다. 이것과 저것이 있는데 어떤 것을 선택하는가는 자신이 할 일이라고 항상 말씀하셨습니다. 누구나 모든 것을 자신이 합니다. 누가 시켜서 이익이 있어서 하지만, 결국 하는 것은 자신입니다. 이는 모든 일을 자신이 좋아해서 한다는 것을 말하며, 결국 자신의 문제라는 것입니다. 여기에 누가 개입될 수 없다는 그런 실제가 있습니다. 그러므로 책임도 자신에게 있습니다.

부처님께서 하신 말씀 중에 누구도 바꾸려 하지 말라는 말이 있습니다. 왜냐하면 누구나 이미 축적된 성향이 있어서 안 바뀐다는 것입니다. 우리의 번뇌는 상당 부분 여기에 있습니다. 우리는 바꿀 수 없는 것을 부단히 바꾸려 합니다. 그래서 괴롭습니다. 안 바뀌기 때문입니다. 여러분, 정작 바뀌어야 하는 것은 자신의 잘못된 고정관념입니다. 이미 만들어진 사건이나 사람들이 아닙니다. 특히 사람들의 타고난 성향을 바꾸려 하기 때문에 괴롭습니다. 물론 교육은 필요합니다. 그것은 인내의 역할일 뿐입니다.

그렇지만 바뀔 가능성을 가진 오직 유일한 하나가 그 대상을 있는 그대로 받아들여서 수용하는 것입니다. 이렇게 알아차리면 그것이 계정혜 삼학이고, 선업을 쌓아서 언젠가 조금씩 바뀌게 됩니다. 바로 이것이 단 하나의 길입니다. 이것이 바로 부처님께서 우리에게 선물한 삶의 방법입니다. 부처님은 자연현상계를 보고 깨달음을 얻지 않으셨습니다. 오직 자신의 몸과 마음을 알아차린 결과로 위없는 깨달음을 얻으셨습니다. 이것이 팔정도이며, 사념처이며, 위빠사나 수행입니다. 그리고 이 길이 단 하나의 유일한 길이라고 선언하셨습니다.

우리는 잘 모릅니다. 그래서 이런 선언을 믿고 따라야 합니다. 맹목적으로 믿을 것이 아니고, 자신의 몸과 마음을 알아차리는 체험을 통해서 진실성 여부를 스스로 판단해야 하겠습니다. 이 길은 고따마 부처님께서 혼자서만 가신 길이 아니고, 역대의 모든 부처가 모두 이 길을 통해서 깨달음을 얻었다는 사실을 우리가 주목해야 합니다.

깨달음을 얻는데 낙엽이 떨어지는 것을 보고 무상을 느낄 수도 있습니다. 부모나 형제, 자매가 죽어서 무상의 괴로움을 느낄 수도 있습니다. 그러나 이것으로는 깨달음을 얻을 수가 없습니다. 이런 느낌은 감상적이기 쉽고, 법의 실체에 접근하기 어렵습니다. 왜냐하면 육근이 육경에 부딪칠 때 마음이 밖으로 나가면 내가 본다는 유신견을 가지고 보기 때문입니다. 그래서 이렇게 볼 때는 지적 사유에 그치고 맙니다.

『숫타니파타』에서 부처님은 이렇게 말씀하셨습니다.

"나는 알아야 할 바를 알았고, 닦아야 할 바를 닦았고, 버려야 할 것을 버렸느니라. 바라문이여! 그래서 나는 붓다, 즉 깨달은 사람이다."

여러분! 부처님께서 무엇을 아셨겠습니까? 바로 삼법인을 알아 사성제의 지혜를 갖춘 것입니다. 무엇을 닦았을까요? 바로 팔정도 사념처 위빠사나 수행으로 자신의 몸과 마음을 닦으셨습니다. 여러분! 부처님께서 무엇을 버리셨을까요? 탐진치라는 불선업의 마음을 버리셨습니다. 그러나 버리려 하지 않고, 알아차리는 결과로 지혜가 나서 소멸된 것입니다.

이제 함께 모두 이 길로 나아갑시다. 부처님께서는 오직 실 수행을 하실 것을 하셨습니다. 부처님의 이 길은 오직 실 수행을 말합니다. 오직 실 수행에 의해서만 지혜가 난다는 사실을 우리는 오늘 다시 한 번 되새겨야 하겠습니다.

이것으로 부처님의 조건을 모두 마치겠습니다.

부처님의 생애와 출가

몰라서 행하지 못하는 사람이 있고, 알아도 행하지 못하는 사람이 있습니다. 모르는 사람은 무명 때문에 눈이 먼 사람이고, 알아도 못하는 사람은 믿음이 부족한 사람입니다. 무명에서 깨어나는 것도 자신의 역할이며, 믿음을 갖는 것도 자신의 힘으로 해야 합니다. 무명에서 깨어나기 위해서는 믿음을 가져야 하며, 믿음을 갖기 위해서는 반드시 스승의 가르침을 따라야 합니다. 믿음은 경전을 읽고, 법문을 듣고, 가르침에 따라 수행을 해야 생기게 됩니다.

오늘은 부처님의 생애와 부처님께서 고행을 하신 수행의 과정과 그리고 어떻게 연기를 발견하셨는가에 대해서 말씀드리겠습니다.

부처님의 생애에 대해서는 나라다 마하테라께서 하신 말씀을 전해드리겠습니다. 부처님에 대한 교육의 상세한 내용은 전해지지 않습니다. 그러나 부처님은 무사계급이셨기 때문에 전투며 무예에 대한 특별한 훈련을 하셨습니다. 그리고 학문도 병행하셨습니다. 고따마 싯닷타께서 열여섯 살이 되어서 같은 나이인 아름다운 야소다라 공주와 결혼을 했습니다. 행복한 결혼생활 이후에 거의 13년간 그는 사치스러운 생활을 하면서 궁궐 밖의 변천하는 삶에 대해서 아무것도 모르는 채 행복에 빠져 있었습니다.

이후에 부처님께서는 왕자로서의 사치스러운 생활에 대해 다음과 같이 회고하셨습니다.

"나는 극도로 화려한 생활을 했다. 부친은 나를 위하여 궁궐에 세 개의 연못을 만들어 주었다. 각각의 연못에는 파란 연꽃, 빨간 연꽃 그리고 하얀 연꽃이 피었다. 나는 카시의 특산품인 백단향 이외에는 사용하지 않았다. 나의 터번, 튜닉, 옷 그리고 망토는 모두 그곳에서 가져온 것들이었다. 낮과 밤으로 내가 더위, 추위, 먼지, 이슬의 영향을 받지 않도록 나의 머리에는 항상 백산이 드리워져 있었다(여기서 말하는 백산은 흰 우산입니다).

나를 위해서 세 개의 궁궐이 지어졌다. 하나는 추운 계절, 하나는 더운 계절에 그리고 다른 하나는 장마철에 대비해서 세 개의 궁궐이 만들어졌다. 4개월의 장마 기간에 나는 장마철을 위한 궁전에 살면서 한번도 밖에 나오지 않고 여자 무희들에 둘러싸여 하루 종일 즐겁게 지냈다. 다른 사람들의 가정에서 곡식찌꺼기와 쉰 음식을 노예와 일꾼들에게 줄 때, 부친의 왕궁에서는 그 이상의 쌀과 고기 등의 음식을 노예와 일꾼들에게 주었다."

이렇게 사시면서 시간이 지남에 따라 그는 점차 진실을 알기 시작했습니다. 그의 사색적인 성격과 무한한 연민의 정은 그를 왕궁의 덧없는 즐거움에 단순히 탐닉하도록 허락하지 않았습니다. 그는 개인적인 고통에 대해서는 몰랐지만 고통을 받는 인류에 대해서는 깊은 동정심을 느끼기 시작했습니다.

안락과 번영의 가운데에서도 그는 보편적인 고통을 깨닫기 시작했던 것입니다. 싯닷타 태자는 '내가 이러한 본능적인 삶을 살아가면서 나고, 늙고, 병들고, 죽고, 괴롭고, 또 번뇌와 고통을 당해야만 하는가? 만약 내가 이런 본능적인 것들에 지배된다면 어떻게 이러한 것들의 무의미를 깨달아서 완전한 자유인 열반에 이를 수가 있겠는가? 세속적인 생활은 속박되고, 제한되어 있고, 투쟁의 연속이다. 그러나 출가자의 삶은 드넓게 열려 있는 하늘과 같다. 세속에 살면서 모든 면에서 완벽하고 청정한 삶을 살아가려는 것은 너무나 어렵다'라고 생각했습니다.

어느 화창한 날에 그는 바깥세상을 보려고 궁궐 밖으로 나갔습니다. 그런데 여기서 그는 삶의 진실한 면을 직접적으로 접촉하게 되었습니다. 궁궐의 제한된 영역 안에서 그는 인생의 장밋빛 모습만 보았습니다. 어두운 면인 인류의 공통적인 면은 의도적으로 베일에 가려져 있었던 것입니다. 마음속으로만 생각해 왔던 것을 처음 생생하게 현실로 보게 되었습니다.

그는 공원으로 가는 도중에 관찰력 있는 눈으로 늙은 사람, 병자, 시체, 거룩한 고행자의 이상한 모습들을 차례로 목격하게 되었습니다. 앞의 세 개의 장면은 삶의 엄연한 법칙과 인류가 겪는 보편적인 법칙을 보여주었던 것입니다. 그리고 네 번째는 삶의 고통을 극복하고 고요한 평화를 얻는 길을 보여주었던 것입니다. 이 네 가지의 예기치 않았던 광경이 이 세상을 싫어하고 출가하게끔 마음을 재촉하였습니다.

그는 감각적 즐거움의 무가치를 깨달았고, 진리와 영원한 행복을 찾아서 속세를 떠나기로 결심하였던 것입니다. 사색에 잠기면서 마지막 결정을 내리고 막 공원을 떠나려고 하는 순간, 아들이 태어났다는 소식이 전해졌습니다. 그러나 기대했던 것과 달리 그는 기뻐하지 않았습니다. 오히려 가장 소중하고 유일한 자식을 하나의 장애로 간주했던 것입니다. 평범한 아버지라면 이 즐거운 일을 환영했을 것입니다. 그러나 싯닷타 태자는 "아, 장애가 태어났구나! 속박이 생기는구나!"라고 소리쳤습니다. 이때의 장애가 라훌라입니다. 그래서 할아버지이신 정반왕은 어린 손자를 '라훌라'라고 이름 지었습니다.

궁궐은 싯닷타 태자에게 더 이상 명상하기에 쾌적한 장소가 아니었습니다. 그의 매력적인 젊은 부인도, 사랑스러운 어린 아들도 출가를 하려는 그의 결심을 결코 막을 수는 없었습니다. 그에게는 성실한 남편이나 아버지, 심지어 왕 중의 왕이 되는 것보다도 더 중요하고 유일한 역할을 무한히 하게 될 운명이 지워져 있었습니다. 궁궐의 유혹적인 것들은 더 이상 그를 기쁘게 하는 대상이 아니었습니다. 이제 떠날 때가 무르익어 갔습니다. 그는 충실한 마부 찬나에게 애마 칸다카의 말안장을 얹으라고 지시했습니다. 그리고 야소다라가 잠들어 있는 방으로 갔습니다. 방문을 열고서 그는 문간에 섰습니다. 그리고 깊은 잠에 빠져 있는 아내와 자식을 침착한 시선으로 바라보았습니다.

사랑하는 두 사람을 뇌두고 떠나려는 순간에 둘에 대한 강한 연민의 정이 그의 마음 속에 강하게 일어났습니다. 그리고 이와 함께 고통받는 인류에 대한 연민의 정도 강하게 일어났습니다. 그는 부인과 자식이 풍족한 여건 속에서 잘 보호받고 있다고 생각했기 때문에 그들의 속세에서의 행복한 미래에 대해서 걱정하지 않았습니다. 그가 출가하는 것은 그들을 덜 사랑하기 때문이 아니라 인류를 더 사랑하기 때문이었습니다.

모든 것을 뒤로 남기고 그는 홀가분한 마음으로 한밤중에 궁궐을 몰래 빠져나가 어둠 속을 달려서 먼 길을 갔습니다. 그는 홀로 외롭게 아무것도 가진 것 없이 진리와 평화를 찾기 위해 떠났습니다. 이렇게 해서 그는 이 세상을 포기하고 출가를 한 것입니다. 이것은 세속적인 생활을 다 살아온 늙은이의 포기가 결코 아니었습니다. 그리고 뒤에 아무것도 남길 것이 없는 가난한 자의 포기도 아니었습니다. 이것은 젊음의 열정과 풍부한 부와 번영을 갖고 있는 역사상 그 누구와도 견줄 수 없는 왕좌의 포기였습니다.

이렇게 나이 스물아홉 살의 싯닷타 태자는 역사적인 여행을 떠났습니다. 그는 먼 곳으로 떠났습니다. 아노마 강을 건너서 그는 둑에서 쉬었습니다. 여기서 머리와 수염을 깎고, 자신의 장신구와 의복을 찬나에게 건네주면서 왕궁으로 돌아가서 '고행자의 노란 가사를 걸치고 스스로 어려운 생활을 할 것'이라고 전하라고 말했습니다.

한때는 부족한 것이 없이 살던 고행자 싯닷타는 이제 돈 한 푼 없는 방랑자가 되어서 사람들이 주는 자그마한 보시에 의해서 살아갔습니다. 그에게는 일정한 거주처가 없었습니다. 그늘진 나무 또는 외딴 동굴이 밤낮으로 이어지는 추위와 더위를 막아주었습니다. 맨발과 까까머리로 태양이 내리쬐는 길과 살을 에는 추위 속을 걸어 다녔습니다. 그의 것이라고 부를 수 있는 것은 다만 음식을 얻기 위한 발우와 몸을 덮기 위한 알맞은 가사를 제외하고는 아무것도 없었습니다.

오로지 모든 열정을 진리를 찾는 데만 집중하였습니다. 이렇게 해서 진리를 추구하는 구도자가 된 싯닷타는 마음의 진정한 평화를 찾아서 그 시대의 가장 뛰어난 고행자인 알라라 깔라마에게 가서 말했습니다.
"깔라마시여, 나는 당신과 함께 성스러운 생활을 해나가고 싶습니다."
그러자 알라라 깔라마가 말했습니다.
"오, 존경하는 이여. 그대는 나와 함께 머물러도 좋소 지혜가 있는 사람이면 스스로 자신의 직관적인 지혜에 의해서 이 가르침을 깨닫고 오래지 않아 스승의 경지에 도달할 수 있을 것이오."

오래지 않아 그는 가르침을 다 배웠습니다. 그러나 이것은 그에게 조금도 최고의 진리의 깨달음을 가져다주지 못했습니다. 그래서 그는 생각했습니다.

'알라라 깔라마는 나는 스스로 깨닫고 그 얻은 상태에서 계속 머문다고 말했다. 이것은 단순히 믿고 있기 때문만은 아닌 것 같다. 알라라 깔라마는 이 교리를 이해하고 증득하면서 살고 있음에 틀림없다.'

그래서 그는 알라라 깔라마에게 가서 말했습니다.

"알라라 깔라마시여! 당신이 스스로 직관적인 지혜로 깨닫고 얻은 경지가 어느 정도입니까?"

그러자 알라라 깔라마는 깊은 선정의 단계인 무색계를 그에게 알게 해주었습니다.

그는 다시 생각하였습니다.

'알라라 깔라마에게는 확신, 근면, 정진, 노력, 선정, 집중 그리고 지혜가 있다. 나도 이러한 것들을 닦아야겠다. 알라라 깔라마는 스스로 깨닫고 그 얻은 상태를 유지한다고 말했다. 나 또한 그 경지를 깨닫기 위해 노력한다면 될 것이다.'

그리고 오래가지 않아서 그는 자신의 직관적 지혜로 그 법을 깨닫고, 몸소 증득하는 경지를 얻었습니다. 그러나 이것도 결코 그에게는 최고의 진리의 깨달음을 가져다주지는 못했습니다. 그는 알라라 깔라마에게 가서 다시 말했습니다.

"알라라 깔라마시여! 이것이 그대가 말한 스스로의 지혜에 의해서 깨닫고 그 얻은 상태에 머무는 최고의 경지입니까? 그렇다면 친구시여! 나 또한 이 법의 최상의 경지를 깨닫고 그 얻은 상태에 머물러 있습니다."

질투심이 없는 스승은 그의 제자가 성공했다는 말을 듣고 매우 기뻐했습니다. 그리고 스승은 그를 자신의 동등한 수준으로 올려놓고 존경하면서 말했습니다.

"기쁩니다, 친구여. 우리는 너무도 기쁩니다. 우리는 당신과 같은 거룩한 고행자를 존경합니다. 나의 지혜에 의해서 스스로 깨닫고 선언하고 얻은 경지에 머무는 것과 똑같이 당신 또한 스스로 깨닫고 얻은 경지에 머무르고 있습니다. 그리고 당신 스스로 지혜에 의해서 깨닫고 그 상태에 머무르는 경지를 나도 나의 지혜에 의해서 스스로 깨닫고 선언하고 그 경지에 머무르고 있습니다. 이와 같이 내가 알고 있는 교리를 당신 또한 알며, 당신이 알고 있는 교리를 나 또한 압니다. 나와 마찬가지로 당신도 그렇습니다. 당신과 마찬가지로 나도 그렇습니다. 그러니 친구시여, 이리 오십시오. 우리들이 구도의 도반이 되는 것이 어떻겠습니까?"

그러나 고행자 고따마는 단지 높은 정신적 집중의 단계로 이끌 뿐이지 괴로움을 혐오하게 하고, 괴로움에 초연하게 하여 괴로움을 소멸하게 하는 평온함, 통찰, 깨달음을 그리고 열반으로 이끌지 못하는 수련과 교리에 만족할 수 없었던 것입니다. 그래서 그는 그 스승을 떠나기로 하였습니다.

스승은 고따마 싯닷타를 원했지만 그는 더 높은 지혜를 향해서 스승을 떠날 수밖에 없었습니다. 여기서 말하는 알라라 깔라마는 무색계 3선정을 얻은 당대 최고의 스승이셨습니다.

부처님의 고행(1)

　나는 모르는 채로 태어나서 모르는 채로 살다가 모르는 채로 죽고 다시 모르는 채로 태어납니다. 나는 과거의 어리석음으로 인해 업을 형성시켜 현재의 정신과 물질이 생긴 것을 모릅니다.

　태어나서 번뇌의 굴레가 업의 굴레를 돌리고, 다시 과보의 굴레를 돌려서 또 태어나는 것을 모릅니다. 나는 현재의 갈애와 집착과 업의 생성으로 인해 지금 이후나 다음 생이 결정되는 것을 모릅니다.

　사는 것이 괴로움인지 모르고, 괴로움의 원인이 집착인지를 모르고, 괴로움이 소멸되는 것을 모르고, 괴로움이 소멸되는 팔정도를 모릅니다. 내가 이 세상에서 제대로 아는 것이라고는 모른다는 것밖에 달리 더 아는 것이 없습니다.

　오늘도 지난 시간에 이어서 고따마 싯닷타의 구도의 과정을 공부하겠습니다.

　지난 시간에는 알라라 깔라마가 함께 교단을 이끌어 줄 것을 요청하였지만 고따마 싯닷타의 생각은 달랐습니다. 그는 자신이 완벽해지기 전에는 똑같은 정신적 상태를 얻은 또 다른 친절한 스승과 협조하면서 구도자들의 무리를 이끌어가는 것을 바라지 않았습니다. 이것은 봉사가 봉사를 이끄는 것과 다름이 없다고 생각했기 때문입니다.

알라라 깔라마의 가르침에 만족하지 못한 싯닷타는 정중히 그 스승의 곁을 떠났습니다.

당시 정치적인 혼란이 없던 평화로운 시대에 인도의 지식인 계층들은 어떤 종교적인 체제나 다른 것들을 연구하고 수행하는 데 종사하였습니다. 고독하게 성스러운 생활을 해나가는 사람들을 위해서 모든 편의시설이 제공되었습니다. 그리고 대부분의 스승들은 많은 제자들을 거느리고 있었습니다. 그래서 고따마가 전의 스승보다 더 능력 있는 스승을 발견하는 것이 그렇게 어려운 일은 아니었습니다.

그는 웃닷카 라마뿟따에게 찾아가서 그와 함께 수행하고 싶다고 말했습니다. 웃닷카는 즉석에서 그를 제자로 받아들였습니다. 오래지 않아 지혜로운 고행자 고따마는 그의 교리를 다 배우고, 스승이 보여주었던 지각도 없고 지각이 없음도 없는 비상비비상처 선정의 마지막 상태를 얻었습니다. 그런데 이렇게 무색계 사선정의 비상비비상처를 얻게 된 데에는 남다른 연유가 있습니다.

웃닷카 라마뿟따에게 가서 가르침을 줄 것을 요청했는데, 웃닷카 라마뿟따는 자기의 스승이 계셨는데 그 스승이 돌아가셔서 자기는 비상비비상처를 알 수가 없다고 말했습니다. 그래서 고따마 싯닷타는 웃닷카 라마뿟따에게 "그러면 당신 스승이 말한 비상비비상처에 대한 법문을 그대로 나에게 전해 주시오"라고 해서 그 법문을 들었습니다.

이미 비상비비상처를 경험하신 스승은 열반하셨고, 그리고 그 경지를 체험하지 못한, 단지 법문만 들은 제자에게서 똑같은 법문을 들었던 것입니다. 당대에 최고의 스승이 돌아가시고 법문만 남아 있는 그 법문을 듣고 고따마 싯닷타는 스스로 노력해서 비상비비상처의 경지를 얻었습니다. 그리고 그 경지를 다시 자기에게 법문을 해준 그 제자에게 말해 주어서 그 역시도 비상비비상처에 경지에 오르도록 도와주었습니다. 이것은 선정의 최고의 단계로서, 의식이 매우 미세하고 순화되어서 의식이 존재한다고도 그렇지 않다고도 말할 수 없는 경지입니다. 고대의 인도 성현들은 이 이상 더 정신적인 경지로 깊이 들어갈 수가 없었습니다.

거룩한 스승은 훌륭한 제자가 수행에 성공했음을 전해 듣고 매우 기뻐했습니다.

이전의 스승들과 달리 지금의 스승은 그를 모든 제자에게 스승으로서 함께 있기를 원했습니다.

"친구여! 우리는 즐겁습니다. 너무나 즐겁습니다. 당신 같은 거룩한 고행자를 만나게 되어서 더욱 즐겁습니다. 내가 알고 있는 경지를 당신도 알고 있습니다. 당신이 알고 있는 경지를 나도 압니다. 내가 했듯이 당신도 지금 그렇습니다. 당신과 마찬가지로 나도 그렇습니다. 자, 이제 친구여! 지금부터 당신이 우리 고행자의 무리를 이끌어 주십시오!"라고 고따마 싯닷타에게 요청하였습니다.

그러나 그는 아직 최고의 진리에 대한 의문을 해결하지 못했습니다. 그는 마음의 통제를 얻었으나 궁극적인 목표는 여전히 멀리 있었습니다. 그는 지고의 열반, 괴로움의 완전한 소멸, 모든 갈망의 완전한 근절을 찾고 있었습니다.

웃다카의 이 교리에도 만족하지 못한 그는 다시 길을 떠났습니다. 그는 자신이 추구하는 것이 그가 배우려고 하는 사람들보다 훨씬 높이 있다는 것을 깨달았습니다. 그는 자신이 바라는 것, 최상의 진리를 충분히 가르쳐 줄 능력 있는 사람은 아무도 없다는 사실도 또한 깨달았습니다. 최고의 진리는 자신의 내부에서 발견된다고 생각하고, 외부의 도움 없이 모든 바라는 것을 포기하였습니다.

이때부터 고따마 싯닷타의 본격적인 고행이 시작됩니다. 고행자 고따마는 용기를 잃지 않고, 그 어느 것과도 비교될 수 없는 평화, 지고의 진리를 찾아 방랑하면서, 마가다 지역을 건너서 상업도시인 우루벨라에 도착했습니다. 그곳에서 그는 풍성한 대지, 향기로운 숲 사이로 유유히 흐르는 강, 그리고 바로 가까이에서 음식을 얻을 수 있는 마을을 발견하고서 생각했습니다.

'이곳은 정말 풍성한 대지와 아름다운 숲과 동산 그리고 그 사이로 유유히 흐르는 강, 바로 가까이에서 음식을 얻을 수 있는 마을이 있는 곳이다. 고행을 하는 성스러운 자에게 정신적인 분위기를 제공해 주기에 정말로 알맞은 장소이다.'

그곳은 명상을 하기에 매우 알맞은 장소였던 것입니다. 주변 환경은 평화스러웠고,

대지는 풍족했으며, 경치는 매우 아름다웠습니다. 그래서 그는 목적이 달성될 때까지 여기에 정착하기로 결심을 하였습니다.

싯닷타의 출가를 전해 들은, 그리고 그의 미래를 예언한, 가장 젊은 바라문 콘다나와 다른 바라문 네 명의 자식들 아비야, 맙파, 마하나마, 앗사지 또한 출가를 해서 고따마 싯닷타와 함께 수행을 하게 되었습니다.

고대의 인도에서는 의식, 의례, 속제, 희생제를 매우 중요하게 여기고 있었습니다. 사람들은 일반적으로 엄격한 고행생활을 하지 않으면 어떠한 해탈도 얻을 수 없다고 믿고 있던 시대였습니다. 이러한 분위기 때문에 고행자 고따마는 6년간 모든 형태의 가장 금욕적이면서도 초인간적인 고행을 다 겪었습니다. 그러나 육체를 더 고통스럽게 할수록 그의 목표는 그만큼 더 자신으로부터 멀어지는 것만 같았습니다. 그러나 이 방법 외에는 또 다른 수행을 구도할 수가 없었습니다. 고따마가 갖은 방법을 다 동원해서 얼마나 강렬한 고행을 했으며, 결국 어떻게 성공했는지에 대해서는 여러 경전에 생생히 묘사되어 있습니다.

『마하삿짜가』에는 그가 행한 초기의 정진 과정을 다음과 같이 묘사하고 있습니다.

만약 내가 미각에 대해서 이를 악물고 혀를 입천장에 대고 도덕적인 생각을 유지하고 있으면 나의 비도덕적인 생각은 가라앉고 제거될 것이다. 그래서 나는 미각에 대항에서 이를 악물고 혀를 입천장에 대고 도덕적인 생각으로 나의 비도덕적인 생각을 억누르고 가라앉히고 제거했다.

내가 이같이 정진할 때 땀이 겨드랑이에서 흘러나왔다. 마치 힘센 사람이 약한 사람의 어깨나 머리를 붙잡고 눕혀서 항복하게 하는 것처럼 나도 그렇게 했다. 나의 정진은 격렬하였고 그칠 줄 몰랐다. 나는 의식이 깨어 있는 상태를 유지하게 되었고, 동요하지 않았다. 그렇지만 나의 육체는 피곤하고, 그러한 고통스러운 고행 때문에 결코 평온하지가 않았다. 오히려 지나친 고행으로 기진맥진하게 되었다. 비록 그러한 고통스러운 감각이 나에게 일어났지만 그것들은 조금도 나의 마음에 영향을 미치지 못했다.

그래서 나는 이렇게 생각했다. 만약에 숨을 쉬지 않는 선정을 닦으면 어떻게 될까? 그래서 나는 입과 콧구멍으로 들어오고 나가는 숨을 억제했다. 내가 입과 콧구멍에서 나가고 들어오는 숨을 억제함에 따라 나의 귀로부터 나온 공기가 마치 대장장이가 풀무질을 할 때처럼 큰 소리를 내기 시작했다. 그럼에도 불구하고 나의 정진력은 강했고, 결코 굴하지 않았다. 그러나 나의 육체는 여전히 피로했고, 고행의 결과는 평온하지 못했다. 고행으로 기진맥진하였다. 비록 이러한 고통스러운 감각이 나에게서 일어났지만 그것들은 조금도 나의 마음에 영향을 미치지 못했다.

그래서 다시 생각했다. 만약에 숨을 쉬지 않는 훈련을 하면 어떻게 될까? 그래서 나는 입과 코 그리고 귀에서 들어가고 나오는 숨을 억제했다. 그리고 내가 입, 코 그리고 귀에서 나오는 숨을 멈추었을 때 내부에 있던 공기가 나의 피부를 격렬하게 찔렀다. 마치 힘센 사람이 날카로운 송곳으로 다른 사람의 피부를 뚫듯이 공기가 나의 피부를 격렬하게 찔렀다. 비록 이러한 고통스러운 감정이 나에게서 일어나도 그것들은 조금도 나의 마음에 영향을 미치지 못했다.

그때 나는 이렇게 생각했다. 만약 숨을 정지하는 선정을 다시 닦으면 어떻게 될까? 그래서 나는 입, 코 그리고 귀로 들어오고 나가는 숨을 억제했다. 그리고 내가 숨을 멈추었을 때 지독한 고통이 머리에서 일어났다. 마치 강한 사람이 딱딱한 가죽 끈으로 다른 사람의 머리를 단단히 묶을 때 나타나는 것과 같은 고통이 나의 머리에서 일어났다. 그럼에도 불구하고 나의 정진은 강렬했다. 그러한 고통스러운 감각도 나의 마음에 아무런 영향을 미치지 못했다.

그래서 나는 다시 이렇게 생각했다. 만약 숨 쉬지 않는 선정을 다시 닦으면 어떻게 될까? 그래서 나는 입, 코, 귀로 쉬는 숨을 멈추었다. 이와 같이 숨을 억제하자 수많은 공기가 나의 복부를 강타했다. 마치 숙련된 푸줏간 주인이 날카로운 푸줏간 칼로 배를 자르는 것처럼 많은 공기가 나의 복부를 강타했다. 그럼에도 불구하고 나의 정진력은 여전히 강렬했다. 그러한 고통스러운 감각은 나의 마음에 아무런 영향을 끼치지 못했다.

다시 나는 이렇게 생각했다. 만약에 숨 쉬지 않는 선정을 다시 하면 어떻게 될까? 그래서 나는 입, 코, 귀로 나오고 들어가는 숨을 또 억제했다. 이와 같이 내가 숨을 억압하자 굉장한 불길이 나의 몸 전체에 퍼지기 시작했다. 마치 두 명의 강한 사람이 약한 사람의 팔을 붙잡아서 불타오르는 숯가마에 태우는 것처럼 나의 육체에도 지독한 불길이 퍼졌다. 그럼에도 불구하고 나의 정진은 여전히 격렬했다. 고통스러운 감각은 나의 마음에 아직도 영향을 미치지 못했다.

나를 본 신들은 다음과 같이 말했다. "고행자 고따마는 죽었다." 또 어떤 신은 "고행자 고따마는 아직 죽지 않았다. 그러나 죽어가고 있다"고 말했다. 이와 반대로 어떤 신들은 "고행자 고따마는 죽지도 죽어가지도 않는다. 고행자 고따마는 아라한 이다. 그것이 아라한이 감수해야 할 과정이다"라고 말했다.

이렇게 고행을 하고 있는 고따마 싯닷타에 대해서 여러 천인들의 의견이 분분했다.

그때 나는 혼자서 이런 생각을 했다. 만약에 음식을 완전하게 절제하면 어떻게 될까? 그러자 신들이 나에게 접근해서 말했다.

"존경하는 이여! 음식을 완전히 절제하는 수행을 하지 마시오 그러나 만약 당신이 그것을 수행하면 우리는 당신의 몸에 있는 기공을 통해 하늘의 정기를 쏟아 넣을 것입니다. 그러므로 당신의 몸이 유지될 수 있을 것입니다."

그때 나는 생각했다. 내가 단식 수행을 하면서 이 천인들이 천상의 정기를 나의 육체에 기공을 통해서 쏟아 넣고 나의 몸이 계속 유지된다면 이것은 나를 기만하는 것이다. 그래서 나는 단호히 필요 없다고 말했다.

이렇게 부처님은 말씀하셨습니다.

부처님의 고행(2)

무지로 인해 잘못된 견해가 생기지만 무지와 잘못된 견해는 서로 내용이 다릅니다. 무지는 괴로움이 있는 것을 모르는 것이지만, 잘못된 견해는 자아가 있다는 확신을 갖는 것입니다. 무지는 실재實在에 대해서 모르는 것이지만, 잘못된 견해는 탐심으로 인해서 일어난 것입니다. 잘못된 견해는 변하는 것을 영원한 것으로 알고, 괴로움을 즐거움으로 알고, 무아를 자아로 압니다.

무지는 단지 모르는 것에 그치지만, 잘못된 견해는 무지보다 더 깊은 병에 속합니다. 모르는 것은 지혜가 나면 그만이지만 잘못된 견해는 결코 지혜가 날 수 없습니다. 그리고 잘못된 견해는 쉽사리 바뀌지 않습니다. 결국 내가 있다는 사견으로 인해 불선심이 일어나고 악행을 해서 사악도에 떨어지는 고통을 겪어야만 합니다.

지난 시간에 고따마 싯닷타께서 천인들의 요청을 거절한 것까지 말씀드렸습니다.

그러고 나서 다음과 같은 생각이 떠올랐다.
만약 내가 음식을 조금씩 섭취하고 푸른 콩, 살과키, 렌즈콩, 완두콩의 즙을 조금씩 마시면 어떻게 될까? 내가 그러한 음식과 즙을 조금씩 섭취하자 나의 육체는 극적으로 해방되었다. 하지만 여전히 나의 몸은 음식의 부족 때문에 여기저기 마디풀 또는 큰 고랭이풀을 엮어놓은 것 같았다. 나의 엉덩이도 음식이 부족해서 마치 낙타의 발굽처럼 되고 등뼈는 마치 염주 알을 엮어놓은 것처럼 안으로 구부려져 몸을 떠받치고 있었다. 마치 황폐한 집의 서까래가 여기저기 축 늘어져 있듯이 나의 갈비뼈도 영양분의 결핍으로 앙상하게 가지만 보였다.

마치 깊은 우물에서는 물속에 잠겨 있는 별을 보듯이 나의 눈동자도 영양의 결핍으로 안으로 움푹 들어갔다. 마치 싱싱했을 때 잘 자란 호박이 바람과 햇빛에 의해서 말라비틀어지듯이 나의 머리의 가죽도 영양분의 부족 때문에 말라비틀어졌다. 그리고 뱃가죽을 만지려고 하면 대신 등뼈가 만져지곤 했다. 이처럼 나는 필요한 영양분의 부족 때문에 뱃가죽이 등뼈에 말라붙어 있으며, 배설물을 내보내려면 음식이 부족했기 때문에 그 자리에서 비틀거리다가 그대로 쓰러지곤 했다. 그리고 몸을 소생시키기 위하여 손발을 두드리곤 했다. 내가 그렇게 할 때 신체의 부분에서는 영양의 부족 때문에 썩은 부위가 떨어져 나가곤 했다.

이때 나를 본 사람들은 말했다. "고행자 고따마는 검다." 어떤 이들은 "고행자 고따마는 검지 않고 푸른색"이다. 그리고 어떤 이들은 "고행자 고따마는 검지도 푸르지도 않으며 황갈색"이다.

이것은 순수한 피부색이 영양분의 부족 때문에 손상되어서 이렇게 여러 가지 형태로 나타나게 된 것입니다.

그러고 나서 다시 나에게 이런 생각이 떠올랐다. 과거의 어떤 바라문이나 고행자도 날카롭고 고통스럽고 뼈를 깎는 듯하고 살을 도려내는 듯한 감각을 경험했다. 그들은 틀림없이 이 이상은 아니지만 이렇게 높은 정도로 그것들을 경험했을 것이다. 미래의 어떤 고행자나 바라문도 고통스럽고 날카롭고 뼈를 깎는 듯하고 살을 에는 듯한 감각을 경험할 것이며, 그들 또한 그 이상은 아니지만 그 정도의 높은 상태를 경험할 것이다.

그러나 나는 이러한 모든 고통스럽고 어려우며 금욕적인 것에 의해서는 뛰어난 지고의 지혜, 통찰, 인간의 상태를 초월할 만한 가치를 얻지 못할 것이다. 분명히 깨달음에는 또 다른 길이 있을 것이다. 나는 이렇게 생각했다. 오랫동안의 고통스러운 금욕은 결과적으로 헛된 것으로 증명되었다. 마음의 평화보다는 오히려 고통이 더 증가될 뿐이었다.

비록 육체적으로는 초인간이 되었지만, 빈약하게 영양을 공급받은 그의 육체는 혹사당하는 것을 지탱할 가능성이 없었습니다. 우아했던 자태는 거의 알아볼 수 없을 정도로 완전히 시들어 버렸습니다. 황금색의 피부는 창백하게 변했고, 혈관을 말라버렸고, 육체와 근육은 움츠러들었고, 눈은 푹 빠져서 흐릿해졌습니다. 그의 모습은 살아 있는 해골이었습니다. 그는 거의 죽음에 가까워지고 있었습니다.

이렇게 비참한 상태에 있으면서 여전히 나란자라 강둑에 머물면서 최고의 상태, 완전한 평화의 상태를 얻기 위해 명상하면서 그는 계속 정진하고 있었습니다.

이때 마군이 다음과 같이 상냥하게 속삭였습니다.
"당신은 여위고 몰골은 형편없다. 죽음이 당신 가까이 다가오고 있다. 당신의 많은 부분이 이미 죽음에 놓여 있다. 오로지 생명만 남아 있다. 오, 착한 자여, 살아나야 한다. 삶이 더 좋은 것이다. 살아야만 당신의 공덕을 쌓을 수 있다. 금욕적인 생활을 하면서 불의 희생제를 하면서 많은 공덕을 얻을 수 있다. 도대체 이러한 고행을 무엇을 하려고 하는가? 고행의 길은 힘들고 어려우며 쉽게 성취할 수 없다."
마군은 고따마의 면전에서 이 말을 반복했습니다.

그러자 고따마 싯닷타가 응답했습니다.
"오, 사악한 자여, 경솔한 무리들아, 너는 너 자신을 위해서 여기에 왔구나. 자그마한 공덕도 나에게는 조금도 유익하게 여겨지지 않는다. 마군아, 공덕이 필요한 건 바로 너다. 확신, 자기제어, 인내, 지혜가 지금 나의 것이다. 나는 이와 같은 것에 전념하고 있는데 너는 왜 세속적인 삶에 대해서 자꾸 묻고 있느냐?
심지어 강의 물줄기도 부는 바람에 마르는데 왜 이와 같이 고행하는 나의 피가 마르지 않겠느냐. 피가 마를 때 담즙과 점액질 또한 마를 것이다. 하지만 나의 육체가 소모되어 갈 때 나의 마음은 더욱더 맑아질 것이다. 나의 선정, 지혜 그리고 집중은 더욱 확고해질 것이다. 내가 이렇게 살면서 최고의 고통을 겪고 있는 동안에도 나의 마음은 욕망을 바라지 않는다. 존재의 순수함을 유지해라.
감각적 욕망이 너 첫 번째 무리이다. 둘째, 성스러운 삶의 혐오이다. 세 번째, 굶주림과 목마름이다. 네 번째는 갈망이다. 다섯 번째는 게으름과 치둔한 것이다. 여섯 번째는 두려움이다. 일곱 번째는 의심이고, 여덟 번째는 비방과 고집이다. 아홉 번째는 칭찬과 명예를 얻는 것, 그리고 나쁜 명성을 얻는 것이다. 열 번째는 자신을 칭찬하면서 남을 비난하는 것이다.

마군아! 이것이 나의 적인 사악한 자의 무리들이다(다시 말하면 마군의 상태를 이렇게 말한 것입니다). 마군아, 비겁한 자는 그 적을 이겨 낼 수가 없다. 그러나 극복한 자는 행복을 얻게 되리라. 이제 나는 문사초를 휘날리리라. 이 세상의 이익을 위하여 정복을 당해서 사느니 차라리 전쟁터에서 싸우다 죽는 게 나에게는 더 좋다.

어떤 고행자와 바라문들도 이 전쟁터에 뛰어들 것 같아 보이지 않는다. 그들은 거룩한 길을 알지도 못하여 걸어가지도 못한다. 사방에서 코끼리를 정렬하고 있는 마군에게 군대를 보내면서 나는 전쟁터로 나아간다. 마군은 나를 밀어낼 수가 없다. 신들과 이 세상에 정복하지 못한 너희들의 군대를 마치 굽지 않은 그릇을 돌로 쳐서 깨뜨리듯이 나의 지혜로 파괴해 버릴 것이다.

나의 마음을 제어하면서 선정의 상태를 튼튼히 다져서 전 지역을 돌아다니면서 많은 제자들을 훈련시킬 것이다. 나의 가르침을 근면하게 의욕적으로 수련하면서 너희를 개의치 않으면서 가는 그들의 길에 고통은 없을 것이다."

여기서 우리가 한 가지 유념할 것은 극단적 고행과 함께 음식을 먹지 않으면 안 된다는 사실입니다. 제가 오래전에 미얀마 마하시 선원에 있는 세인예인이라고 하는 사일런스 빌딩에서 수행을 할 때였습니다. 그곳은 밖으로 나오지 못하는 무문관과 같은 곳인데, 밥을 날라다 주면 먹고, 그리고 자유롭게 오직 혼자서 수행을 하는 공간이었습니다.

그런데 저는 그곳에서 냉병을 맞았습니다. 냉병을 맞은 후에 도무지 밥을 먹을 수가 없었습니다. 한 숟갈을 떠도 체해서 고통이 견딜 수가 없었습니다. 그래서 아예 단식을 시작했습니다. 그러자 밥을 날라다 주는 미얀마의 시자가 단식한다는 사실을 알고 큰 눈으로 쳐다보았습니다. 저는 말할 수 없는 곳이기 때문에 종이에다가 영어로 단식 중이라고 말했습니다. 그러자 놀란 시자가 그 사실을 마하시 큰 스승에게 보고했던 것 같습니다.

그러자 큰 스승으로부터 전갈이 왔습니다. '당장 단식을 풀어라. 단식은 안 된다'라고 해서 제가 불가피하게 단식을 풀 수밖에 없었습니다. 스승이 왜 단식을 풀라고 하는지 저는 그때 알지 못했습니다. 그러나 뒤에 안 이야기로 미얀마에서는 수행자가 결코 극단적 고행이나 단식 같은 그러한 극단을 취하지 않습니다. 그것은 부처님께서 매우 금기시한 것입니다. 바로 부처님이 이러한 고행의 과정을 거쳐서 그러한 과정들이 매우 지성을 나약하게 하고 불필요한 것이라는 것을 말씀하셨기 때문입니다.

그렇습니다. 고행자 고따마는 고행이 그 당시 구도자들에 의해 해탈을 하는 데 없어서는 안 될 것으로 간주되고 있었지만, 자기의 경험을 통하여 그 무의미함을 확신하고, 실제적으로는 지성을 나약하게 만들어 버려서 결국 정신이 퇴보하고, 정신을 핍박한다는 사실을 알게 되었습니다. 그는 정신적인 발달을 더디게 하는 성향이 있는 이러한 극단적인 자기탐닉을 버린 것처럼, 극단적인 자기금욕도 완전히 포기하고, 그 중간의 방법을 채택할 것을 생각하게 되었는데, 이것은 나중에 그의 가르침의 가장 두드러진 특징 중에 하나가 되었습니다. 바로 그것이 '중도'입니다.

그는 부친이 파종제에 참가하고 있을 때 잠부나무의 서늘한 그늘 아래에 앉아서 명상을 하면서 숨 쉬는 것에 집중하여 첫째 선정을 얻게 되었던 것을 회상했습니다. 그래서 그는 생각했습니다. '그렇지! 이것이 바로 깨달음으로 가는 길이다.' 그래서 적당한 육체는 정신적인 발전에 필요하다. 그래서 그는 육체를 기본적으로 유지하기 위해 조금 거친 음식을 먹기로 결심했습니다.

이때 그와 함께 있었던 다섯 명의 동료들은 고행자 고따마가 어떠한 진리든지 이해할 수 있으며, 그 진리를 자신들에게 나누어 줄 것이라고 크게 기대를 걸고 있었는데, 갑자기 수행하는 방법을 바꾸자 실망하고 그의 곁을 떠나서 구도자 아시빠타나가 있는 곳으로 갔습니다. 그러고는 고행자 고따마는 사치스러워서 고행하는 것을 그만두고 안락한 생활로 되돌아갔다고 비난했습니다.

도움이 가장 필요한 결정적인 시기에 동료들은 그를 혼자 내버려두고 떠나가 버렸습니다. 하지만 고따마 싯닷타는 용기를 잃지 않고 계속해서 부지런히 정진해 나갔습니다.

비록 치열한 고행기간에는 그들이 함께 있는 것이 그에게 도움이 되었지만, 오히려 이제는 그들과 헤어지는 것이 자신에게 도움이 되었습니다. 흔히 위대한 성자들은 혼자 있을 때 고독한 숲 속에서 진리를 깨닫고, 복잡한 문제를 해결할 때가 종종 있는 것입니다. 이렇듯 좋은 조건을 성숙한 고따마 싯닷타는 계속해서 정진을 했습니다.

거친 음식을 먹고 잃었던 힘을 되찾으면서 그는 쉽게 젊은 시절에 얻었던 첫 번째 선정을 발전시켰습니다. 그리고 점차적으로 두 번째, 세 번째, 네 번째 선정을 얻었습니다. 선정을 발전시키면서 완전히 하나로 모아진 그의 마음은 이제 모든 사물의 본래의 모습을 그대로 반영시키는 잘 닦인 거울과 같았습니다. 이와 같이 고요하고 맑게 정화되고 욕망과 번뇌에서 벗어나 유연하고 빈틈이 없으며, 흔들리지 않는 확고한 생각으로 전생의 기억을 돌아보는 데 마음을 돌렸습니다. 오늘은 여기까지 말씀드리겠습니다.

연기의 발견(1)

어리석음은 선하지 못한 모든 것의 으뜸이 되는 근본원인입니다. 어리석어서 탐욕을 일으키고 탐욕으로 인해 화를 내게 됩니다. 어리석음은 다양한 형태로 나타나는데 그중 대표적인 것들이 무명, 무지, 미혹, 둔함, 망상, 현혹, 맹목성, 들뜸, 의심 같은 것들입니다.

세속에서의 어리석음은 이처럼 다양한 것들로 가득 차 있지만 출세간의 어리석음은 대상의 성품인 진리를 알지 못하는 것입니다. 대상을 관념으로 보는가, 실재로 보는가에 따라서 어리석음의 유무를 구별할 수가 있는데 실재를 보는 것이 바로 진리를 보는 것입니다.

실재는 궁극적인 진리인데, 사물의 이치가 마지막까지 다다른 것으로 존재하는 것들의 속성인 무상과 괴로움과 무아를 아는 것입니다. 어리석어서 대상을 있는 그대로 보지 못하고, 잘못된 견해로 보았기 때문에, 모든 것이 변하고, 괴로움이 있고, 자아가 없다는 것을 모릅니다.

관념적인 진리는 겉으로 드러난 세상일의 이치를 보고서도 알 수 있습니다. 그러나 깨달음의 진리는 자신의 몸과 마음을 통찰해야만 알 수가 있습니다. 세상일로 본 진리는 자아를 가지고 본 것이라서 결코 바르게 볼 수가 없습니다. 자기 자신의 몸과 마음을 볼 때만이 자아가 없이 본 것이라서 가장 참된 것입니다.

어리석음은 맹목적인 것이라서 맹신에 빠지기 쉽고 마치 화약과 같습니다. 잘못된 것을 오히려 잘된 것으로 아는 것처럼 위험한 것은 없습니다. 어리석음으로 인해 들뜨고 흥분하고 산만해지는데 이런 상태에서는 선한 마음의 작용인 알아차림을 할 수가 없어 결코 지혜를 얻을 수가 없습니다.

어리석음으로 인해 의심을 하게 되는데, 의심은 불확실한 정신적 상태이며, 주저하는 마음으로 바르게 알고자 하는 것을 가로막습니다. 의심은 사물에 대한 사변으로는 결코 치유될 수 없는 것입니다. 경험이 아닌, 순수한 사유만을 통해서는 바른 인식을 갖기가 어렵습니다. 모든 종류의 어리석음은 모른다는 것으로, 이것을 치유하는 단 하나의 길은 자신의 몸과 마음을 통찰하는 수행을 통해서 집착을 끊는 것입니다. 어리석음을 치유하는 유일한 길은 '내가 몰랐네!'라고 어리석은 그 사실 자체를 다시 알아차리는 것입니다.

오늘도 지난 시간에 이어서 부처님의 고행과 깨달음의 세계에 대해서 말씀드리겠습니다. 다섯 명의 동료 수행자들이 떠난 뒤에도 고따마 싯닷타는 계속해서 정진을 하였습니다. 고따마 싯닷타는 수많은 지나간 생애를 회상했습니다.

첫 번째 삶, 두 번째 삶 그리고 셋, 넷, 다섯, 열, 스물, 쉰운 번째 삶까지, 그러고 나서 백 년, 천 년, 십만 년, 그러고 나서 많은 세계의 분회, 많은 세계의 분회와 진화 그 당시에 있었던 그의 그러저러한 이름, 가정, 그 당시에 있었던 신분, 또는 먹었던 음식, 그가 경험한 기쁨과 괴로움, 그의 삶의 마감까지 보았습니다. 그리고 그곳을 떠나서 그 밖에 다른 곳에 가서 태어났습니다. 그에 따른 그의 이름, 그의 가정, 그의 계층, 그의 음식, 그가 겪은 기쁨과 괴로움 그러한 그의 삶의 마감까지. 그러고 나서 그곳을 떠나 지금 여기에 와서 태어났습니다. 이와 같이 그는 전생의 여러 가지 모습을 상세하게 회상해 보았습니다.

이것이 바로 초기 경에 그가 깨달은 첫 번째 앎입니다. 이와 같이 과거에 대한 무지를 떨쳐버리면서 그는 자신의 순수한 마음을 존재들이 사라지고 다시 나타나는 것을 인식하는 대로 돌렸습니다. 뛰어난 통찰력과 투시력으로 그는 존재들이 한 상태에서 사라졌다가 다른 곳에서 다시 나타나는 것을 보았습니다.

그는 비천함과 고귀함, 아름다움과 추함, 행복과 불행과 같은 모든 것들이 그들의 행위에서 나타남을 보았습니다. 그는 이러한 선한 개체들이 나쁜 행위, 나쁜 말, 나쁜 생각에 의해서 성스러운 자들을 욕하고, 그릇된 신앙 때문에 그들의 육체가 분해가 된 사후에 고통을 받는 상태로 다시 태어나는 것을 알게 되었습니다.

그는 이러한 선한 개체들이 좋은 행위, 좋은 말, 좋은 생각에 의해서 성스러운 자들을 비방하지 않으며, 올바른 믿음으로 올바른 신앙자들의 삶을 따라가기 때문에 그들의 육체가 분해된 사후에 행복한 천상에 태어나게 되는 것을 알게 되었습니다. 이와 같이 혜안으로 그는 존재들이 사라지고 다시 태어나는 것을 알았습니다. 이것이 바로 한밤중에 깨달은 두 번째 앎이었습니다.

미래에 대한 이와 같은 무지를 몰아내면서 그는 그의 순수한 마음을 번뇌의 소멸을 깨닫는 대로 돌렸습니다. 그는 다음과 같은 사실을 알게 되었습니다. '이것은 괴로움이다. 이것은 괴로움의 일어남이다. 이것은 괴로움의 소멸이다. 이것은 괴로움의 소멸로 가는 길이다'라고 고집멸도 사성제의 진리를 깨달은 것입니다.

마찬가지로 이번에는 다음과 같은 사실을 깨달았습니다. '이것이 번뇌다. 이것이 번뇌의 일어남이다. 이것이 번뇌의 소멸이다. 이것은 번뇌의 소멸을 이끄는 길이다.' 이와 같이 이해하고 깨닫게 되자, 그의 마음은 감각적인 갈망에 번뇌로부터, 존재하려는 번뇌로부터, 어리석음의 번뇌로부터 완전히 해방되었습니다.

해방이 되자 그는 깨달았습니다. '나는 해방되었다는 것을 알았다. 그리고 나는 깨달았다. 윤회는 끝났다. 삶은 성스러움으로 넘친다. 이루어야 할 것은 다 이루어졌다. 이 이상의 상태는 더는 없다.' 이것은 새벽에 깨달은 세 번째 앎이었습니다. '이제 무지는 사라졌다. 그리고 지혜가 생겼다. 어둠은 사라졌다. 그리고 빛이 생겼다.' 이렇게 부처가 깨달음을 반조합니다.

여기서 오늘 우리가 주목할 것은 고따마 싯닷타가 고행을 하면서 고행이 무의미하다는 사실을 알고 고행을 풀었다는 것입니다. 왜 고행을 풀었는가가 중요합니다. 고따마 싯닷타는 극한 상황에 이르러서 죽음을 보았습니다. 그리고 죽으면 끝이라는 사실을 알았습니다. 그런데 자기의 고행은 오직 죽음으로만 갈 뿐이었습니다. 그래서 어떤 평화도 어떤 깨달음도 얻을 수 없다는 사실을 알았습니다.

그러고 나서 생각했습니다. 죽는 것에 대한 두려움과 죽는 것에 대한 의문이 생긴 것입니다. 그래서 '왜 죽는가?' 생각했습니다. 그러자 고따마 싯닷타는 늙어서 죽는 것은 태어났기 때문이라는 사실을 알았습니다. '그렇구나! 죽는 것은 태어났기 때문이구나.' 그리고 다시 반문했습니다.

그러면 '왜 태어나는가?' 그리고 왜 태어남을 살펴보았습니다. 그랬더니 태어남에 원인은 업에 생성 때문이라는 사실을 알게 되었습니다. 다시 왜 업의 생성이 일어났는가를 생각했습니다. 그러자 업의 생성은 집착했기 때문이라는 사실을 알았습니다. '그렇구나! 내가 집착을 해서 업을 생성시켜서 태어났고, 태어났으니까 늙어서 죽는 이런 일련의 과정이 있구나!'라고 생각했습니다.

그러자 왜 집착을 했는가라는 의문이 들었습니다. '그렇다. 왜 집착을 했는가?' 그래서 집착의 원인을 살펴보니까 그것은 갈애, 갈망, 욕망이었습니다. '아! 욕망 때문에 집착을 했구나!'라는 사실을 알았습니다.

그러고 나서 그렇다면 왜 갈애를 일으키는가라는 의문에 부딪쳤습니다. 그래서 갈애가 일어난 원인을 발견했는데, 그것이 바로 느낌 때문이라는 사실을 알았습니다. '그렇구나! 느낌 때문에 갈애를 일으켜서 집착했구나!' 사실 느낌은 우리가 알고 있는 모든 것이 느낌입니다. 사랑, 명예, 돈, 술 모든 것이 느낌입니다. 그런 느낌을 항상 더 증폭시키려는 것이 우리들의 현실입니다.

그렇다면 고통을 일으키는 이 느낌은 왜 일어났는가라고 반문해 보았습니다. 그러자 느낌의 원인은 접촉이라는 사실을 알았습니다. 부딪침이라고 하는 것인데, 느낌은 부딪침에 의해서 일어나는 것이라는 것입니다. 이때의 접촉은 안, 이, 비, 설, 신, 의라는 여섯 가지 감각기관이 색, 성, 향, 미, 촉, 법에 부딪쳐서 일어나는 것을 말합니다. 이때 느낌이 일어납니다. 그래서 왜 접촉하는가를 보니까 역시 접촉의 원인은 안, 이, 비, 설, 신, 의라는 감각기관이 있어서 색, 성, 향, 미, 촉, 법에 접촉한다는 사실을 알았습니다.

그렇다고 한다면 여섯 가지 감각기관은 왜 생겼는가라고 반문했습니다. 그러자 여섯 가지 감각기관의 원인이 바로 정신과 물질, 나마nāma 루빠 rūpa라는 사실을 알게 되었습니다. 이것을 또 다른 말로는 몸과 마음이라고 합니다.

'그렇구나. 몸과 마음이 생겨서 여섯 가지 감각기관이 있고, 여섯 가지 감각기관은 여섯 가지 감각대상에 부딪쳐서 느낌이 일어나는구나!' 이러한 일련의 과정을 알았습니다.

그러고 나서 다시 반문했습니다. 정신과 물질은 왜 일어나는가라고 보니까 정신과 물질을 일으킨 것은 재생연결식이라는 사실을 알았습니다. 그러니까 선행하는 마음이 있어서 그 마음의 상태에 따라서 정신과 물질이 생긴다는 사실을 알았습니다. 바꾸어 이야기하면 인간으로 태어나는 마음이 선행되면, 인간의 몸과 마음이 되고, 개의 수준에 마음이 있었다면 개로 태어난다는 사실을 알았습니다. 이것을 재생연결식이라고 합니다.

그렇다고 한다면 이 재생연결식은 왜 생겼는가? 하는 의문을 가졌습니다. 그래서 재생연결식이 생기는 원인을 보니까 과거에 업의 형성, 마음의 형성력, 과거의 행위로 말미암아서 현생의 재생연결식이 생겼다는 사실을 알았습니다. '그렇구나! 어떤 행위가 있어서 그 행위로 말미암아서 재생연결식이 생겼구나!'라고 알았습니다.

그렇다고 한다면 이 행위는 왜 일어났는가라고 반문해 보았습니다. 그러자 그 행위의 원인은 무명이라는 사실을 알았습니다. 이 무명은 '모른다'입니다. 무지, 모른다, 라는 뜻입니다.

'그렇구나! 몰라서 행위를 해서 재생연결식이 생겼고, 그래서 재생연결식의 수준에 맞는 몸과 마음이 생겼고, 그리고 몸과 마음이 생겨서 여섯 가지 감각기관이 생기고,

감각대상에 부딪쳐서 느낌이 생기고, 느낌이 있어서 갈애가 일어나고, 갈애가 일어나서 집착을 하게 되고, 집착을 해서 업의 생성을 일으키고, 업의 생성 때문에 미래에 태어남이 있고, 태어났으니까 결과적으로 죽어야 하는구나!'라는 일련의 과정을 알았습니다. 이렇듯 행의 원인인 무명을 알게 되었습니다.

다시 반문했습니다. 무명의 원인은 무엇일까라고 생각해 보니까 무명의 원인이 무명이라는 사실을 알았습니다. '그렇구나! 모르는 것 그 이전으로 거슬러 갈 수가 없구나!'라고 해서 죽음의 즈음에서 죽음에 대한 두려움 때문에 죽음의 원인을 추적한 결과 그 끝이 무명 때문에 시작되어서 죽음에 이르렀다는 사실을 알게 되었습니다. 이것이 12연기의 역관입니다. 역으로 본 연기를 말씀드리는 것입니다.

이렇게 역관으로 본 12연기를 아신 뒤에 무명 이전으로 거슬러 올라갈 것이 없어서 다시 무명으로부터 시작해서 순관을 하기 시작했습니다. '그렇다! 무명을 원인으로 행이 일어나고, 행을 원인으로 재생연결식이 일어나고, 재생연결식을 원인으로 정신과 물질이 일어나고……' 이렇게 역관과 순관을 오르락내리락하시면서, 인류사의 가장 위대한 사상 중에 하나인 '원인과 결과'라는 진리를 발견하신 겁니다.

인류의 역사상 오직 유일하게 부처만이 원인과 결과를 말씀하십니다. 그리고 인류 역사상 원인과 결과라는 연기의 사실은 누구도 밝힐 수 없을뿐더러 오직 부처만 밝힐 수 있는 사상입니다. 그래서 이 연기를 통해서 다시 수행을 시작하시게 됩니다.

연기의 발견(2)

화가 날 때 그 마음을 알아차리십시오. 항상 탐욕이 도사리고 있을 것입니다. 탐욕이 일어날 때 그 마음을 알아차리십시오 무지한 마음이 버티고 있을 것입니다. 무지한 것을 알 때 그 마음을 알아차리십시오 무지해서 무지하다는 것을 알게 될 것입니다. 무지보다 더 한 근본원인은 없습니다. 모든 것은 모르는 것으로부터 시작됩니다.

무지하다는 것을 알아차리는 것이 무지로부터 벗어나는 유일한 길입니다. 위빠사나 수행은 그래서 자신이 모른다는 사실을 알아차리는 것을 말합니다.

오늘은 지난 시간에 이어서 12연기의 역관과 순관, 24연기를 말씀드리겠습니다.

실제로 연기는 24연기가 되어야 연기의 완성이라고 볼 수가 있습니다. 연기는 부처님께서 깨달음을 얻기 전에 최초로 보신, 바로 역관이 있고 그리고 처음부터 시작하는 순관이 있는데, 이것을 빨리어로는 빳타나patthāna라고 말합니다. 이 빳타나는 24연기를 뜻합니다. 그래서 빳타나라는 빨리어의 뜻은 다양한 조건이라는 뜻으로 쓰입니다.

그렇습니다. 죽음으로부터 시작된 역관이 끝에 가서 무명에 이르게 되고, 더 이상 갈 곳이 없는 무명에서부터 다시 시작해서 이른 곳이 또 죽음이었습니다. 이렇게 역관으로 무명을 보고, 무명으로부터 시작된 죽음을 보고, 역관과 순관을 거듭하신 뒤에,

부처님께서는 모든 것이 원인과 결과라는 사실을 아셨던 것입니다.

지난 시간에 말씀드린 것처럼 인류사에 수많은 사상들이 있지만, 부처님께서 밝히신 이 원인과 결과라는 사상은 그 어느 누구도 비난할 수도 없고, 어느 누구도 이의를 제기하지 못하는 거의 완벽한 사상입니다. 바로 고따마 싯닷타께서 부처가 되는 과정이 12연기라는 과정으로부터 시작되었다는 사실이 중요합니다. 그 연기는 바로 극단적 고행이 아닌 중도를 통해서 대상을 있는 그대로 보는 힘이 생긴 것입니다. 그래서 중도가 의미하는 불교의 뜻은 매우 중요합니다.

우리가 부처님께서 이르신 '무명'이라는 연기의 시작은 매우 깊은 뜻을 가지고 있습니다. 바로 무명을 원인으로 행이 일어나기 때문에 모든 것은 무명으로부터 시작됩니다. 무명은 어리석음으로 인해 사물의 본성을 알지 못하는 것을 말합니다. 무명의 원인은 앞서 말씀드린 대로 무명입니다. 그리고 모르기 때문에 무명이라고 말합니다. 여기서 원인이라고 말하는 것을 빨리어로는 빳짜야paccaya라고 합니다.

이 빨리어 빳짜야는 원인, 조건, 동기, 연, 연기할 때 연緣 하는 등으로 쓰입니다. 이런 원인을 의지해서 바로 결과가 생깁니다. 그래서 빳짜야, 원인은 의지한다, 버리지 않는다, 생기기도 하고 끊임없이 생겨서 머문다, 영향을 미친다, 은혜를 미친다, 등등으로 다양하게 사용됩니다.

이와 같은 무명을 조건 짓는 원인은 바로 여덟 가지를 모르는 것을 말합니다. 첫째는 네 가지가 있는데, 사성제인 고집멸도를 모르는 것을 말합니다. 고苦는 괴로움이 있다는 것을 모르는 것입니다. 이때 말하는 괴로움은 매우 많은 종류의 괴로움을 뜻합니다. 괴로움은 보편적으로 열한 가지의 괴로움이 있는데, 태어남, 늙음, 병, 죽음, 근심, 탄식, 육체적 고통, 정신적 고통, 절망, 원하는 것을 얻지 못하는 것, 오취온, 이런 것들을 괴로움이라고 말합니다.

다음으로 고집멸도 사성제 중에서 '집集'을 모르는 것을 무명이라고 말합니다. 여기서 집은 집착을 말하는 것인데, 집착은 또 네 가지가 있습니다. 첫째, 감각적 욕망에 대한 집착인데, 이는 감각적 욕망의 갈애에서 비롯된 집착입니다. 집착의 두 번째는 사견에 대한 집착인데, 유신견, 상견, 단견에 대한 집착과 업의 과보가 없으며, 내생의 정등각자 아라한이 없다는 견해에 대한 집착을 말합니다. 세 번째 집착은 계율과 의식에 대한 집착인데, 팔정도와는 아무런 상관이 없는 의식과 의례를 행하는 것에 대한 집착을 말합니다. 네 번째 집착은 자아의 교리에 대한 집착인데, 영혼, 자아, 살아 있는 실체의 믿음에 대한 집착입니다.

다음에는 멸제에 대한 무명입니다. 이것은 괴로움이 소멸하는 것을 모르는 것입니다. 다른 말로는 열반을 알 수 없는 것입니다.

그리고 네 번째 무명은 도성제에 대한 무명입니다. 도성제는 괴로움을 소멸할 수 있는 길인 팔정도를 의미합니다. 이때의 팔정도는 계정혜 삼학으로 바른 견해, 바른 사유, 바른 말, 바른 행위, 바른 생계, 바른 정진, 바른 알아차림, 바른 집중을 말합니다. 이렇게 고집멸도 사성제를 모르는 것을 네 가지 무명을 모르는 것이라고 말합니다.

그리고 다섯 번째로 출생 이전의 과거 생을 모르는 것이 무명입니다. 출생 이전의 과거 생을 모른다는 것은 무엇을 의미하는 것일까요? 바로 전생의 내가 이생의 나로 환생하였다고 말하는 것은 잘못 아는 것입니다. 전생의 나는 현생의 내가 아닙니다. 이때 전생의 내가 현생의 나로 온 것이 아니고, 거기에는 자아가 없음으로 전생의 원인이 현생에 왔다는 사실이 진리입니다. 그런데 우리는 전생의 내가 이생에 왔다고 알고 있다면 그것이 바로 무명입니다.

그리고 여섯 번째 무명은 죽음 이후의 미래 생을 모르는 것입니다. 이 여섯 번째 무명은 내가 죽어서 어디에 가서 태어난다고 생각하는 것을 말합니다. 그러나 사실은 내가 죽어서 어디로 가는 것이 결코 아닙니다. 왜냐하면 나는 없기 때문입니다. 과거나 현재나 미래에나 그 순간의 마음은 있지만 나는 없습니다. 그래서 실재하는 것은 현재의 원인이 미래의 결과로 간다는 사실입니다. 이때에 내가 미래로 가지 않는 것입니다. 그런데 내가 죽어서 어디엔가 태어난다고 하는 것이 바로 무명입니다.

일곱 번째로 과거와 미래를 같이 모르는 것입니다. 역시 과거의 원인이 현재의 결과가 되었고, 현재의 결과가 다시 원인이 되어서 미래의 결과로 간다는 사실이 과거와 미래를 바로 아는 것입니다. 그런데 과거의 내가 현재로 와서, 다시 현재의 내가 미래로 가는 것이라고 생각하고 있는 것을 우리는 무명이라고 합니다.

여덟 번째로 12연기의 바른 성품을 모르는 것을 무명이라고 합니다. 12연기는 원인과 결과라는 조건에 의해서 일어나고 사라지는 현상들이 연속되는 것을 말합니다. 이렇게 모든 것이 조건 지어진다는 것이라는 것을 모르는 것이 바로 무명입니다. 이러한 조건 지어진 현상은 과거로부터 온 것이며, 현재는 다시 현재의 원인이 되고, 다음으로 미래의 원인이 되기도 하는 것을 모르는 것이 바로 무명입니다. 이상 여덟 가지를 모르는 것을 무명이라고 말씀드렸습니다.

이처럼 12연기의 첫 번째가 무명으로 시작됩니다. 그러나 부처님께서는 윤회는 저절로 일어나는 것이 아니고, 일어나는 원인이 두 가지라고 말씀하셨습니다.

첫째는 '그 이전에 무명이 없고, 그 이후에 무명이 생겼다'라고 하신 말씀으로 보아서 무명의 원인이 무명임을 말씀하셨습니다. 두 번째는 '그 이전에 존재에 대한 갈애가 없었지만 그 이후에 존재에 대한 갈애가 생겼다'라고 말씀하셨습니다. 이는 번뇌가 생겼기 때문에 무명이 일어난 것을 말합니다. 그래서 12연기의 원인은 무명과 갈애라는 사실을 알 수가 있습니다.

윤회하는 세계에서는 무명으로 시작하여 무명으로 끝이 납니다. 과거에는 모르는 채로 태어나서 현재에나 미래에는 모르는 채로 죽으면 다시 모르는 채로 태어납니다. 그래서 시작도 무명이고 끝도 무명입니다. 윤회가 없는 세계에서는 지혜로 시작하여 지혜로 끝납니다. 무명으로 태어났지만 현재 지혜로 시작하여 미래에 지혜로 끝나면 다시 태어나지 않습니다. 무명과 갈애가 없는 것이 지혜이며, 지혜가 있으면 바라는 것이 없어 다시 태어나는 생이 없습니다.

윤회하는 세계에서는 두 가지 시작이 있고, 두 가지의 끝이 있습니다. 첫째는 과거의 무명으로 시작해서 현재에 무명이 계속되어 미래에 무명으로 끝나는 것입니다. 두 번째는 지금 말씀드린 대로 과거의 갈애로 시작해서 현재에 갈애가 계속되어 미래의 갈애로 끝나는 것입니다. 이렇게 윤회의 시작은 과거에는 무명을 우두머리로 삼아서 이어져 내려왔고, 현재는 갈애를 동반자로 삼아서 윤회가 계속됩니다. 그래서 연기의 근본원인은 무명과 갈애라는 두 가지 사실을 우리는 직시해야 하겠습니다.

무명은 얻어서는 안 될 것을 얻는 것을 말하며, 얻어야 할 것을 얻지 않는 것을 무명이라고 합니다. 갖지 말아야 할 것을 가지려는 것과 가져야 할 것을 갖지 않는 것이 바로 무명입니다. 오온이 무더기라는 사실을 알지 못하는 것이 무명이며, 여섯 가지 감각기관이 단지 자리[處]라는 뜻을 알지 못하는 것이 무명이며, 열여덟 가지의 요소가 비어 있다는 것을 알지 못하는 것이 무명이며, 오근의 기능을 다스린다는 뜻을 알지 못하는 것이 무명이며, 진리에 여여하다는 뜻을 알지 못하는 것이라고 해서 무명이라고 말합니다.

그래서 수행자가 알아야 할 것은 오온인 색, 수, 상, 행, 식이 무엇인지 알아야 하고, 육입인 안, 이, 비, 설, 신, 의가 무엇인지 알아야 하고, 18계인 안, 이, 비, 설, 신, 의와 색, 성, 향, 미, 촉, 법과 안식, 이식, 비식, 설식, 신식, 의식이 무엇인지 알아야 합니다. 그리고 오근인 믿음과 노력, 알아차림, 집중, 지혜를 알아야 하고, 사성제인 고집멸도를 아는 것이 바로 무명으로부터 벗어나는 길입니다.

무명을 무지라고 하는데 무지는 맹목적인 것입니다. 무명은 모른다는 것으로, 지식이 없다는 것이 아니고, 바로 지혜가 없다는 것을 말합니다. 그래서 사교나 맹신 등 맹목적인 것으로는 대상의 실재를 알 수가 없어서 바로 무지하다고 말하는 것입니다. 알지 못하면 대상의 고요한 본성을 꿰뚫어 볼 수 없기 때문에 올바른 행위와 반대가 되며, 그래서 이것이 악행의 근원이 되기도 합니다.

이러한 무명의 계층은 매우 다양합니다. 지혜가 많고 적고 하는 차이에 따라서 무명의 정도도 다양합니다. 빠라마타 담마paramattha dhamma라는 근본법을 알고, 신구의 삼업을 알고, 무상, 고, 무아의 삼법인을 알고, 12연기를 알아 원인과 결과의 과보를 알고, 고집멸도 사성제를 아는 것이 무명에서 벗어나는 길입니다.

그러나 생각으로 아는 것과 수행을 통해서 지혜로 아는 것과는 차이가 있습니다. 수행을 통해서 있는 그대로 아는 것이 바로 무명으로부터 벗어나는 길입니다.

『잠부깟따까』에 사리불 존자에게 이런 질문을 한 것이 있습니다.

"무명, 무명이라고 말씀하시니, 사리불 도반이시여! 무명이란 도대체 무엇입니까?"
그러자 사리불께서는 말씀하십니다.
"잠부깟따까 도반이시여! 고苦에 대해서 알지 못하고, 집集에 대해서 알지 못하고, 멸滅에 대해서 알지 못하고, 도道에 대해서 알지 못하는 것, 그것을 일러 무명이라고 합니다."
"그렇다면 도반이시여! 무명을 제거하는 방법은 어떤 것이 있습니까?"
그러자 사리불께서는 이렇게 말씀하십니다.
"고귀한 팔정도, 이것이 무명을 제거하는 방법입니다."

바로 이 팔정도가 중도이면서 위빠사나 수행을 말합니다. 무지의 특성은 모르는 것입니다. 이것에 반해서 지혜는 아는 것입니다.

무지는 매우 어리석은 것입니다. 대상의 바른 뜻을 덮는 성질이 있는데, 이것이 지혜로 드러납니다. 무지는 번뇌의 소용돌이와 가까운 원인이 있습니다. 이렇듯 무지는 모든 것의 괴로움의 원인이자, 모든 것의 시작을 뜻합니다. 우리는 이 무지에서 벗어나기 위해서 오늘 또 수행을 시작하여야 하겠습니다.

순관으로 본 연기법

이 책 앞부분에 있는 12연기 도표를 보면서 공부를 하면 난해한 12연기를 좀 더 쉽게 이해할 수가 있습니다.

오늘은 순관順觀으로 본 연기법을 공부하겠습니다. 우리가 지난 시간에 말씀드렸듯이, 연기는 역관으로 가는 12연기와 순관으로 가는 12연기가 있습니다. 먼저 연기의 시작인 무명부터 하겠습니다. 12연기 도표는 오온의 진행과정에 맞춰서 고 대장로 모곡 사야도께서 고안하여 그리신 것입니다.

이는 연기가 바로 우리 자신의 오온이며, 이것이 쉼 없이 진행되는 과정이라는 것을 보여주고 있습니다. 이전의 오온이 사라져 새로운 오온을 일으키는 과정인 연기는 바로 물질적·정신적 현상들이 일어나고 사라지는 연속적인 원인과 결과의 과정입니다.

한 인간의 문제는 자신의 정신적·물질적 현상이 조건에 의해서 일어나고 사라지는 현상만 있습니다. 여기에는 결코 어떤 외부적인 힘이 개입될 수가 없습니다. 오직 원인과 결과만 있을 뿐입니다. 과거의 원인이 현재가 되고, 현재의 원인이 다시 미래의 결과로 갑니다. 이처럼 우리는 윤회하는 세계 속에서 살고 있습니다.

이 연기를 또 다른 말로 윤회라고 합니다. 이러한 윤회의 시작은 헤아릴 수가 없습니다. 왜냐하면 무명에 가려지고 갈애에 묶인 채 한 생에서 또 다른 생으로 끝없이 윤회를 계속해 온 존재가 언제 시작되었는지 알 수가 없는 것입니다. 부처님께서는 무명의 시작은 알 수가 없다고 말씀하셨습니다.

한 존재가 거쳐 간 육신의 뼈들을 무더기로 쌓는다면, 그 높이는 웨뿔라 산과 맞먹을 것이라고 말씀하셨습니다. 그런데 그 웨뿔라 산을 올라가는 데는 나흘이 걸릴 것이라고 했습니다. 단지 한 존재의 뼈들로만 말입니다. 윤회란 이토록 긴 것이며, 윤회가 이토록 길다고 하는 것은 고통의 세월 또한 이렇게 길었으며, 연기의 순환 또한 그토록 오래 계속되어 온 것이라고 말하는 것과 같습니다. 나흘이 걸려서 올라가는 웨뿔라 산의 높이만큼 우리가 나고 죽고, 나고 죽고 하면서 생긴 뼈들이 그렇게 많다는 사실입니다. 실제 이 말을 돌이켜볼 때, 색계나 무색계에서 화생을 한 생명들은 뼈가 없습니다. 그렇다면 우리가 축생이나 인간으로 태어났을 때 이 뼈들이 쌓인 것이라고 말한다면 그 엄청난 세월은 상상하기조차 어렵습니다.

윤회의 시작은 무명입니다. 그렇다면 무명이란 무엇일까요? 지난 시간에도 무명을 말씀드렸지만 오늘은 모곡 사야도의 법문으로 다시 돌아가 보겠습니다.

무명은 사성제에 대한 무지라고 말씀드렸습니다. 이때 사성제라는 것은 고집멸도를 말하는데, 네 가지 성스런 진리로서 성인이 되어야 아는 진리를 말합니다. 그러니까 우리가 고집멸도를 말할 때는 사유로 아는 것이지 실제로 그 진실한 뜻은 이해하기 어렵습니다. 왜냐하면 열반을 체험한 성자가 되어야 비로소 괴로움과 괴로움의 원인과, 괴로움의 소멸과 괴로움의 소멸에 이르는 팔정도를 이해할 수 있기 때문입니다.

사성제의 첫째는 괴로움의 원인에 대한 무지입니다. 그리고 두 번째는 괴로움에 대한 무지입니다. 이때의 괴로움은 불만족을 말합니다. 아무리 가져도 만족할 수 없기 때문에 우리는 괴로움에 처해 있습니다. 그리고 모든 것들이 변하기 때문에 우리는 괴로울 수밖에 없습니다. 셋째, 괴로움의 소멸에 대한 무지입니다. 이것은 열반을 의미합니다. 그리고 넷째는 괴로움의 소멸로 이끄는 도제인 팔정도에 대한 무지입니다.

지난 시간에 사성제에 대한 무지가 바로 무명이라고 말씀드렸듯이, 오늘도 같은 뜻으로 다시 말씀드립니다.

첫째, 집제集諦에 대한 예는 다음과 같습니다. 우리 모두에게는 금이나 은 또는 값나가는 물건을 갖고 싶어 하는 욕망이 있습니다. 이러한 욕망이 괴로움의 근본원인입니다. 이 사실을 모르는 것이 집제에 대한 무지입니다.

두 번째, 괴로움, 불만족에 대한 무지는 우리 자신의 오온이 바로 괴로움과 불만족이라는 사실을 모르는 것, 바로 고제苦諦에 대한 무지입니다. 우리는 몸과 마음을 가지고 있는 한 괴로움에서 벗어날 길이 없습니다. 그것 자체가 원래 괴로운 것입니다. 그래서 우리는 이 괴로움으로부터 결코 벗어날 수가 없습니다. 그것을 모르는 것이 고제에 대한 무지입니다.

셋째, 모든 괴로움의 소멸이 멸제滅諦, 즉 궁극적 열반이라는 것을 모르는 것이 멸제에 대한 무지입니다. 이 멸제는 우리들의 수행의 대상이 아닙니다. 우리는 단지 괴로움의 원인과 괴로움에 대한 그것만을 알아차릴 뿐이지, 괴로움의 소멸에 이르는 것은 우리가 수행의 대상이 아니며, 알 수도 없습니다. 이것은 성자의 진리이기 때문입니다.

넷째, 팔정도가 궁극적 열반에 이르는 길임을 모르는 것, 도제道諦에 대한 무지입니다. 팔정도가 있는 것을 모르는 것이 무지이고, 팔정도를 실천하지 않는 것이 바로 무지입니다. 팔정도는 늙고 죽는 고통에서 벗어나는 올바른 여덟 가지 길을 말합니다. 그래서 이 팔정도를 실천하는 것이 수행입니다.

이때 괴로움의 원인과 괴로움은 세속의 진리입니다. 누구나 윤회하는 세계 속에서는 괴로움의 원인과 괴로움이 일어나는 진리 속에서 삽니다. 그러나 부처님께서 출현하신 뒤에 괴로움의 소멸과 괴로움의 소멸에 이르는 팔정도를 찾아내셔서 괴로움의 소멸과 괴로움의 소멸로 이끄는 도제는 출세간의 진리라고 말합니다. 그래서 고제와 집제는 세속의 진리이고 일어나는 진리입니다. 그리고 부처님이 찾아내신 괴로움의 소멸과 괴로움의 소멸로 이끄는 도제는 출세간의 진리이며, 괴로움이 사라지는 소멸의 진리입니다.

그래서 사성제 중 첫째와 둘째는 세속적 진리이고, 셋째와 넷째는 출세간의 진리이고, 다시 첫째와 둘째는 일어나는 진리이고, 셋째와 넷째는 소멸하는 진리입니다.

우리가 사는 데는 괴로움만 있지 않습니다. 그러나 괴로움으로부터 벗어나는 도제와 멸제를 찾아내신 부처에 의해서 비로소 괴로움을 소멸하는 길로 갈 수가 있게 된 것입니다. 이러한 무지가 바로 무명이며, 모든 생각과 말과 행위들이 바로 이 무지로부터 일어납니다.

그러므로 부처님께서는 "무명을 원인으로 하여 행行이 일어난다"고 말씀하셨습니다. 모든 슬픔과 괴로움의 근본원인이 무엇인지 모르는 채로 우리는 자신과 가족을 위해 온갖 종류의 행위들을 합니다. 재산을 늘리고 더 나은 지위를 얻기 위해서 선하고, 선하지 못한 모든 수단들을 다 동원해서 행동합니다.

정당한 수단으로 선한 삶을 살고 있다고 해도 그런 사람들이 연기적 관점에서 볼 때는 윤회의 고리를 끊지 못하고 연기를 다시 연결하는 일을 하고 있는 것입니다. 이 경우에 이 사람은 과연 무슨 잘못을 저지른 것일까요? 물론 어떤 잘못을 저질렀다고 말할 수는 없습니다. 하지만 분명한 것은 연기의 고리가 계속해서 돌아가도록 연결 짓는 행위를 하고 있다는 사실입니다.

세속의 진리는 가족을 위해서, 국가를 위해서, 인류를 위해서, 어떤 것도 서슴지 않고 어떤 것도 마다하지 않아야 되겠지만, 출세간에서는 다릅니다. 비록 가족을 위해서, 나라를 위해서 한다고 하더라도 그것이 선하지 못한 것이라고 한다면, 그것은 바람직하지 않다는 사실을 우리가 유념해야 되겠습니다. 가족이나 국가를 위해서 열심히 일한다는 것도 바로 연기를 회전하게 하는 것이기 때문입니다. 이것이 잘못한 것이 아니지만, 따져본다면 최상의 선택이 아니라는 것입니다. 궁극적으로는 연기가 회전하지 않도록 하는 것만이 가장 최상의 선택입니다.

선택은 여러분이 하십시오. 괴로움뿐인 윤회를 거듭하고자 한다면 선하다는 명분으로 무엇이나 행하십시오. 그러나 괴로움뿐인 이 세상에서 벗어나서 윤회를 끊고 싶다고 한다면 출세간의 진리를 위해서는 반드시 명분이 있어야 하고, 온전하게 선한 것만 실천해야 합니다. 여기에는 예외가 없습니다.

또 사람들은 다음 생에서 보다 나은 지위를 얻기 위하여 보시를 합니다. 이것은 의심할 여지없는 선업善業입니다. 이러한 칭찬받을 만한 공덕이 괴로움의 진리를 알지 못하는 무명과 함께 행해질 때는 이는 덕을 짓는 행이 될 뿐입니다. 그래서 보시도 바라는 마음이 있을 때는 연기의 사슬에서 벗어나지 못합니다.

여기서 말하는 무명은 마음입니다. 그 마음은 매 순간에 일어나서 사라집니다. 그 마음이 일어나서 사라졌지만, 사라지면서 그 마음의 과보가 있어서, 다시 일어날 힘이 있어서 또 일어나게 됩니다. 이것이 무지의 속성입니다. 무명은 모르는 것이라고 해서 무명이라고 했는데, 몰라서 바로 어리석음이라고 말하고 모르기 때문에 무명이라고 합니다.

모르면 나태한 상태에서 게으르고 바라고 집착합니다. 모르기 때문에 계속 바라서 집착을 하고, 집착을 해서 업의 생성을 하고, 업의 생성이 있기 때문에 태어나서 늙어서 죽는 환난병고를 겪어야 됩니다.

그러나 이 무명의 반대가 있습니다. 무명의 반대는 지혜인데, 그 지혜는 안다는 것입니다. 지혜는 알기 때문에 지혜라고 합니다. 지혜는 알기 때문에 어둠이 아니고 밝음입니다. 알면 바라지 않아서 끊어버립니다. 끊기 때문에 그 과보가 지속되지 않습니다.

그래서 우리는 무명인 상태로 모르면 번뇌에 당하고 살지만, 알면 지혜인 상태에서 번뇌를 끊어버립니다. 그러니 우리가 행복하고 불행하고 하는 것들을 누가 선택할 수가 있단 말입니까? 우리 스스로 선택할 수가 있습니다. 바로 우리 자신이 선택할 수 있는 지혜는 오직 수행을 통해서만 가능합니다.

무지는 대상의 실재하는 진실을 보지 못하고 관념에 사로잡혀서 스스로를 속박합니다. 이 관념이 잘못된 견해로서 무지를 더욱 강화시킵니다. 이 무지는 맹목적입니다. 무지는 분별력을 갖지 못하고 미혹하여 삿된 것에 빠져서 삿된 것을 구합니다. 무지는 용감합니다. 무지하면 양심이 없고, 수치심이 없으며, 항상 들떠 있어서 짐승처럼 본능만 가지고 있습니다.

무지가 가장 큰 불선업입니다. 무지한지를 몰라서 바로 개선될 여지가 없습니다. 사람들은 의외로 무지에서 벗어나려고 하지 않습니다. 왜냐하면 무지하기 때문입니다. 무지가 자신의 습관이고 고정 관념이기 때문에 사람들은 무지를 모르고, 무지에서 벗어나려는 의도를 내지 못합니다.

무지는 깊은 망상입니다. 모르기 때문에 바르지 못한 것을 얻으려 하고, 바르지 못한 것을 버리지 못합니다. 무지는 감각적 욕망을 좋아하며, 그것 때문에 살려고 하는 것을 말합니다. 이것의 괴로움을 아는 것이 바로 지혜입니다. 무지는 옳은 것을 옳지 않다고 하는 것이며, 옳지 않은 것을 옳다고 여기는 것을 말합니다. 오늘도 우리 다 함께 무지에서 벗어나는 수행을 하여야 하겠습니다.

무명(1)

수행은 누구나 똑같이 모르는 것으로부터 출발합니다. 차이가 있다면 알려고 하는 것과 알려고 하지 않는 것에 있습니다. 모른다고 포기하지 말고, 몰라도 계속해야 합니다. 계속해서 듣고, 읽고, 수행을 하면 조금씩 알게 됩니다.

모르는 세계에서는 끊임없는 반복만이 유일한 길입니다. 복잡하다고 스스로 포기해서 어려운 것입니다. 처음부터 많이 알려고 하면 탐욕으로 더 어렵습니다. 모른다고 포기를 하면 영원히 기회가 오지 않지만, 몰라도 알려고 하면 결국에는 지혜를 얻게 됩니다.

무관심은 게으름으로 인해 노력하지 않는 것입니다. 귀찮아서 관심을 보이지 않는 것이 바로 깊은 무지입니다. 여러분들이 행복과 불행을 스스로 선택하십시오. 무지하면 고통과 괴로움만 있을 뿐입니다.

윤회의 시작은 무명입니다. 이때의 시작은 시간을 의미하지 않습니다. 단지 원인이 되는 조건을 말합니다. 언제라고 하는 시간은 문제의 본질을 파악하고 해결하는 데 결코 도움이 되지 않습니다. 그래서 단지 과거라고만 말할 뿐입니다.

우리는 불필요한 것을 알고자 하는 때가 많습니다. 과연 인류가 언제 적부터 시작되었는가가 지금 현재 나의 괴로움을 해결하는 데 무슨 의미가 있단 말입니까? 그리고 어느 장소에서부터 시작되었는가가 지금 나의 번뇌와 괴로움을 해결하는 데 무슨 도움이 되겠습니까? 이렇듯 윤회의 시작이 무명이라고 하는 이때의 시작은 근본원인을 말하는 것이지, 시제상의 언제라는 그런 뜻을 가지고 있지 않습니다. 그러니까 모든 것의 근본원인이 무명이라는 그런 뜻으로 시작되는 것입니다.

지난 시간에는 모곡 사야도의 무명에 대한 말씀을 드렸고, 오늘은 마하시 사야도가 말씀하신 무명에 대해서 말씀드리겠습니다.

부처님의 가르침에 의하면 무명은 고집멸도 사성제를 모르는 것이라고 볼 수가 있습니다. 궁극적인 의미로는 무명은 착각이나 잘못된 생각을 말합니다. 바꿔 얘기하면 전도몽상을 우리는 무명이라고 말할 수 있습니다. 무명으로 인해 허망하고 실체가 없는 것을 실재하는 것으로 착각합니다. 무명은 우리를 타락하는 길로 인도하기 때문에 그릇된 길로 가는 무지라는 뜻으로 불리기도 합니다.

그렇기 때문에 무명은 일반적인 무지와는 다릅니다. 사람이나 마을의 이름을 모른다고 해서 반드시 잘못되지는 않지만 12연기에 대해서 알지 못하는 것은 단순한 무지 그 이상입니다. 이것은 마치 방향감각을 완전히 상실하여 동쪽을 서쪽으로 알고, 북쪽을 남쪽이라고 잘못 아는 것과 같습니다. 그래서 괴로움의 진리를 알지 못하는 사람은 괴로움으로 가득 찬 삶에 대해서 매우 낙천적인 생각을 갖습니다.

괴로움의 진리는 자신의 몸과 마음 안에서 찾을 수 있기 때문에 이것을 책에서 찾는 것은 잘못입니다. 보고 듣는, 즉 여섯 가지의 감각장소에서 일어나는 정신과 물질은 모두 괴로움뿐입니다. 왜냐하면 현상의 존재는 무상하고 바람직하지 않으며, 즐겁지 않기 때문입니다. 현상의 모든 존재는 어느 때라도 끝날 수 있어서 모든 것은 고통과 괴로움입니다. 하지만 자신의 존재를 좋고 축복받은 것으로 여기는 사람들은 이러한 괴로움을 깨닫지 못합니다. 바로 이것이 무명입니다.

그래서 즐거운 형상, 좋은 소리, 맛있는 음식 따위의 감각대상을 찾아다닙니다. 이 세상에서 좋은 것으로 믿어지는 것을 얻고자 하는 그들의 노력은 존재에 대한 전도된 인식 때문에 생깁니다. 여기서 무명은 말에게 푸른색 안경을 씌워서 마른풀을 푸른 풀이라고 착각하게 하여 그것을 먹이는 것과 같습니다.

중생들은 장밋빛 안경을 통해서 모든 것을 보기 때문에 감각적 쾌락에 탐닉해 있습니다. 그들은 감각대상과 정신과 물질의 성질에 대한 환상을 품습니다. 이것이 바로 있는 그대로 보지 못하는 것입니다. 앞을 못 보는 장님에게 싸구려 옷을 건네주면서 이것은 매우 비싸고 훌륭한 재질의 옷이라고 하면 쉽게 속아 넘어갈 것입니다. 장님은 그 사람을 믿고 건네받은 옷을 아주 좋아할 것입니다. 하지만 장님이 시력을 회복하고 나면 자신이 속았다는 것을 알고는 그 즉시 그 옷을 던져버릴 것입니다. 그때 지혜를 알게 된, 지혜로 보게 된, 눈을 뜨고 보게 된, 장님의 마음은 어떠하겠습니까?

이와 마찬가지로 무명으로 덮인 범부는 무상과 괴로움과 무아를 보지 못하기 때문에 삶을 즐깁니다. 그러나 정신과 물질에 대한 성찰로 자기 존재의 불건전한 속성을 알아차리면 바로 뒤바뀐 인식이 사라져서 바른 인식을 갖게 됩니다.

정신과 물질에 대해 통찰하는 위빠사나 수행은 책 속의 지식과는 아무런 상관이 없습니다. 그것은 감각대상과 그에 상응하는 식識으로 구성된 정신과 물질적 현상에 철저하게 주시하고, 끊임없이 알아차리는 것을 뜻합니다. 수행은 정신과 물질의 본성을 철저하게 알도록 해줍니다. 수행을 해서 집중이 계발됨에 따라 수행자는 정신과 물질이 끊임없이 일어나고 사라진다는 것을 알아서 무상과 괴로움과 무아에 대한 통찰지혜를 얻습니다.

알아차리지 못하기 때문에 무명이 우리로 하여금 실상을 보지 못하게 합니다. 알아차리지 못해서 인습적으로 사용하는 단어인 남자, 여자, 손, 다리 등과 같은 잘못된 인식이 생깁니다. 예를 들면 우리는 보는 것이 무상하고 불만족스러우며 실체가 없는, 그리고 일어나고 사라지는 현상이며, 단지 마음과 몸, 즉 정신과 물질의 진행에 불과하다는 사실을 알지 못합니다.

한번도 수행을 해보지 않은 사람은 정신과 물질에 대해 아무것도 모르고 죽습니다. 하지만 알아차림이 있는 사람은 정신과 물질의 진정한 본성을 깨달을 수가 있습니다. 그러나 집중이 계발되기 전에 처음부터 통찰지혜가 생기지는 않습니다. 이때 통찰지혜는 위빠사나의 지혜라고 말합니다.

잘못된 인식, 즉 자연스러운 마음의 방식이 관찰에 앞서기 때문에 초보수행자는 정신과 물질의 성품에 대한 분명한 위빠사나의 지혜를 얻지 못합니다. 그래서 꾸준한 수행을 통해서만 집중력과 지각력이 계발되어 비로소 위빠사나의 지혜에 이르게 됩니다. 이렇게 위빠사나의 지혜에 이르게 될 때만이 비로소 무명으로부터 자유로워질 수가 있습니다.

예를 들어 만일 사념처 수행을 하는 수행자가 가려움을 느낀다면 수행자는 그냥 가렵다는 것을 알 뿐입니다. 그에게는 손이나 다리, 몸의 어느 부분이 가렵다거나 가려움을 느끼는 것이 자기라는 생각, 내가 가렵다는 생각이 일어나지 않습니다. 거기에는 단지 지속적으로 가려운 감각만 있을 뿐입니다. 그러한 감각은 영원히 지속되는 것이 아니고 그것을 주시하면 사라집니다.

지켜보는 마음은 모든 정신과 물질적 현상을 바로 주시하여 손과 다리라는 잘못된 인식이 일어날 여지가 없습니다. 몸은 부르기 위한 명칭이지 나의 몸이 아닙니다. 내가 느끼는 즐거움, 괴로움, 덤덤함은 단지 감각적 쾌락으로 추구하는 과정에서 감각기관이 느낄 뿐이지, 그것이 나의 느낌은 아닙니다. 느낌은 일어나고 사라집니다.

그러나 우리는 이 느낌을 영원한 것으로 생각합니다. 감각기관이 느끼는 이 느낌을 우리는 나의 느낌이라고 잘못된 생각을 갖습니다. 바로 그것이 무명이며, 이러한 무명으로부터 벗어나기 위해서는 수행의 과정을 통하지 않으면 결코 벗어날 수가 없습니다.

알아차림이 없는 사람은 잘못된 인식에 지배되어서 모든 감각대상의 불만족스러운 성품인 괴로움을 보지 못합니다. 그래서 괴로움을 즐거움으로 알게 됩니다. 참으로 무명은 실재를 모를 뿐만 아니라 실재를 왜곡하는 잘못된 인식을 갖게 합니다. 사람들은 괴로움의 진리를 알지 못하기 때문에 즐거운 감각대상을 추구합니다. 이러한 무명은 노력과 행의 원인이 됩니다.

경전에 따르면, 무명으로 인해 행이 일어나지만 그 사이에 갈애와 집착이라는 두 개의 연결고리가 있습니다. 무명은 갈애를 일으키고 갈애는 이후 집착으로 발전합니다. 갈애와 집착은 감각적 욕망에서 나오는데 이는 연기법의 중간 부분에 명시되어 있습니다. 연기와 관련된 과거는 무명, 갈애, 집착, 업의 형성, 행입니다. 이렇게 무명은 우리들에게 그 모습을 드러내지 않는 숨겨져 있는 세속의 실재입니다.

이 무명을 조장하는 것이 있습니다. 바로 내가 있다는 유신견입니다. 유신견은 잘못된 견해라서 사견邪見이라고 합니다. 유신견이란 내가 있다는 견해로 삿된 견해입니다. 잘못된 견해는 자아가 있다는 견해와 항상 하다는 상견, 죽으면 끝이라고 하는 단견입니다. 이 중에 몸이 있다는 의미에서 유신有身은 있습니다. 몸은 있습니다. 그러나 이 몸이 나의 몸이라고 할 때는 유신견이라고 해서 이것은 잘못된 견해입니다. 유신은 있습니다. 그러나 유신견은 이것이 나의 몸이라고 생각하기 때문에 잘못된 견해입니다.

12연기를 돌게 하여 윤회를 계속하게 하는 근본원인은 무명과 갈애로써 이것은 연기의 핵심 요소들입니다. 12연기는 무명으로부터 시작되지만 사실은 무명은 시작에 불과할 뿐, 무명 뒤에서 조정하는 것이 있습니다. 무명을 조정하는 것이 바로 탐욕과 성냄, 어리석음입니다. 이 세 가지를 불선심이라고 하고 또는 번뇌라고도 합니다. 바로 연기를 돌게 하는 것이 무명이고, 무명을 조정하는 것이 번뇌이고, 번뇌를 조정하는 것이 바로 유신견입니다. 이 유신견의 반대가 무아입니다. 유신견은 이처럼 가장 깊은 곳에서 모든 불선심을 조장합니다. 인간의 탐욕, 성냄, 고통, 슬픔의 직접적인 원인이 바로 유신견입니다.

무명의 상태에서는 언제나 윤회를 벗어날 수도 있지만, 유신견을 가지고 있는 한 영원히 윤회에서 벗어날 수가 없습니다. 내 몸, 내 마음, 내 것이라는 잘못된 고정관념으로 인해서 자신의 모든 불행이 만들어지고 행복을 빼앗깁니다. 이것이 유신견입니다.

이 유신견은 내 몸이 있다는 견해이지만 똑같은 뜻으로 내 마음이 있다는 것도 함께 포함한 말입니다. 몸도 내 몸이 아니고, 마음도 내 마음이 아닙니다. 단지 몸일 뿐이며, 단지 마음일 뿐입니다. 그런데 단지 몸일 뿐인 이 몸을 나의 몸이라고 생각하는 유신견이 바로 무명의 근본원인이 또 됩니다. 그리고 단지 마음일 뿐인 이 마음을 나의 마음이라고 생각해서 우리는 전도몽상에 빠져 끝없는 갈애를 일으키고 집착을 해서 괴로움 속에서 벗어나지를 못합니다.

우리가 수행을 해야 되는 가장 근본 이유는 사실은 무명에서 벗어나기 위한 것인데, 이 무명을 조장하고 있다는 것이 바로 무아의 반대인 자아, 유신견이라는 사실을 알아야 됩니다.

여러분들이 가지고 있는 자존심이 유신견입니다. 그러한 나는 없습니다. 이러한 내가 없다고 알 때, 우리는 자유로워지고 행복해질 수가 있습니다.

무명(2)

어리석음은 나의 어리석음을 보지 못하고 남의 어리석음만 보는 것입니다. 고요해야 할 곳에서 흔들리는 마음이 일어난 것이 바로 어리석음입니다. 관용이 일어나야 할 곳에서 탐욕이 일어난 것이 바로 어리석음입니다. 대상의 실재하는 것을 보지 않고 대상을 관념으로 보는 것이 바로 어리석음입니다. 주어야 할 것을 주지 않고 갖지 말아야 할 것은 갖는 것이 바로 어리석음입니다. 하지 말아야 할 것을 하고 해야 할 것을 하지 않는 것이 바로 어리석음입니다. 모든 것이 어리석음 때문이라는 것을 아는 지혜가 열리면 그 순간 어리석음은 사라집니다.

지난 시간에 이어서 12연기의 시작인 무명에 대해서 계속해서 말씀드리겠습니다.

윤회의 시작을 무명이라고 합니다. 그러나 윤회의 시작이 제1원인과 혼돈되어서는 안 됩니다. 윤회의 시작은 무명으로 눈이 가려졌기 때문에 알 수 없습니다. 또 불교적 관점에서 보자면 윤회의 시작이 어느 날, 어느 시부터 시작되었느냐 하는 것에는 의미를 두지 않습니다. 시간은 문제를 해결하는 데 도움이 되지 않습니다.

다만 무엇 때문에 윤회를 하게 되는가 하는 것이 문제 해결에 도움이 될 뿐입니다. 윤회의 시작이 무명 때문이라고 말하는 것은 모르고 어리석기 때문에 윤회가 시작된다는 것으로 이는 시간의 개념을 뛰어넘은 것입니다. 그래서 부처님께서는 연기의 시원은 모른다고 말씀하셨습니다.

여기서 중요한 것은 연기의 시작이 무명이라는 것은 연기의 근본원인이 모르는 것으로부터 출발했다는 것입니다. 이것은 알면 바로 지혜입니다. 그래서 모르면 무명이고, 알면 지혜로 바뀝니다.

윤회하는 세계에서는 무명으로 시작하여 무명으로 끝이 납니다. 과거에 모르는 채로 태어나서 현재에나 미래에 모르는 채로 죽는다면 다시 모르는 채로 태어납니다. 그래서 시작도 무명이고 끝도 무명입니다. 이것이 윤회입니다.

그러나 윤회가 없는 세계에서는 지혜로 시작하여 지혜로 끝이 납니다. 무명으로 태어났지만 현재에 지혜로 시작하여 미래에도 지혜로 끝난다면 바로 거기에는 태어남이 없습니다. 무명과 갈애가 없는 것이 지혜이며, 지혜가 있으면 바라는 것이 없어 다시 태어나는 생이 없습니다.

윤회하는 세계에서는 두 가지의 시작이 있고, 두 가지의 끝이 있습니다. 첫째는 과거에 무명으로 시작해서 현재에 무명이 계속되어 미래에 무명으로 끝나는 것입니다. 둘째는 과거에 갈애로 시작해서 현재에 갈애가 계속되어 미래에도 갈애로 끝나는 것입니다. 이것이 바로 윤회입니다.

오늘은 앞에서 밝혔듯이 마하시 사야도께서 설하신 괴로움의 원인인 무지에 대해서 잠시 말씀드리겠습니다.

오늘 법문을 말씀드리기에 앞서 불교의 법문은 동의어 반복이 많습니다. 이와 같은 것은 부처님 당시부터 내려온 전통입니다. 이러한 반복을 통하여 훌륭한 학습 효과를 거둘 수 있습니다. 반복이야말로 어려운 법을 이해하는 데 매우 좋은 수단입니다. 그래서 여러 스승들의 같은 말이 반복되더라도 싫증을 느끼지 말고 계속 들어서 이해의 폭을 넓히기 바랍니다.

지난 시간에 한 말을 오늘 내가 다시 들었다고 하지만, 사실은 지난 시간에 들은 이야기와 오늘 들은 이야기는 다른 것입니다. 왜냐하면 지난 시간에 듣는 마음과 오늘 듣는 마음이 같은 마음이 아니기 때문입니다. 들은 것을 또 들었을 때, 오늘 새로운 마음이 지혜가 열려서 더 많은 것을 받아들일 수가 있기 때문에 끊임없이 듣고 끊임없이 노력해야 합니다.

그러면 괴로움의 원인에 대한 무지를 말씀드리겠습니다. 사람들은 갈애가 괴로움의 원인이라는 것을 잘 모릅니다. 오히려 집착으로 인해서 행복하고 집착이 없으면 삶이 따분하다고까지 생각합니다. 그래서 사람들은 끊임없이 즐거운 감각대상, 음식, 의복 그리고 친구들을 찾습니다. 집착할 대상이 없으면 불안해 하고 삶을 무료하게 여깁니다. 그래서 우리가 어떤 경우에는 동호인이나 어떤 단체에 소속되어 있을 때만 마치 사는 것처럼 생각할 수도 있습니다.

여기서 갈애는 범부가 오욕을 애착하는 것과 몹시 목말라 하는 것을 갈애라고 말합니다. 이 갈애는 감각적 욕망에 대한 갈애, 존재에 대한 갈애, 비존재에 대한 갈애가 있다고 누차 말씀드렸습니다. 그러나 이 갈애는 갈애로 그치지 않아서 문제입니다. 이 갈애는 반드시 집착을 해서 업을 생성하기 때문에 시작은 갈애이지만 결과는 행위를 하게 해서 그 과보를 받지 않을 수가 없다는 것입니다.

여기서 집착한다는 것은 마음에 새겨두고 잊지 않는 것을 말합니다. 그래서 떨어지지 않는 것을 집착이라고 합니다. 이렇게 떨어지지 않고 계속 집착을 하는 결과로 업을 생성해서 그 과보를 받는 것입니다. 범부들은 집착할 것이 없으면 사는 것이 즐겁지 않다고 생각합니다. 삶의 즐겁지 못한 모습을 가리고 그것을 즐거운 것으로 착각하게 하는 것이 바로 갈애입니다.

그래서 갈애를 제거한 아라한의 삶은 즐기는 일이 불가능합니다. 아라한이나 부처님은 조건 지어진 괴로움이 소멸된 열반에 항상 마음을 기울이고 있습니다. 그래서 아라한이나 부처는 좋아서 사는 것이 아니고 단지 생명이 있어서 삽니다. 그래서 아라한이나 부처님은 웃을 때도 크게 웃지 않고 그냥 미소만 띄웁니다.

위빠사나 수행자가 열심히 수행하면 갈애가 큰 영향력을 발휘하지 못합니다. 그래서 몇몇 수행자는 과거에 수행을 하기 전과 달리 삶을 즐기지 않게 됩니다. 집중 수행처에서 집으로 돌아가면 종종 가정생활을 지루해 하고 가족들과 함께 지내는 것에 대해서 불안해 합니다. 다른 사람들에게는 수행자가 잘난 체하는 듯 보일 수도 있겠지만 사실상 이런 행동은 이 무미건조한 세상사에 대해서 흥미를 잃었다는 표시이기도 합니다. 그렇다고 본다면 모든 것은 가치관의 차이로 결론이 내려지는 것입니다.

그러나 감각적 욕망을 여전히 극복할 수 없다면 수행자가 느끼는 따분함은 일시적인 것으로 머지않아 가정생활에 다시 적응하게 될 것입니다. 가정생활에 대해 완전히 환멸을 느낀다는 것이 쉽지 않기 때문에 가족들이 수행자의 이러한 기분이나 일시적 상태를 걱정할 필요는 없습니다. 그런 행위가 있을 때는 단지 과정으로 보는 것이 좋습니다.

그러므로 수행자는 자신을 탐구해 보고 얼마나 진정으로 삶에 환멸을 느끼고 있는지를 가늠해 보아야 할 것입니다. 즐거움에 대한 욕망에서 좀처럼 벗어나지 못하고 있다면, 그래서 좋아하는 것이 많다면, 여전히 우리는 갈애에 휘둘리고 있다는 사실을 직시해야 합니다.

갈애가 없다면 좌절감을 맛볼 것입니다. 무명과 갈애로 인하여 우리는 괴로움을 보지 못하고 행복에 대한 환상을 갖게 됩니다. 그래서 우리는 미친 듯이 즐길 거리를 찾습니다. 사실은 즐길 거리를 찾는다는 것은 괴로울 거리를 찾는 것과 하등의 다를 것이 없습니다. 우리는 모르기 때문에 즐길 것을 찾지만 그 즐길 것의 결과가 결국은 괴로움이라는 사실을 우리는 무명 때문에 알지 못합니다.

예를 들면 사람들이 영화나 연극을 좋아하는 것을 한번 생각해 보십시오 이런 취미에는 시간과 돈이 들지만 사람들은 갈애로 인하여 이런 것들을 마다하지 않습니다. 하지만 갈애가 없는 사람들에게는 이들 취미가 사실상 괴로움의 원천일 뿐입니다.

더 분명한 예는 흡연입니다. 흡연자는 담배연기를 들이마시는 것을 즐기지만 비흡연자에게는 일종의 자학적 괴로움입니다. 비흡연자는 흡연자를 괴롭히는 여러 가지 번거로움이 없습니다. 담배를 피우지 않는 사람은 담배에 대한 갈애가 없기 때문에 상대적으로 걱정이 없고 행복한 삶을 누립니다.

그래서 갈애가 일어나는 가장 가까운 원인은 느낌입니다. 우리가 아는 것은 느낌이고, 누구나 이 느낌을 더 즐기려고 해서 갈애가 일어납니다. 괴로움의 원천인 갈애는 각성 효과가 있는 나뭇잎을 씹는 것과 같습니다. 나뭇잎을 씹으면 즐거움이 있기 때문에 이러한 나뭇잎을 씹는 습관에서도 분명하게 갈애가 드러납니다. 많은 사람들이 나뭇잎 씹기를 즐기지만 실제로는 나뭇잎을 씹는다는 것이 번거롭기 짝이 없는 습관입니다. 남방에서는 비틀betel이라는 나뭇잎을 씹으면 각성 효과가 있는데 입 안이 붉고 이가 붉고 매우 보기가 흉합니다.

그리고 그 침을 삼키지 못해서 늘 더러운 침을 뱉어야 합니다. 그래서 감각적 즐거움을 느끼기 위해서 여러 가지 사용되는 수단들이 좋지 않은 결과를 낳습니다. 흡연자가 씹어서 각성 효과가 있는 그런 나뭇잎을 씹는 사람처럼, 사람들은 갈애를 충족시키고자 하며, 이 갈애가 부추긴 노력이 바로 늙음, 병듦, 죽음으로 이어지는 재생의 주된 원인이 된다는 사실을 모릅니다.

괴로움과 그 괴로움의 원인인 욕망은 일상생활에서 분명히 볼 수 있지만, 이러한 진리를 전체적으로 알기는 매우 어렵습니다. 왜냐하면 진리는 매우 심오한 것이며, 사유에 의해서가 아니라 위빠사나 수행을 통해서만이 깨달음을 얻을 수 있기 때문입니다. 책을 읽고 법문을 듣는 것으로 끝내지 말고 수행을 해야 합니다. 무슨 일이나 지식으로 판단하지 마십시오 지혜로 통찰해야 합니다. 지식은 표피적인 것에 그치지만, 지혜는 실재하는 성품을 아는 것입니다.

지식으로는 안개에 가려서 본질을 볼 수 없지만, 지혜로 보면 안개너머에 있는 진실을 압니다. 지식으로 보면 내가 느끼지만, 지혜로 보면 감각기관이 느끼는 것이라고 압니다. 지식으로 보면 항상 하지만, 지혜로 보면 일어나고 사라지는 것밖에 없습니다. 자신이 내린 결론은 언제나 자신의 수준에 불과한 것입니다. 더 높은 실재가 있으니 판단을 유예하고 깊게 숙고해야 합니다.

잘못된 견해는 바른 견해를 용납하지 못하고 더욱 배척합니다. 여기서 바른 견해란 원인과 결과를 아는 것입니다. 그래서 수행을 할 때는 최선을 다하되 자연스럽게 되는 대로 해야 합니다. 그리고 어떤 결과도 기대해서는 안 됩니다. 결과를 기대하는 것이 갈애이며, 이러한 갈애가 바로 괴로움의 원인이 됩니다. 지금 자신이 가지고 있는 힘과 능력을 선한 일에 사용하고 있는가, 아니면 번뇌를 만드는 일에 사용하고 있는가 알아차려야 합니다.

인간을 태어나게 하는 것은 무명과 갈애입니다. 말씀드린 것처럼 무명은 모르는 마음이고 갈애는 바라는 마음입니다. 모르기 때문에 선하지 못한 행위를 하고, 바라기 때문에 집착을 하여, 선하지 못한 행위를 합니다. 누구나 과거에는 무명을 우두머리로 살았고, 현재는 갈애를 동반자로 삽니다. 그래서 인간은 무명에 이끌리고 갈애에 내몰리면서 살고 있습니다.

바로 무명과 갈애가 물처럼 흘러가서 태어나고 죽는 것을 거듭합니다. 그러나 위빠사나 수행의 알아차림을 하면, 무명이 지혜로 바뀌고 갈애가 관용으로 바뀝니다. 그래서 어리석음과 탐욕의 거친 물살을 거슬러 올라갑니다.

결과만 가지고 판단하면 메마른 평가가 되기 쉽습니다. 원인과 결과를 아우르는 판단이 필요합니다. 우리는 원죄가 있는 것이 아닙니다. 몰랐기 때문에 과거에 어리석은 행위를 한 것입니다. 그리고 지금도 이런 어리석은 행위를 하는 것입니다. 이제 이것을 알기 위해서 수행을 해야 합니다.

오직 알아차림만이 모든 속박에서 벗어나 여러분들을 스스로 자유롭게 할 것입니다. 번뇌를 가진 자는 번뇌가 불타버린 세계를 알지 못하며, 어떻게 불태우는지를 알 수가 없습니다. 바로 이것이 무명입니다.

무명(3)

　사람으로 태어나서 해야 할 가장 중요한 일 중에 하나가 무지로부터 벗어나서 지혜를 얻는 것입니다. 무지로부터 벗어나기 위해서는 수행을 해야 합니다. 수행은 관념이 아닌 실재를 보는 위빠사나 수행을 하는 것이 지혜를 얻는 방법입니다. 법에 성품을 아는 통찰지혜를 얻어야 비로소 괴로움으로부터 자유로워질 수가 있습니다. 그러나 수행을 할 때는 반드시 올바른 지도를 받아야 합니다. 약도 잘못 사용하면 독이 되듯이 수행도 잘못하면 독이 됩니다.

　수행은 경험하지 않는 정신세계를 탐구하는 것이라서 스스로 판단하기가 어렵습니다. 그래서 도처에 지뢰밭이 널려 있습니다. 위빠사나 수행을 몸과 마음을 알아차리는 동굴 탐험이라고 하는 이유가 여기에 있습니다. 그러므로 수행을 할 때 반드시 경험자의 안내를 받아야 합니다.

　부처님께서는 번뇌를 억누르는 선정수행으로 깨달음을 얻지 않으셨습니다. 번뇌를 있는 그대로 알아차리는 위빠사나 수행을 해서 깨달음을 얻으셨습니다. 선정의 고요함도 필요하지만 마지막 단계에서는 통찰지혜로 무명을 부셔야 합니다.

　위빠사나가 통찰지혜의 방망이를 휘둘러서 무명을 부수는 것이 아닙니다. 통찰지혜가 나면 무명이 저 스스로 사라지고 밝음이 일어나 해탈의 자유를 얻는 것입니다.

　부처님께서는 수행을 강요하지 않으셨습니다. 단지 수행의 필요성에 대해 평생 동안 말씀하셨습니다. 수행이라는 것은 강요한다고 해서 결코 되는 것이 아닙니다. 무엇을 하거나 스스로 선택해서 하는 것입니다.

부처님께서 말씀하신 '괴로움이 있다'라는 선언은 괴로움이 있으니 자각을 해서 수행을 하라는 묵시적인 말씀이십니다. '괴로움의 원인이 갈애다'라고 하는 선언은 갈애가 괴로움을 만드니 스스로 갈애를 일으키지 않는 수행을 하라는 말씀이셨습니다.

이렇게 괴로움과 괴로움의 원인을 알아차리는 것이 팔정도 위빠사나 수행입니다. 번뇌를 말리는 수행을 해야 열반에 이르러서 무명으로부터 해방됩니다.

♠ ♠ ♠

오늘도 지난 시간에 이어서 마하시 사야도께서 말씀하신 괴로움의 소멸과 괴로움의 소멸의 길에 대한 무지에 대해서 말씀드리겠습니다.

무명은 괴로움이 있다는 고성제와 괴로움의 원인이 갈애라는 집성제에 대한 무지로, 바로 이것이 괴로움과 괴로움의 원인이라는 성스러운 진리에 속합니다. 무명은 괴로움의 소멸의 진리와 소멸에 이르는 도의 진리를 모르는 것을 뜻하기도 합니다. 이 두 가지 진리는 심오하여 매우 이해하기가 어렵습니다. 왜냐하면 괴로움의 소멸의 진리는 열반에 관한 것이며, 열반은 오로지 성자의 성스러운 도에서만 실현될 수 있는 것이고, 괴로움의 소멸에 이르는 도의 진리는 도를 증득한 수행자만이 분명하게 알 수 있는 것이기 때문입니다.

많은 사람들이 이 진리에 대해서 무지한 것이 그렇게 놀랄 만한 일은 결코 아닙니다. 고성제와 집성제는 살고 있는 것에서 드러나 있지만, 멸성제와 도성제는 출세간의 삶이라서 드러나 있지 않습니다. 이것은 성스러운 깨달음을 얻은 성자들이 발견한 지혜이기 때문에 범부들의 세계에서는 알 수가 없는 진리입니다.

그래서 위빠사나 수행을 할 때에도 괴로움과 괴로움의 원인에 대한 것은 우리가 수행의 대상으로 삼을 수 있겠지만, 괴로움의 소멸과 괴로움의 소멸에 이르는 팔정도에 대해서는 수행의 대상으로 삼을 수가 없습니다.

괴로움의 소멸에 대한 무지는 널리 퍼져 있기 때문에 이 세상에 종교들이 다양한 방식으로 궁극적 목적을 설교합니다. 어떤 이들은 시간이 지나면 괴로움이 저절로 사라진다고 말합니다. 그래서 시간이 약이라고 말합니다. 어떤 이들은 감각적 쾌락이 최고의 선이라고 생각하고 내생을 부정하기도 합니다. 이런 다양한 설교는 모두 진정한 열반을 알지 못하는 무지에서 비롯된 것들입니다. 심지어 일부 불교 신자들도 열반을 어떤 거처나 극락세계로 여기고 있으며, 이 열반에 대한 이론이 분분합니다. 이러한 모든 것은 열반을 이해하는 것이 얼마나 어려운지를 잘 보여주고 있는 것입니다.

열반은 부처에 의해서 체험되고 부처는 그 길을 안내하는 사명을 가지고 있습니다. 그래서 열반은 불교에만 있는 법입니다. 인류 역사상 누구도 열반을 설하지는 않았습니다. 오직 위없는 깨달음을 얻으신 부처만이 열반을 체험하시고, 그리고 이것이 열반에 이르는 길이라고 저희를 인도하셨습니다.

실제 열반이란 인과관계를 기본으로 하여 끊임없이 일어나는 정신과 물질의 완전한 소멸입니다. 바꾸어 이야기하면 탐욕, 성냄, 어리석음이라는 번뇌가 불탄 것을 열반 또는 닙바나라고 말합니다. 이 닙바나를 산스크리트어로 말하면 니르바나Nirvana라고 합니다.

연기법에 따르면, 무명과 행 등이 정신과 물질을 일으키고, 이러한 인과의 과정으로 인해 늙음, 죽음 등 기타 삶의 괴로움이 수반되어 따라오는 것이라고 말합니다. 성스러운 도에 의해서 무명이 소멸하면, 그 결과물인 모든 괴로움이 소멸하며, 이러한 고통의 완전한 소멸이 바로 열반입니다.

여기서 성스러운 도를 '아리아 막가ariyamagga'라고 하는데, 이 '아리아ariya'는 성자를 의미하고 '막가magga'는 도를 뜻합니다. 그래서 성스러운 도라고 말했을 때에는 성자들이 경험했기 때문에 성인의 도라는 뜻으로 성스러운 도라고 말합니다.

예를 들면 기름을 부으면 등불이 계속하여 타오를 것이나 기름을 붓지 않으면 불꽃이 완전히 꺼지는 것과 같습니다. 이와 같이 성스러운 도를 닦아 열반을 증득한 수행자는 무명과 갈애 등 모든 원인을 제거하여 태어남이라는 결과가 없습니다. 이것은 수행자가 실제로 열반을 증득하기 전에 반드시 이해하고 숙지하고 있어야 할 괴로움의 완전한 소멸인 열반을 뜻합니다.

열반의 개념은 삶에 대한 강한 갈애를 가지고 있는 사람에게는 호소력이 없습니다. '바라지 않고 어떻게 살아!'라고 한다면 괴로움 속에서 살아야 합니다. 이들에게 정신과 물질의 과정이 소멸한다는 것은 단지 영원한 죽음만을 의미할 것입니다. 그럼에도 불구하고 열반을 지적으로 이해하고 받아들이는 것이 필요합니다. 왜냐하면 수행자의 열과 성을 다하는 부단한 노력은 이러한 이해와 받아들임을 기반으로 하기 때문입니다.

괴로움의 소멸에 이르는 도의 진리를 아는 것 또한 매우 중요합니다. 오직 부처님만이 바른 도를 보여줄 수 있고, 천인이나 범천 인간과 같은 다른 존재들은 그렇게 할 수가 없습니다. 그러나 그러한 도에 대한 갖가지 추론과 가르침이 있습니다. 어떤 사람들은 사랑, 박애, 인욕, 보시 등과 같은 일반적인 도덕을 설파하는가 하면 다른 사람들은 세간의 선 수행을 강조하기도 합니다.

이러한 모든 수행은 칭찬할 만한 것입니다. 수행은 유익한 것은 사실입니다. 불교의 가르침에 따르면, 이런 것들은 천인계나 범천계에 태어나는 상대적인 행복에 이르지만, 늙음과 같은 괴로움의 윤회의 고통으로부터 자유를 보장해 주지는 못한다고 말합니다. 비록 열반을 얻기 위한 노력에 도움이 됨에도 불구하고 열반에 이르는 바른 도를 이루지는 못합니다.

그래서 우리가 완전한 행복을 얻기 위해서는 무엇을 선택하느냐, 어떤 교리를 선택하느냐, 어떤 스승의 가르침을 선택하느냐, 하는 것이 그 결과를 가져옵니다.

어떤 사람들은 절식을 한다든가 원시인처럼 산다든지 하는 고행에 의지합니다. 어떤 사람들은 천인이나 동물을 숭배하기도 하고, 또 다른 이들은 동물처럼 살기도 합니다.

불교의 견지에서 볼 때 이 모든 것은 팔정도와는 아무런 상관이 없는 수행으로 단지 계율과 의식에 대한 집착을 드러내는 것입니다. 이것을 또 다른 말로는 계금취견이라고도 합니다. 이 계금취견은 자이나교에서 생긴 것으로, 우리가 그들의 생활 속에 젖어 있는 것입니다.

계율과 의식에 대한 집착은 종교적인 금계와 의례의식을 지킴으로써 청정해질 수 있고 해탈을 할 수 있다는 믿음을 갖고 자신이 속한 집단의 의례의식만을 옳다고 집착하는 것을 말합니다. 이는 중생을 삼계에 붙들어 매놓고 있는 열 가지 족쇄 가운데 세 번째 족쇄에 속합니다. 네 가지 집착 가운데 하나이기도 합니다. 성자의 초보단계인 수다원에 들면 유신견과 의심과 같은 족쇄와 함께 계금취견도 사라지게 됩니다.

팔정도는 바른 견해, 바른 사유, 바른 말, 바른 행위, 바른 생계, 바른 정진, 바른 알아차림, 바른 삼매를 말합니다. 도에는 근본 도와 예비단계의 도와 성스러운 도, 세 가지가 있습니다. 이 중에서 가장 중요한 것은 성스러운 도이지만, 이것이 수행자의 일차적 목적이 되거나 그것에 지나치게 시간을 많이 쓴다든가 정력을 쏟아서는 안 됩니다. 왜냐하면 예비단계의 도에서 위빠사나 수행이 발전함에 따라 성스러운 도의 통찰지가 한 의식 찰나에 일어나기 때문입니다.

예를 들면 마찰에 의해 불을 일으키려면 많은 시간과 노력이 필요하지만 발화는 한순간에 이루어지는 것과 같습니다. 마찬가지로 성스러운 도에서 통찰지는 눈 깜짝할 사이에 생기지만 이는 예비수준의 도에서 위빠사나 수행이 충분히 이루어진 것을 전제로 하기 때문입니다.

지혜는 한순간에 이루어지지 않습니다. 많은 노력 끝에 그 노력의 결과로 한 찰나간에 일어나는 것입니다. 우리가 이러한 도의 길을 가기 위해서 수행을 합니다.

수행은 번뇌를 여의고 행복을 얻기 위해서 합니다. 수행은 대상이 있어야 하고, 알아차려야 합니다. 그러나 대상을 붙잡기가 어렵고 지속하기는 더욱 어렵습니다. 수행을 한다는 것은 잘 안 되는 것을 아는 것입니다. 수행은 궁극적으로 '나 없음을 아는 것인데 잘 되기만 한다면 아만심이 강해져서 오히려 나쁜 결과가 될 수도 있습니다. 안 되는 것 속에서 인내를 키우고, 안 되는 것 속에서 법의 성품을 알고, 안 되는 것 속에서 무아의 지혜를 얻습니다.

수행이 안 되는 것은 해보지 않은 것이라서 그렇고, 대상에 알아차림을 정확히 겨냥하기가 어렵기 때문이고, 아직 집중력이 생기지 않았기 때문입니다. 여러분, 수행이 안 된다고 포기하지 마십시오. 잘 안 된다고 포기를 하게 되면 언젠가 잘될 수 있는 기회도 포기하는 것이 됩니다.

수행이 잘 안 될 때에는 잘 안 되는 것을 알아차려야 합니다. 수행을 잘하려고 하면 마음이 들떠서 더 안 됩니다. 수행이 안 되는 것은 조건이 성숙되지 않았기 때문입니다. 수행을 시작하고 즉시 잘되기를 바라는 것은 씨를 뿌리고 바로 수확을 하려는 탐욕으로 하는 것입니다. 수확이 안 되면 화를 내게 되는데 바로 이것이 어리석음이고 무명입니다. 그래서 탐욕 하나에 성냄과 어리석음이 함께 붙어 있습니다.

수행은 결과를 기대하지 않고 알아차리는 것입니다. 수행이 잘되기를 바라는 것이 바로 탐욕입니다. 수행자의 의무는 단지 알아차리는 것뿐입니다. 알아차리는 것과 알아차린 결과는 다른 것입니다. 수행을 한 결과는 수행자가 결정할 몫이 아니고, 조건이 성숙되어서 자연스럽게 나타나는 것입니다.

수행을 할 때 어떤 결과도 기대하지 않아야 오히려 가장 이상적인 결과를 얻을 수 있습니다. 목표는 있으되 함에 있어서 원함이 없어야 합니다. 하려 함이 있으면 마음과 몸이 긴장하게 됩니다.

원함이 없이 하는 것이 가장 어려운 것이지만 궁극에 이르기 위해서는 이 길을 반드시 가야만 합니다.

무명(4)

오늘도 12연기의 시작인 무명에 대해서 계속해서 말씀드리겠습니다.

무명은 모르는 것입니다. 그러나 무명의 반대인 지혜는 아는 것입니다. 그러므로 무명으로부터 벗어나기 위해서는 지혜가 있어야 합니다. 지혜는 수행을 해야만 생기는 것이므로 무명이 무엇이라고 아무리 들어도 우리는 알 수가 없습니다. 오직 수행을 통해서 지혜가 성숙될 때만이 비로소 무명으로부터 자유로워질 수가 있습니다.

무명은 좋지 않은 것을 좋은 것으로, 좋은 것을 좋지 않은 것으로 알게 합니다. 이 무명은 태어나면서부터 앞을 볼 수 없는 장님과 마찬가지입니다. 그래서 태어나면서부터 장님인 사람은 무엇을 볼 때 흰색인지, 노란색인지, 빨간색인지 알 수가 없습니다.

오늘은 무명과 장님에 대한 저의 스승의 말씀을 잠시 해드리겠습니다.

태어나면서부터 장님인 어떤 사람이 늘 흰옷을 입고 싶다고 생각했습니다. 그래서 장님은 친구에게 흰옷을 입고 싶다고 간절하게 말했습니다. 이렇게 조르는 바람에 친구는 할 수 없이 옷을 만들어 주었는데, 유감스럽게 그것이 검정색 옷이었습니다.
장님은 흰옷을 입고 싶어 했기 때문에 검정색 옷을 받았지만 자기가 입은 옷이 흰옷이라고 생각했습니다. 장님은 그 옷을 입고 다니면서 드디어 흰색 옷을 입었다고 자랑하면서 큰 마을로 갔습니다. 그는 흰옷을 입었다고 했지만 실제 그가 입은 옷은 검정색 옷이었습니다.

장님이 검은색 옷을 입고 흰옷을 입었다고 말하며 돌아다닐 때 그의 친구가 사실 그것은 흰옷이 아니고 검은색 옷이니 이제 벗으라고 말했습니다. 그러나 친구의 이야기를 들은 장님은 결코 옷을 벗지 않았습니다.

보다 못한 친구는 장님의 어머니에게 가서 말했습니다.

"지금 아드님이 검은색 옷을 입었는데도 흰옷을 입었다고 자랑하면서 돌아다니고 있습니다. 제가 검은색 옷을 주었는데 흰옷을 입었다고 저렇게 말하면서 다니니 창피하기도 합니다. 그러니 아드님을 좀 말려주십시오."

이 말을 들은 어머니는 장님인 아들에게 가서 말했습니다.

"애야, 지금 네가 입은 옷은 흰옷이 아니고 검은색 옷이다. 네가 검은색 옷을 입고 있으면서 흰옷을 입고 있다고 하는 것은 사실이 아니기 때문에 네 친구가 창피하다고 말한다. 그러니 그 옷을 그만 벗어라."

어머니가 이렇게 말하자 아들이 다시 말했습니다.

"어머니, 제가 흰옷을 입고 있는 것이 너무 좋아 보이고 아름다워서 혹시 사람들이 질투하고 있는 것이 아닙니까?"

어머니가 이처럼 아들에게 옷을 벗으라고 권유했으나 아들은 말을 듣지 않았습니다. 그래서 어머니는 다시 남편에게 가서 아들의 검은 옷을 벗게 해달라고 부탁했습니다. 그 이야기를 들은 남편이 이렇게 말했습니다.

"음, 검은 옷을 벗게 하려면 먼저 아들의 눈을 고쳐 주어야겠습니다."

이렇게 아버지가 말했습니다. 아들이 앞을 볼 수가 없어서 아무리 말을 해도 듣지 않으니 아들이 눈을 떠서 볼 수 있도록 하는 것밖에 없다고 말한 것입니다.

아버지의 바로 이러한 말이 무명에서 벗어나 지혜를 얻어야 한다는 것을 말합니다. 이처럼 지혜가 없는 인간은 누구나 장님과 같습니다. 그래서 무슨 일이든 제대로 알지 못하고 자기가 옳다고 주장하기만 합니다. 이 이야기는 사실 하나의 예에 불과합니다.

여기서 나면서부터 장님이라고 하는 것은 우리들의 모습입니다. 그 장님은 우리가 무명의 모습을 가지고 태어난 것을 상징적으로 뜻합니다. 그리고 검은 옷은 고품를 상징하고 흰옷은 열반을 상징합니다. 지금 법문을 하는 저나 여기에 이 방송을 듣는 청취자들이 모두 검은 옷을 입고 있는 것은 마찬가지입니다. 왜냐하면 누구나 고통을 가지고 있기 때문에 검은 옷을 입고 있는 것입니다.

우리는 전생에서도 고를 모르고 살았습니다. 모를 뿐만 아니라 오히려 괴로움을 좋은 것으로 생각하고 살았습니다. 이렇게 하도록 한 것이 바로 무명입니다. 무명으로 인하여 몰라서 선업도 행했고, 때로는 악업도 행했습니다. 우리는 선행을 행할 때마다 또는 좋지 않은 악업을 행할 때마다 괴로움인 갈애와 함께했던 것입니다.

사성제의 진리를 모르는 것, 바로 그것이 무명이고, 이렇게 모름으로 해서 선한 일이나 악한 일을 원해서 행한 것이 바로 행입니다. 지금 설명한 무명과 행은 과거에 행한 것이고, 사성제로는 집제에 해당합니다.

사성제 중에 집제는 고의 원인이 되는 법입니다. 과거에 무명을 원인으로 행이 있었고, 행을 원인으로 식이 있었고, 현재 그 식을 원인으로 명색이 있고, 명색을 원인으로 육입이 있고, 육입을 원인으로 접촉이 있고, 접촉을 원인으로 느낌이 있는 것입니다.

무명과 행은 시간으로 볼 때는 과거이고, 과거의 원인으로 인하여 현생에 오온이 있습니다. 과거의 무명과 행은 사성제 중에서 집성제에 해당하는 것이고, 현재 갖고 있는 오온은 괴로움뿐인 고성제입니다.

오온이 고라는 것을 무명이 가려서 반대로 이것이 좋다고 생각하기 때문에 오온과 함께 살기를 원해서 갈애를 일으킵니다. 오온이 고라는 것을 알면 다시 태어나려는 업을 만들지 않는데, 오온을 좋은 것이라고 집착해서 다시 태어나고 싶어 합니다. 이것이 바로 무명입니다.

한 사람이 죽음에 가까워졌을 때 이번 생인 사람에서 다음 다른 생으로 가야 할 때 첫째로 무명이 일어납니다. 예를 들면 사람에서 개의 생으로 가야 한다면 개의 생에서 겪어야 하는 괴로움을 모르도록 가리는 것이 바로 무명입니다. 개로 태어난 생이 얼마나 고통스러운 것인가를 모르게 하는 것도 무명이지만, 거꾸로 개의 그런 생이 좋다고 생각하게 하는 것도 무명입니다. 개의 고통을 모르는 무명이 일어난 후에는 모르기 때문에 개로 태어나기를 원하는 갈애가 생깁니다.

이토록 무명은 우리의 눈을 가려서 좋지 않은 것을 좋은 것으로, 좋은 것을 좋지 않은 것으로 알게 합니다. 무명과 갈애 뒤에는 다시 개로 태어날 수밖에 없는 업이 작용합니다. 이미 자기가 행한 악업이 개로 태어나도록 작용하는 것입니다. 그래서 바른 것을 모르도록 가리는 것이 무명이고, 그런 생을 원하는 것이 갈애입니다. 다시 그런 생을 갖도록 행위를 해서 업을 형성한 것이 행입니다. 이때 행은 업의 형성이라고 말합니다. 이는 무명에 가린 의도에 의해 일어난 행위를 말하는 것입니다. 윤회라는 것이 다른 것이 아닙니다. 바로 무명, 갈애, 행이라고 하는 이 세 가지가 원인이 되어서 계속 굴러가는 것을 말합니다.

여러분! 여러분들이 앞으로 계속해서 윤회하기를 원하십니까, 아니면 윤회에서 벗어나고 싶으십니까? 정말 윤회에서 벗어나기를 원한다면 여러분들은 무명과 갈애로부터 자유로워져야 합니다. 여러분, 정말 윤회에서 벗어나기를 원하신다면 지금부터 윤회에서 벗어나는 길을 안내하겠습니다. 이 길을 따르시겠습니까?

우리는 이 길로 가야 합니다. 괴로운 삶을 끝내고 윤회에서 벗어나게 하는 이 길은 바로 느낌에서 갈애를 일으키지 않는 길입니다. 우리에게는 맨 느낌이 일어납니다. 그러나 우리에게 일어난 맨 느낌은 반드시 갈애로 발전합니다. 이렇게 갈애로 발전할 때 연기가 회전합니다. 연기가 회전하면 다시 윤회의 길로 가서 고통뿐인 다음 생에 태어남이 반복됩니다.

여러분! 고통뿐인 이러한 윤회를 계속하시겠습니까? 아니면 고통이 끝나는 해탈의 길을 가시겠습니까? 만약 여러분들이 고통뿐인 윤회에서 벗어나기를 원하신다면 느낌이 일어날 때 그 느낌이 갈애로 발전하지 않아야 됩니다. 단지 우리가 대상을 접촉할 때 그냥 '그렇네! 그것이 있네!'라고 있는 그대로 알아차릴 때만이 느낌이 갈애로 발전하지 않아서 우리는 윤회로부터 자유로워질 수가 있습니다.

술과 담배, 도박, 춤, 그런 것들을 끊으려고 하지 마십시오 술과 담배를 원하는 것이나 끊으려고 하는 것이나 모두 똑같이 갈애에 속합니다. 갈애를 끊으려고 하면 오히려 집착하게 되어서 더 깊은 수렁으로 빠지게 됩니다.

갈애를 끊으려고 하지 마십시오. 먼저 갈애로 인해서 생긴 괴로움이라는 것을 알아차려야만 합니다. 이렇게 갈애로 인해서 생긴 괴로움이라는 것을 자각하게 되면 이미 갈애의 깊은 의도가 일어나지 않습니다. 이때 술과 담배를 원하는 마음이 괴로운 것이라고 알아차릴 때 그때만이 갈애가 일어나지 않습니다. 우리는 그것이 더 좋은 것이라고 판단하고 있기 때문에 자꾸 갈애를 일으킵니다. 그러나 무명에서 벗어나는 길은 그러한 현상, 그러한 괴로움을 있는 그대로 알아차리는 것입니다. 그러면 느낌에서 갈애로 발전하지 않습니다.

우리가 원한다고 다 되는 것이 아닙니다. 정말 갈애를 제거하기 원한다면 말로 해서는 아무런 소용이 없습니다. 수행을 해야 합니다. 수행을 하지 않으면 단지 지식에 머물고 맙니다. 생각이 아닌 실 수행을 해서 지혜가 생겨야 합니다.

정말 갈애를 제거하기를 원하신다면 가장 먼저 알아야 할 것이 오온과 함께 사는 것이 괴로움이라고 아는 것입니다. 이것을 확실하게 알 때만이 갈애를 제거하는 것이 가능합니다. 오온이 좋은 것이라고 아는 것은 무명입니다. 그러나 오온이 괴로움이라고 아는 것은 지혜입니다. 이렇게 지혜로 알아차릴 때만이 갈애를 없앨 수가 있습니다.

그러면 갈애와 고성제 중에서 어떤 것이 더 중요할까요? 우선 괴로움이 있는 것을 아는 것이 먼저입니다. 오온이 괴로움이라고 알 때 자연스럽게 괴로움의 원인인 갈애가 일어나지 않습니다. 오온이 괴로움이라는 것을 모르기 때문에 계속해서 원하게 되어 생이 이어지는 것입니다.

과연 이것을 받아들일 수가 있겠습니까? 우리는 받아들여야 합니다. 우리가 갈애를 일으키는 원인은 현재 오온을 가지고 있는 것이 괴로움인지 모르기 때문입니다. 그래서 끊임없이 갈애를 일으켜서 결국 또 괴로움뿐인 오온을 갖게 되는 것입니다.

자유로 가는 길은 느낌에서 갈애로 넘어가지 않는 길에 있습니다. 깨달음의 길은 느낌에서 갈애로 넘어가지 않는 길에 있습니다. 연기의 출구는 느낌에서 갈애로 넘어가지 않는 길에 있습니다. 부처님께서는 깨달음을 얻으셨는데, 그것은 바로 느낌에서 갈애로 넘어가지 않는 연기의 출구를 찾으신 것입니다.

느낌에서 갈애로 넘어가면 우리는 새로운 생을 또 경험해야 합니다. 그래서 나고 죽는 고통을 반복적으로 경험해야 합니다. 이것은 누가 주는 것이 아닙니다. 스스로 선택해서 가는 것입니다.

죽음을 두려워하지 않는 사람은 누구입니까? 바로 원인과 결과를 알면 죽음을 두려워하지 않습니다. 원인과 결과를 알면 나고 죽는 것이 단지 조건에 의해서 일어나고 사라지는 것이라고 알 뿐이지 내가 없다고 알아서 죽음이 두렵지 않습니다. 그렇게 되면 느낌에서 갈애로 넘어가지 않습니다.

죽음을 두려워하는 사람은 누구입니까? 바로 원인과 결과를 모르는 사람입니다. 우리는 수행을 해서 원인과 결과를 알아서 느낌에서 갈애로 넘어가지 않는 영원한 자유로움을 선택해야 합니다.

다섯 가지 지혜(1)

오늘은 무명에서 벗어나 지혜를 얻는 것에 관해서 말씀드리겠습니다. 지혜는 세 가지로 계발됩니다. 지혜는 먼저 듣고, 그리고 대상을 겨냥하고, 수행을 해서 얻는 세 가지 과정을 거쳐서 성숙됩니다.

첫째는 문혜閒慧라고 합니다. 문혜는 경전을 읽거나 법문을 듣고 지혜를 계발하는 것입니다. 두 번째는 사혜思慧입니다. 사혜는 알아차릴 대상을 겨냥해서 지혜를 계발하는 것입니다. 세 번째는 수혜修慧입니다. 수혜는 수행을 해서 무상, 고, 무아를 알아 완전한 지혜를 계발하는 것입니다.

지식은 언어의 그물에 걸릴 수 있지만 수행은 언어의 그물을 관통해 버립니다. 수행은 철학이나 지적 사유가 아닌 실천을 말합니다. 그래서 대상을 겨냥하는 수행을 해야 완전한 지혜가 납니다.

이렇듯 우리는 자기 수준에 따라서, 그리고 일정한 과정을 거쳐서 지혜가 성숙됩니다. 그러므로 처음부터 모든 것을 알기는 어렵습니다. 먼저 법문을 듣거나 경전을 읽고, 그리고 수행을 시작해서 대상을 겨냥하는 알아차림을 해야 되고, 그 알아차림이 지속된 결과로 무상, 고, 무아의 법을 알아서 완전히 성숙된 지혜를 얻는 과정들이 있습니다. 그러므로 무턱대고 처음부터 모든 것을 완전히 알려고 해서는 그것이 무명이며, 그것이 갈애입니다.

이러한 지혜는 크게 다섯 가지로 나눕니다. 첫째는 업의 지혜입니다. 둘째는 선정의 지혜입니다. 셋째는 위빠사나의 지혜입니다. 넷째는 도의 지혜입니다. 다섯째는 과의 지혜입니다. 우리가 말하는 지혜는 이상 다섯 가지의 과정을 거쳐서 이루어집니다. 이것은 결코 우연히 되는 것이 아니고, 이런 일련의 과정을 통해서 점진적으로 지혜가 성숙되어서 완전한 지혜에 이르게 된다는 사실을 유념하십시오.

이 다섯 가지의 지혜 중 첫째, 업의 지혜입니다. 이때 말하는 업은 행위를 말합니다. 업은 실재하는 행위가 있다는 것, 이때에 행위는 허상이 아닙니다. 실재하는 행위를 말합니다. 그리고 행위는 자신의 마음이 한다는 것, 행위에 대한 책임은 외부에 있지 않고 자신에게 있다는 것, 그리고 행위는 반드시 결과가 따른다는 것, 선심을 가지고 선행을 하면 선과보가 있고, 불선심을 가지고 불선업을 하면 불선과보가 생긴다는 것을 말합니다.

이와 같은 업은 생각과 말과 행동이라고 말합니다. 그래서 신구의 삼업이라고 말하기도 합니다. 예를 들자면 생각은 공중에다 대고 글씨를 쓴 것이고, 말은 모래 위에 대고 글씨를 쓴 것이고, 행위는 바위 위에 새긴 것과 같다고 말합니다. 그래서 어디에 어떻게 했느냐에 따라서 그 업의 결과가 다릅니다.

여러분들은 업에 관해서 분명한 앎이 필요합니다. 업에 대한 분명한 앎이란 업이 있다는 것을 믿는 것입니다. 또 업에 의한 원인과 결과를 믿는 것입니다. 업은 과거에 지어놓은 업과 현재의 짓고 있는 업이 있습니다. 현재의 모든 결과들은 과거의 지어놓은 업의 영향을 받고 있는 것입니다.

하지만 불교도라면 과거의 업은 의지할 것이 못 됩니다. 이미 과거의 업에 의해서 현재가 생긴 것이기 때문입니다. 그래서 과거는 지난 업입니다. 지난 업은 현재 어떻게 바꿀 수가 없으므로 의미가 없는 것입니다. 그래서 우리는 현재의 업에 의지해야 합니다. 현재의 업에 의지해야 한다는 것은 지금 이 순간에 하는 행위가 선업이 될 수 있도록 노력하는 것을 말합니다.

다시 말하면 업에 대한 지혜가 있어서 불선업을 제어하고 선업을 행하는 것을 말합니다. 이것이 업에 대한 분명한 앎입니다. 이렇게 과거의 업과 현재의 업이 있다는 것을 믿음으로써 좋은 업은 좋은 결과를 가져오고, 나쁜 업은 나쁜 결과를 가져온다는 것을 알게 됩니다. 그래서 수행자는 언제 어느 때나 항상 좋은 생각, 좋은 말, 좋은 행동을 해야 합니다. 좋지 않은 행은 역시 좋지 않은 결과를 나타낸다고 믿어야 합니다.

이렇게 업과 관련된 첫 번째 지혜를 업자성정견이라고 합니다. 이 말은 업은 자신이 만들었기 때문에 자신의 소유이며, 자신이 지은 대로 받는다는 견해가 바로 업자성정견입니다. 이것이 업의 지혜입니다.

이 업의 지혜에서 우리가 주목해야 할 것은 과거의 업과 현재의 업이 있다는 사실입니다. 12연기 도표를 보면, 1번 칸에 무명을 원인으로 행이 일어난다고 했을 때 이때의 행이 업인데, 이것은 과거에 형성된 업입니다. 그래서 이때의 행은 이미 형성된 업, 마음의 의도에 의해서 만들어진 것을 말합니다. 과거는 우리가 돌이킬 수가 없습니다. 그래서 우리가 과거로 돌아갈 이유가 없습니다. 왜냐하면 우리는 과거를 바꿀 수가 없기 때문입니다. 그래서 두 가지 업 중에서 과거의 업은 이미 형성된 업이라서 손을 댈 수가 없는 업입니다.

그러면 나머지 하나의 업은 3번 칸에 있는 업의 생성을 말합니다. 1번 칸에 있는 행은 업의 형성이지만은 3번 칸에 있는 업의 생성은 지금 내가 새로 만들 수 있는 그런 행위를 말합니다. 우리는 지난 과거에 대해서 연연하지 말아야 합니다. 그리고 오지 않은 미래에 대해서도 두려움을 갖지 말아야 합니다. 단지 지금 여기서 내가 어떤 행위를 하느냐, 지금 내가 어떤 업을 생성하느냐, 하는 이것만이 가장 중요합니다. 바로 이것을 아는 것이 업의 지혜입니다.

두 번째로 선정의 지혜가 있습니다. 이 선정을 빨리어로는 쟈나jhāna라고도 말하는데, 또 다른 말로는 사마타 수행이라고도 합니다. 선정에 관한 지혜는 선정수행을 해서 얻는 지혜를 말합니다. 이 선정수행을 또 다른 말로는 사마타 또는 지止, 멈춤이라고도 합니다. 또 다른 말로는 고요함에 머무는 수행, 적지수행寂止修行이라고도 합니다.

사마타 수행을 계속하면 색계선정이나 무색계선정에 들게 됩니다. 이러한 선정 삼매에 관한 것을 선정 정견이라고 합니다. 이 선정에 대한 바른 견해를 말하는 것입니다.

왜 선정을 닦아야 될까요? 왜 사마타 수행을 해야 될까요? 우리는 범부로 살아가면서 수행을 시작하려면 제일 먼저 나타나는 것이 다섯 가지 장애입니다. 감각적 쾌락과 악한 의도와 게으름과 혼침과 들뜸과 의심이 일어나서 수행을 할 수 없도록 만듭니다. 이때 이러한 다섯 가지 장애가 나타나면 어떤 특정한 대상 하나를 선택해서 그것과 하나가 될 때 이 다섯 가지 장애가 일어나지 못하도록 번뇌를 억누르는 것이 바로 선정수행입니다. 그래서 멈춤이라는 뜻으로 표현되기도 합니다. 그래서 이러한 선정수행을 닦아서 선정에 이른 것을 선정의 지혜라고 말합니다.

세 번째는 위빠사나 수행에 대한 지혜입니다. 위빠사나는 분리해서 알아차리는 통찰수행으로 지혜를 얻는 수행입니다. 특히 위빠사나라는 말은 상징적으로 지혜수행이라고 말합니다. 선정수행은 고요함, 멈춤이지만 위빠사나는 지혜수행, 끊음이라는 뜻으로 이해되기도 합니다. 위빠사나의 지혜로써 도와 과의 지혜를 얻어 열반을 성취하게 됩니다.

위빠사나 수행에서 지혜의 향상은 칠청정과 함께 향상이 됩니다. 위빠사나 수행에 지혜는 마하시 사야도에 의해서 발표된 열여섯 단계의 지혜가 있고, 부처님께서 밝히신 열 가지 단계의 지혜가 있습니다. 부처님께서 밝히신 열 가지 단계의 지혜는 첫째, 현상을 바르게 아는 지혜가 있습니다. 이것은 현상들의 무상, 고, 무아에 대한 앎입니다. 이를 현상을 바르게 아는 지혜 또는 현상을 분명하게 아는 지혜라고 합니다.

자신의 오온을 무상, 고, 무아로 알아차려서 일어나고 사라지는 것을 아는 것입니다. 여러분들이 수행을 할 때 몸에서 나타나는 여러 가지 현상들은 모두 무상, 고, 무아로 알아차려야 합니다. 또 수, 상, 행, 식의 마음과 마음의 작용들이 나타날 때마다 마찬가지로 무상, 고, 무아로 알아차려서 숙고해야 합니다. 이렇게 알아차리면 일어나고 사라지는 것을 아는 지혜가 생깁니다.

위빠사나 수행의 지혜 두 번째는 일어나고 사라지는 현상을 아는 지혜입니다. 그리고 세 번째 지혜는 사라짐의 지혜입니다. 그리고 네 번째 지혜는 두려움에 대한 지혜입니다. 그리고 다섯 번째 지혜는 고난에 대한 지혜입니다. 그리고 여섯 번째 지혜는 혐오감에 대한 지혜입니다. 더 높은 단계로 발전할수록 우리가 이해하기 어려운 이런 지혜가 생깁니다.

바꾸어 이야기하면, 이미 현상을 바르게 아는 무상, 고, 무아의 지혜가 일어나서 일어나고 사라지는 것을 아는 생멸의 지혜가 있고, 그 뒤에 방가냐나bhaṅga ñāna라고 하는 사라짐의 지혜를 얻게 된 뒤에는 오히려 편안함을 얻는 게 아니고 두려움을 얻는다는 사실입니다.

우리들의 의식 속에는 오랫동안 살아온 고정관념, 잠재된 축적된 성향들이 있습니다. 그래서 새로운 지혜가 생길 때마다 그것에 저항합니다. 그래서 우리가 모르는 지혜가 생길 때에는 반드시 이러한 고난의 과정을 거친다는 사실을 유념하여야 합니다.

이렇게 위빠사나 수행의 지혜가 일련의 과정을 거쳐서 상승하는 것이 결코 우리가 받아들이기 쉬운 것만이 아니고, 어려운 것들이라고 알아야 합니다. 그래서 수행은 스스로 할 수가 없다는 것입니다. 이러한 고난의 과정을 거치기 위해서는 반드시 스승의 가르침이 필요합니다.

그래서 두려움에 대한 지혜, 고난에 대한 지혜, 혐오감에 대한 지혜의 과정을 거쳐서, 이것이 괴롭고 혐오스럽다고 생각할 때, 우리는 일곱 번째의 단계인 해탈을 이루려는 지혜로 갑니다. 바로 이렇게 괴로운 일련의 과정을 거쳤기 때문에 이제는 그 괴로움에서 벗어나고자 하는 앎이 생깁니다.

오온에 대하여 혐오하고 싫어하는 마음이 생긴 다음에 괴로움뿐인 오온에서 벗어나고자 하는 마음이 생기는 것입니다. 정신과 물질을 알아차리는 것이 싫은 단계에 접어들면 수행을 하기가 싫어지고 집으로 돌아가기를 원하기도 합니다. 이러한 마음 역시도 일어나고 사라지는 것을 알아차려야 합니다.

이때 수행자는 오온을 싫어하는 마음조차도 단지 일어나고 사라지는 것이라고 알아차려야 합니다. 누구나 싫어하는 것을 좋아하지 않습니다. 그래서 고에서 벗어나기를 원하는 마음이 함께 있다는 것을 다시 알아차려야 합니다. 이것이 해탈을 이루려는 지혜입니다.

이렇듯이 우리가 가는 길은 모든 것이 편안하게 결코 주어지지 않습니다. 하나하나가 경험하지 못한 새로운 세계의 길이기 때문에 이 길은 고난의 행군입니다. 그래서 이 고난의 행군을 부처님께서 몸소 경험하시고 바로 우리들에게 그 길을 드러내 보이신 겁니다. '내가 이것을 경험했으니 너희도 이 길로 와라!'라는 부처님의 자애로움으로 우리에게 새로운 길을 선택하도록 하신 겁니다. 그래서 우리가 해탈을 이루려는 이 지혜에서 우리는 좌절하지 말고 더 굳건한 믿음을 가지고 수행에 정진해야 합니다.

수행자는 마음에 믿음이라는 종자를 심어야 합니다. 믿음이라는 종자를 심어야 알아차림이라는 나무가 자라게 하여서 그 지혜의 열매가 열리게 됩니다. 믿음을 가지고 알아차려서 지혜를 얻을 때만이 모든 번뇌를 여읜 최상의 행복을 얻을 수가 있습니다.

사람이 왜 그러냐고 말하지 마십시오. 사람이 사람이기 때문에 그렇습니다. 사람은 욕계의 생명입니다. 우리는 무명으로 태어나서 무명으로 죽고 다시 무명으로 태어났기 때문에 현재 우리는 모릅니다.

그래서 우리는 부처가 가신 위대한 길에 대한 믿음을 가지고 오늘도 끊임없이 정진을 하여서 해탈을 이루려는 지혜를 얻어야 합니다.

다섯 가지 지혜(2)

지난 시간에 이어서 오늘도 지혜에 대해서 말씀드리겠습니다.

12연기의 괴로움으로부터 벗어나는 길은 무명과 갈애로부터 벗어나는 것인데, 무명과 갈애로부터 벗어나는 유일한 길은 지혜를 얻는 것입니다. 이렇게 연기로부터 탈출하기 위해서 지혜는 지난 시간에 다섯 가지가 있다고 말씀드렸습니다. 이 다섯 가지 지혜는 첫째, 업의 지혜, 둘째, 선정의 지혜, 셋째, 위빠사나의 지혜, 넷째, 도의 지혜, 다섯째, 과의 지혜라고 말씀을 드렸습니다. 그리고 지난 시간에 '위빠사나의 지혜' 중에서 일곱 번째의 지혜에 관해서 말씀드렸습니다.

일곱 번째 지혜는 해탈을 이루려는 지혜입니다. 지혜가 성숙됨에 따라서 고통이 가중되고, 그 고통이 괴로워서 더욱 깨달음을 얻어야겠다는 생각을 갖게 됩니다. 이것이 해탈을 이루려는 일곱 번째의 지혜입니다.

이러한 해탈을 이루려는 지혜를 저희 스승인 우 소바나 사야도U Sobhana Sayādaw께서는 이렇게 말씀하셨습니다.

어떤 사람이 강을 건너기 위해서 배를 탔습니다. 그런데 그만 배가 강 한가운데서 뒤집혀서 배 안에 타고 있던 사람들이 강에 빠졌습니다. 이 사람은 수영을 해서 건너편 언덕에 닿도록 필사적으로 헤엄을 쳤습니다. 그래서 강 언덕을 향해 계속 수영을 해나갔는데, 너무 힘이 들어서 그만 지치고 말았습니다. 그래서 어떤 도움이 될 만한 물건이 없는지 찾게 되었습니다. 이때 마침 강에 떠내려가는 물건이 잡혀서 얼른 붙잡고 이것에 의지하여 정신없이 헤엄을 쳤습니다.

이 사람이 한참 헤엄을 치다가 자신이 붙잡고 있는 물건을 보니 그것은 썩은 개의 시체였습니다. 개의 시체에서는 썩은 냄새가 나고, 털은 다 빠져서 몰골이 아주 보기 흉했습니다. 이 순간 이 사람은 자기가 의지할 수 있어서 좋아했던 마음이 금세 사라져 버렸습니다. 그리고 이 썩은 개가 의지할 것이 못 된다고 생각했지만, 그렇다고 개의 시체를 버릴 수도 없었습니다. 아직은 강가에 도착한 것이 아니기 때문입니다. 지금 이 사람의 마음은 저 강 언덕에 다다르기 위해서뿐만 아니라 개의 시체로부터 빨리 벗어나기 위해서도 두 배의 노력을 기울여서 헤엄을 쳐야 했습니다.

이와 같이 여러분들은 오온의 혐오스러운 것을 벗어버리기 위해서, 지금은 오온에 의지해서 오온을 열심히 알아차리는 수행을 해야 합니다. 사람들은 무명과 갈애가 나쁘다는 것을 모릅니다. 원래 우리가 사는 것은 무명이라는 근본원인이 있기 때문입니다. 그래서 무명과 갈애로 인해 만들어진 오온이 행복한 것이라고 알고 있습니다. 사실은 결코 아름답지 않은데도 아름답다는 착각 속에서 살고 있는 것입니다.

우리의 오온은 위빠사나 지혜의 분명한 앎으로 알아차리면, 결국은 일어나고 사라지는 것뿐입니다. 그래서 항상 사라지는 것을 앎으로써 두려운 마음이 생기고, 정신과 물질의 불행과 허물을 보게 되고, 다시 싫은 마음이 생기는 것입니다. 바로 그래서 해탈을 이루려는 마음이 일어난 것입니다.

바로 그래서 괴로움 속에서 새로운 희망을 찾는 것입니다. 그러니 우리들에게 주어진 괴로움을 괴로워하지 마십시오 단지 그것을 알아차려서 더 나은 세계로 나아가야 합니다. 이때 오온을 싫어하는 마음이 있지만, 내 몸에서 계속 일어나고 사라지는 것을 알아차리지 않고는 벗어날 수 없습니다.

앞에서 말했듯이 오직 썩어가는 개의 시체에서 벗어나기 위해 더욱 열심히 헤엄을 치는 것처럼, 괴로움에서 벗어나기 위해 노력해야겠다는 마음으로 오온을 계속 알아차려야 합니다. 이것이 해탈을 이루려는 지혜입니다.

여덟 번째는 다시 살펴보는 지혜입니다. 이것은 되돌아 살펴보는 앎을 말합니다. 계속해서 수행이 향상되어 갈수록 앞의 단계에서 많이 알아차렸지만, 계속 오온이 일어나고 사라지는 것을 다시 알아차려야 합니다. 왜냐하면 정신과 물질이 전생에서부터 항상 하는 것이고, 행복하고 또 내 것이라고 생각해 왔기 때문입니다.

그러나 지금은 수행을 통해서 오온은 항상 하지 않은 것이며, 그래서 고통이라는 것과 내 것이 아니라는 것을 알긴 했지만, 뿌리 깊은 잘못된 견해에서 완전하게 벗어났다고는 할 수가 없습니다. 그러므로 계속 오온이 일어나고 사라지는 것을 지속적으로 알아차려야 합니다.

위빠사나 지혜에서 여덟 번째의 다시 살펴보는 지혜란 이런 것입니다. 예를 들면 어떤 사람이 물가로 낚시를 하러 갔습니다. 물가에 앉아서 낚시를 하는 중에 몸체가 긴 물고기가 낚싯바늘에 걸려서 건져 올렸습니다. 순간적으로 이 물고기가 내가 좋아하는 맛있는 장어일 것이라고 생각하면서 즐거운 마음으로 건져 올렸습니다. 그러나 건져 올리고 보니 장어가 아니고 독뱀이었습니다. 그래서 빨리 놓아버리고 싶었지만 그대로 놓으면 뱀에게 물릴 것 같아서 뱀의 목을 잡고 대여섯 번 돌린 후에 멀리 던져 버렸습니다.

이와 같이 사람들은 오온의 실체를 몰라서 전생에서부터 오온을 좋고 행복한 것이라고 잘못 생각하였습니다. 그래서 좋아서 바라고 집착을 하고 행위를 하게 되었습니다. 그러므로 오온을 좋아하는 마음에서 벗어나기 위해서는 현재 오온이 일어나고 사라지는 것이라고 알아서 계속 무상, 고, 무아를 살펴보아야 합니다. 이것이 다시 살펴보는 지혜입니다.

위빠사나의 아홉 번째 지혜는 현상에 대한 평등의 지혜입니다. 이것은 모든 현상들에 대해서 평등하고 청정한 앎입니다. 대상이 계속 사라지는 것을 알고 하는 것이 이어질 때마다 일어나는 것을 좋아하는 마음 없이 알게 되고, 사라짐도 두려워하는 마음 없이 알게 됩니다. 이렇게 일어나고 사라지는 것을 있는 그대로 평온하게 아는 마음만 계속되는 것이 현상에 대한 평등한 지혜입니다.

일어남이 고苦라는 것을 알고, 사라짐이 고라는 것을 알기 때문에 이 상태에서는 좋은 것도 없고, 싫은 것도 없고, 두려움도 없는 평정함이 함께 있습니다. 이러한 상태를 현상에 대한 평등의 지혜라고 합니다. 이런 지혜가 성숙된 뒤에는 열 번째 지혜가 생깁니다.

이것이 적응의 지혜입니다. 이 적응의 지혜는 도, 과를 얻기 이전에 반드시 거치는 하나의 과정입니다. 적응의 지혜는 순서에 맞게 순응하는 앎입니다. 이것은 수다원, 사다함, 아나함, 아라한의 네 가지 도와 네 가지 과에 대한 앎이기도 합니다. 오온의 일어남과 사라짐을 좋아하거나 싫어하는 마음 없이 평등심으로 알아차릴 수 있을 때, 위빠사나 수행은 커다란 힘이 생기고, 앞으로 나아가 도에 다다르는 것도 분명하게 알게 됩니다. 그리고 지난 것에 대해서도 분명하게 알 수 있는 지혜로 이어집니다. 열 번째 적응의 지혜는 지금까지 앞서 말한 아홉 단계와 마지막 열 번째의 도에 대해서 알고 있는 앎입니다.

이상이 위빠사나 수행을 통해서 얻는 내관적 지혜, 통찰지혜, 깨달음의 지혜라고 말합니다.

위빠사나 수행의 지혜 다음에 네 번째, 도에 대하여 분명하게 아는 지혜가 있습니다. 이 도의 지혜는 막가냐나magga ñāṇa라고 합니다. 한문으로는 도지道智라고 합니다. 여러 분께서 일어나고 사라지는 것을 알고 하는 것을 계속 이어가다 보면 어느 순간에 아는 것이 끝나게 될 때, 고가 끊어지고 궁극적인 평화를 얻게 됩니다. 이러한 궁극적인 평화를 아는 마음을 도道의 지혜라고 합니다. 도에는 고가 없고, 짧은 순간에 궁극의 평화를 맛보게 됩니다. 이 도가 바로 열반을 지향하는 과정이고, 그 도 이후가 바로 열반에 들어가는 것입니다.

다음에는 다섯 번째 과果에 대해서 분명하게 아는 지혜를 말씀드리겠습니다. 과의 지혜는 바른 길에 대한 결과의 지혜로 계속해서 궁극적인 평화를 경험하는 것입니다. 도의 지혜는 궁극적인 지혜를 한 번 경험하시만 과의 지혜는 두 번, 세 번, 계속 경험하게 됩니다. 이것은 수행자가 각자에 따라서 약간 다를 수도 있습니다.

도의 지혜와 과의 지혜의 다른 점을 예를 들어서 말씀드리겠습니다. 큰 나무 조각에 불이 붙어서 타고 있을 때 물을 뿌리면 꺼집니다. 이것을 도의 궁극적 평화라고 합니다. 그러나 불타던 곳에 불은 꺼졌지만 아직 뜨거운 열기와 연기는 남아 있습니다. 다시 물을 두 번, 세 번 더 뿌려서 연기나 열기를 완전히 없애는 것이 과의 지혜로 나타난 궁극의 평화입니다. 이러한 궁극적 평화를 맛본다면 수행자의 마음은 아주 깨끗해질 것입니다.

이상이 다섯 가지 지혜였습니다. 이때 지혜라고 말하는 것은 빨리어로 빤냐pañña라고 합니다. 빨리어 빤냐를 중국에서 소리 나는 대로 음사한 것이 반야般若입니다. 그 반야를 우리말로 의역한 것이 지혜입니다. 그런데 지혜를 뜻하는 빨리어는 빤냐와 냐나ñaṇa가 있습니다. 여기서 말씀드린 위빠사나의 지혜는 냐나에 속하고, 무상·고·무아를 아는 지혜는 빤냐에 속합니다. 그래서 가볍고 낮은 단계의 앎은 상좌불교에서는 냐나라고 말하고, 이런 냐나의 일련의 과정을 거쳐서 궁극의 지혜를 얻을 때는 빤냐라고 말합니다.

지혜는 아는 것을 말하며, 지혜의 반대는 무명입니다. 우리가 이 지혜를 얻는다는 것은 알아서 끊는다는 것을 말합니다. 알아서 끊기 위해서는 반드시 그에 따른 수행을 해야 합니다. 수행을 하려는 열망은 굳세어야 하지만, 수행을 할 때에는 할 일이 없어서 하듯이 가볍게 해야 합니다. 특별한 목적을 가지고, 강하게 원하는 것이 많으면 수행을 할 수가 없습니다. 그래서 수행은 누구나 할 수 있지만 아무나 할 수가 없는 것입니다.

수행은 선심과 선과보가 결합되어야 수행을 하려는 마음을 낼 수가 있습니다. 만약 선과보가 없어서 수행이 생각에 그치고 만다면, 훌륭한 스승과 도반의 도움을 받으십시오. 그러면 여러분들이 가지고 있지 않은 힘을 줄 것입니다. 세상에 살면 의문만 있고 확실한 답이 없습니다. 오직 원하는 것 없이 알아차릴 때만이 진정한 삶의 답이 있습니다.

우리가 수행을 할 때는 마침표를 찍지 마십시오. 몸과 마음에서 일어나는 대상에 마침표를 찍지 마십시오. 대상은 항상 변하고 있습니다. 그러므로 계속해서 그 변화를 주목해야 합니다. 수행에서 결과는 없습니다. 오직 과정만 있습니다. 마침표를 찍는 순간 대상이 박제되어 버립니다.

결과는 내가 얻으려고 해서 얻어지는 것이 아닙니다. 수행자는 반드시 바른 원인을 만들고, 그 원인에 따른 결과는 자연스럽게 주어지는 것이라고 알아야 합니다. 변화를 주목할 때만이 존재하는 모든 것들의 속성인 무상과 고, 무아의 진리를 알 수가 있습니다.

자신의 문제는 오직 자신만이 해결할 수 있습니다. 타인을 통해서 해결하려는 것은 미혹하기 때문입니다. 자신의 문제를 스스로 해결하는 것이 수행입니다. 수행은 마음을 계발하는 행위로 가장 확실한 길입니다. 자기 자신의 문제도 주제를 파악하기 어려운데 하물며 남의 문제를 어떻게 해결할 수가 있겠습니까? 모든 문제의 해결은 자기 인식의 전환에 있습니다. 기존의 사고방식으로는 근본적인 해결을 하기가 어렵습니다.

새로운 관점에서 보려는 인식의 발상이 필요한데, 인식은 스스로의 노력으로만이 전환이 가능합니다. 어떤 초월적 존재나 위대한 깨달음을 얻은 자도 결코 자신의 인식을 바꾸어 주지 못합니다. 위대한 스승의 가르침은 매사에 자신이 스스로 헤쳐 나가도록 길을 인도하는 안내자일 뿐이라는 것을 말합니다. 오늘도 지혜에 대해서 말씀드렸습니다. 다음 시간에도 마지막으로 지혜에 대해서 말씀을 드리겠습니다.

다섯 가지 지혜(3)

오늘은 무명에서 벗어나는 유일한 방법인 지혜를 얻는 마지막 말씀을 드리겠습니다. 지혜를 바른 견해, 바른 사유라고 말하는, 계정혜 중에서 혜慧에 속합니다. 팔정도의 혜는 정견正見과 정사유正思惟를 말합니다. 정견은 무상, 고, 무아를 아는 것이고, 정사유 는 대상에 마음을 보내서 지혜를 나게 하는 행위를 말합니다. 그래서 오늘은 마하시 사야도께서 말씀하신 바른 견해에 대해서 잠시 말씀드리겠습니다.

위빠사나 수행의 통찰지혜는 대상을 알아차리는 순간에 일어납니다. 일어나는 모든 정신과 물질의 현상을 주시하는 수행자는 그것의 진정한 성품을 알게 됩니다. 이때 진정한 성품이라는 것은 실재하는 본성을 말합니다. 수행자가 팔과 다리를 구부리면서 주의를 집중하면, 단단함과 움직임의 깨달음의 요소를 얻게 됩니다. 이것이 바로 바람 의 요소입니다. 이 바람의 요소에 대한 바른 견해가 생기는 것을 정견이라고 말하는 것입니다.

만약 알아차림이 없으면 이것은 손이다, 이것은 사람이라고 관념이나 모양으로 대상 을 알아차립니다. 그것은 착각입니다. 알아차림이 있는 수행자만이 손의 따뜻함이다, 진동이다, 단단함을 느껴서 실재하는, 있는 그대로의 것을 보는 것입니다. 이것이 바른 견해입니다. 이 손을 나의 손이라고 본다면, 이것을 손이라고 본다면 그것은 관념적인 것입니다. 그러나 이 손은 부르기 위한 명칭이고, 이 손이 가지고 있는 것은 무거움과 단단함, 부드러움과 딱딱함, 따뜻함이라고 느낄 때, 손이 가지고 있는 실재를 느낄 때만 이, 이것이 바른 견해라고 말할 수가 있습니다.

몸에서 일어나는 감각인 열이나 통증 또는 정신적 행위인 상상이나 의도에 대한 바른 견해에 대해서도 이와 같이 말할 수가 있습니다. 마음을 대상에 집중해서 고요해지면 수행자는 정신과 물질의 현상이 단지 일어나고 사라지는 것만 보입니다. 이러한 일어나고 사라지는 것이 무상이며, 이러한 일어나고 사라지는 무상을 통해서 그것이 가지고 있는 본질적 속성인 괴로움을 볼 수가 있으며, 그 괴로움을 해결하려고 해도 해결될 수가 없을 때 비로소 무아라는 자각이 일어납니다. 이러한 통찰지가 바로 바른 견해입니다.

바른 견해란 바른 사유와 기타 도道에 관련된 법을 뜻합니다. 도에 대한 위빠사나의 통찰지혜는 알아차리는 매 순간에 일어납니다. 존재하는 것의 세 가지 특성에 대한 완전한 통찰지를 얻으면 수행자는 그 결과로 열반을 얻습니다. 그러므로 열반이 지금 여기에서 실현되는 것이라면 수행은 필수적인 것입니다.

존재하는 것의 세 가지 특성이라는 삼특상三特相에 대해서 잠시 살펴보겠습니다. 존재하는 것의 세 가지 특성, 또는 세 가지 속성, 삼특상을 아는 것이 바로 바른 견해입니다. 이 삼특상은 오온과 모든 유위법의 보편적 속성을, 통찰지혜와 깨달음에 이르기 위해서 위빠사나 수행을 통해서 반드시 철견되어야만 합니다.

그중 존재하는 것 중의 첫 번째 특성인 무상無常에 대해서 말씀드리겠습니다. 무상은 덧없음 또는 항상 하지 않음이라는 뜻으로, 모든 유위법이 변하며 영원하지 않다는 뜻입니다. 우리가 이 무상을 알기 전에는 항상 한다고 알았습니다. 그것을 아트만이라고도 말합니다. 절대적인 것, 변하지 않는 것, 어떤 초월적 존재를 믿는 사람들은 항상 한다라고 알았습니다. 그래서 항상 하는 절대적 존재에 의해서 우리가 지배받고 있다고 알았습니다.

그러나 부처님께서 통찰지혜 수행을 통해서 보니까 이 세상의 모든 것은 변한다는 사실을 알았습니다. 그것이 바로 무상입니다. 그러니까 무상의 반대는 항상 하다는 변하지 않는다는 것이고, 무상은 변한다는 것입니다. 일례를 들어서 말씀드리면 이 세상에 변하지 않는 것이 한 가지 있다고 합니다. 그것은 변한다는 사실이 변하지 않는다는 것입니다.

바꿔 얘기하면, 이 세상의 모든 것들은 변하는 것입니다. 그것을 무상이라고 합니다. 영원한 것은 그 무엇도 없습니다. 그래서 항상 하는 것이 없는 무상으로부터 출발하는 것이 불교의 특성입니다. 그리고 이러한 견해는 위빠사나 수행의 통찰지혜로서만이 철견될 수가 있습니다.

이러한 무상을 알면 다음에는 존재하는 것들의 속성인 괴로움을 압니다. 말씀드린 것처럼 괴로움은 두du와 카kha의 합성어인 빨리어 둑카dukkha의 뜻입니다. 실제 둑카는 고라고 말씀드리기보다는 불만족입니다. 그리고 하찮은 것, 별 볼일 없는 것을 뜻하는 말입니다. 그것을 한문으로 고라고 할 뿐이지, 실제의 뜻은 불만족이고, 하찮은 것, 그리고 비어 있는 것, 이런 뜻을 가지고 있습니다.

사실 우리는 별 볼일 없는 것을 대단하게 여깁니다. 알고 보면 아무것도 아닌데 모르기 때문에 크게 생각해서 문제를 삼습니다. 그러나 알고 보면 그런 것들은 단지 원인과 결과일 뿐이고, 업자성정견에 의해서 자기가 지은 대로 받는 것이라는 것, 그것 밖에 없습니다.

그래서 고는 불만스러움, 괴로움, 고통이라고 말하는데, 이는 모든 윤회하는 존재계의 보편적 특성입니다. 그래서 그것을 일러 고라고 말합니다. 우리는 이런 괴로움에 처할 때마다 그것을 극복하기 위하여 부단히 노력합니다. 그러나 그 괴로움의 끈끈한 덫에서 결코 벗어날 수가 없습니다. 바로 이때 우리는 무아라는 사실을 알게 됩니다.

무아는 항상 하는 자아가 없고 실재하지 않는 것을 가리킵니다. 가령 내가 있다면, 내 몸이 나의 소유라면 내가 마음대로 조종할 수 있어야 되는데 사실은 그렇지 못합니다. 마지막 호흡이 끝날 때에도 내 마음이 있다면, 몸이 나의 소유라면 호흡을 더 계속할 수 있습니다. 그러나 단지 마음만 있고, 단지 몸만 있기 때문에, 단지 조건에 의한 마음만 있고, 단지 조건에 의한 몸만 있기 때문에 결코 자신의 몸과 마음을 자신의 의도대로 할 수가 없습니다.

그리고 그 몸과 마음은 매 순간 변하기 때문에 항상 하는 것도 아니라서 거기에 자아가 없다는 뜻으로 무아라고 말하는 것입니다. 마음은 있습니다. 그러나 이 마음이 나의 마음이 아니고, 나의 소유가 아니라는 뜻으로 우리는 무아라고 말하는 것입니다.

빨리어 경전의 도처에서 부처님은 무상, 고, 무아를 설하셨습니다. 특히 이는 대부분 오온의 무상, 고, 무아의 문맥에서 나타나며, 오온으로 대표되는 모든 개념적 존재를 분석하고, 분해하고, 해체해서 드러내는 유위법이 무상, 고, 무아임을 철견할 때, 해탈의 열반을 실현할 수 있다고 하셨습니다.

이렇게 바른 견해라는 것이 무상, 고, 무아를 아는 것이라고 이해하셔야 되겠습니다. 이러한 무상, 고, 무아를 알기 위해서는 통찰지혜를 가져야 되는데, 이 통찰지혜라는 것이 지금 여기에서 실현되는 것이라는 것입니다.

지금 여기에서 실현되는 것이 바로 수행입니다. 지금 여기에서라는 사실이 갖는 의미는 매우 중요합니다. here, 현재, 그것도 지금, 이 자리에서, 여기 있는 정신과 물질, 이 순간의 몸과 마음 안에 지혜가 나는 것이라는 뜻입니다.

불교 수행의 핵심은 지금 여기에서, 자기 자신에게서 일어나는 현상을 있는 그대로 관찰한다는 것입니다. 지금 여기라고 말하는 것이 빨리어 경전에서 많이 나타납니다. 이를 중국에서는 이현법중以現法中 또는 현금現今으로 옮겼고, 직역을 하면 '보인 현상에서'라는 뜻입니다. 그래서 이것을 '지금 여기'라고 의역한 것입니다. '지금 여기'라는 말이 'here and now'라고 영어로 말합니다. 우리는 매 순간 지금 여기에 살고 있지만 끊임없이 과거로, 미래로 관심을 가져가고 있습니다. 불교 수행의 시작이자 마지막은 바로 지금 여기라고 감히 말해도 좋을 것입니다.

아직 수행을 하지 않는 사람은 위빠사나 수행의 기본이 되는 근본도에 초점을 맞춰야 합니다. 이 근본도라는 것은 업에 대한 믿음이 있기 때문에 선행을 하는 것을 뜻합니다. 지난 시간에 말씀드린 업자성정견의 지혜가 바로 근본도를 이루는 것입니다.

그러니까 업은 자기가 지은 대로 받는 것이라고 생각하기 때문에 우리는 그 결과를 얻기 위해서 선행을 한다는 것을 뜻합니다. 이것을 근본도라고 말합니다. 다른 말로 하면 열반의 증득을 바라보며 보시와 지계 등을 실천하는 것을 말합니다. 열반으로 가는 근본도는 바로 업자성정견이라고 말할 수 있으며, 다음 단계의 도는 예비단계의 도입니다. 이 예비단계의 도가 지난 시간에 말씀드린 대로 위빠사나의 도입니다. 왜 예비단계의 도인가 하면 반드시 열반이라는 도와 과에 이르기 위해서는 그 이전에 위빠사나의 예비단계의 도를 거쳐야 하기 때문에 그렇게 말하는 것입니다.

그래서 열반으로 가는 도는 근본도, 예비단계의 도, 이 두 가지의 도의 과정을 거쳐서 마지막에 성스러운 도에 이르게 됩니다. 이 성스러운 도가 바로 성자들이 이른 열반의 도입니다. 특히 수행자는 성스러운 도를 열망하고, 소중히 하고, 받아들여야 할 법으로 인식해야 합니다. 이렇게 인식함으로써 위빠사나 수행에 열정적인 노력을 기울일 수가 있습니다. 또 수행자는 예비단계의 도인 위빠사나의 도를 고귀한 법으로 받아들여서 그 수행법을 제대로 알아야만 합니다.

어떤 사람들은 열반에 이르는 도에 대해서 무지합니다. 그래서 열반을 성취하기 위해 행하는 선한 행위를 대수롭지 않게 봅니다. 또 어떤 사람은 위빠사나 수행을 제대로 해본 적이 없으면서도 다른 사람의 가르침과 수행을 비난하기도 합니다. 사람들은 잘못된 방법에 집착하여 바른 수행법을 비난하기도 합니다. 모두 무명을 지니고 있기 때문에 바른 도를 알지 못하고 오해를 합니다.

보시, 지계, 수행이 열반으로 인도하는 것을 모르는 것이 바로 무명이며, 보시 등의 선한 행위가 자신의 이익을 해친다고 잘못 아는 것도 무명입니다. 더욱 해로운 무명은 바른 명상수행법에 대한 무지와 환상입니다.

위빠사나 수행은 상좌불교의 도그마가 아닙니다. 위빠사나 수행은 상좌불교의 독단적 교리가 결코 아닙니다. 위빠사나 수행은 도과에 이르기 전에 반드시 거쳐야 할 예비단계의 도입니다. 이 예비단계의 도를 거치지 않고서는 결코 열반에 이를 수가 없습니다.

바른 도에 대한 무지는 가장 끔찍한 무지입니다. 왜냐하면 이러한 무명에 휘둘리는 사람은 선한 행위를 잘못된 것으로 판단하여 잘못된 길을 가기 때문입니다.

그럼에도 불구하고 대부분의 사람들은 무명에서 헤어나지 못하고 보시, 지계, 수행을 해야 할 필요성을 알지 못하고 있습니다. 이 얼마나 끔찍한 일입니까? 이제 우리는 오늘 알았습니다. 무명에서 벗어나는 길은 지혜를 얻는 것이고, 그 지혜를 얻는 것은 예비단계의 도인 위빠사나 수행을 해야 된다는 사실을 알았습니다. 우리 모두 이 길로 함께 나아갑시다.

무명을 원인으로 행이 일어난다

지난 시간에는 12연기의 시작인 무명을 말씀드렸고, 그리고 그 무명에서 벗어나는 것이 지혜라는 것도 말씀을 드렸습니다. 오늘은 『어디서 와서 어디로 가는가』에 있는 '무명으로 인하여 행이 일어난다'는 것에 대해서 말씀드리겠습니다.

무명으로 인하여 행이 일어납니다. 무명은 마음입니다. 그런데 마음은 끊임없이 일어나고 행위를 하게 합니다. 그래서 무명의 상태에 따라서 일어나는 행도 다릅니다. 어쨌거나 연기가 회전할 때는 무명을 바탕으로 하기 때문에 무명으로 시작해서 무명의 상태에 따른 행위를 하게 됩니다. 이것이 '무명을 원인으로 하여 행이 일어난다'입니다. 이때 행은 업의 형성을 말합니다.

지난 시간에 말씀드렸듯이 과거에 이루어진 업의 형성력, 마음의 의도, 신구의 삼업, 그런 것들을 통틀어서 行이라고 말합니다. 보시뿐만 아니라 계율을 지키는 것 역시 천인이나 범천으로 태어나는 등 내생에서 보다 나은 지위로 태어나고자 하는 의도를 가지고 이루어지곤 합니다. 이것이 무명으로 인하여 선업이 일어나는 것입니다. 그러나 악한 마음으로 악한 의도를 가지고 악한 행위를 하면 바로 불선업이 일어납니다. 이것이 무명으로 인하여 불선업이 일어남을 말합니다.

계율을 지키고 선한 일을 한 것을 말하지 말아야 합니다. 말을 한다면 탐욕이 있는 것이라서 이것이 무명으로 한 행이 됩니다. 그러나 바른 일을 하고도 바른 일을 했다라고 말하지 않으면 그것은 선한 마음으로 한 것이라서 선한 행이 됩니다. 이렇듯이 무명의 상태에 따라서 행이 이루어지고 지혜의 상태에 따라서 행이 이루어집니다.

이때의 무명은 연기이고, 행은 연생입니다. 무명이 원인이 되어서 행이 일어날 때 그 행은 무명으로 말미암아 생긴 결과입니다. 그러니까 무명과 행 사이를 연결하는 것이 있습니다. 그것이 원인입니다. 무명은 무명으로 있지 않습니다. 반드시 원인을 일으켜서 결과인 행을 만들게 합니다. 이것이 '무명을 원인으로 행이 일어난다'입니다.

보통 보시를 한 후에 바라는 마음이 있어서 이루어지길 기원하는 말을 합니다. 이 기원이 이루어져서 그 기원을 바란 사람이 천인이나 범천이 된다고 해도 다음 생에는 바로 고통뿐인 태어남이 있을 뿐이지 결코 윤회를 벗어날 수는 없습니다. 우리가 좋은 곳에 태어나기를 바라면 무명을 원인으로 선업이 일어난 것은 분명합니다. 그래서 이 선업은 완전한 선업이 아닙니다. 다시 태어나는 것은 오직 괴로움뿐이기 때문입니다.

사람들은 감각적 쾌락이 행복의 원천이고, 정신과 물질이 소멸한 열반은 탐스럽지 못하며, 열반에 이르는 길은 험하고 고통스럽다고 생각합니다. 그래서 생각과 말과 몸으로 하는 세 가지 행위를 통해 욕망을 채우려고 합니다. 이 중에 어떤 행위는 도덕적으로 선할 것이며, 어떤 행위는 도덕적으로 선하지 못할 것입니다.

또 어떤 사람은 내생의 행복을 바라고 보시를 행하는 반면, 어떤 사람은 부자가 되기 위해서 남을 속이고 강도짓을 하기도 할 것입니다. 이런 모든 것들이 바로 행위이면서 이것을 업이라고 말합니다. 업과 행은 동의어입니다.

행은 세 가지 종류인데 생각으로 짓는 행, 말로 짓는 행, 몸으로 짓는 행이 있습니다. 그리고 행은 의도를 전제로 합니다. 의도의 기능은 무엇인가를 생각해 내고 하도록 부추기는 것으로써 모든 행위의 주요 동기가 됩니다. 의도는 살생이나 보시 등, 행위와 관련되어 있습니다. 수행자는 알아차림을 통해서 의도의 본성을 경험으로 압니다.

그러므로 12연기에서 무명도 마음이고, 행도 마음입니다. 실제 우리가 몸으로 짓는 행이 있지만, 그것을 물질로 보지 않고, 마음의 의도에 의해서 일어난 것이기 때문에 행을 마음의 형성력, 마음의 작용으로 봅니다.

또 다른 측면에서 보자면, 행에는 선업의 과보를 낳는 공덕이 되는 행과 악업의 과보를 낳는 공덕이 되지 않는 행이 있습니다. 그리고 움직임이 없다는 뜻에서 부동행不動行이라는, 무색계 선정에 있는 흔들림이 없는 행이 있습니다.

색계선과 욕계에서 업보를 받는 욕계선을 모두 공덕이 되는 행이라고 말합니다. 공덕이라는 말을 빨리어로는 뿐냐puñña라고 하는데, 이 말은 깨끗이 하는 것 또는 정화한다는 것을 뜻합니다. 이때 이 정화, 깨끗이 한다는 것은 비누로 몸에 있는 때를 씻어내는 것처럼 우리는 보시, 지계, 수행을 통해서 업의 더러움을 제거해야 하는 것을 말합니다.

이러한 선행은 현생과 내생의 행복과 번영을 가져다 줄 것입니다. 공덕의 또 다른 의미는 선행을 한 사람이 소원을 성취하게 하는 경향입니다. 여기서 선행이라는 것은 건강, 장수, 부귀 등 다양한 소원을 성취하도록 도와줍니다. 만약 열반에 대한 소원으로 선행을 행하였다면, 이 선행으로 인해 열반을 얻을 수 있는 삶으로 가거나 마지막 생에 이르기 전까지의 행복과 잘살 수 있는 보장을 받습니다.

업은 지음을 실행하는 것으로서, 행복을 얻기 위해 무언가 하는 노력입니다. 이는 선하거나 불선한 과보를 받습니다. 그러므로 공덕이 되는 공덕행은 선업의 과보를 가져오는 선행입니다. 욕계 선행은 여덟 가지가 있고, 색계 선행은 다섯 가지가 있습니다. 이러한 모든 선행은 보시, 지계, 수행의 세 가지 요소로 요약할 수가 있습니다.

기쁜 마음으로 보시를 하는 것은 업의 과보가 대단히 큰 선한 마음을 의미합니다. 그래서 보시자는 보시를 하기 전이나 보시를 하는 동안이나 보시를 하고 난 후에 함께 다 모두 기뻐해야 합니다. 경전에 의하면 이러한 보시는 매우 좋은 업의 과보를 받는 것입니다.

보시를 어떻게 해야 될까요? 보시는 보시를 하기 전이나 보시를 하는 동안이나 보시를 하고 난 후에 모두 기쁠 때만이 완전한 보시입니다. 우리가 바라는 것으로 보시를 한다면, 바람 때문에 그것이 되돌아오지 않는다면 보시를 한 뒤에 기뻐할 수가 없습니다. 오히려 보시를 하고 괴로움에 빠지기도 합니다. 그래서 보시를 하기 전이나 보시를 할 때나 보시를 하고 나서 모두 즐거운 마음으로 하는 보시만이 완전한 보시가 될 것입니다. 보시하는 사람의 태도가 아무것도 바라지 않는 평정의 상태일지라도 보시자의 마음이 깨끗하다면 이 보시행은 매우 큰 업의 효력을 지닙니다.

업에 대한 믿음에 근거한 보시행은 합리적인 것으로, 탐욕과 성냄, 무지의 축적된 성향 없이 재생의 과보를 받을 것입니다. 도덕적인 가치에 대한 인식이나 업의 과보에 대한 믿음과 관련이 없는 보시행도 선하기는 하지만 이것은 지혜가 결여된 보시입니다. 이런 보시는 살아가면서 보시행에 대한 선한 과보를 받겠지만, 다음 생에 도를 얻을 수 있을 만큼의 지혜를 가진 사람으로 태어나지는 못합니다. 자기가 베풀 때에 바람이 없는 공덕행을 할 때만이 그 선한 과보의 영향으로 다음 생에 지혜를 가진 사람으로 태어날 것입니다.

우리들에게 가장 중요한 것은, 그 태어남이 지혜가 있을 때만이 가장 고귀한 태어남이라고 말할 수가 있습니다. 우리들의 목표는 부귀영화가 아닙니다. 윤회를 끊는 지혜입니다. 그래서 바람이 없는 보시를 할 때만이 가장 수승한 지혜로 태어나게 됩니다.

어떤 사람은 다른 사람의 권유에 의해서가 아니라 자발적으로 선한 행위를 할 수가 있으며, 어떤 사람은 남의 부추김을 받아서 선한 행위를 할 수도 있습니다. 이런 두 종류의 선한 행위 중에 자발적으로 한 선한 행위가 더 큰 과보를 받는 것은 틀림없습니다.

앞에서 언급한 선한 행위 네 가지를 마지막 두 가지 측면에서 보면, 우리는 모두 여덟 가지 욕계의 선한 마음이 있음을 알 수가 있습니다. 선한 행위를 할 때마다 우리는 이들 선법 중의 하나에 의해 유발되어 그렇게 하는 것입니다. 집중과 명상을 할 때 우리는 이런 여덟 가지 선법을 가지고 시작해야 합니다.

만약 선정에 이르게 하는 것이 수행이라고 한다면, 수행자가 삼매를 잘 계발하면 색계 선정을 얻습니다. 선이란 대상에 오롯이 집중된 마음인 심일경성心一境性을 말합니다. 사마타 선정은 순일하게 고요한 상태를 얻기 위해 집중을 합니다. 선정 삼매는 바람이 불지 않는 허공에서 타오르는 불꽃과 같습니다.

경전에 의하면 색계 선정에는 네 가지가 있고, 『아비담마』에서는 색계 선정을 다섯 가지로 나누고 있습니다. 선禪이라고 번역되는 말은 쟈나jhāna라는 것인데, 이것을 중국에서는 선나로 음역되고, 다시 우리는 '선'이라고 말하고 있습니다.

『청정도론』에서는 '대상을 명상하기 때문에 혹은 반대되는 것을 태워버리기 때문에 선이라고 한다'라고 선禪에 대해서 두 가지로 정의하고 있습니다. 여기서 반대되는 것이란 앞서 말씀드린 대로 다섯 가지 장애인 감각적 욕망, 악한 의도, 게으름과 혼침, 들뜸과 후회, 의심을 말합니다. 이러한 선정은 사마타 수행으로 얻어집니다.

이런 수행은 삼매의 기능을 강화시키는 것을 포함합니다. 마음을 한 가지 선택된 대상에 고착시킴으로써 모든 정신적인 혼란이 제거되는 것입니다. 장애는 억압되고 마음은 그 대상에 완전히 몰입됩니다. 『경장』에 따르면, 선은 초선에서 4선까지 네 가지로 정의되어 있는 마음의 상태이고, 이것을 바른 삼매라고 합니다. 『논장』에서는 이것을 색계 선정이라고 정의하고, 『경장』에 나타난 공무변처 등 사처를 무색계 선으로 정리하고 있습니다.

그러므로 선과 삼매는 동의어로 취급됩니다. 경전에서 말하는 네 가지 색계 선은 첫째는 초선, 둘째는 2선, 셋째는 3선, 넷째는 4선입니다. 네 가지 무색계 선은 공무변처, 식무변처, 무소유처, 비상비비상처입니다.

경전에서 네 가지 색계 선을 다시 살펴보면, 초선은 일으킨 생각이고, 지속적인 고찰이고, 희열이고, 행복이라는 네 가지 요소를 가지고 있습니다. 2선은 일으킨 생각과 지속적인 고찰이 가라앉고 희열과 행복만 있고, 3선은 행복만 있고, 4선은 행복도 사라지고 평온이 완성됩니다. 물론 이 네 가지 선은 마음이 한 대상에 집중된 상태, 즉 집중은 두루 하고 있습니다. 『아비담마』에서는 이를 다섯 가지로 분류하는데, 이는 초선의 일으킨 생각이 가라앉고 평온, 희열, 행복이 있는 경우를 2선으로 한 것입니다.

여기서 명심해야 할 것은 선의 경지는 결코 출세간의 경지가 아니라는 사실입니다. 사마타 수행의 선은 깨달음을 얻기 위한 중요하고 강력한 토대이지만 깨달음 그 자체가 아니기 때문입니다. 상좌불교에서 이 선은 사마타의 경지이기 때문에 번뇌가 소멸하지 못한다고 합니다. 번뇌를 완전히 멸하기 위해서는 모든 유위법의 무상, 고, 무아를 꿰뚫어서 보는 위빠사나 수행을 해야만 하는데, 이렇게 선禪 없이 위빠사나 수행만 할 수 있는 것을 순수 위빠사나라고 말합니다. 이것을 빨리어로는 숫다suddha 위빠사나라고 합니다.

이 순수 위빠사나는 사마타 수행의 선정 없이 오직 위빠사나 수행으로 열반을 이룰 수 있는 것을 말하기도 합니다. 이처럼 사마타 수행을 하고 위빠사나 수행을 통하여 열반에 이르는 방법이 있고, 또 사마타 수행을 하지 않고 숫다 위빠사나라는 순수 위빠사나를 통해서 열반에 이르는 방법이 있습니다. 이상 여러분과 함께 무명을 원인으로 행이 일어나는 것에 대해 말씀드렸습니다.

공덕이 되지 않는 행(1)

우리는 살면서 항상 무엇이 필요한지를 알아야 합니다. 수행의 필요는 바른 삶을 영위하는 중요한 의지입니다. 필요해야 보이고, 필요하지 않으면 보이지 않습니다. 필요해서 의지가 일어나야 마음이 일을 합니다. 아무리 좋은 것이 있어도 필요한 사람의 것이지, 필요하지 않은 사람에게는 가치가 없는 것입니다. 이처럼 필요는 조건을 성숙시키는 기초가 됩니다.

열정이 지나치면 필요한 것과 필요하지 않은 것을 구별하지 못해 소득도 없이 늘 분주하지만, 지혜가 있으면 무엇이 필요한지를 항상 알게 됩니다. 선한 행위도 필요로 해서 행하는 것이며, 선하지 못한 행위도 필요해서 행하는 것입니다. 모든 필요는 오직 자신만이 선택할 수 있습니다. 필요하지 않은 일을 하면 능률도 없고 괴로움뿐입니다. 수행은 필요로 하는 사람에게만 가장 가치 있는 것이지, 필요로 하지 않는 사람에게는 고통이며 장식품입니다.

지금까지 12연기의 시작인 무명에 대해서 말씀드렸고, 또 무명에서 벗어나는 지혜에 대해서 말씀드렸습니다. 그리고 무명을 원인으로 행이 일어나는데 이 행에 대해서 말씀드렸습니다. 오늘도 무명을 원인으로 일어나는 행 중에서 공덕이 되지 않는 행에 대해서 말씀을 드리겠습니다.

공덕이 되지 않는 행은 불선업으로 선하지 못한 행위를 말합니다. 선하지 못한 행위는 부도덕한 행위이며, 이러한 행위를 하면 네 가지 악처에 태어납니다. 만약 사람으로 태어났을 때는 용모가 추하거나 병든 몸으로 태어나기도 합니다. 여기서 네 가지 악처인 사악도는 지옥, 축생, 아귀, 아수라의 세계를 말합니다.

우리가 흔히 말하는 지옥은 어떤 세계일까요? 지옥은 주석서에서는 아무런 즐거움이 없는 곳으로 설명합니다. 다시 말하면 고통만 있는 곳이라는 뜻입니다. 우리가 불선행을 행하면 지옥, 축생, 아귀, 아수라에서 태어나는데, 먼저 그 지옥이 어떤 세계인지, 어떤 고통이 있는지 잠시 살펴보겠습니다.

지옥은 여덟 가지로 나누는데 등활지옥, 흑승지옥, 중합지옥, 규환지옥, 대규환지옥, 초열지옥, 대초열지옥, 무간지옥, 이렇게 여덟 가지입니다.

땅속 20만4천 유순에 이르는 지층을 구분하면, 상층이 12만 유순이고, 하층 12만 유순은 암반층이라고 합니다. 상층에 팔열지옥이 존재하며, 층과 층의 간격은 1만5천 유순씩 떨어져 있다고 합니다. 인간계에서 1만5천 유순이 떨어진 곳에 등활지옥이 있습니다. 그곳에는 1만5천 유순 떨어진 흑승지옥이 있습니다. 지옥의 한 층과 다른 한 층 사이는 1만5천 유순씩 떨어져 있다고 『아비담마』에서는 밝히고 있습니다. 이러한 지옥은 고통만 있는 곳입니다.

먼저 등활지옥에 대해서 살펴보겠습니다. 등활지옥은 불타오르는 형벌을 가하려고, 무기를 손에 거머쥔 저승사자들이 형벌을 받을 사람들을 토막 쳐 잘라 불태우는 곳입니다. 죄인들은 토막이 난 뒤에도 거듭 살아나 고통을 되풀이합니다. 이 지옥을 등활지옥이라고 합니다.

두 번째 지옥은 흑승지옥입니다. 이 지옥에서는 잔혹한 야수에게 쫓기는 가련한 짐승들처럼 쫓겨 자빠지고 나뒹구는 죄인들을 지옥사자들이 조각조각 난도질하고 줄자로 재단하듯이 자릅니다. 이를 흑승지옥이라고 합니다.

세 번째 지옥은 중합지옥입니다. 이 지옥에서는 쇠로 만들어진 땅속으로 허리까지 파묻힌 지옥인들이 쇠바위로 달구어져 불태워집니다. 이 지옥을 중합지옥이라고 합니다.

네 번째 지옥은 규환지옥입니다. 이 지옥에선 맹렬히 타오르는 검붉은 불길에 태워지는 가련한 죄인들이 연민을 일으킬 만큼의 큰 비명으로 울부짖기에 규환지옥이라고 합니다.

다섯 번째 지옥은 대규환지옥입니다. 이 지옥에선 화염의 연기에 휩싸여 쪄짐과 익혀짐을 당하는 지옥의 죄인들이 크나큰 연민을 일으킬 만큼의 가슴을 찢는 비명으로 울부짖기에 대규환지옥이라고 합니다.

여섯 번째 지옥은 초열지옥입니다. 이 지옥은 붉게 타오르는 쇠로 만든 상자 위에 죄인들을 옴짝달싹 못하게 앉혀두고 뜨거운 불로 태우므로 이 지옥을 초열지옥이라고 합니다.

일곱 번째 지옥은 대초열지옥입니다. 이 지옥은 죄인들을 붉게 타오르는 산 정상에 오르게 한 뒤에 산 밑에 날카로운 작살 위에 거꾸로 떨어지게 하여 불태웁니다. 이 지옥을 대초열지옥이라고 합니다.

그리고 마지막 지옥은 무간지옥입니다. 이 지옥에선 죄인들이 시뻘건 불길에 의해 형벌을 당하는데 그 극심한 고통이 단 한순간도 끊이지 않고 끝없이 계속됩니다. 지극히 어리석은 지옥인들이 머무는 이 지옥을 무간지옥無間地獄이라고 합니다.

무간지옥에서 일곱 가지 불선과보가 일어납니다. 고통을 수반하는 몸 의식을 제외한 여섯 가지 눈 의식 등은 중립적 느낌을 수반하여 일어납니다. 이에 눈 의식 등이 일어날 때는 한순간이라도 고통에서 벗어나 중립적 느낌으로 지낸다고 생각할 수 있겠지만, 실제로는 너무 극심한 고통 때문에 중립적 느낌을 수반한다는 언급을 하기조차도 힘듭니다. 즉, 압도적인 괴로운 느낌의 하나가 여섯 가지 중립적 느낌으로, 일어난 의식들을 뒤엎어 버린다고 말합니다. 비유하자면 혀끝에 꿀 여섯 방울을 올려놓은 뒤에 그 위에 한 방울의 뜨거운 쇳물을 떨어뜨리면 여섯 방울의 꿀맛을 압도함과 같습니다.

무간지옥에서의 고통은 한 치의 틈조차 없습니다. 타오르는 불길에 시달리는 가련한 지옥인들의 극심한 고통에는 조금의 빈틈도 없습니다. 그러므로 무간지옥이라고 부릅니다. 이처럼 지옥은 참혹한 곳입니다. 우리들이 잘못된 행을 하면 그 잘못된 행에 대한 과보를 받는 곳이 제일 먼저 지옥입니다.

다음으로 지옥 이외에 축생이 있습니다. 축생은 과연 어떤 곳일까요? 축생계는 서로 죽고 죽이는 약육강식의 법칙이 지배하기 때문에 사랑, 연민이나 기타 영적인 가치가 들어설 자리가 없고, 동물들은 대개 고통과 두려움에 휩싸여 죽기 때문에 다시 악처에서 태어날 확률이 큽니다. 물론 이런 일들을 확률로 따지기는 어렵습니다. 모두 업의 과보를 받기 때문입니다. 하지만 축생으로 태어났을 때는 다시 축생으로 태어날 가능성이 높다는 의미로 확률을 말씀드린 것입니다. 물론 경우에 따라서는 동물도 선한 마음을 일으켜서 내생에 인간계나 천신계에 태어날 수도 있습니다.

사악처 중에서 세 번째인 아귀의 세계가 있습니다. 아귀를 원래는 '뻬따peta'라고 하는데, 중국에서는 이것을 '귀신'이라고도 표현합니다. 아귀는 원래 조령신을 뜻했습니다. 그런데 제사에서 후손들이 올리는 음식을 기다리는 자들이라는 뜻에서 불교에서는 굶주린 귀신으로 정착된 것으로 추정됩니다.

아귀는 사는 영역이 따로 없이 숲이나 습지나 묘지 등 인간이 사는 세계에서 같이 산다고 전해집니다. 인간의 육안으로는 보이지 않지만 간혹 스스로 모습을 드러낼 수도 있고, 천인으로 보이기도 합니다. 『뻬로꾸따경』에 나오듯이, 이들 가운데 빠라따뚜 빠지 위노만이 살아 있는 친척들이 자신의 이름으로 행하는 공덕을 나누어 줄 때 그 공덕을 누릴 수가 있고, 더 나은 선처로 나아갈 수 있다고 기록하고 있습니다. 『소부』의 아귀사는 악업으로 인해 이러한 아귀로 태어난 중생들의 이야기를 담고 있습니다.

네 가지 사악처 중에 마지막에 아수라의 세계가 있습니다. 아수라는 원어 그대로 아수라입니다. 이는 문자적으로 유의하거나 빛을 발하지 못하는 존재를 의미하고, 경에서는 제석을 왕으로 하여 33천에 천인과 천신들과 싸우는 존재로 나타납니다. 하지만 악처에 속하는 아수라는 그러한 아수라와는 구별해야 합니다. 이들은 괴물처럼 생기고 집체만한 배에 입이 너무 작아 제대로 먹거나 마실 수 없는 일종의 아귀에 속합니다. 이 가운데 깔라깐지까가 가장 비참하고 고통이 심한 아수라로 알려져 있습니다.

이렇듯 우리들의 삶은 잘못된 행위로 인해서 고통을 겪어야 됩니다. 이들 사악처의 마음은 모두 열두 가지인데, 크게 탐욕에 뿌리를 박은 마음과 성냄에 뿌리를 박은 마음과 어리석음에 뿌리를 박은 마음이 있습니다. 결국 사악도의 마음이란 탐진치를 가진 마음에 뿌리를 박고 있다는 사실을 간과해서는 안 됩니다.

저희 스승은 선하지 못한 행위를 하는 것에 관해서 이렇게 말씀하셨습니다. 사람들은 모두 행복해지기를 바라기 때문에 현생과 내생에서 물질적 복리를 증진시키기 위해서 노력합니다. 하지만 그들의 행동을 특징짓는 것은 대체로 탐욕과 성냄입니다.

선한 마음은 좋은 친구를 사귀고 법을 들으며 합리적으로 사유할 수 있는 사람에게만 일어납니다. 그러나 선하지 못한 마음은 그렇지 못한 사람에게만 일어납니다. 이기적인 스승에게 잘못된 가르침을 받은 사람들은 도덕적으로 타락합니다.

부처님 당시에 한 재가신자가 선한 비구를 헐뜯었는데 죽어서 자신이 생전에 보시한 사찰의 변소에 사는 아귀가 되었습니다. 그 아귀는 천안으로 자기를 알아본 목갈라나 존자에게 자기가 지은 악업에 대해서 말씀을 드렸습니다. 내생의 행복을 위해 물질적으로 승가에 보시를 했지만 스승에 의해 잘못된 지도를 받은 이 사내의 운명은 얼마나 끔찍합니까? 이 이야기는 우리가 찾아야 할 스승은 학식뿐 아니라 선한 기질도 함께 지녀야 함을 보여줍니다.

우리가 스승이라고 말했을 때 그 스승은 모두가 선하다고 볼 수는 없습니다. 그래서 스승을 만나는 것도 자기의 과보 중에 하나입니다. 선한 사람의 특징은 남을 해롭게 하려는 행동, 말, 생각이 없습니다. 선한 사람이나 선한 비구와 사귀는 사람은 좋은 법을 들을 기회가 생기고, 만약 현명하게 생각하면 그의 마음은 선한 업으로 이어집니다.

반면에 못된 스승이나 친구, 그릇된 가르침과 부적절한 사유는 도덕적 붕괴를 불러올 수 있습니다. 어떤 이들은 처음에 결점 없는 성품을 지녔지만 결국 타락한 사상으로 인해 무너지기도 합니다. 이들은 도둑질, 강도, 횡령 등으로 유죄를 받아 오랜 동안 쌓아온 명성이 순식간에 무너지기도 합니다.

이 모든 고통은 행복에 대한 전도된 인식에서 비롯합니다. 기대와는 반대로 곤란에 봉착해 있는 자신을 발견했을 때는 이미 너무 늦습니다. 어떤 악행은 즉각적인 과보가 생기지는 않지만 때가 되면 과보가 무르익어 고통에 빠지게 합니다. 만약 현생에서 악을 행한 자에게 업의 과보가 생기지 않는다면 아귀가 된 승원의 보시자의 경우처럼 내생에서는 반드시 그 과보를 받습니다. 재가신자를 잘못 지도했던 스승은 죽은 후에 그 운명이 더 비참했습니다. 자기 제자의 아랫자리를 차지하고 앉아 그 제자의 배설물을 먹으면서 살아야 했기 때문입니다.

악업의 과보는 참으로 무시무시합니다. 자신의 이익을 위해 저지른 행위의 과보가 거꾸로 자기를 덮쳐서 무시무시한 고통을 받아야만 합니다. 밀림의 어떤 부족은 풍작과 안전을 기원하며 신에게 동물을 제물로 바치기도 합니다. 이러한 원시적인 믿음은 도시에 사는 일부 사람들에게도 아직 남아 있습니다.

어떤 사람들은 자기가 모시는 '낫'을 부처님처럼 숭배합니다. 여기서 '낫'은 미얀마 어로 토속신, 정령을 의미합니다. 이 '낫'은 인간들의 인생관과 우주관을 지배해 온 토속신앙의 대상인데 이것을 귀신이라고도 말합니다. 또는 토지, 나무, 산, 하천 등의 자연 정령과 마을의 수호신, 택지의 수호신, 도로의 수호신, 다양한 개인 및 지역의 수호신으로 불리기도 합니다.

참고로 말씀드리자면 미얀마 사람들은 일반적으로 부처께는 복을 빌지 않습니다. 왜냐하면 그들의 기본적 수준에는 부처는 복을 주는 분이 아니라는 정도의 불심이 있습니다. 그래서 어떤 기복을 원할 때는 부처님이 아닌 토속신앙에게 복을 빕니다. 그들은 부처님은 해탈로 가는 가르침을 주시는 분이지 복을 주시는 분이 아니라는 것을 알고 있습니다.

공덕이 되지 않는 행(2)

수행을 해서 단 한 번이라도 진실을 알 수 있다면 이것은 위대한 발견입니다. 한 가지를 알면 이미 열 가지를 알 수 있기 때문입니다. 그래서 단 한 번이라도 진실을 알기가 어려운 것입니다.

단 한 번이라도 대상을 분명하게 알 수 있다면 이것은 큰 진전입니다. 단 한 번을 알아차릴 수 있었으면 열 번을 알아차릴 수가 있기 때문입니다. 그래서 단 한 번이라도 대상을 분명하게 알아차려야 합니다.

한 번을 분명하게 알아차린다는 것이 매우 쉬워 보여도, 사실은 그것이 하나의 작은 완성이라서 매우 어려운 것입니다. 완성은 경험과 지혜가 성숙되어 조건이 충족된 것입니다. 집중력을 가지고 단 한 번이라도 제대로 알아차리기 위해서는 많은 시간을 끊임없이 알아차리면서 때를 기다려야 합니다.

단 한 번의 완전한 알아차림은 시작이 아니고 하나의 작은 완성입니다. 이처럼 수행을 시작하면서부터 대상을 분명하게 알아차리기는 지극히 어려운 것이므로 이를 당연한 결과로 받아들여야 합니다. 이것이 눈에 보이지 않는 정신세계에서의 실재하는 현실입니다.

오늘도 지난 시간에 이어서 12연기 중에 행에 관해서 말씀을 드리겠습니다. 그 행 중에서 선하지 못한 행, 공덕이 되지 않는 행에 관해서 말씀을 드렸는데, 오늘은 그중에 부처님의 한 제자인 목갈라나 존자에 대해서 잠시 말씀드리겠습니다.

목갈라나 존자는 부처의 두 제자 중에 한 분이십니다. 역대 스물다섯 분의 모든 부처님들은 반드시 위대한 두 상수제자를 두었습니다. 그중에 석가모니 부처님도 사리불 존자와 목갈라나 존자를 두 제자로 두셨습니다.

목갈라나 존자는 마하 목갈라나라고도 하는데, 라자가하에 꼴리따 마을의 바라문 가문에서 태어나서 마을 이름을 따라 꼴리따라고 불렸습니다. 또 어머니의 이름이 목갈리 또는 목갈리니였기 때문에 목갈라나라고도 불렸습니다. 목갈라나가 태어난 날에 사리뿟따도 우빠띳싸 마을에서 태어났다고 합니다. 어릴 적부터 사리뿟따와 절친한 사이였는데, 하루는 자신들을 따르는 바라문 젊은이들과 함께 라자가하의 산마루 축제를 보러 갔다가 갑자기 삶의 덧없음을 느끼고 함께 출가하여 사문이 되었습니다.

처음에는 사리뿟따와 함께 불가지론不可知論을 펴는 산자야의 문하에 들어가서 공부를 하던 중 사리뿟따로부터 앗사지 존자의 연기법의 게송을 전해 듣고 수다원과를 얻었습니다. 그리고 사리뿟따와 함께 승가에 들어와 부처님의 상수제자가 되었던 것입니다. 부처님께서는 사리뿟따 존자와 목갈라나 존자를 비구들이 본받아야 하는 가장 이상적인 제자라고 선언하셨습니다.

부처님은 『재분별경』에서 두 상수제자의 역할을 다음과 같이 구분하여 설명하셨습니다.

"사리뿟따는 아이를 낳는 어머니와 같고, 목갈라나는 갓난아이를 돌보는 유모와 같다. 사리뿟따는 제자들을 가르쳐 수다원에 들게 하고, 목갈라나는 더 높은 단계로 이끌어 올려준다."

목갈라나 존자는 사리뿟따 존자와 어렸을 때부터 친구이자 도반으로 아주 친밀한 관계를 유지했으며, 그 친분은 부처님의 말년, 죽음이 그들을 갈라놓을 때까지 계속되었습니다. 세존께서는 두 상수제자인 사리뿟따와 목갈라나로 하여금 승가의 일을 분담하여 보살피도록 하고, 여래가 안 계실 때에는 승가의 일을 책임지도록 하셨습니다.

또 부처님은 긴요한 상황이 생기면 특별한 임무를 두 상수제자에게 부여하는 일을 자주 하셨습니다. 예컨대 데와닷따가 웨살리 출신의 갓 출가한 비구들을 꼬드겨 상두산으로 데리고 가자, 부처님께서는 두 상수제자를 보내어 데와닷따가 잠시 잠들어 있는 틈을 타서 500명의 비구들을 설득하여 모두 되돌아오게 하셨습니다.

목갈라나 존자는 신통력에 있어서 누구보다도 으뜸이었습니다. 존자는 살아 있는 형상을 무한대로 만들 수 있었고, 원하는 어떤 형태로도 변신할 수가 있었습니다. 또 수미산을 강낭콩처럼 으깨버릴 수도 있었으며, 지구를 손가락으로 돗자리처럼 둘둘 감을 수도 있었고, 지구를 옹기장이의 물레바퀴처럼 돌릴 수도 있었으며, 지구를 펼쳐진 우산처럼 수미산 위에 올려놓을 수도 있었다고 합니다.

어느 때 부처님이 위층에 계시는데도 불구하고 아래층에서 잡담을 하면서 노닥거리는 비구들을 따끔히 혼내주라는 세존의 명을 받아서 하늘 높이 치솟아 올라서 엄지발가락 끝으로 강당을 흔들어 그들을 혼비백산하게 하기도 하였습니다.

한때 목갈라나 존자는 제석이 부처님의 가르침에서 많은 이익을 얻고 있는지를 확인하러 삼십삼천으로 갔습니다. 하지만 제석은 자신의 영화에만 도취되어 너무 자만하고 있었으므로 그에게 무상함을 일깨워 주고자 손가락으로 제석의 웨자얀따 궁전을 크게 흔들었습니다. 또 목갈라나 존자는 부처님이 바까 범천의 오만함을 꺾는 데 도움이 되어드리고자 직접 바까 범천의 처소로 가기도 하였습니다. 하지만 주석서에 따르면, 목갈라나의 신통의 극치는 등룡 난도빠난다를 조복시킨 일이었습니다. 목갈라나 존자는 별도의 선정에 들지 않고서도 아귀나 다른 중생계의 존재들을 육안으로 볼 수 있었다고 합니다. 목갈라나 존자는 지혜에 있어서도 사리뿟따 존자 다음에 가는 위치에 있었습니다.

『사라방가 본생경』에 따르면, 존자는 신통력으로 종종 우땃사 지역과 천상계를 자유자재로 드나들면서 외도의 신자들은 지옥에서 고통을 받고 있고, 부처님의 신자들은 천상에서 행복을 누리고 있다고 알려주었는데, 이렇게 되자 세상 사람들이 점점 외도를 멀리하고 부처님 주위로 모여들게 되었습니다. 그러자 이에 앙심을 품은 나형 외도들은 사마나 뺏따카라는 도적 두목에게 천금을 주고 목갈라나 존자를 죽이라고 사주했습니다. 도적들은 존자를 죽이려고 갈라실라로 갔지만, 멀리서 그들을 본 존자는 하늘을 날아 화를 면하였습니다. 둘째 날도, 셋째 날도 존자는 신통력으로 자리를 피해 살 수 있었지만, 7일째가 되자 전생에 지은 순후업이 그 과보를 얻을 기회가 무르익었기 때문에 더 이상 예전처럼 신통력을 쓸 수 없게 되었습니다.

그런데 존자가 지었던 순후업은 주석서들에 따르면 내용이 조금씩 다릅니다. 먼저 『본생경』 주석서에 따르면, 존자는 과거 전생의 어느 때에 아내의 말을 좇아 눈먼 부모를 죽이려고 수레에 태워 숲 속으로 부모를 데리고 가서 도적이 나온 것처럼 꾸며 부모를 때리기 시작했습니다. 하지만 부모는 시력이 없었기 때문에 자식이 때리는 줄을 모르고 진짜 도적이라고 생각하고 아들보고 빨리 피하라고 소리를 쳤습니다. 이 말에 감동한 아들은 원래의 생각을 접고 부모를 모시고 도로 집으로 돌아왔다고 쓰여 있습니다.

하지만 『법구경』 주석서에 따르면, 존자는 실제로 숲 속에서 부모를 때려죽였고, 이 악업으로 무수한 세월 동안 무간지옥에서 고통을 받았다고 합니다. 아무튼 이러한 업은 오랫동안 그 과보를 받을 기회를 얻지 못하고 재 속에 불씨처럼 묻혀 있다가 이렇게 존자의 최후의 몸을 붙잡았습니다.

신통제일인 목갈라나 존자가 결국 그를 죽이도록 사주한 사람에 의해서 죽임을 당한 것은 그의 신통력이 다 소진되었기 때문입니다. 신통력이 다 소진되었다는 말은 이미 그가 받아야 할 업의 과보를 피할 수가 없어서 그 과보가 나타난 것을 말합니다. 이처럼 우리가 잘못된 행위를 해서 그 행위로 인해서 받는 과보는 언제 어느 때 나타나서 우리를 괴롭힐지 알 수가 없습니다. 단지 합당한 조건이 성숙되면 그 과보가 나타나서 그 고통을 피할 길이 없습니다.

이미 아라한이 된 목련존자도, 신통제일인 목련존자도 그 고통의 죽음을 피할 길이 없었던 것입니다. 그런데 여기서 한 가지 주목할 만한 것은 목련존자가 신통의 힘이 다해서 맞아죽는 고통을 겪었을 때에도 그는 이미 아라한이었기 때문에 자기를 때린 사람을 비난하거나 원망하지 않고 온전히 그 과보를 스스로 수용했다는 사실입니다.

도적들은 존자를 때려 뼈를 부수어 잘게 썬 볏짚처럼 만들어 놓고는 이제 죽었으리라 생각하고 떠났습니다. 그러나 잠시 후 의식을 회복한 목련존자는 죽기 전에 부처님을 뵈어야겠다고 생각하고 부서진 몸을 신통력으로 한데 묶어 하늘로 솟아올라 공중으로 부처님께 가서 인사를 드리고 이제 자신이 반열반에 들 때가 되었음을 알렸습니다.

그러자 부처님께서는 목련존자에게 마지막 설법을 요청하셨고, 이에 목련존자는 여러 기적들을 나투어 법문을 하셨습니다. 그리고 갈라실라로 가서 반열반에 들었습니다.

이때 여섯 욕계 천상에서는 대소동이 일어났고, 천인들은 하늘의 꽃, 향료와 백단향 가루와 갖가지 섬나물을 가지고 왔습니다. 그리고 다비장 주변 1유순 이내에 꽃비가 내렸습니다. 존자의 다비식은 천신과 인간들의 성대한 공경과 예배 속에서 7일 동안 아주 성대하게 거행되었습니다. 그리고 다비식이 모두 끝나고 나자 부처님은 존자의 사리를 잘 수습하여 죽림정사의 탑에 세우게 하셨습니다.

사리뿟따 존자는 양력 10월과 11월에 걸쳐 있는 까띠까 달 보름날에 입적하셨고, 보름 후에 초승달이 떠오르는 날 목갈라나도 입적하셨습니다. 그로부터 반년 후에 부처님께서도 무여의열반에 들었다고 전해지고 있습니다.

『불종성경』에 따르면, 목갈라나 존자의 몸은 푸른 연꽃이나 피고름 색깔을 띠었다고 합니다. 이와 관련하여 스리랑카에서는 존자가 최근에 과거의 지옥에서 고통 받은 것으로 인해서 후전된 것이라고 전해지고 있습니다.

주석서에 따르면, 목갈라나 존자가 마지막 생에 고따마 붓다의 상수제자가 된 것은 1아승지 10만 겁 전 아노마다시 부처님 재세 시에 시리왓따나라는 바라문으로 있을 때 사리뿟따 존자의 전신인 사라다와 함께 미래의 부처님의 상수제자가 되고자 원을 세웠기 때문에 그러한 결과를 맞은 것이라고 합니다.

19세기 중엽 영국의 커닝 햄에 의해서 인도의 산치대탑에서 사리뿟따와 목갈라나의 사리가 들어 있는 두 개의 석재 사리함이 발굴되었습니다. 두 존자의 사리 중에 일부가 1950년 10월 20일 미얀마에 전해져서 제6차 결집의 사적지에 세워진 양곤의 까빠에 파고다에 안치되어 있습니다.

지금도 미얀마 까빠에 파고다에 가면 목련존자의 사리와 사리불 존자의 사리를 볼 수가 있습니다. 이토록 잘못된 행을 했더라도 바른 선행을 하면 그 잘못된 행의 과보를 받더라도 또 선한 과보를 받는 기회가 반드시 있습니다. 목련존자가 그 예입니다. 전생에 부모님과 관계된 악행에도 불구하고 그는 참다운 삶을 살았기 때문에 부처님의 제자가 되어 가장 위대한 삶을 살았던 것입니다.

하지만 부모를 죽인 그 과보는 피할 수가 없어서 이미 아라한이 된 목련존자였다 하더라도 부모를 죽인 그 과보는 받도록 되어 있었습니다. 이렇듯 악행의 과보는 우리가 피할 수 없습니다. 그러나 여기서 한 가지 중요한 사실은 이미 아라한이 된 자들은 그 악행의 과보를 기꺼이 받아들인다는 사실입니다. 그래서 그것으로부터 두려워하거나 피하려고 하지 않습니다.

여러분은 스승을 믿습니까? 아니면 스승의 가르침을 믿습니까? 스승에 대한 맹목적 믿음과 스승에 대한 가르침은 다른 것입니다. 스승에 대한 믿음은 가르침을 통하여 확신에 찬 존경을 표현하는 것이 바른 수행자의 자세입니다.

스승은 가르침을 주는 인격체일 뿐입니다. 사실 따라야 하는 것은 스승의 가르침입니다. 스승은 관념이고, 실재하는 것은 가르침입니다. 깨달음은 실재하는 것 속에만 있습니다.

고통의 바다에서 스승의 가르침을 섬으로 삼고, 오직 자신의 몸과 마음을 섬으로 삼아야 합니다. 가르침이 아닌 것을 의지해서는 안 되며, 자신이 아닌 남을 의지하고 살아서는 안 됩니다.

공덕이 되지 않는 행(3)

깨달음의 세계에서는 극단적인 투쟁이 없습니다. 모든 것을 알아차려서 관용을 보여야 합니다. 내가 남을 배려한다는 것은 남이 나를 이해하지 못하는 것까지도 수용하는 것을 말합니다.

선善을 표방하는 극단은 이미 선이 아닙니다. 선을 표방한 극단은 다른 불선不善을 태동합니다. 목표를 이루기 위해서 극단적인 행동을 하면 그는 이미 수행자가 아니고 사회운동가입니다. 깨달음에는 고행과 감각적 욕망을 추구하는 양극단이 없고, 오직 중도中道만 있을 뿐입니다.

오늘도 지난 시간에 이어 '무명을 원인으로 행이 일어난다'에서 선하지 못한 행, 그리고 공덕이 되지 않는 행에 관해서 계속 말씀드리겠습니다.

사람들은 종교적인 공양 의식에서 동물을 잡아서 손님을 접대하는 사람도 있습니다. 평범한 불교 신자들도 이러한 관습에 대해서 의구심을 품고 있습니다. 보시하는 사람의 목적이 무엇이든 살생은 나쁜 과보를 받으며, 살생을 한 사람이 믿는 바와 반대로 선한 행위가 아닙니다. 선한 행위는 도덕적인 청정을 특징으로 합니다.

희생자와 처지를 바꾸어 놓고 볼 때 생명체를 죽이거나 다치게 하는 행위는 어떤 의미로도 도덕적으로 청정하다고 말할 수가 없습니다. 피해자는 어쩔 수 없이 죽음과 학대를 당해야만 하는 것입니다. 피해자가 만일 복수를 할 수 있는 위치에 있다면 반드시 보복을 할 것입니다. 그래서 어떤 사람들은 복수를 기원하며, 살생을 저지른 자는 내생에서 죽임을 당하거나 악행으로 인해 지옥에서 고통을 받습니다. 『경장』에는 살생의 과보에 대한 일화가 매우 많이 나옵니다. 그러므로 수행자는 자기의 이익을 위해서 어떤 살생도 용납해서는 안 됩니다.

어떤 사람은 인간이나 천인으로 태어나길 바라며 보시, 지계, 수행에 힘씁니다. 물론 자기가 지은 선한 행위로 인해 바라던 바가 이루어져 내생에 행복을 누리게 될 것입니다. 그러나 늙고, 병들고, 정신적으로 고통스러운 것은 역시 피할 수가 없습니다.

또 어떤 사람들은 범천계에 가기를 갈망하여 선정수행을 합니다. 이들은 범천이 되어 여러 겁에 걸쳐 행복하게 살 것입니다. 그러나 수명이 다하면 인간이나 천인으로 다시 태어나고, 만일 악업을 지었다면 악처에서 태어날 것입니다. 결국 범천이 누리는 영광된 삶이라는 것도 단지 전도된 인식일 뿐입니다. 왜냐하면 아무리 화려한 삶을 살았더라도 다시 윤회해야 되기 때문에 그 윤회의 세계는 언제 어느 곳에서 태어날지 알 수 없는 것이기 때문입니다.

행복이라는 환상은 범부에게만 국한된 것이 아닙니다. 괴로움을 즐거움으로 여기도록 하는 전도와 무명은 수다원과 사다함과에서도 여전히 사라지지 않으며, 아나함의 도과에 들어서도 수행자는 색계의 존재와 무색계의 존재의 삶을 더없는 행복으로 착각하기 일쑤입니다. 그러므로 수다원, 사다함, 아나함의 세 도과에 들어선 수행자는 선한 행위를 목표로 해야 합니다. 왜냐하면 이들은 아직 아라한이 되지 않았기 때문입니다. 그래서 수다원, 사다함, 아나함이 되었다 하더라도 아라한이 되고자 하는 선한 의지를 가져야 합니다.

범부의 경우에는 무상을 항상 하는 것으로, 정신과 물질의 괴로움을 행복으로, 무아를 자아로, 더러운 것을 깨끗한 것으로 여기는 네 가지 전도에 깊이 빠져 있습니다. 이것을 한문으로 상락아정常樂我淨이라고 합니다. 다시 말씀드리겠습니다. 이때 상常은 무상을 항상 하는 것으로, 락樂은 괴로움을 행복으로, 그리고 무아無我를 자아自我로, 정淨은 더러운 것을 깨끗한 것으로 잘못 알고 있는 것을 전도몽상의 대표적인 견해라고 말합니다.

실재하는 것은 무상한 것이며, 괴로움이며, 자아가 없으며, 더러운 것이고, 관념적으로 보는 것은 항상 하는 것이고, 행복이고, 자아가 있으며, 깨끗한 것이라고 아는 것입니다. 바로 이러한 전도된 인식이 무명입니다. 이러한 전도와 무명으로 인해 몸과 말과 생각으로 짓는 모든 행위는 선하고 불선한 업을 일으킵니다. 선업은 믿음, 알아차림 등과 함께 의도적인 노력이 있을 때 생겨납니다.

마음을 그냥 내버려두면 악업을 짓기가 쉽습니다. 그래서 마음을 내버려두지 마십시오. 마음에 알아차림이 없을 때는 반드시 불선업을 해서 불선의 과보를 받기 마련입니다. 그리고 그 불선의 과보가 한 인간의 운명을, 살아 있는 모든 생명의 미래를 지배합니다. 선업을 포기하는 것이 불선업입니다. 그래서 선업을 거부하는 것이 불선업을 의미합니다. 우리는 선하지 못할 때는 거의 과거의 악업의 영향으로 불선업의 행위를 합니다. 그래서 항상 깨어서 알아차릴 때만이 선업을 짓게 됩니다.

어떤 사람은 아라한이 선업이나 악업을 짓지 않는다는 사실을 잘 이해하지 못해서 선업도 짓지 말아야 한다고 말합니다. 그러나 이것은 잘못된 생각입니다. 보통 사람이 선업을 거부하면 마치 도시에 선량한 사람들이 다 빠져나가 버려서 오직 바보와 불량배만 남아 있는 것과 같습니다. 또 유용한 나무를 다 제거해 버리면 쓸모없는 풀이나 잡초만 무성해지는 것과 같습니다. 그래서 이런 상태에서는 불선업만 증대하기 마련입니다. 선업을 거부하는 사람은 악처에 떨어지는 불선업만 짓습니다. 그리고 일단 악처에 떨어지면 인간계로 되돌아오기가 매우 힘들어집니다.

우리가 바라지 말라는 것은 감각적 욕망을 갖지 말라는 것입니다. 감각적 욕망과 극단적 고행은 윤회를 돌리는 불선업입니다. 그러나 우리에게 선한 의도는 필요한 것입니다.

아라한이 선업에서 벗어났다는 것은 무명을 제거했기 때문에 모든 행위가 업을 일으키지 않는다는 뜻입니다. 사실 아라한은 윗스님을 공경하거나 설법을 하거나 보시를 하거나 곤경에 처해 있는 중생을 도와주는 등의 선행을 합니다. 아라한의 삶은 오직 남을 돕는 것으로 가득 찹니다. 하지만 아라한은 사성제를 완전히 체득하고 무명을 제거했기 때문에 이러한 선행은 어떠한 업의 효력도 없습니다.

그래서 아라한은 선업을 짓지 않는 것이지 선행을 아예 하지 않는다는 뜻이 아닙니다. 여기서 말하는 선행은 반드시 불선행을 수반하는 선과 불선의 관계를 말합니다. 그러나 아라한은 그 자체의 행위가 모두 다 전선全善할 뿐만 아니라 반드시 불선행을 수반하지 않는 그런 온전한 선만을 의미합니다. 그래서 이러한 아라한의 마음을 무인작용심이라고 합니다. 그리고 이러한 아라한의 마음이 바로 부처의 마음인 무인작용심입니다. 이 무인작용심은 원인과 결과가 없는 마음으로 열반의 상태의 마음입니다. 이 마음을 단지 작용만 하는 마음이라고 해서 원인과 결과가 끊어진 마음을 뜻합니다.

우리는 선업을 포기하는 것이 불선업이라고 알아야 되겠습니다. 그리고 업을 행할 때 알아차림에 의해서 선과 불선을 떠난, 단지 필요해서 하는 모든 선한 행위는 바로 아라한의 마음이며 부처의 마음입니다.

우리가 수행을 한다는 사실은 내가 선행을 해서 그 과보를 받기 위해서 하는 것이지, 선행을 해서 선한 과보를 받으려고 하는 것이 아니라고 알아야 되겠습니다. 선행을 해서 선한 과보를 받으려고 할 때, 그때의 선행은 바라는 것이 있기 때문에 완전한 선행이라고 볼 수 없습니다. 그래서 이런 선행을 뒤섞인 행, 반쪽짜리 행이라고 말합니다.

무명과 잘못된 견해로 선행에 마음을 기울이지 않는 범부는 악처에 떨어지는 악업만 짓습니다. 사실 선행을 하려는 욕구가 없다는 것은 성스런 도와 열반에서 멀어지는 깊은 무명의 표시이기도 합니다. 무명이 엷어질수록 마음은 선행을 하려는 쪽으로 기웁니다.

수다원이 된 수행자는 범부였을 때보다도 더 많은 선행을 하고 싶어 합니다. 성스런 도의 상위 단계에 있는 성자들도 이와 마찬가지입니다. 차이점이 있다면 도와 상관없는 일을 하지 않으려는 욕구가 더 커지고, 더 많은 시간을 수행을 하면서 보낸다는 것입니다. 그러므로 선한 행위를 불선한 행위와 하나로 뭉뚱그려서 의도적으로 회피해서는 안 됩니다. 무명과 결부된 모든 행위는 선업이나 불선업 가운데 하나입니다. 그래서 선업이 없다면 모두가 불선업입니다.

수행자 여러분! 자신의 몸과 마음을 의지처로 삼는 것만이 가장 안전하고 확실하게 사는 길입니다. 그러나 가장 믿을 수 없는 것도 자신의 몸과 마음입니다.

몸과 마음이 있어서 관용과 계율을 지키고 수행을 해서 깨달음을 얻지만, 오히려 몸과 마음이 있어서 탐욕과 성냄과 어리석음으로 악행을 일삼아 괴로움이 생기기도 합니다.

선행과 악행의 선택은 인간만 할 수가 있습니다. 이것을 선택하는 방법이 바로 알아차림입니다. 알아차림이 있으면 선행을 하고 알아차림 없으면 악행을 합니다. 그러므로 오직 자신의 몸과 마음을 알아차릴 때만이 번뇌로부터 자유로워질 수가 있습니다.

오늘 이 시각에도 공연히 들떠서 다른 곳을 찾아서 서성거리지 말고, 현재 자기가 하고 있는 일에 최선을 다해야 합니다. 지금 이 순간 내가 무엇을 해야 하며, 오늘 내가 무엇을 해야 할지를 자각해야 합니다. 가장 바른 것은 자신에게 주의를 기울이는 것입니다. 헤매는 사람은 헤매는 것을 좋아서 합니다. 단지 습관적으로 서성거리며 관심을 보일 뿐이지 정작 무엇을 얻고자 하는 간절한 소망조차도 없이 헤매는 것입니다.

지금 하고 있는 수행도 제대로 소화하지 못하면서 이런저런 수행을 찾아다녀야 아무 소득이 없습니다. 현재 하고 있는 수행 하나라도 제대로 하십시오 하나를 바르게 했을 때 다른 것도 바르게 할 수가 있습니다. 때로는 수행방법을 바꾸어서 할 수도 있지만 더 중요한 것은 수행자의 바른 마음가짐입니다.

하나를 만족하지 못하면 무엇도 만족할 수가 없습니다. 방황은 죽어서도 끝나지 않는 괴로움의 긴 여정입니다. 이제 그 방황을 끝내고 한 자리에서 조용히 자신의 몸과 마음을 지켜보아야 되겠습니다.

　흔히 상좌불교를 '저만 안다'라고 하는 것은 잘못된 구업을 짓는 말입니다. 이는 부처님을 저만 아는 사람이라고 말하는 것과 같습니다. 상좌불교는 부처님의 가르침을 그대로 따르는 수행을 하기 때문입니다. 부처님이 그러신 것처럼 모든 일에는 선후가 있습니다. 수행자는 먼저 자신의 몸과 마음을 알아차리는 것에서 출발해야 합니다. 자신을 알아차리는 것은 스스로의 문제를 해결하기 때문에 남에게 피해를 주지 않으며 자신의 문제를 해결함으로써 궁극에는 남을 위해서 봉사합니다.

　위빠사나 수행은 팔정도의 가르침을 실천하는 수행이라서 결코 자신만을 아는 이기 적인 삶을 사는 것이 아닙니다. 오직 자신과 남을 함께 배려하는 전인적인 삶을 살게 하는 것이 위빠사나 수행입니다. 알아차리는 순간에는 선한 세계에 살고 있는 것이며, 알아차림이 없으면 번뇌의 세계에 살고 있는 것입니다. 오늘 우리도 이 순간 깨어서 알아차림을 가지고 선한 행위를 해서 선한 과보를 받아 지금도 행복하고 지금 이후도 행복하기를 빕니다.

공덕이 되지 않는 행(4)

수행을 할 때에는 먼저 알아차릴 대상이 있어야 하고, 다음에는 반드시 대상을 겨냥해서 알아차려야 하며, 그런 뒤에 대상을 지속적으로 알아차려야 합니다. 위빠사나 수행의 대상은 먼저 자신의 몸과 마음입니다. 마음이 몸을 대상으로 알아차리는 수행을 하거나 또는 마음이 마음을 대상으로 알아차려야 합니다.

몸과 마음이 아닌 밖에 있는 대상을 알아차릴 때에는 여섯 가지 감각기관의 문에서 대상을 알아차리거나 나타나는 모든 대상을 마음자리에서 알아차릴 수가 있습니다. 몸과 마음에서 알아차릴 대상은 여러 가지가 있습니다. 그러나 어느 것도 대상으로 선택하기에 쉽거나 편안한 것이 없어 알아차리기가 어려울 때가 있습니다.

수행을 시작하고 처음에는 대상을 선택하기가 어렵습니다. 이는 아직 수행 경험이 없고, 대상을 정확하게 겨냥하지 못한 탓이며, 집중력이 생기지 않았기 때문입니다. 위빠사나 수행에서는 특별한 대상만을 선택하지 않습니다. 어떤 대상이 되었거나 대상을 아는 마음만 있으면 됩니다. 대상을 알아차릴 때는 가볍고, 부드럽고, 정확하게 해야 합니다.

알아차리는 힘이 없을 때는 힘이 없는 것을 알아차려야 합니다. 이때는 대상을 찾기 어려운 것을 알아차리는 앎을 해야 합니다. 특별한 대상을 알려고 하지 말고, 현재의 상황을 알아야 합니다. 대상을 잡을 수 없다고 서두르거나 조급해 해서는 안 됩니다. 이때는 대상을 잡을 수 없는 현재의 마음을 알아차린 뒤에 몸으로 가서 눈꺼풀, 입술, 손, 엉덩이

등을 차례로 알아차리면서 알아차림을 지속하면 바른 수행을 할 수가 있습니다.

♠ ♠ ♠

오늘도 지난 시간에 이어서 공덕이 되지 않는 행, 불선행에 관해서 말씀드리겠습니다. 오늘은 무명과 전도된 인식에 관해서도 잠시 말씀을 드리겠습니다.

이 전도된 인식을 전도몽상이라고도 합니다. 무명과 지혜는 서로 배척하는 것처럼 진실과 지혜는 서로 배척합니다. 동류가 아닌 것들은 반발합니다. 그래서 진실을 모르면 거짓을 받아들이고, 거짓을 모르면 진실을 받아들입니다.

사성제를 모르는 사람은 괴로움에 대한 잘못된 생각으로 행복을 가장하거나 자신을 속이고 억누릅니다. 갈애가 충족되면 잠깐 즐거움을 줄뿐이며, 감각적 세계에 있는 모든 것은 괴로움입니다. 감각대상은 모두 끊임없이 변하고, 불확실하기 마련입니다. 그러나 무지한 사람은 이러한 감각대상을 좋고 즐거운 것으로 여깁니다. 이런 전도된 인식으로 인해 과거에 행복하다고 여겼던 날들에 대해서 향수를 느끼거나 미래에 대해서 낙관적인 생각을 갖습니다. 과거에 사랑했던 연인에 대한 추억도 사실은 괴로움뿐인데, 이것을 즐거움으로 알고 집착해서 계속 생각을 합니다.

수행이란 이것이 괴로움인지를 아는 것입니다. 실제 과거의 즐거움을 기억하고, 과거의 연인을 기억하는 것은 연인이 대상이 아니고 그 순간에 연인을 생각하는 그 느낌, 그 즐거움을 대상으로 하는 것이지, 결코 거기에 연인은 있지 않습니다. 그것은 단지 기억일 뿐입니다. 그럼에도 불구하고, 우리는 그 느낌을 기억하여 그 느낌을 갖고자 과거에 빠져서 감각적 쾌락을 추구하는 것입니다.

무지한 사람들은 그릇된 인식 때문에 삶에서 좋다고 여겨지는 것을 갈망합니다. 바로 이것이 괴로움의 원인이지만 이것을 깨닫지 못하고, 오히려 행복은 이러한 욕망을 충족하는 것에 있다고 생각합니다. 그래서 감각적 쾌락에 대한 욕망에 대해서 어떠한 잘못도 보지를 못합니다. 여기서 말하는 감각적 쾌락이란 것은 여섯 가지 감각기관이 여섯 가지 감각대상에 부딪쳤을 때 즐거움을 느끼는 것, 즐거움을 집착하는 것, 즐거운 욕망을 갖는 것을 감각적 쾌락이라고 말합니다.

사실 괴로움의 소멸에 대한 진리와 괴로움의 소멸에 이르는 도의 진리는 대부분의 사람들에게는 매우 낯선 것입니다. 지금까지 남에게 배웠거나 지성적으로 받아들인 사람도 이 진리의 참다운 가치를 알지는 못합니다. 그 사람들은 열반이나 열반에 이르는 도에는 참된 관심이 없고, 다만 이 도는 고난과 결핍으로 점철되어 있다고만 생각합니다. 그래서 행복을 스스로 외면합니다.

위빠사나 수행을 통하여 정신과 물질의 진정한 성품인 무상과 고, 무아를 알아차리면 수행자는 지혜로워집니다. 그렇지만 무상과 고, 무아라는 단어만 암송한다든지 피상적인 알아차림에 머문다면 수행자는 지혜로워지지 않습니다.

통상적인 의미에서는 도덕적 가치 분별이 업의 법칙에 대한 믿음과 결부되어 있으면 지혜롭습니다. 바꾸어 말하면 지은 자가 지은 대로 받는다는 업자성정견業自性正見이 있어야 한다는 것을 말합니다.

어떤 사람은 지혜로운 보시행을 하려면, 반드시 보시자와 보시를 받는 사람과 보시물의 무상, 고, 무아를 알아차리는 것이 결부되어야 한다고 말합니다. 이 견해는 보시를 하고 나서 모든 것의 무상함에 대해서 알아차리라고 언급하고 있는 『앗타살리니경』에 근거한 견해입니다. 그러나 이것은 보시행을 하기 전이나 하는 도중이 아니라, 보시를 하고 나서 알아차림에 대한 언급을 말하는 것입니다. 더욱이 그 목적은 보시행을 지혜롭게 하라는 것이 아니라 위빠사나 수행을 해서 선업을 지으라는 것입니다.

만약 이러한 알아차림을 전제로 한 보시만이 지혜로운 보시라고 한다면, 불자가 아닌 사람이 하는 모든 보시는 지혜롭지 못한 보시라고 해야 할 텐데, 이는 터무니없는 이야기입니다. 알아차리지 못해도 보시 자체는 선업입니다. 다만 알아차리고 하는 보시만이 바라는 것이 없기 때문에 더 큰 공덕이 있다는 말입니다.

그래서 먼저 바라더라도 보시를 해야 합니다. 그러고 나서 더 큰 보시는 바라지 않고 하는 것입니다. 처음부터 바라지 않는 보시행을 원하면 아예 바라는 보시행조차 하지 않게 되어서 보시의 싹을 자르는 결과가 될 수도 있습니다. 그래서 모든 것들은 자기 수준에 맞는 단계가 필요한 것입니다. 보살의 보시에 대한 이야기에는 알아차림에 대한 언급이 없으며 부처님도 알아차림이 보시행에 꼭 필요하다고 말씀하지는 않으셨습니다. 경전에서는 보시를 받는 사람의 정신적 단계에 따라 보시의 과보가 다르다고만 설하고 있으며, 이것이 보시를 할 때 우리가 고려해야 될 유일한 가르침인 것입니다.

만약 보시자와 보시를 받는 사람을 무상을 조건으로 하는 정신과 물질이라고 여기면 그 둘은 평등한 관계가 되어버립니다. 그렇게 되면 보시행은 그것을 행하고자 하는 영감과 보시라는 선업의 잠재되어 있는 힘이 적어질 것입니다. 사실 보시의 목적은 위빠사나 수행의 알아차림이 아니라, 보시자가 그것을 행함으로써 얻는 이익입니다. 그래서 부처님께서는 누구에게 보시를 해야 커다란 이익을 받을 수 있는지를 말씀하셨으며, 업에 대한 바른 숙고의 중요성을 지적하셨습니다.

사람들은 자신들의 행복을 위해서 악행을 저지릅니다. 그들은 잘살기 위해서 남을 죽이고, 훔치고, 강탈하고, 법정에서 거짓 증언을 합니다. 심지어 제 부모를 죽이는 사람조차도 자신들의 목적을 달성하기 위해서 그러한 행동을 합니다. 예를 들면, 아자타삿뚜 태자는 왕이 되기 위해서 이미 수행을 해서 수다원이 된 자기 아버지인 부왕을 죽입니다. 그의 스승인 데와닷타의 사주를 받아 부왕을 제거하고 왕위를 차지하면 보다 더 오랫동안 왕으로서의 삶을 즐길 수 있다고 판단했던 것입니다. 수다원인 아버지를 죽인 무거운 죄로 인해서 그는 후회와 불안에 사로잡혀 육체적인 병까지 얻었습니다. 나중에 데와닷타는 자기 아들의 손에 죽고 지옥에 떨어져 지금 무간업의 고통을 혹독히 받고 있습니다.

까꾸산다 부처님 당시에 두시라는 마라가 부처님과 승가를 해치려고 갖은 노력을 다했습니다. 하지만 이 목적을 이루지 못하자 마라는 한 사내의 몸에 깃들어 부처님 뒤에 있던 한 상수제자를 돌로 죽였습니다. 이 끔찍한 악업으로 인해 마라는 그 즉시 서른한 가지 중생계 중에 가장 낮은 무간지옥에 떨어졌습니다. 마라였을 때 그는 중생들 위에 군림하였지만, 무간지옥에서는 지옥지기의 발에 밟히는 신세가 되고 말았던 것입니다. 이토록 자신이 저지른 악행은 그 과보가 참혹하기 이를 데 없습니다.

우리는 이제 어떻게 살아야 할지를 알아야 되겠습니다. 우리는 그래서 수행을 해야 합니다. 수행 중에 나타나는 모든 현상은 그것이 와서 보라고 나타나는 것들입니다. 망상은 이것이 있으므로 와서 보라고 나타난 것입니다. 통증도 이것이 있으므로 와서 보라고 나타난 것입니다. 졸림도 이것이 있으므로 와서 보라고 나타난 것입니다. 감각적 욕망과 악한 의도도 와서 보라고 나타난 것입니다.

어떤 대상이거나 그것들은 원인이 있어서 생긴 결과로 이러한 내용을 설명하기 위해 직접 보라고 나타난 것입니다. 이처럼 저 스스로를 드러내어 법의 성품을 보이려 하지만 사람들은 어리석어서 애써 진리를 보지 않으려고 외면합니다. 오히려 대상에 대하여 투정을 하거나 화를 내고, 급기야는 증오심을 드러내면서 대상을 없애려는 노력만 기울입니다.

모든 대상은 저 스스로 보여주기 위해서 나타난 법이므로 수행자는 언제나 있는 그대로 몸과 마음에서 나타난 대상을 알아차려야 합니다. 와서 보라고 나타난 대상을 두려워하거나 없애려고 하면 법이 드러내는 성품을 알지 못해 미혹하게 살아야 합니다.

누구나 번뇌가 있지만, 번뇌가 있는지 모르는 어리석은 사람이 있고, 번뇌가 있는지 아는 현명한 사람이 있습니다. 번뇌가 있는지 아는 사람 중에서 번뇌를 바르게 해결하려는 사람이 있고, 번뇌를 불선업으로 해결하려는 사람이 있습니다. 번뇌를 해결하려고 나쁜 방편을 쓰면 더 나빠지지만, 해결하려고 하지 않고 있는 그대로 알아차리면 번뇌가 차츰 줄어듭니다.

수행자 여러분! 번뇌가 있는 것을 알고, 번뇌가 있는 것을 수용해야 합니다. 번뇌를 알아차리되, 단번에 번뇌가 소멸되기를 바라서는 안 됩니다. 번뇌가 소멸되려면 번뇌가 쌓여 온 만큼의 시간과 노력이 함께 필요하므로, 서두르지 말고 천천히 있는 그대로 알아차려야 합니다.

하늘과 땅은 모든 것을 받아들이지만 저 스스로 뽐내지 않습니다. 위빠사나 수행도 내가 있다고 뽐내지 않는, 단지 대상을 있는 그대로 알아차리는 수행입니다. 하늘과 땅은 무엇이나 받아들입니다. 위빠사나의 알아차림도 하늘과 땅처럼 모든 것들을 있는 그대로 받아들입니다.

오는 사람 막지 말고 가는 사람 잡지 맙시다. 올 사람은 올 이유가 있어서 온 것이며, 갈 사람은 갈 이유가 있어서 가는 것입니다. 이렇듯 몸과 마음을 알아차릴 때도 오는 것을 막지 말고, 가는 것을 잡지 말아야 합니다. 통증, 망상, 졸림, 가려움, 괴로움, 슬픔이 왔을 때는 오는 것을 막지 말아야 하며, 행복, 기쁨이 가버렸을 때는 가는 것을 잡지 말아야 합니다. 싫은 것을 혐오하거나 좋은 것을 집착하는 것이 괴로움입니다. 우리는 오고감을 지켜볼 수 있을 때만이 자유를 얻습니다.

행을 원인으로 식이 일어난다

지난 시간까지 무명을 원인으로 행이 일어난다고 말할 때, 행行에 관해서 말씀을 드렸습니다. 오늘은 행을 원인으로 식이 일어난다고 할 때의 식識에 대해서 말씀드리겠습니다.

먼저 마음에 대해서 잠시 말씀을 드리겠습니다. 마음은 물질이 아니고 비물질입니다. 마음은 대상을 아는 것입니다. 이처럼 마음이 무엇이냐고 물으면 마음은 빗물질이고, 대상을 아는 것이라고 말할 수가 있습니다.

사실 마음은 비물질이라서 눈에 보이지가 않습니다. 그러나 그 마음은 느낌과 생각과 행동을 통해서 이것을 일으키는 마음을 알 수가 있습니다. 마음은 매 순간 빠르게 일어나고 사라집니다. 앞선 마음이 사라지면 뒤에 마음이 새로 일어납니다. 새로 일어난 마음은 있던 마음과 다른 마음입니다.

마음은 있지만 이처럼 항상 하는 마음이 아닌 것입니다. 항상 한다면 그 마음은 영원한 것이지만, 항상 하지 않다면 그 마음은 찰나생, 찰나멸하는 것입니다. 이것이 바로 무아입니다.

항상 하는 마음이 아니기 때문에 마음은 영원하지 않으며, 조건에 의해 계속 변하기 때문에 이것이 나의 마음이 아닙니다. 마음은 물질 없이 혼자서 존재하지 못하며, 물질과 함께 조건에 의해서 일어납니다. 마음이 지속하는 시간은 빛이 번쩍하는 순간의 백만 분의 일보다 짧은 순간에 머물면서 변합니다.

마음은 일어났다 사라지지만 그 종자가 있어서 다음 마음에 과보를 전하고 사라집니다. 마음을 찰나생, 찰나멸이라고 말하지만 찰나생, 찰나멸하는 사이에 마음에 담긴 종자가 있어서 다음 마음에 그 과보가 전해지기 때문에 마음이 연속되는 것입니다. 그래서 마음은 과보의 힘으로 굴러갑니다. 이 과보가 바로 종자, 조건, 정보, 원인과 결과입니다.

이처럼 나라고 하는 정신과 물질이 만들어지는 것은 먼저 행위가 있고, 그 행위에 대한 과보가 있어서 만들어지는 것입니다. 매 순간 생멸하는 마음은 한 마음이 아니므로 어제 있던 마음이 오늘의 마음이 아닙니다. 현재의 마음이나 조금 뒤에 일어난 마음들은 조건에 의해 흐르고 있는 새로운 마음들입니다. 나의 마음이 있다면 죽을 때 호흡을 멈추지 않고 계속해서 숨을 쉴 수 있도록 해야 할 것입니다. 죽기 전에 마지막 호흡임을 알아도 어쩔 수 없이 숨을 거두어야 하며, 마지막에는 마음조차도 끝내야 합니다.

이와 같이 죽을 때 마지막 마음인 죽음의 마음이 일어났다가 사라지면 즉시 태어나는 마음인 재생연결식이 일어납니다. 이 재생연결식이 12연기에서 무명을 원인으로 행이 일어나고, 행을 원인으로 식이 일어난다고 할 때의 그 식識입니다.

무명과 행은 과거의 마음이지만 이 식은 현생을 시작하는 첫 번째 마음입니다. 이때의 식은 환생이 아니고 재생연결식입니다. 만약 환생이라고 말한다면 전생의 그 마음이 그대로 이 마음에 계승되어서 태어나는 마음이 되겠지만 재생이라고 한다면 전생의 마음과 이생의 마음이 다르다는 것을 뜻합니다. 환생이라고 말한다면 전생의 마음이 이생에 그대로 옮겨 온 것을 말하지만, 재생의 마음이라고 한다면 전생의 마음은 이미 끝나서 없어지고 그 마음에 담긴 과보가 이생에 연결되어서 새로운 아는 마음이 생긴 것을 뜻합니다.

죽는 마음이 사라지면 그 마음은 끝납니다. 그러나 그 마음이 남긴 과보가 강한 힘과 빛으로 공기를 타고 새로운 마음에 전해집니다. 이렇게 해서 생긴 마음이 바로 재생연결식입니다. 그렇다고 본다면 죽기 전의 마음과 죽고 나서 생긴 재생연결식은 같은 마음일까요? 아니면 다른 마음일까요? 사실은 같지도 다르지도 않습니다. 같다고 하면 항상 한다는 상견에 빠지기 때문에 그것도 인정할 수가 없습니다. 또 다르다고 하면 이 마음과 저 마음이 전혀 무관하다는 단견에 빠지기 때문에 그것도 인정할 수가 없습니다.

그러면 전생과 이생의 재생연결식은 어떤 관계가 있을까요? 같은 마음은 아니지만, 그 마음에 담긴 과보가 전해져서 우연히 생긴 것이 아니고, 원인에 의한 조건 지어진 결과의 마음이라는 것입니다. 그래서 같은 것도 아니고 다른 것도 아니라는 것은 과보, 원인과 결과가 전해진 것을 뜻하는 것입니다.

이렇게 처음에 생긴 재생연결식은 새로 일어난 마음이며, 이 마음은 매 순간 생멸하면서 일생 동안 몸을 떠나지 않습니다. 우리가 유체이탈이라고 하는 말은 마음에 대한 이해가 부족해서 하는 말입니다. 한번 정신과 물질이 결합되면 죽을 때까지 그 마음은 몸을 떠날 수가 없습니다. 잠시 몸을 떠나서 외유할 수도 없습니다. 죽을 때까지 항상 그 몸과 마음이 함께 가며, 죽을 때 그 몸도 끝나고 그 마음도 끝납니다.

그러나 그 마음에 담긴 종자, 그 과보는 다음 마음에 전해져서 생을 이어갑니다. 죽을 때 마지막 마음이 어떤 상태인가에 따라서 태어나는 세계와 그 생명의 수준이 결정됩니다. 깨달음을 얻기 전에는 누구나 무명인 상태로 죽으며, 무명인 상태에서는 나쁜 것을 좋아해서 나쁜 삶을 선택하게 됩니다.

죽을 때 선정의 마음을 가지면 태어날 때 선정의 마음을 갖게 되어 선정의 세계에 태어납니다. 이것이 바로 업자성정견입니다. 죽을 때 갈애가 끊어져서 지혜로운 마음을 갖게 된다면, 바라는 것이 없어서 윤회가 끝나는 아라한이 되어서 태어남이 없습니다. 그러므로 평소에 수행을 한다는 것은 죽을 때 어떤 마음을 먹느냐 하는 것을 연습하는 것입니다.

처음에 태어날 때는 선한 마음, 선하지 못한 마음, 과보의 마음, 원인이 없이 단지 작용만 하는 마음, 이 네 가지 마음을 동시에 갖습니다. 누구나 선한 마음과 선하지 못한 마음을 가졌지만 이 두 가지 마음으로는 모든 것이 결정되지 않습니다. 항상 과거에 만들어 놓은 과보의 마음이 기다리고 있다가 함께 작용합니다.

그래서 평소에 선심으로 살면 선과보와 만나서 함께 두 가지가 결합되어서 행동을 하게 됩니다. 현재의 마음이 선심일 때는 선과보와 만나게 되며, 현재의 마음이 선하지 못한 마음일 때는 선하지 못한 과보와 만나게 됩니다.

아라한은 원인이 없는 단지 작용만 하는 마음을 갖습니다. 우리가 수행을 한다는 것은 바로 부처의 마음, 아라한의 이러한 마음을 갖고자 하는 것입니다. 죽을 때 원인이 없이 단지 작용만 하는 마음을 갖게 되면 연기가 멈추고 다시 태어나는 마음이 일어나지 않습니다.

죽을 때의 마음에 '나'라고 하는 자아가 없으며, 그래서 태어날 때 마음도 '나'라고 하는 자아가 없다는 사실을 우리는 알아야 합니다. 말씀드린 대로 마음은 언제나 대상을 아는 기능을 합니다. 이러한 마음은 마음과 마음의 작용으로 분류합니다. 마음은 다섯 가지 무더기 중에서 식이며, 마음의 작용은 수, 상, 행 이 세 가지입니다. 마음은 마음의 작용인 수, 상, 행에서 일어나는 것을 조건 없이 그대로 받아들여서 이것들과 같아지는 기능을 합니다. 슬픈 느낌이 일어나면 마음도 함께 같아져서 슬픕니다. 그리고 행복한 느낌이 일어나면 마음도 함께 같아져서 행복해집니다.

이처럼 마음은 언제나 대상이 없으면 일어나지가 않습니다. 감각기관인 육문에서 육경이 부딪쳐야 육식이 생기는 것입니다. 마음은 한순간에 하나의 마음만 있어 두 개의 대상을 동시에 알지 못하고 오직 하나만 알 수가 있습니다. 괴로울 때 괴로운 것을 알아차렸다면 이미 괴로움은 과거의 마음이 되고, 그것을 안 새 마음이 생긴 것입니다.

마음의 종류는 매우 많습니다. 마음은 하나이지만 조건에 따라서 그 종류가 매우 다양합니다. 마음은 대상을 아는 것으로는 하나이지만 일어나는 곳, 마음의 종류, 마음의 작용에 따라서 많게는 121가지 종류로 구별하거나 89가지의 마음으로 분류하기도 합니다.

마음은 경지에 따라서 욕계의 마음이 있으며, 색계의 마음과 무색계의 마음이 있고, 출세간계의 깨달음의 마음이 있습니다. 욕계는 지옥, 축생, 아귀, 아수라, 인간, 욕계천상의 마음이며, 색계는 색계 4선정과 무색계는 무색계 4선정의 마음이며, 출세간계는 수다원, 사다함, 아나함, 아라한의 마음이 있습니다.

모든 생명은 각자가 처한 세계의 마음이 있습니다. 축생은 축생의 마음이며, 천인은 천인의 마음이 있습니다. 그러므로 어떤 마음도 사람의 마음과 같을 수가 없습니다. 그 중에 인간의 마음은 선하지 못한 욕계의 마음과 선한 마음인 색계, 무색계의 마음이 있고, 지혜수행을 하는 출세간의 마음이 함께 있습니다.

사람은 유일하게 두 개의 마음을 동시에 가지고 있습니다. 현재의 마음이 화를 내면 지옥에 있는 마음과 같아지며, 어리석으면 축생이 아니지만 현재가 축생의 마음과 같습니다. 평소에 지옥의 마음을 가지면 죽어서 지옥으로 갑니다. 평소에 축생의 마음을 가지면 죽어서 축생이 됩니다. 평소에 인색하게 살면 살아서도 아귀고 죽어서도 아귀가 됩니다.

현재 색계 선정을 닦으면 죽어서 색계에 태어나고, 현재 무색계 선정을 닦으면 죽어서 무색계에 태어납니다. 현재 위빠사나 수행의 출세간의 깨달음을 얻으면, 현재에도 원인이 없는 단지 작용하는 마음을 갖고, 그리고 죽어서도 윤회가 끝나고 다시 태어나지 않는 해탈의 길을 갑니다.

이러한 마음을 스스로 괴롭히지 마십시오. 마음이 일을 하는 것은 그림을 그리는 것입니다. 그래서 마음은 원래 회화, 그림이라는 뜻을 가지고 있습니다. 마음은 여러 가지 형상의 그림을 그립니다. 마음은 여러 가지 색깔의 그림을 표현합니다.

수행은 마음이 일을 하여 마음을 계발하는 것이므로, 일하는 마음을 힘들게 하거나 괴롭혀서는 안 됩니다. 수행을 잘하려고 하는 것도 마음을 괴롭히는 것입니다. 수행도 마음이 하고 잘하려고 하는 것도 마음이 합니다. 수행을 할 때 어떻게 하려고 하면 마음이 긴장을 합니다. 마음이 긴장하면 몸이 긴장하여 집중이 되지 않습니다. 수행을 하는 마음을 구속하거나 억압하지 않도록 해야 되겠습니다. 마음을 억압하면 억압한 만큼 반대의 결과가 따릅니다. 편한 상태에서 힘들지 않도록 배려하면 마음이 대상을 떠나지 않게 되므로 집중력이 생기고 지혜가 나게 됩니다.

이러한 마음을 괴롭혀서는 안 됩니다. 마음을 스스로 속박해서는 안 됩니다. 우리는 온갖 열망으로, 온갖 번뇌로 항상 마음을 스스로 괴롭힙니다. 그리고 마음에 불을 지릅니다. 이런 마음들은 오직 어리석기 때문에 일어납니다. 마음이 단지 대상을 아는 원래의 기능을 하도록 해주어야 합니다. 이런저런 마음으로 채색되면 마음이 원래 그 순수한 기능을 발휘하지 못합니다.

오늘도 위빠사나 수행을 해서 마음을 속박하지 말기 바랍니다. 스스로 속박하는 자는 스스로 속박한 그 결과를 받아서 몸이 긴장하고 또 마음도 긴장하여 괴로움 속에서 살게 됩니다. 우리의 행복과 불행은 지금 이 순간에 어떤 마음이냐가 결정하는 것입니다. 다음 시간에는 재생연결식에 대해서 알아보겠습니다.

재생연결식(1)

남이 잘못한 일로 인해서 속상해 하지 마십시오. 잘못한 것은 상대의 일이고, 나는 내 일을 하면 됩니다. 자신의 일과 남의 일을 구분하지 못하기 때문에 괴로움을 겪습니다. 사실은 자기도 잘못하는 일이 많다는 것을 알아야 합니다.

우리가 자신의 허물을 보지 못하고 남의 허물만 보기 때문에 수행을 하는 것입니다. 남이 잘못한 일로 속상한 것은 남의 잘못이 문제가 아니고 자기의 요구대로 되지 않았기 때문입니다.

겉으로는 남을 위하는 것 같지만 사실은 자신의 요구가 관철되기를 바라는 마음이 강한 것입니다. 나와 남이 같기를 바라지 마십시오. 내 마음도 매 순간 변하는데 어떻게 남의 마음이 나의 마음과 같기를 바랄 수가 있겠습니까? 모든 일에는 조화가 필요합니다.

오늘은 지난 시간에 이어 재생연결식에 대해서 말씀드리겠습니다.

이 재생연결식은 12연기 중에서 무명을 원인으로 행이 일어나고 행을 원인으로 식이 일어난다고 할 때 이 식을 말합니다. 모든 존재의 시작은 재생연결식으로 인해서 시작됩니다. 비록 무명에 속아서 현생을 즐거움으로 착각하고 있을지라도 삶은 단지 괴로움과 불만족일 뿐입니다.

그러므로 수행자는 보시나 공덕을 행할 때마다 과연 내생에 보다 나은 존재로 태어나기를 바라고 기원하는 것이 바람직한 일인지 잠시 생각해 볼 필요가 있습니다. 그래서 괴로움이 멈추기 위해 힘써 노력하라고 수행자들에게 권합니다. 왜냐하면 천인이나 범천, 혹은 다른 어떤 존재로 다시 태어나든, 생은 오직 괴로움, 그 자체이기 때문입니다.

우리가 말하는 재생연결식은 네 가지의 재생연결식을 뜻합니다. 첫째는 악처의 재생연결식입니다. 둘째는 욕계 선처의 재생연결식입니다. 셋째는 색계의 재생연결식입니다. 넷째는 무색계의 재생연결식입니다.

태어남이라고 하는 재생연결식은 이처럼 악처의 재생연결식과 욕계 선처의 재생연결식과 색계의 재생연결식과 무색계의 재생연결식이 있습니다. 인간은 욕계 선처의 재생연결식이 있어서 인간이라는 정신과 물질을 받아서 태어난 것입니다.

무명을 원인으로 행이 일어나고, 다시 행은 식의 원인이 됩니다. 전생의 선업이나 불선업을 원인으로 하여 새로운 생에서 재생연결식으로 시작하는 식의 흐름이 생기는 것입니다. 예를 들면 악행은 네 가지 낮은 세계에 떨어지게 합니다.

재생연결식이 일어난 다음에 잠재의식인 '바왕가 찌따bhavaṅga-citta'라고 하는 마음의 흐름이 일어납니다.

이 바왕가 찌따를 잠재의식의 마음이라고 하는데, 이 바왕가의 마음이란 보고, 듣고, 냄새 맡고, 맛보고, 감촉하고, 생각하는 여섯 가지 식이 일어나지 않을 때 끊임없이 작용합니다. 그러니까 전생의 사몰심이 끝난 뒤에 현생의 재생연결식이 있어서 그 사람이 태어나는 곳, 그 사람의 마음을 결정하고, 그 재생연결식이 일어난 뒤에는 잠재의식이라고 하는 바왕가 찌따가 흐릅니다.

잠재의식은 잠이 들어 있을 때의 잠재의식 또는 존재의 지속심의 일종이라고 할 수 있습니다. 우리가 죽을 때도 이 잠재의식을 가지고 가는데, 이를 죽음의 마음이라고 합니다. 재생연결식, 잠재의식, 죽음의 마음은 전생의 업의 과보로 인하여 나타납니다.

괴로운 다섯 가지 감각대상들과 결부된 괴로운 의식들인 안식, 이식, 비식, 설식은 불선업에 기인하고, 이 다섯 가지 감각대상을 받아들이는 마음과 조사하는 마음도 그러합니다. 그러므로 공덕이 되지 않는 행과 여기에 기인하는 마음은 모두 일곱 가지가 있습니다.

흔들림이 없는 행이라고 하는 부동행에는 네 가지 무색계의 선법이 있기 때문에, 그 결과로 네 가지 무색계에서 초기에는 재생연결식, 중간에는 잠재의식, 존재의 마지막 순간에는 죽음의 마음의 형태로 무색계의 과보의 마음이 생깁니다.

마찬가지로 다섯 개의 색계선법으로 인하여 색계 범천계에서 다섯 가지 색계 과보의 마음이 생깁니다. 그리고 욕계 여덟 가지 선업에 상응하는 여덟 가지 큰 과보의 마음이 있습니다. 그것은 인간계와 욕계 천상계의 재생연결식, 잠재의식, 죽음의 마음을 이룹니다. 그것은 또한 즐거운 감각대상을 등록하는 기능도 합니다.

또 욕계의 선업으로 인하여 다섯 가지 즐거운 감각대상과 연관된 다섯 가지 종류의 마음, 받아들이는 마음, 기쁨이 함께하는 조사하는 마음, 평온과 함께하는 조사하는 마음, 모두 합쳐서 여덟 가지의 마음이 있습니다.

그러므로 과보의 마음은 서른두 가지, 즉 불선한 과보의 마음 일곱 가지, 무색계의 과보의 마음 네 가지, 색계 과보의 마음 다섯 가지, 선한 과보의 마음 열여섯 가지가 있습니다. 이 모든 서른두 가지 과보의 마음은 행의 결과입니다. 바로 이러한 행의 결과에 의해서 재생연결식이 일어나는 것입니다. 저희 스승은 행에서 어떻게 재생연결식이 일어나는지 이해하는 것이 대단히 중요하지만 이해가 쉽지 않다고 말씀하셨습니다. 레디 사야도Ledi Sayādaw는 연기법에서 이 부분이 오해의 소지가 많다고 지적하셨습니다.

선하고 선하지 않는 행위가 재생연결식으로 연결될 때에 같은 마음이냐, 아니냐 하는 것과 전혀 상관이 없다는 견해를 말합니다. 아직 번뇌에서 벗어나지 못한 중생은 선업이나 불선업의 결과로 마지막 마음, 즉 죽음의 마음과 함께 모든 정신과 물질이 소멸되자마자 새로운 정신과 물질과 함께 재생연결식이 일어난다는 것을 이해할 필요가 있습니다. 이에 대한 이해가 부족하면 영혼의 전이에 대한 믿음인 상견이나 죽으면 모든 것이 소멸한다는 단견에 빠지기가 쉽습니다.

단견은 죽은 다음의 원인과 결과 간의 관계에 대한 무지에서 비롯됩니다. 무명이 어떻게 행에 이르고, 여섯 가지 감각장소, 감각접촉, 느낌, 갈애 등이 어떻게 인과관계의 사슬을 구성하고 있는지 현재의 삶에서 분명히 드러나기 때문에 알기 쉽습니다. 하지만 죽은 다음에 새로운 생이 일어나는 것은 분명히 드러나지 않기 때문에 죽은 뒤에는 아무것도 없다는 견해가 생길 수도 있습니다. 믿음에 기반을 두어 사유하는 사람들은 대체로 행이 재생연결식을 일으킨다는 가르침을 바르게 받아들입니다. 하지만 이는 완전히 합리적이고 체험적 접근방법이 되지 못하기 때문에 오늘날 유물론적인 인생관의 도전을 받고 있습니다.

하지만 위빠사나 수행자는 어떻게 재생이 일어나는지를 맑고 투명하게 수행을 통해서 볼 수가 있습니다. 수행자는 마음의 단위들이 끊임없이 일어나고 사라지는 것을, 또 차례로 일어났다가 번개처럼 사라지는 것을 발견합니다. 이것은 수행자가 체험으로 발견하는 것이지 스승에게서 배우는 것이 아닙니다. 물론 수행자는 처음에는 그렇게 알지 못합니다. 수행자가 현상을 바로 보는 무상, 고, 무아의 지혜와 일어나고 사라짐의 생멸의 지혜를 얻었을 때 비로소 그 실상을 볼 수 있게 되는 지혜를 얻습니다.

위빠사나 수행을 하면 알게 되는 원인과 결과를 구별하는 연기의 지혜가 생기면서 수행자는 죽음과 죽음의 마음과 그리고 그 뒤에 일어나는 재생연결식에 대한 어렴풋한 개념이 생기기 시작합니다. 그러나 재생에 대해서 어떤 의심도 없어지기를 바란다면 현상을 바로 보는 지혜와 생멸에 대한 지혜를 얻고 나서부터 비로소 재생연결식에 대한 바른 견해를 가질 수가 있습니다.

수행자는 이러한 지혜를 토대로 죽음이란 위빠사나 수행에서 본인이 주시하는 마음의 단위들이 일어나고 사라지는 것처럼, 마지막 마음의 단위가 사라짐을 뜻하고, 또 재생이란 그러한 첫 마음의 단위가 일어남을 뜻한다는 것을 깨닫습니다.

위빠사나 수행을 하지 않는 사람들은 이 점을 간과합니다. 그들은 영원한 자아가 있다고 믿으며 그것을 마음과 동일시합니다. 『아비담마』에 대한 깊은 지식이 있는 사람들은 이러한 견해를 부정하지만, 일부 사람들은 여러 전생에서 그런 견해에 집착해 왔기 때문에 여전히 유신견에 사로잡혀 이러한 재생연결식을 부정합니다. 지혜가 아직 완전히 성숙되지 않은 위빠사나 수행자도 때로는 유신견을 받아들이고 싶은 유혹을 느낍니다.

우리가 지금 말하는 재생연결식이 단어적으로는 어떤 의미가 있는지 한번 살펴봅시다. 재생연결식을 빨리어로는 '빠띠산디윈냐나paṭisandhi-viññāṇa'라고 합니다. '빠띠산디윈냐나'라는 말은 '다시 함께 만남'이라는 뜻으로 연결, 재생, 재생연결, 입태 등의 의미를 가지고 있습니다. 즉, 재생연결식은 전생과 금생 그리고 금생과 내생을 연결하는 그 마음을 가리킵니다. 중국에서는 이 마음을 결생심 또는 결생식으로 번역하였습니다.

이 재생연결식은 중생들이 죽는 순간에 나타나는 업이나 업의 표상 그리고 태어날 곳의 표상 중 하나를 대상으로 생깁니다. 이 말은 죽을 때 반드시 세 가지의 표상을 보게 됩니다.

첫째는 자기가 일생 동안 한 업, 그 행위가 보입니다. 그 행위로 인해서 재생연결식이 결정됩니다. 가령 선한 행위를 많이 한 사람은 죽기 전에 선한 행위의 표상이 보이고, 그 표상에 따라서 그 과보로 다음 생에 선한 행위에 대한 과보가 전해지는 것입니다.

두 번째로 업의 표상이 보입니다. 바꾸어 말하면 자기가 한 행위에 대한 상징적 표상이 나타납니다. 예를 들면, 물고기를 많이 잡았다고 한다면, 자기의 행위에 대한 물고기가 표상으로 보이거나 때로는 낚싯바늘이 보이거나 그물이 보일 것입니다. 그물이 보이거나 낚싯바늘이 보이면, 자기의 행위에 대한 표상이 나타난 그 과보를 받아서 그에 상응하는 재생연결식이 생깁니다.

또 죽을 때 나타나는 세 가지 표상 중의 하나는 갈 곳의 표상입니다. 예를 들면 내가 어떤 생으로 태어나는가, 어느 곳에 태어나는가 하는 것에 따라서 갈 곳의 표상이 상징적으로 일어납니다. 죽을 때 불이 보였다고 한다면 역시 불이 있는 지옥을 가게 되는 재생연결식을 받습니다.

이처럼 죽을 때에 자기가 한 업, 자기가 한 업의 표상, 그리고 태어날 곳의 표상에 따라서 바로 재생연결식이 일어나는 것입니다. 이때 이 표상을 일으키는 것이 바로 과보입니다. 그 과보에 따라서 갈 곳의 표상이 나타나면, 그 갈 곳의 표상의 결과로 재생연결식이 일어나서 그 재생연결식에 따른, 그 세계의 몸과 마음을 받습니다.

바꿔 얘기하면, 죽을 때 인간의 모습을 보는 표상이 나타났다고 한다면, 인간에 대한 재생연결식이 일어나고, 그다음에 인간의 재생연결식이 바로 인간의 정신과 물질을 만든다는 사실입니다. 이 재생연결식을 한 생의 출발로 보는 것입니다. 모든 중생은 한 생을 바로 죽음의 마음으로 종결짓고 나면 즉시 다른 형태의 재생연결식이 일어나고, 바로 이 재생연결식이 곧바로 다음 마음인 바왕가, 잠재의식으로 연결되어서 우리가 지금 살고 있는 것입니다.

그러므로 우리가 임종을 중요히 여기는 것은 바로 임종, 죽을 때의 마음에 의해서 다음 생의 재생연결식이 생기고, 그 재생연결식에 의해서 다음 생의 몸의 형태가 생기기 때문입니다. 우리는 이토록 원인과 결과에 의해서 삶과 죽음을 지속하고 있습니다.

우리가 오늘 한 행위는 그 행위의 과보를 스스로 받게 되며, 벗어날 수 없는 그런 원인과 결과의 틀 안에서 살고 있습니다. 우리가 오늘 이 순간에도 바른 마음가짐을 가지고 바르게 수행해야 한다는 것이 바로 어떤 재생연결식을 갖느냐 하는 그런 것을 말하는 것입니다.

모든 것은 뿌린 대로 거둡니다. 우리가 지금 노력해서 마지막 사몰심에서 좋은, 선한 표상이 일어나면 그 선한 표상에 의해서 우리는 다음 생을 결정하는 재생연결식이 일어나고, 그 재생연결식의 세계에 따라서 몸과 마음이 결정될 것입니다. 그 몸과 마음이 꼭 인간이라고 보장은 할 수가 없습니다.

재생연결식(2)

바른 법 앞에서는 누구나 심술궂은 어린아이와 같습니다. 바른 법에는 자아가 없습니다. 그러나 사람들은 자아가 있다고 생각하여 매사에 자아를 강화하려는 행동과 말을 합니다. 정법 수행이 어려운 것은 정법조차도 자아를 가지고 보기 때문입니다. 그렇기 때문에 스승의 가르침 없이는 한 발도 발전할 수가 없습니다.

지혜가 있는 자는 스승의 가르침을 받아들이지만, 자아가 강하여 지혜가 없는 사람은 가르침을 따르지 않고 자기 견해만 주장합니다. 그래서 누구나 투정을 부리는 어린아이와 같습니다.

가난해서 고생을 했기 때문에 잘사는 사람이 있고, 고생을 해도 가난에서 벗어나지 못하는 사람이 있습니다. 괴로움 때문에 지혜가 나서 괴로움을 극복하는 사람이 있고, 괴로워서 인생을 포기하거나 더 나빠지는 사람도 있습니다. 부자가 되어 더 큰 부를 축적하는 사람도 있고, 부자가 되었다가 몰락하여 비참한 사람도 있습니다. 지위를 얻은 뒤에 더 명예를 얻는 사람도 있지만, 지위 때문에 사회적 지탄을 받는 사람도 있습니다.

이처럼 인간은 항상 선택의 여지가 있습니다. 그 선택의 폭은 시궁창에서 천상까지 넓게 퍼져 있습니다. 과연 무엇이 이것을 결정합니까? 이는 오직 자신의 마음가짐이 결정합니다. 또 이전에 행한 선한 행위와 불선한 행위의 과보가 우리의 이런 결과를 가져오게 합니다.

♠ ♠ ♠

지난 시간에 이어서 오늘도 재생연결식에 대해서 말씀드리겠습니다. 인간으로 태어나는 사몰심이 있어서 인간으로 태어나는 재생연결식이 성숙되었을 때, 비로소 인간의 몸과 마음을 받습니다. 앞선 시간에 말씀드린 것처럼 재생연결식은 네 가지 세계에 태어남을 말하는데, 거의 모든 생명의 재생연결식은 지옥, 축생, 아귀, 아수라의 사악도의 재생연결식이라는 것을 유념하여야 합니다. 이것은 부처님의 가르침입니다.

우리는 인간으로 태어났기 때문에 재생연결식 하면 인간의 재생연결식만 생각하기 쉽지만, 부처님께서는 인간으로 태어나기는 매우 어렵고, 거의 모든 생명은 사악도의 재생연결식에 의해서 사악도의 몸과 마음을 받는다고 말씀하셨습니다. 이 사악도의 몸과 마음을 받는 재생연결식은 바로 잘못된 견해로 인해서 윤회를 거듭하고, 안 좋은 세계의 재생연결식을 받습니다. 바로 잘못된 재생연결식을 만든 그것들은 유신견, 상견, 단견에 의한 것입니다. 오늘은 상견과 단견에 대해서 잠시 알아보겠습니다.

유신견有身見이란 '몸은 있다' 그런데 그 몸이 나의 몸이라고 하는 견해를 말합니다. 유신有身은 '몸은 있다'인데, 거기에 '견見'이 붙으면 그것이 나의 몸이라고 하는 잘못된 견해, 삿된 견해를 말합니다. 이 유신견은 몸이 나의 몸이라고 하는 것과 마음이 나의 마음이라고 하는 것을 함께 포함한 말입니다.

유신견에 사로잡힌 범부들에게 죽음은 한 개별적 실체의 소멸이나 또 다른 보금자리로 존재가 바뀌는 것을 뜻합니다. 이것이 바로 단멸론에 대한 믿음인 단견과 다른 몸이나 보금자리로 영원히 옮겨 다닌다는 믿음인 상견의 전도된 견해입니다. 바로 이 유신견으로 인해서 상견과 단견이 생기는 것입니다.

또 어떤 사람은 몸이 자라고 성장함에 따라 마음도 저절로 성장한다는 원인을 부정하는 견해를 가지고 있습니다. 이것을 무인론이라고 합니다. 이 또한 잘못된 견해에 속합니다. 이러한 잘못된 견해를 가져서 잘못된 마음으로 인해서 잘못된 재생연결식이 일어나는 것입니다.

수행을 한다는 사실은 이런 잘못된 견해로부터 벗어나서 바른 견해를 가져서 모든 것들이 무상하고, 괴로움이 있고, 자아가 없기 때문에, 그리고 모든 것은 원인과 결과로 일어나고 사라지는 것이기 때문에, 갈애가 끊어져서 집착을 하지 않으면 다시 태어나지 않는다는 바른 견해를 갖는 것입니다.

어떤 사람은 정신과 물질의 흐름인 윤회에 대해서 그릇된 견해를 가지고 있습니다. 그들은 이 몸을 삶의 주인공이 한 장소에서 다른 장소로 옮겨 가는 일시적 거주처로 여깁니다. 육체가 분해된다는 것은 부정할 수 없는 사실이지만, 어떤 사람은 머지않아 육체가 부활한다고 굳게 믿고 시신을 소중하게 다루기도 합니다. 이러한 견해는 행과 재생연결식과의 인과관계가 오해의 소지가 많다는 것을 보여줍니다.

평범한 불교신자도 이러한 전도된 인식에서 완전히 자유롭지 못하지만, 불교의 교리인 무아를 믿기 때문에 위빠사나 수행을 하지 못할 정도로 이런 환상을 맹목적으로 지니지는 않습니다. 그러므로 죽음, 재생, 정신과 물질에 대한 완벽한 지식이 없어도 우리는 명상을 해서 깨달을 수가 있는 것입니다.

예를 들면 부처님께서 입멸하신 직후에 찬나 장로는 위빠사나 수행을 했음에도 불구하고 유신견 때문에 수행에 진전이 거의 없었습니다. 그 후 아난다 존자의 연기 법문에 따라 명상을 한 뒤 전도된 인식을 극복하고 아라한과를 얻었습니다.

부처님의 제자였던, 그리고 부처님의 마부였던 찬나 장로는 매우 자신을 과시했습니다. 자신이 부처님의 마부였다는 유신견을 가지고 있었기 때문에 수행을 해도 발전할 수가 없었습니다. 특히 찬나 장로는 무아에 대한 두려움을 가지고 있었습니다. 그가 수행을 해서 무상을 느끼고, 괴로움을 보고 그리고 무아를 느낄 단계에 가면, 마치 절벽에 선 것처럼 위험을 느끼고, 그 순간 수행을 포기하곤 했습니다. 이것은 자신이 부처님의 마부였다는 그 사실에 대한 유신견입니다.

내가 누구라고 하는 자아가 있는 한, 우리는 무아를 받아들일 수 없기 때문에 수행이 발전할 수가 없습니다. 그래서 도, 과를 성취하기 어렵습니다. 그러한 찬나를 아난다 존자가 법문을 통해서 연기의 구조를 이해시켜서 결국은 찬나도 아라한이 되어서 반열반에 들었습니다. 그래서 찬나는 다시 태어나는 재생연결식을 갖지 않고, 해탈의 길에서 다시 태어나지 않는 그런 삶을 마감한 것입니다. 이것은 다시 죽을 일이 없는 위대한 삶을 의미합니다.

또 다른 예를 들면 부처님 당시에 야마까 비구는 아라한은 완전한 열반에 들고 나면 단멸한다고 믿었습니다. 이러한 야마까 비구를 사리뿟따가 불러서 법문을 해주었습니다. 법문을 들으면서 야마까 비구는 명상을 해서 해탈을 성취했습니다.

그렇기 때문에 부처님께 믿음을 지닌 사람들은 낙담할 필요가 없습니다. 열과 성을 다해서 위빠사나 수행을 하게 되면, 언젠가 여러분들은 바른 견해를 갖게 될 것입니다.

죽음과 수태의 본성에 대한 무지와 의심 그리고 단견에 집착하는 성향 때문에 어떤 사람들은 사후에 내생이라는 게 과연 있느냐고 묻기도 합니다. 이 질문 자체가 한 생명 안에 있는 자아니, 영혼이니, 진아眞我니 하는 것들을 전제로 하는 것입니다.

유물론은 영혼의 개념을 부정합니다만 죽은 자와 산 자를 구별 짓는 데 있어서 자아에 대한 전도된 인식이 은연중에 함축되어 있습니다. 노골적으로나 은연중에 자아를 수용하는 사람들의 질문에 불교적 관점으로 답변하는 것은 어렵습니다. 만약 우리가 내생이 있다고 말한다면, 그들은 우리가 자아가 있다는 견해를 지지한다고 결론을 내릴 것입니다.

하지만 불교는 무조건 내생을 부정하지 않습니다. 그래서 부처님께서는 이런 질문에 답변하지 않으셨습니다. 더구나 보통 사람들에게 증거를 제시하기는 더 어렵습니다. 신통이 있는 사람은 지옥이나 천신계를 보여줄 수 있겠지만, 회의적인 사람들은 이를 마술이나 속임수라고 치부해 버릴 것입니다.

그래서 부처님께서는 이런 질문에 대해 직접적인 대답을 하지 않으시고, 번뇌가 소멸하지 않은 경우에는 죽음 뒤에 정신과 물질 과정이 계속된다고만 말씀하셨습니다.

내생의 문제는 지적으로는 접근할 수가 없습니다. 오직 특별한 위빠사나 수행을 통해서만 해결됩니다. 이러한 수행을 통하여 수행자는 신통을 얻어서 선한 사람은 천신계에 태어나고, 악한 사람은 악처에서 고통 받고 있는 것을 볼 수도 있습니다. 그가 보는 것은 두 집을 다 내려볼 수 있는 위치에 있는 사람이, 한 집에서 다른 집으로 왔다 갔다 하는 것을 보는 것처럼 선명합니다. 수행자는 높고 낮은 세계의 수많은 천인, 동물들 중에서 자신이 보고자 하는 사람을 쉽게 찾아낼 수 있을 것입니다. 수행자는 선정과 신통을 얻을 수 있으며, 이러한 가능성을 배제하는 가르침은 어디에도 없습니다.

실제로 저 세상과 신통으로 접촉을 갖는 수행자도 있습니다. 하지만 이러한 신통을 얻기는 어렵습니다. 그러한 신통은 강력한 집중에 의지하기 때문에 위빠사나 수행이 더 쉬운 길입니다. 우리가 신통을 얻어서 내생을 볼 게 아니고, 위빠사나 수행의 몸과 마음을 통찰하는 지혜로, 원인과 결과로, 지금 여기에 있는 몸과 마음이 어디서 왔으며, 그것이 이러한 원인으로 어디로 가는지를 아는 것이 더 쉬운 일입니다.

원인과 결과를 구별하는 지혜가 계발되어 수행자가 죽음과 수태의 본성을 잘 알게 되면 삶의 문제가 더욱 명확해집니다. 그래서 현상을 바로 보는 지혜와 생멸의 지혜 그리고 소멸의 지혜를 성취하면 삶의 문제는 보다 더 명확해집니다. 왜냐하면 재생연결식의 단위들이 어떻게 일어나고 사라지는가를 매 순간 볼 수 있기 때문입니다. 그리고 죽음이란 현생의 마지막 식이 사라진 다음에 수태, 즉 내생의 처음 재생연결식이 뒤따라서 일어나는 것을 분명히 볼 수 있습니다.

사실은 재생연결식은 한 일생의 한 번 일어나는 재생연결식도 있지만, 매 순간 일어나는 마음도 있습니다. 마음이 찰나생, 찰나멸하는 것이라면, 한 일생이 시작되는 그 순간의 재생연결식이나 지금 이 순간에 새로 일어난 이러한 재생연결식이나 하등에 다를 것이 없습니다.

최초의 재생연결식으로 인해서 그 몸과 마음이 결정된다면 다시 지금 현재의 마음이 지금 현재의 몸과 마음을 다시 만든다는 사실도 같은 견해로 바라볼 수가 있습니다. 왜냐하면 지금 내가 행복한 마음을 가지면 이 순간 몸이 행복하고 마음이 행복한 것이기 때문입니다. 그러나 이 순간 선하지 못한 악한 마음을 가지면 그 순간의 몸은 악한 형상을 하고, 그 순간의 마음은 악한 마음으로 바뀌기 때문입니다.

이렇듯 재생연결식은 몸과 마음을 결정합니다. 하지만 이 지혜도 아직은 취약한 것으로 수행자가 최종적으로 수다원의 도, 과를 얻고 나야 비로소 내생에 대한 모든 의심에서 완전히 벗어날 수가 있습니다.

문제는 사람들이 위빠사나 수행은 하지 않고 내생에 대해서 묻기만 하는 데 있습니다. 궁금증은 해결되지 않습니다. 다만 지혜로서만이 궁금증을 풀 수가 있습니다. 궁금증에 대해서 아무리 진리를 말해도 그것을 받아들일 견해가 성숙되지 않았다면 그것은 단지 스쳐 지나가는 바람결에 일어나는 소리로밖에 들릴 수 없습니다.

어떤 사람들은 서양의 과학자와 철학자에게 의견을 구하고, 또 어떤 사람들은 신통을 지닌 아라한이라고 믿는 분들의 가르침을 받아들이기도 합니다. 그러나 남에게 의지하기보다는 위빠사나 수행을 통해서 스스로 해답을 얻는 것이 가장 좋습니다.

일어나고 사라지는 생멸의 지혜의 단계에서, 수행자는 사라진 식의 단위의 흐름에서 감각대상에 집착하는 새로운 식의 단위가 어떻게 일어나는지 선명하게 볼 수 있습니다. 이러한 체험을 바탕으로 수행자는 전생에서 죽는 마지막 순간에, 한 대상에 대한 집착에 의해 조건 지어진 식의 단위와 함께 새로운 생이 어떻게 시작되는지를 비로소 깨닫게 됩니다.

죽기 전의 식의 흐름은 물질적인 몸에 의존하면서 하나의 식의 단위가 다음 식의 단위로 끊이지 않고 계속됩니다. 죽은 다음 몸은 분해되고, 식의 흐름은 다음 세계의 물질적인 과정으로 옮겨 가서 새로운 재생연결식을 만듭니다.

재생연결식(3)

자신의 선한 행위에 대하여 도취되지 말아야 합니다. 선업의 과보가 생겼지만 자만하면 선이 증장되지 못합니다. 남의 선업은 시기하지 말고 경의를 표해야 합니다. 그러면 상대의 선업을 자신도 함께 공유하는 것이 됩니다.

선하다는 것은 자신의 문제이지 상대의 문제가 아닙니다. 남이 선하지 못하다고 해서 화를 내는 것은 바로 자신이 선하지 못한 것입니다. 다른 사람의 선하지 못한 행위를 탓하지 말아야 합니다. 자신은 선한 것 같지만 남을 탓하는 것이 바로 불선업입니다.

자신이 일으킨 문제에 대해서 스스로 관용을 보이듯이, 다른 사람의 문제에 대해서도 똑같이 관용을 보여야 합니다.

오늘도 무명을 원인으로 행이 일어나고, 행을 원인으로 식이 일어나는 과정을 말씀드리겠습니다.

모든 존재의 시작은 재생연결식입니다. 비록 무명에 속아서 현생을 즐거움으로 착각하고 있을지라도 삶은 단지 괴로움과 불만족일 뿐입니다. 그러므로 수행자는 보시나 공덕을 행할 때마다 과연 내생에 보다 나은 존재로 태어나기를 바라고 기원하는 것이 바람직한 일인지 잠시 생각해 볼 필요가 있습니다. 그래서 괴로움을 멈추기 위해서 힘써 노력하라고 수행자들에게 권하는 것입니다.

왜냐하면 천인이나 범천 혹은 다른 어떤 존재로 다시 태어나든, 생은 오직 괴로움 그것 자체일 뿐입니다. 인간이 살고 있는 최대의 사명은 괴로움을 해결하는 것입니다. 괴로움을 해결하기 위해 감각적 욕망을 추구해서는 영원히 답을 얻을 수가 없습니다. 그러나 괴로움을 대상으로 알아차리는 위빠사나 수행을 할 때만이 비로소 출구가 보이고, 그 끝에 답을 얻을 수가 있습니다.

재생연결식이라고 하는 것은 행을 원인으로 일어나는 새로운 마음입니다. 다시 말씀 드리자면, 죽기 전의 마음은 몸에 의존하면서 한순간의 마음이 일어나고 사라지고, 일어나고 사라지고 하면서 흐르다가 호흡이 멈춤과 동시에 그 마음도 끝납니다. 그리고 몸은 분해되지만 마음에 담긴 과보, 업력, 에너지는 다른 세계의 물질로 옮겨 가서 새로운 몸과 마음을 만듭니다.

이것은 마치 전기를 끊임없이 공급받는 전구가 지속적으로 빛을 내는 것에 비유할 수 있습니다. 전구가 나가면 불은 꺼지지만 전기는 계속해서 들어옵니다. 낡은 전구를 새 전구로 갈아 끼우면 빛이 다시 들어옵니다. 여기서 전구, 전기, 빛은 모두 변화하는 물질적 과정이며, 우리는 이들의 무상한 성질을 주의 깊게 알아차려야 합니다.

주석서에서는 메아리, 등불, 도장의 인각, 거울에 비친 영상의 비유를 들고 있습니다. 메아리는 음파가 벽이나 숲 등에 부딪혀서 나오는 소리의 반향입니다. 우리가 소리와 메아리의 인과관계를 부정할 수 없음에도 불구하고 원래의 소리가 먼 곳까지 전달되었음을 의미하지는 않습니다. 소리는 그 순간에 일어나서 사라졌지만 메아리에 의해서 소리가 다시 일어나듯이, 우리의 마음은 사라졌지만 과보에 의해서 다시 새로운 마음이 일어나는 것을 말합니다.

여러분이 거울을 볼 때 여러분의 얼굴이 거울에 비쳐지는데, 비록 자신의 얼굴과 거울에 비친 영상이 인과적으로 관련되어 있기는 하지만 이 두 가지를 서로 혼동해서는 안 됩니다. 우리는 흔히 거울을 보거나 자기를 찍은 사진을 볼 때 거울 속에 있는 자기나 사진 속에 있는 자기를 마치 실재하는 것으로 착각하기도 합니다. 그러나 사실은 거울 속에 비쳐지기 이전의 자신의 모습이 실재이고, 사진을 찍을 때 자신의 모습이 실재인데도, 사진이나 거울 속에 있는 모습을 마치 자기라고 착각하는 것과 같은 것입니다.

또 있습니다. 불이 붙어 있는 등불은 다른 등불을 켜는 데 쓸 수 있습니다. 불을 붙여준 등불이 여전히 타고 있으므로 새로운 등불의 불꽃은 이전의 등불이 분명히 아닙니다. 하지만 이전의 두 등불과 두 개의 불꽃이 인과적으로 결코 무관하지 않습니다.

또 돌이켜보면 도장의 경우를 예로 들 수 있습니다. 우리가 도장을 종이에 찍습니다. 그러나 실재하는 것은 도장입니다. 그리고 종이에 찍힌 도장은 실재하는 것이 아님에도 불구하고 종이에 찍힌 도장을 실재하는 것으로 알고 있는 것이 바로 그 예입니다. 도장은 그 표면과 같은 각인을 남긴 것이지만 실재로는 이것이 도장의 표면이 아니며, 또 도장 없이 표면을 찍을 수도 없습니다.

생명이라는 것이 이렇듯 하나의 생에서 다음 생으로 옮겨 갑니다. 이때 단지 조건에 의해서 옮겨질 뿐이지 전생과 이생이 같은 생이 아니며, 지금의 몸과 마음이 지금 이후의 몸과 마음과 같은 것이 아닙니다. 이때 이 영향을 받아서 지속되는 흐름만 있을 뿐이지 실재하는 것은 그 실체가 없습니다. 이 비유는 재생의 성질을 어렴풋이 알게 해줍니다.

사람이 죽어갈 때 자신의 업 또는 업의 표상, 태어날 곳의 표상이 나타납니다. 죽은 뒤에 전생의 마지막 순간에 나타나는 이들 표상 중에 어느 하나가 조건 지어져 재생연결식이 일어납니다. 이 재생연결식은 그냥 일어나지 않습니다. 죽기 전에 일생 동안 자기가 한 행위, 또는 자기가 한 행위의 업의 표상, 또는 갈 곳의 표상, 이 세 가지 중에 하나 표상이 일어났을 때 이 표상의 영향을 받아서 재생연결식이 일어나는 것입니다. 이렇듯 세상의 모든 것들은 우연히 된 것이 아니고 반드시 원인과 결과라는 연기적 조건에 의해서 일어나고 사라지면서 지속적으로 흐릅니다.

그러므로 재생은 식의 마지막 단위가 다른 생으로 옮겨 감을 뜻하는 것은 아니지만 임종 때의 표상에 의해 조건 지어지는 것입니다. 그래서 재생은 죽어가는 사람이 보는 표상이 인도하는 무명과 행에 뿌리를 두고 일어납니다. 그래서 재생연결식은 전생과 인과적으로 연관되어 있습니다. 두 개의 연속되는 의식의 단위들은 분리되지만 우리는 한 사람을 하루 종일, 일 년 내내 또는 전 생애 동안 같은 사람이라고 말합니다. 그러나 사실은 결코 같은 사람이 아니며, 같은 마음이라고 할 수가 없습니다. 단지 이러한 원인과 결과가 지속적으로 흐르는 연속만 있을 뿐입니다. 이것을 연기라고도 말하고 윤회라고도 말합니다.

이와 마찬가지로 우리는 죽을 때의 마지막 마음을 재생연결식과 함께 동일한 사람을 나타내는 것으로 말합니다. 사람이 천인계나 다른 세계에 나는 것도 같은 맥락으로 이해합니다. 그러나 그것은 전체로서의 정신과 물질의 전이를 뜻하는 것이 아닙니다. 단지 재생은 인과적으로 관련된 정신 단위의 흐름과 관련이 있기 때문에 동일한 사람이라고 그냥 말하는 것일 뿐입니다. 그래서 이것은 관념적인 결과입니다. 과보가 전해져서 전생과 금생이 연결되기 때문에 일반적으로 같은 생명으로 이해하는 것일 뿐입니다.

그러므로 죽음과 동시에 소멸되어 버리기 때문에 전생과는 아무런 관계가 없다고 믿는 것이 바로 단견입니다. 이에 따르면 죽음과 동시에 모든 것이 끝납니다. 대부분의 불교신자들은 이러한 단견으로부터 벗어나 있습니다. 그래서 이 단견을 잘못된 견해라고 말합니다.

두 개의 연속된 삶이 인과적으로 관련되어 있기 때문에 관습적인 용어로 우리는 같은 사람이라고 말할 뿐입니다. 하지만 우리는 재생이란 자아가 새로운 보금자리로 옮겨 가는 것을 뜻하는 상견에 휘말리지 않도록 조심해야 합니다. 단견도 잘못된 견해이지만 항상 하고 같은 마음이 옮겨 간다는 상견도 잘못된 견해입니다. 그래서 전생의 나는 현생의 내가 아닌 것도 아니고 그렇다고 나라고 할 수도 없습니다.

여기서 단절과 상속을 뛰어넘는 것이 바로 원인과 결과라는 과보입니다. 이렇게 이해되었을 때만이 전생과 현생이 같은 것도 아니고, 그렇다고 다른 것도 아니라는 바른 견해를 가질 수가 있습니다. 여기서 실재하는 것은 오직 인과응보만 있습니다.

성숙한 위빠사나 지혜를 가지고 있는 수행자는 현생의 정신적 단위들의 일어나고 사라짐과 그들의 인과관계를 철저히 알기 때문에 이러한 단견과 상견을 지니지 않습니다. 이렇게 알면 개인이 불멸하거나 단멸한다는 전도된 인식에 휘말릴 소지가 없습니다.

재생연결식의 본성은 객관적으로 생각하는 사람들에게도 분명히 나타납니다. 우리가 괴로움에 고통을 겪고 낙담을 할 때 그 낙담 다음에 기쁨이 오는 것을 경험합니다. 때로는 매우 기쁜 상태를 유지하다가 어느 순간에 그 기쁨으로 인해서 오는 괴로움과 슬픔을 경험하기도 합니다. 이렇듯 고요한 마음 다음에 짜증이 오고, 짜증 다음에 고요한 마음이 연속적으로 반복됩니다. 이러한 재생연결식의 변화는 명확히 그 이질성을 보여주고 있습니다. 이러한 의식들이 서로 연관되어 있기 때문에 이것들이 그 순간의 마음이지 같은 마음이라고 볼 수 없는 것입니다.

예를 들면 밤에 어떤 일을 하고자 하는 의도가 있다면 그는 꿈속에서도 그 일을 표상으로 떠올릴 것이며, 그리고 다음날 아침에도 그 생각들이 다시 나타날 것입니다. 밤에 잠을 자기 전의 마음과 잠을 잘 때의 마음과 아침에 일어나서의 마음은 분명히 다른 마음입니다. 하지만 마음을 먹었던 이런 의식들이 기억 속에 저장되어서 동일하게 흐르고 있는 것은 의식이 인과적으로 서로 연결되어 있다는 것을 알 수가 있습니다. 두 가지 연속된 의식들 간의 이러한 관계를 이해하는 사람은 죽음으로만 정의될 뿐 죽음의식과 재생연결식의 두 가지 의식 사이에도 똑같은 관계가 성립된다는 것을 알 수 있을 것입니다.

우리는 새로운 존재의 식識이 재생연결식과 일생에 거쳐서 계속해서 일어나는 두 가지의 식이 있다는 것을 알 수가 있습니다. 재생연결식은 다음 생을 결정하고 잠재의식으로 바뀝니다. 이렇게 하나의 세계에서 새로운 생명이 재생된 뒤에 매 순간 새로 일어나는 의식이 또 하나 있습니다. 그래서 의식은 일생에 처음 일어나는 재생연결식이 있고, 재생연결식 뒤에 일어나는 바왕가 찌따라고 하는 매 순간의 재생의 마음, 두 가지가 있습니다. 그래서 이런 경험으로 미루어 볼 때 우리가 윤회를 한다는 것은 한 생의 윤회가 있고, 그리고 매 순간의 윤회가 있다는 사실을 알 수 있습니다.

12연기가 뜻하는 의식은 두 개의 태어남이 있습니다. 과거의 무명을 원인으로 행이 일어나고, 과거의 행을 원인으로 현재의 재생연결식이 일어난다는 것입니다. 이것은 일생에 한 번 있습니다. 그런 뒤에 그 재생연결식은 매 순간 새로 일어나는 선행하는 마음이 되어 죽을 때까지 계속 앞서서 또 우리의 마음을 이끕니다. 그 마음에 의해서 우리의 몸이 또 결정되기도 합니다. 이렇듯 연기적 구조에서 본 재생연결식은 간단하지가 않습니다.

이러한 재생연결식은 오직 위빠사나 수행을 통해서 자기 자신의 몸과 마음을 통찰할 때만이 비로소 그 원인과 결과에 의해서 드러나게 됩니다. 그래서 관념적으로는 재생연결식을 이해할 수가 없습니다. 오직 통찰지혜 수행을 해서 자기 자신의 몸과 마음을 통해서만이 원인과 결과로 일어나는 재생연결식의 실체를 우리가 비로소 알 수 있는 것입니다. 다음 시간에도 재생연결식에 대해서 말씀을 드리겠습니다.

재생연결식(4)

사람들은 자신의 허물은 문제 삼지 않고, 남의 허물에 대해서만 문제를 삼습니다. 자신이 지은 허물이나 남의 허물이나 단지 허물일 뿐이지 무엇도 문제될 것은 없습니다. 허물을 알아차리지 못하는 것이 허물이지 허물이라고 알아차리면 이미 선한 것입니다. 자신과 남을 다르게 평가하는 것이나 문제라고 여기는 것은 어리석기 때문입니다. 수행자는 완성된 사람이 아니고 노력하는 과정에 있으므로 무엇에도 걸려서는 안 됩니다. 허물을 짓고 기억 속에 허물을 남기게 되면 잠재의식의 늪에 빠지는 결과가 되고 맙니다.

모든 것들에 자아는 없으며, 모두가 일어나고 사라지는 순간적 현상들의 연속일 뿐입니다. 이것이 마음입니다. 우리는 이런 마음의 실상을 알아서 과거의 자기가 한 일에 대한 괴로움에서 벗어나야 됩니다. 그리고 남의 잘못에 대해서도 관대한 이해를 보여야 합니다.

오늘도 지난 시간에 이어서 재생연결식에 대해서 말씀드리겠습니다.

금생에 첫 마음인 재생연결식은 어디서부터 생길까요? 엄밀한 의미에서 재생연결식은 '행을 원인으로 재생연결식이 일어난다'이지만, 사실은 죽을 때 마음에서 일어난 표상을 원인으로 재생연결식이 생깁니다. 이미 지난 시간에 말씀드린 것처럼, 죽어가는 사람에게는 살면서 지었던 자신의 행위에 대한 회상의 업과, 그리고 업과 관련된 주변의 조건 지어진 업의 표상과, 그리고 죽어서 다시 태어날 곳의 표상, 이 세 가지 중에 하나가 나타납니다.

업은 과거에 대한 회상이나 현재에 대한 환상의 형태로 나타날 수가 있습니다. 이것은 마치 어부가 임종하는 순간 물고기를 잡는 것처럼 말하거나 보시를 많이 행한 사람은 죽기 얼마 전에 보시를 행하는 것처럼 생각할 수도 있습니다. 여기서 중요한 사실은, 죽기 전에 마음이 결코 하지 않던 마음을 먹거나 또는 그런 행위를, 그런 표상을 보지 않는다는 사실입니다.

모두 자기가 평소에 살면서 한 행위나 행위에 대한 표상 그리고 그 표상에 따른 그 결과의 표상을 본다는 것입니다. 죽어가는 사람은 또한 보시행과 관련된 가사, 승원, 비구, 불상 등과 같은 행한 업의 환경을 보거나 살인자의 경우 흉기, 범행 장소, 피해자를 봅니다. 그리고 내생에 받게 될 운명을 보기도 합니다. 예를 들면 지옥으로 갈 예정이라면 지옥의 불이나 지옥지기들을 보게 될 것입니다. 또는 천인으로 태어날 운명이라면 천궁이나 천상에 있는 천인을 볼 것입니다.

한때 죽어가는 바라문이 자신이 본 불꽃의 표상이 범천계를 가리킨다는 말을 친구들에게 들었습니다. 바라문은 그렇게 믿었지만 죽은 다음에 지옥에 떨어진 자신을 발견하였습니다. 그래서 그릇된 견해는 참으로 위험합니다. 죽어가는 친구에게 유익하다고 믿고, 보시를 위해서 소를 죽인 행위를 마음속으로 떠올리라고 말한 사람도 있습니다. 이것은 죽기 전의 마음이 재생연결식으로 과보가 전해지는 것을 정확히 모르기 때문에 하는 말입니다.

실제로 제가 미얀마에서 수행을 할 때에, 미얀마 불교도들이 임종 직전에 있는 자신의 부모님에게 하는 말을 들었습니다. 그들은 부모님에게 가사를 준비해서 그 가사를 만지게 합니다. 그리고 "어머니! 어머니가 돌아가시면 이 가사를 어머니가 좋아하는 어떤 스님에게 드리겠습니다"라고 말해서 가사를 보시하는 것을 생각하고 돌아가시게 하는 그런 의식을 보았습니다.

또 그것뿐이 아니고 돌아가시는 어머니를 슬퍼해서 울거나 또는 소란하게 하지 않고, 조용히 어머니 곁에서 이렇게 말합니다. "어머니, 살아생전에 어머니는 매우 훌륭하셨습니다. 언제 어디서 보시를 하고, 언제 어디서 착한 행위를 하고, 언제 어느 때 어머니는 이런저런 훌륭한 일을 하셨습니다"라고 자신이 평생 동안 한 선한 행위를 기억하게 하는 것을 보았습니다.

그래서 죽는 마음이 재생연결식을 결정하므로, 우리는 죽음 직전에 이른 가족이나 이웃들에게 조용한 마음으로 좋은 것을 기억하도록 하는 그런 조건을 성숙시켜야 합니다. 죽어가는 부모를 붙들고 울면서 간곡히 통곡한다면 그 죽어가는 부모가 자식들에 대한 슬픔과 그리고 그 갈애로 인해서 결코 좋은 곳으로 갈 수가 없습니다. 오늘 이 자리에서 죽을 때의 마음이 재생연결식과 관련이 있다는 것을 알아야 하는 중요한 이유 중에 하나가 지금 말씀드린 이런 내용입니다.

『법구경』 주석서에 따르면 부처님 당시 사왓띠에 남자 신도 500명이 각각 500명의 제자들을 거느리고 있었습니다. 제자들은 모두 수행을 열심히 했습니다. 그중 가장 연장자인 마하닷미까는 역시 부처님의 가르침대로 사는 일곱 명의 아들과 일곱 명의 딸이 있었습니다.

마하닷미까는 나이가 들어가면서 병이 들고 몸이 쇠약해졌습니다. 그래서 집으로 모셔온 비구들이 독경을 하고 있을 때, 천상의 마차가 자신을 천상으로 데리고 가려고 온 것을 표상으로 보았습니다. 그래서 마하닷미까는 죽어가면서 천인들에게 "기다려 주세요"라고 소리쳤습니다. 이때 마하닷미까에게 경전을 읽어주던 비구들은 죽어가는 사람이 자신들에게 하는 말인 줄 알고 독경을 외우는 것을 그만두었습니다. 이때 마하닷미까는 자기가 나타난 표상을 보고 하는 말이었던 것입니다. 아들과 딸들은 아버지가 죽음의 두려움에 혼매해서 중얼거린다고 생각하고 울었습니다.
이때 비구들이 떠난 다음에 마하닷미까는 또렷한 목소리로 주변에 있는 사람들에게 화환을 공중에 던지라고 말했습니다. 그들이 그렇게 마하닷미까의 얘기를 듣고 화환을 공중에 던지자, 그 화환이 공중에 둥둥 떠 있었습니다. 그러자 마하닷미까는 화환이 있는 곳이 도솔천을 가리킨다고 말하고, 아들과 딸에게 천상에 재생하기 위해서 자기처럼 선행을 많이 하라는 충고를 하고 죽었습니다. 그리고 그는 그 재생연결식으로 인해 도솔천에 태어나서 도솔천의 몸과 마음을 받게 되었습니다.

이 이야기는 선한 사람이 임종할 때 천상의 표상이 어떻게 나타나는지를 보여주는 것입니다.

미얀마에서 사람으로 태어날 운명의 어떤 죽어가는 사람이 자신의 부모가 될 사람, 거처 등의 표상을 보게 된 예가 있습니다. 미얀마의 한 사야도는 어느 날 강도에게 살해당했습니다. 3년 후에 한 어린이가 사야도가 죽은 곳에 와서 사야도의 이름을 말하면서 자신이 전생에서 그들과 함께 살았다고 말한 적이 있습니다. 그리고 그는 강도들이 돈을 얻지 못하자, 자신을 칼로 찔렀고, 부두로 도망쳐 와서 배를 타고 매루귀에 와서 현재 부모 집에 살게 되었다고 말했습니다. 그러한 도주, 배를 탄 것 등은 어쩌면 사야도가 다음 생에 태어날 곳의 표상을 보았던 것입니다.

업의 표상과 태어날 곳의 표상은 즉사할 경우에도 나타납니다. 뜻하지 않은 교통사고를 당하거나 뜻하지 않은 비명횡사를 할 때에도 반드시 죽기 전에 표상이 나타납니다. 그 표상이 다음 재생연결식으로 연결되기 때문입니다. 주석서에 따르면, 쇠막대기 위에 앉아 있는 파리를 망치로 내려칠 때에도 표상이 일어난다고 합니다. 오늘날에는 큰 도시 하나를 한순간에 잿더미로 만들 수 있는 핵무기가 있습니다. 불교적 견해에 따르면, 이러한 핵무기는 잠재적인 희생대상으로, 짓는 악업으로 인해서 생겨난 것들입니다. 이 핵폭탄에 의해 죽는 사람들도 회상과 표상을 봅니다.

마음의 기능을 완전히 이해하지 못하는 사람에게는 터무니없이 들리겠지만, 정신과 물질을 주의 깊게 알아차리는 수행자는 이를 쉽게 수긍할 수가 있습니다. 왜냐하면 눈 한번 깜짝할 찰나에도 마음의 단위들이 수십억 번 일어나고 사라진다고 경전에서 말하고 있기 때문입니다. 위빠사나 수행을 하면서 생멸에 대한 지혜를 얻은 수행자는 한 찰나 간에도 이 많은 마음의 단위들이 일어나고 사라지는 것을 경험적으로 압니다. 그러므로 사고나 갑자기 죽는 사람들에게 회상과 표상이 일어날 가능성을 조금도 의심하지 않습니다.

여러분들이 좌선을 하면서 또는 일상생활에서 수없이 많은 망상들이 일어나고 사라지는 것이 바로 이 마음의 기능입니다. 이때 망상이 하나의 표상으로, 여러분들의 의식속에 끊임없이 일어나고 있는 것들이 바로 죽을 때에 일어나는 그 표상들과 같은 것입니다. 마음은 항상 대상들에 초점이 맞추어져 있습니다. 마음은 반드시 대상을 가지며, 대상이 없으면 일어나지 않습니다. 사람들은 자주 이전에 한 행위를 회상하거나 천상계나 인간계를 생각합니다. 선행을 한 사람이 만약 이러한 생각을 하면서 죽는다면 그는 반드시 천인이나 사람으로 재생할 것입니다.

임종 때 가지는 이러한 생각의 대상을 태어날 곳의 표상이라고 하고, 업과 관련된 대상의 표상을 업의 표상이라고 합니다. 임종할 때에 현상들에 대한 언급은 주석서뿐만 아니라 빨리어 경전에서도 많이 발견됩니다.

『맛지마니까야』의 『우현경』에서, 그 밖의 다른 경들과 또 다른 많은 경들에서는 부처님께서 임종 때의 선행이나 악행에 대한 기억을 말씀하시면서 이를 저녁 때 들판에 드리워진 산의 그림자로 비유하기도 하셨습니다. 저녁 때 들판에 드리워진 산의 그림자는 떨쳐버릴 수가 없는 것입니다.

산이 있는 한, 산의 그림자는 있기 마련입니다. 그래서 산이 가진 그 업의 과보로 재생연결식이 일어나는 것입니다. 그러므로 선업을 지어서 죽는 순간에 선업과 연관된 대상이나 사람의 표상과 좋은 내생의 표상이 되도록 우리가 노력할 필요가 있습니다.

그것이 바로 위빠사나 수행을 하는 것입니다. 선근을 타고난 사람이 사마타 수행을 할 경우에는 선정과 신통을 얻을 수 있습니다. 그리고 위빠사나에 매진할 때에는 성스러운 도과와 열반을 성취할 수가 있습니다. 열반에 대한 목적의식을 가지고 행한 선행들은 그러한 선한 재생으로 인도하고, 궁극에 가서는 명상이나 법문을 통해 도와 열반에 이르게 될 것입니다.

만약 선행이 지혜와 결부되지 않았거나 마지못해서 하는 것이라면 어떠한 선근도 없이 선한 재생연결식만 낳을 것입니다. 그러한 사람은 장님이나 귀머거리로 태어날 가능성이 큽니다. 그러므로 선행을 할 때에는 열반을 목표로 하고, 열정을 가지고 해야만 합니다. 마음을 열반으로 향하게 한다면 선행은 열반으로 인도할 것이며, 선행을 할 때에 열정은 선근을 가지고 재생하도록 할 것입니다.

지혜롭게 열정을 다해 선행을 한다면 고귀하게 재생한다는 것이 틀림없기 때문에 그렇게 기도할 필요가 없습니다. 단지 선한 행위를 하면 됩니다. 선한 행위를 하지 않고 단지 기도만 한다면 그러한 과보가 오지 않을 것입니다. 하지만 선행을 함에 있어서 열정이 없다면 탐욕과 성냄이 없는 재생에 이르게 될 것입니다.

어떤 사람들은 보시와 지계는 재생과 윤회의 고통에 이르게 하는, 무명에 뿌리박은 선 공덕이 되는 행을 뜻한다고 말합니다. 이는 무지에서 비롯된 잘못된 견해입니다 열반을 바라는 마음에서 보시와 지계를 행하면 가장 고귀한 재생을 보장하고, 최고의 목표에 이르게 될 것입니다.

우리들이 알고 있는 사리뿟따와 목갈라나 존자 그리고 다른 부처님의 제자들이 궁극적으로 열반을 얻는 것은 보시와 지계에 의한 것이었습니다. 그분들이 그 상태에 이른 것은 그분들이 평소에 행한 보시와 그분들이 지킨 계율에 의한 것이었습니다. 벽지불이나 부처님 또한 이와 마찬가지입니다. 어느 누구도 자기가 한 행위에 따른 그 결과를 받는다는 사실을 통해서 오늘 우리가 어떻게 살아야 할 것인가? 무엇을 하면서 살아야 할 것인가를 다시 한 번 숙고하여야 하겠습니다.

식을 원인으로 정신과 물질이 일어난다(1)

세간의 괴로움은 욕망 때문에 출구가 없지만 출세간의 괴로움은 알아차림이란 출구가 있습니다. 출구가 없는 삶은 세세생생 윤회를 해야 하지만 출구가 있는 삶은 윤회에서 벗어나는 해탈이 있습니다.

괴로움은 즐거움을 얻고자 해서 오는 것이므로 반드시 즐거울 때 알아차려야 괴롭지 않습니다. 오랜 관습과 잘못된 고정관념으로 인해서 괴로움을 사지만, 정작 이런 괴로움을 주는 원인을 제거하려 하지 않습니다. 발전을 위해서 변화를 두려워하는 마음을 알아차려야 합니다. 누구도 구각이 깨지는 아픔이 없이는 발전할 수가 없습니다.

잘못 살아온 과거를 집착하는 것은 바로 무지로 인한 것입니다. 잘 살기 위해서는 무지의 어둠에서 나와 밝음으로 가야 합니다. 인간으로 태어난 사명은 괴로움이 있는 것을 알아차려서 지고의 행복을 얻을 수 있는 출구를 찾는 것에 있습니다.

오늘은 식識을 원인으로 정신과 물질이 일어나는 것에 관해서 말씀을 드리겠습니다. 12연기의 시작은 무명을 원인으로 하여 행이 일어납니다. 다시 행을 원인으로 해서 식이 일어납니다. 지난 시간까지는 무명에 대해서 말씀을 드렸고, 그리고 무명을 원인으로 일어난 행에 대해서 말씀드렸고, 행을 원인으로 일어난 재생연결식에 대해서 말씀을 드렸습니다. 오늘부터는 다시 이런 재생연결식은 원인으로 명색이 일어나는 것에 대해서 자세히 설명 드리겠습니다.

이때의 식은 재생연결식이고, 이때의 명색은 정신과 물질입니다. 새로운 태어남이란 재생연결식이 생기면 재생연결식에 의해서 반드시 몸과 마음이 생깁니다. 물론 무색계에 태어나는 천인은 마음만 있지 몸이 없습니다. 하지만 31개의 세계 중에 무색계가 아닌 다른 생명이 태어나는 세계에서는 반드시 정신과 물질, 몸과 마음을 함께 가지고 태어납니다.

살아 있는 모든 생명은 이러한 과정을 거쳐서 새로운 몸과 마음이 생기는데, 이때의 생명들은 거의가 지옥, 축생, 아귀, 아수라의 몸과 마음으로 태어납니다. 이것은 경전에 있는 부처님의 말씀이십니다. 그래서 인간으로 태어나는 경우는 매우 희박한 경우에 해당됩니다. 역시 색계, 무색계에 태어나는 경우도 지극히 희박합니다. 여기서 더 희박한 것은 아라한이 되어서 윤회를 끝내는 것입니다.

우리가 수행을 한다는 것은 현재에도 행복하고, 지금 이후에도 행복하고, 다시 태어날 미래에도 행복하게 살기 위해서 하는 것입니다. 그리고 궁극적으로는 가장 큰 지고의 행복인 열반을 얻어서 윤회를 끝내기 위해서 수행을 하는 것입니다.

아라한이 되어 윤회를 끝내는 것이 어렵다는 것은 우리 자신이 직접 체험으로 알 수 있습니다. 어떻게 체험으로 이것을 알 수 있을까요? 먼저 위빠사나 수행을 만나기가 어렵다는 것입니다. 다음으로 위빠사나 수행을 만나서 수행을 계속하기가 어렵다는 것으로 알 수가 있습니다. 그리고 위빠사나 수행을 하더라도 도과를 성취하기가 어려운 것으로 알 수가 있습니다. 그래서 수행자는 지금 열심히 수행을 해서 이번 생에 이루지 못하면 다음 생에서라도, 또 그다음 생에서라도 반드시 최고의 행복인 궁극적 열반을 이루어야 합니다.

지금 괴롭다고 시작하지 않는다면 영원히 그 열반을 향해서 가까이 갈 수가 없습니다. 우리가 이 점을 분명히 알아야 합니다. 지금 이 순간 떠나야 합니다. 지금 이 순간 떠나야만 언젠가는 다다를 것이고, 지금 이 순간 떠나지 않는다면 아무리 많은 세월이

가도 우리들에게 지고의 행복은 오지 않을 것입니다.

우리가 지금 이 순간 떠난다는 것은 지금 이 순간의 몸과 마음을 알아차리는 수행을 시작하는 것입니다. 그러나 우리에게는 그런 힘이 약합니다. 우리는 과거의 업으로 휩쓸려서 떠밀리면서 살고 있기 때문에 스스로 자발적인 의지를 내기가 어렵습니다. 우리는 무명과 갈애를 근본원인으로 살고 있기 때문에 그 힘이 워낙 커서 선한 행위를 하기가 지극히 어렵습니다. 그래서 우리는 자기가 부족한 이런 힘을 보충하기 위해서 도반과 그리고 훌륭한 가르침을 펴는 스승을 필요로 하는 것입니다.

식으로 인하여 명색이 일어납니다. 이때의 식은 나 혹은 나의 것이라고 할 만한 것이 있는지 자세히 살펴보아야 합니다. 또 정신과 물질 안에 나, 나의 것 또는 그, 그녀라고 할 만한 어떤 개아로서의 요소가 있는 것인지 자세히 조사해 보아야 합니다. 내가 있어서 나의 몸과 마음을 소유하는 것이 아니고, 나의 몸과 마음이 나를 소유하는 것도 아닙니다.

당초에 무명도 일어났다 사라지는 한순간의 마음이었고, 무명을 원인으로 일으킨 행도 과거에 일어났다 사라진 마음의 의도였습니다. 그리고 그 행에 의해서 일어난 재생연결식도 이미 일어났다 사라진 업의 과보였습니다. 그리고 그 재생연결식에 의해서 일어난 정신과 물질도 단지 업의 과보이지 여기에 나라고 하는 자아는 없습니다. 시작부터 자아가 없고 원인과 결과라는 과보로 시작되었기 때문에, 지금 정신과 물질이 있는 현재에도 나라고 하는 자아는 없습니다.

식은 재생연결식으로서 현존의 시작입니다. 식 안에는 어떤 자아나 자신, 나 혹은 너라고 할 만한 것이 없고, 식은 오로지 업의 형성인 행의 결과일 뿐입니다. 여기서 우리가 말하는 나다, 너다, 이렇게 말하는 것은 단지 부르기 위한 명칭이지 실재하는 것은 아닙니다. 그래서 우리의 정신과 물질을 무실체無實體라고 말합니다. 그렇다고 이 무실체가 몸과 마음이 없다는 뜻이 아니고, 몸과 마음은 있지만 그것을 소유하는 자아가 없다는 것을 말합니다. 단지 조건에 의해서 일어나고 사라지는 것을 뜻합니다.

또 정신과 물질을 주의 깊고 면밀하게 살펴본다면 거기에는 자아, 나, 나의 것이라고 할 만한 개아의 요소가 없다는 사실을 알 수가 있습니다. 거기에는 내 것이라 할 것도, 나라고 할 것도 없습니다. 오로지 연속되는 원인과 연속되는 결과, 즉 일어나고 사라지는 연기가 있을 뿐입니다. 죽을 때 마음이 일어나고 사라진 뒤에 과보의 힘으로 재생연결식이 생기므로 이때 마음이 나의 마음이 아닙니다.

우리가 12연기에서 얻을 수 있는 지혜는 내가 옮겨 가는 것이 아니고, 단지 원인이 결과로 옮겨 간다는 것을 아는 것입니다. 여기에 나는 없습니다. 과거의 내가 옮겨 온 것이 아니라서 현재에도 내가 없으며, 현재에도 내가 없기 때문에 미래에도 내가 없습니다. 단지 원인과 결과라는 조건만 있습니다.

우리는 오랫동안 나, 너라는 자아를 가지고 살아왔기 때문에 그 실체가 원인과 결과라는 사실에 대해서 다소 생소할 수 있습니다. 그래서 이 진실을 알기 위해서 수행을 해야 합니다. 사유로는 이러한 진실을 알 수가 없습니다. 실천하는 수행을 통해서 정신과 물질의 그 의미를 분명히 파악해야 비로소 자아가 없다는 사실을 확인할 수가 있습니다.

만약에 영원불멸하는 자아가 있다면 윤회는 영원히 끝날 수가 없습니다. 그렇다고 한다면 부처의 출현도 의미가 없어집니다. 그렇다고 한다면 부처가 출현할 수가 없습니다. 하지만 사실은 부처가 출현했습니다. 그리고 부처는 재생연결식을 일으키지 않는 열반을 성취해서 윤회를 끝냈습니다. 이런 것으로 보아서 우리가 이런 가르침에 믿음을 가져야 되겠습니다.

또 한 가지 12연기에서 얻을 수 있는 지혜는 정신과 물질이 자체의 조건으로 일어나고 사라지지, 어떤 초월적인 존재나 부처님의 가피로 되지 않는다는 것입니다. 이런 연기에 어떤 외부적 힘이 개입될 여지가 결코 없습니다. 그래서 부처님께서는 중생 제도를 한 것이 아니고, 부처님의 말씀을 통하여 각자가 수행을 해서 번뇌의 괴로움에서 벗어나는 해탈을 얻은 것입니다.

재생연결식을 원인으로 정신과 물질이 일어나는 여러 가지 사례 중에서 짝쿠빨라 테라의 이야기를 들려드리겠습니다. 짝쿠빨라 장로의 이야기는 부처님께서 설하신『법구경』게송 1번에 나오는 이야기입니다. 부처님께서 제따와나 수도원에 계시던 어느 때, 앞을 못 보는 짝쿠빨라 테라가 벌레들을 밟은 일과 관련하여 게송 1번을 설법하셨습니다.

어느 때, 짝쿠빨라 테라는 석 달 동안의 안거를 무사히 마치고, 부처님을 뵙기 위해 제따와나 수도원에 도착하였습니다. 테라는 이날 밤 자신의 걷는 동안 동작 하나하나를 마음에 집중시키면서 경행을 했습니다. 짝쿠빨라 테라는 새벽녘까지 경행을 계속했는데, 주위가 어두웠던 탓으로 그만 벌레 몇 마리를 밟아서 죽이고 말았습니다. 이튿날 아침, 비구들은 짝쿠빨라 테라가 머무는 곳에 왔다가 벌레들이 밟혀 죽어 있는 것을 보았습니다.

비구들은 짝쿠빨라 테라의 계행을 의심하게 되어 이 사실을 부처님께 보고드렸습니다. 보고를 받으신 부처님께서는 비구들에게 짝쿠빨라 테라가 벌레를 의도적으로 죽이는 것을 보았는지 여부를 물으셨습니다. 비구들이 그렇지 않다고 아뢰자 부처님께서는 그들에게 이렇게 말씀하셨습니다.

"짝쿠빨라가 의도적으로 벌레를 죽이는 것을 보지 못했듯이, 앞을 보지 못하는 그 또한 벌레들이 거기 있는 것을 보지 못한 것이니라. 그는 이미 아라한의 도과를 성취한 성자이니라. 그런 그가 무엇 때문에 고의로 생명을 해치겠느냐? 또 설사 그가 벌레를 죽게 하였다 하더라도 그것은 고의적인 행위가 아니므로 그의 계행에는 아무런 손상됨이 없느니라."

비구들이 다시 여쭈었습니다.

"짝쿠빨라 테라는 아라한을 성취할 만한 복력이 있는 분인데, 어째서 금생에서는 앞을 못 보는 과보를 받았습니까?"

그러자 부처님께서는 짝쿠빨라 테라의 전생을 말씀해 주셨습니다.

짝쿠빨라 테라의 전생은 의사였습니다. 그때 그는 고의적으로 한 여인의 눈을 멀게 만든 사실이 있었습니다. 그 경위는 이렇습니다.

어느 때 한 여인이 있었는데, 그녀는 눈이 아프고 점점 어두워져 오므로 눈병을 고치려고 백방으로 노력했습니다. 그 끝에 그 당시 가장 유명한 의사였던 짝쿠빨라 테라를 찾아갔습니다. 그리고 눈을 고쳐 준다면 평생에 자기와 자기 자식들까지 의사의 노예가 되겠다고 제의했습니다.

이때의 짝쿠빨라의 전생인 의사는 최선을 다하여 그 여자를 치료해 주었습니다. 그러나 그 여인은 병이 낫자 생각이 달라졌습니다. 그래서 마치 눈이 보이는데도 불구하고 보이지 않는 것처럼 행세했습니다. 이 사실을 안 짝쿠빨라는 다시 그 여인에게 눈을 멀게 하는 약을 주어서 다시 눈을 멀도록 하였습니다.

바로 이 과보로 짝쿠빨라는 태어날 때마다 맹인으로 태어나게 되었습니다. 그리고 맹인으로 태어난 그 생도 마지막 생이 되었습니다. 왜냐하면 그 짝쿠빨라는 자기가 지은 불선업의 과보를 다 받고 이제 수행을 해서 아라한이 되었기 때문입니다. 부처님께서는 이렇게 말씀하시면서 다음과 같은 게송을 읊으셨습니다.

"마음이 그들에 앞서가고 마음이 그들의 주인이며, 마음에 의해서 모든 행위는 지어진다. 만일 어떤 사람이 나쁜 마음으로 말하고 행동하면 그에게는 반드시 괴로움이 뒤따른다. 마치 수레가 황소를 뒤따르듯이."

이때 '마음이 그들을 앞서가고'라고 말하는 것은 색수상행식의 식이 색과 수상행에 앞서서 가는 것이라는 뜻입니다. 다시 말하면 우리는 재생연결식이 정신과 물질을 만든다는 사실입니다. 어떤 마음이 어떤 몸과 마음을 만든다는 사실을 통해서 우리는 짝쿠빨라의 예로 선행을 해야 되겠습니다.

식을 원인으로 정신과 물질이 일어난다(2)

수행은 양도 필요하지만 질도 중요합니다. 처음부터 많은 것을 얻으려 하지 말고 단 한 번이라도 제대로 알아차려야 합니다. 한 번의 호흡이나 한 번의 발걸음이라도 정확하게 겨냥하고 분명하게 알아차리면 두 번, 세 번을 연속해서 잘할 수가 있습니다. 단 한 번을 제대로 알아차리지 못하면 계속해서 정확하게 알아차리기가 어렵습니다.

수행이 잘된다고 좋아하거나 잘되지 않는다고 낙심하는 것이나 모두 잘못된 것입니다. 이런 마음 때문에 법을 얻기가 어렵습니다. 수행은 경험해 보지 않은 새로운 정신세계를 여행하는 것이라서 원래가 잘 안 되는 것이고, 이것은 당연한 것입니다.

수행이 잘되면 욕심이 생겨서 수행을 그르치고 자아가 강해져서 오히려 퇴보하게 됩니다. 수행이 잘 안 되는 것은 원인과 결과이며 무아라는 법의 성품이 나타난 것입니다. 내가 없기 때문에 잘하려고 해도 안 되는 것입니다. 사실 내가 있다면 내가 원하는 대로 수행이 잘될 수 있어야 합니다. 그러나 그러한 내가 없고 단지 원인과 결과라는 조건만 있기 때문에 잘하고 싶어도 잘되지 않는 것입니다.

수행이 잘되는 것은 노력을 해서 알아차림이 지속되어 집중력이 생긴 것이며, 집중력이 생기면 전에 경험하지 못한 여러 가지 현상들이 나타나게 됩니다. 이때 나타난 현상은 단지 대상에 불과하므로 특별한 것이라고 생각하지 말고, 계속 나타나는 대로 나타난 현상을 주시해야 합니다.

처음에는 대상을 정확하게 겨냥하기가 어렵고, 마음이 집중되지 않아서 흐린 상태로 보게 됩니다. 바라는 마음 없이 인내하면서 알아차림을 계속하면 차츰 집중과 맑은 마음의 상태를 경험하게 될 것입니다. 이런 과정이 반복되어야 비로소 여러분들이 원하는 지혜가 드러나게 될 것입니다.

♠ ♠ ♠

오늘도 식을 원인으로 하여 정신과 물질이 일어나는 것에 관해서 말씀드리겠습니다.

정신과 물질이 생기는 태어남이라는 것은 크게 네 가지가 있습니다. 첫째는 모체의 자궁에서 태어나는 태생이 있습니다. 둘째는 알에서 태어나는 난생이 있습니다. 셋째는 습기가 있는 곳에서 태어나는 습생이 있습니다. 넷째는 완전히 성장한 육체를 가지고 부모가 없이 갑자기 자연발생적으로 태어나는 화생이 있습니다. 이렇듯 태어남이란 네 가지 중의 하나로 태어납니다.

인간은 모체의 자궁에서 태어나는 태생입니다. 인간으로 태어나는 과정을 살펴보면 죽을 때의 마음이 오계를 지킨 마음의 상태가 되었을 때 인간으로 태어나는 표상을 본 뒤에 인간이 될 수 있는 재생연결식이 일어나고, 그다음에 인간의 정신과 물질이 비로소 일어납니다. 이때에 재생연결식이 일어남과 동시에 서른 가지의 물질들이 생깁니다. 이들은 업에 근원을 둔 물질로서 열 가지의 몸의 물질과 열 가지의 성의 물질과 열 가지의 토대의 물질이 있습니다. 이상 서른 가지의 물질이 깔라라를 이룹니다. 이 깔라라가 한 생의 출발이라고 알려져 있습니다.

주석서에 의하면 태아는 어머니의 모태에서 다섯 가지 단계를 거쳐 성장한 뒤에 태어난다고 기록하고 있습니다. 첫째가 깔라라입니다. 깔라라는 임신 직후부터 일주까지의 태아를 말합니다. 이때 세 가닥의 양모로 이루어진 실타래의 끝에 놓인 기름방울 크기를 말합니다. 이미 이때 남성과 여성의 성의 물질로 구별됩니다. 둘째는 압뿌다입니다. 압뿌다는 임신 2주에서 3주의 배아로 고기 씻은 물의 색깔을 띠고 있습니다. 셋째는 뻬시입니다. 뻬시는 임신 3주에서 4주의 태아로 용해된 주석 모양의 연분홍

색깔을 띠고 있습니다. 넷째는 가나입니다. 가나는 임신 4주에서 5주의 태아로 달 모양을 하고 있습니다. 다섯째는 빠사카입니다. 빠사카는 임신 6주 이상의 태아로 두 팔, 두 다리, 머리의 기초가 되는 다섯 개의 돌기가 생겨난 상태입니다. 그러나 머리카락, 몸 털, 손톱과 발톱은 32주가 지나야 생깁니다.

이처럼 배아기의 물질은 가느다란 모직으로 된 실에 붙은 작은 버터 기름덩어리만한 크기입니다. 너무 작아서 육안으로는 보이지 않으며 단독으로는 생존하지도 못합니다. 기름방울 크기의 깔라라는 부모의 정액과 피의 결합으로 생긴 것이라고 봐야 합니다. 이러한 견해를 인정하지 않는다면 갓난아이가 육체적으로 부모를 닮는 것을 설명하기가 어려울 것입니다.

경전에서도 육체는 네 가지 근본 요소인 지, 수, 화, 풍과 부모의 정액의 산물이라고 설하고 있습니다. 그리고 삼장은 잉태를 위해서는 부모의 성교, 모체의 월경, 태아가 되기 위한 적합한 것의 세 가지 조건들이 필요하다고 말하고 있습니다.

그러므로 『맛지마니까야Majjhima Nikāya』의 『대진경』에 따르면, 태아의 깔라라는 부모의 정액과 피의 결합에 그 근원을 두고 있음이 분명합니다. 부모에게서 나온 정액과 피는 온도에서 생긴 물질입니다만 업에서 생긴 물질과 같은 것으로 보아도 좋습니다. 현대의 의사들은 건강하지 못한 조직을 떼어내고 건강한 조직을 이식합니다. 이식된 조직은 몸에서 떼어져 나올 때는 온도에서 생긴 물질이지만 다른 조직에 이식되어 전체의 일부가 된 다음에는 몸의 감성의 물질, 즉 업에서 생긴 물질로 나타납니다.

또 병든 장기 대신에 염소의 내장이나 사람의 눈을 이식하는 경우도 있습니다. 이렇게 이식된 장기는 의심의 여지없이 몸의 감성과 눈의 감성의 형태로 업에서 생긴 물질로 성장합니다. 마찬가지로 세 가지 업에서 생긴 물질의 무더기들은 부모로부터 분리된 정액과 피의 온도에서 생긴 물질의 결합이라고 생각해야 합니다.

서양의 생물학자들에 따르면, 점차 성장하여 아이가 되는 것은 어머니의 난자와 아버지의 정자의 결합이라고 합니다. 초기의 태아는 너무 작아서 육안으로 보이지 않습니다. 과학자들의 이러한 발견은 경전에서 설하는 수태와 완전히 일치합니다. 부처님께서는 현미경이나 다른 기구의 도움 없이 오직 지혜의 힘으로 부모의 정액과 피를 토대로 한 깔라라로서의 이 세 가지 깔라빠, 즉 서른 가지의 물질로 어떻게 생명이 시작되었는지를 이미 아셨습니다.

이것이 2,500년 전의 부처님의 가르침이었으며, 서양의 과학자들은 불과 지난 300년 간의 현미경을 이용한 긴 조사 끝에 비로소 수태에 대한 사실을 발견하였습니다. 그러한 발견은 부처님의 일체를 아는 지혜를 입증하고 있습니다. 하지만 과학자들은 서른 가지 물질의 기원은 아직도 밝혀내지 못하고 있는데, 이는 아마도 지극히 미세한 업에서 생긴 물질이 현미경을 이용한 조사를 허용하지 않기 때문일 것입니다.

이미 2,500년 전에 부처님께서는 『아비담마』를 통해서 한 인간의 정신과 물질에 대한 완전한 분석을 하셨습니다. 이것은 거의 완전한 것이기 때문에 또 다른 말로는 과학적이라고도 합니다. 현대의학은 이미 2,500년 전에 부처님께서 말씀하신 가르침의 일부의 부분, 일부에 한정한 것일 뿐입니다. 그러므로 과학 안에 종교가 있는 것이 아니고, 부처님의 가르침이라는 종교 안의 일부분에 과학이 비로소 조금 수용되고 있다는 사실을 알아야 합니다.

특히 부처님께서는 마음을 분석하셨습니다. 이 마음은 과학으로 분석이 되질 않습니다. 최근에는 정신에 대한 분석이 영원하지 않다는 사실이 일부의 학자들에 의해서 발견되기도 했지만 이미 부처님은 2,500년 전에 완벽한 가르침을 펴신 것입니다. 그래서 현재의 과학은 이미 2,500년 전에 말한 부처님의 가르침의 한 부분에 불과하다는 사실 또한 알아야 합니다.

이렇듯이 1주 후의 깔라빠는 압뿌다가 되고, 이것이 다시 1주 후에는 한 덩어리의 살로 변합니다. 다음 주에 이것은 가나로 단단해지고, 5주가 되면 손과 발이 될 네 개의 혹과 머리가 될 하나의 큰 혹을 가지고 태어나는 오위로 성장합니다. 경전에서는 5주 뒤의 태아의 성장에 대해 상세히 서술하고 있지 않지만 77일 후에는 모체가 섭취한 자양분의 산물인 음식에서 생긴 물질과 함께 보고, 듣고, 냄새 맡고, 맛보고 하는 네 가지 감성의 물질이 나타난다고 쓰여 있습니다. 또 태아의 손톱, 발톱 등이 있다고 쓰여 있습니다. 지금까지 인간으로 태어나는 태생에 대해서 말씀드렸습니다.

다음 두 번째는 난생입니다. 알로 태어나는 모든 생명들이 바로 난생입니다. 새들과 물고기, 뱀 등 알로 태어나는 모든 생명들은 난생으로 태어나는 것입니다.

다음 세 번째는 습생입니다. 습생은 더러운 곳, 노폐물에서 생겨난다고 해서 습생이라고 합니다. 이러한 습생은 점진적으로 형성되는 것 같습니다. 하지만 경전에서는 이들이 불완전한 시각 등을 가지고 있지 않다면 다 자란 형태의 형상으로 생겨난다고 설명하고 있습니다. 그래서 우리는 점진적으로 형성된 것이 맞는지, 아니면 다 자란 형상으로 생겨난 것이 맞는지 단정할 수가 없습니다. 왜냐하면 업에서 생긴 물질은 과학적인 탐구로 접근할 수가 없기 때문에 당분간은 경전에서 설하고 있는 대로 받아들이는 것이 좋겠습니다. 습생과 화생에서 업에서 생긴 물질과 다른 물질의 성장은 일반적으로 태생과 같습니다. 습생의 경우 유일한 차이점이라면 음식에서 생긴 물질은 그들이 먹을 것을 먹거나 침을 삼켰을 때 생긴다는 것뿐입니다.

마지막으로 네 번째는 화생입니다. 화생은 완전히 성장한 육체를 가지고 부모가 없이 갑자기 태어나는 것을 말합니다. 이렇게 태어나듯이 화생으로 태어난 사람은 죽을 때에도 수명이 다하면 이렇게 갑자기 사라져 버립니다.

화생은 항상 몸이 불타는 지옥의 태어남과 항상 굶주리는 아귀와 아수라로 태어납니다. 지옥의 생명이나 아귀, 아수라는 모태에서 태어날 수가 없으며, 순수한 물질에서 태어날 수가 없습니다. 자기가 지은 악업으로 인해 화생으로 생겨나서 업의 수명을 다할 때까지 고통을 겪다가 죽습니다. 이러한 악업에 의한 화생 외에 선업에 의한 화생이 있습니다. 욕계 여섯 개의 천상과 색계 천상과 무색계 천상에서 태어나는 생명도 모두 화생입니다. 여기서 무색계 천상의 생명은 몸이 없이 마음과 마음의 작용만 있는 상태로 태어납니다. 무색계의 수명은 수천 겁을 살며 과학적으로는 이해할 수 없는 세계입니다. 오직 신통한 힘을 가진 부처님과 성자들만이 이 세계를 알 수 있습니다.

경전에서는 무색계의 생명 중에 '어느 부처님 시대의 누구인데'라고 말하면서 부처님께 와서 대화하는 장면들이 가끔 나오기도 합니다. 이처럼 몸이 없는 무색계는 네 가지의 세계로 구성되어 있습니다. 공무변처천, 식무변처천, 무소유처천, 비상비비상처천입니다. 부처님께서 출가를 하신 이후에 먼저 무색계 3선정의 무소유처 선을 경험하시고 무소유처천을 이루셨습니다. 그런 뒤에 마지막으로 비상비비상처 선을 경험하시고, 그리고 더 이상 얻을 것이 없어서 거기서 나오셔서 6년 동안 고행을 하셨습니다.

이상 말씀드린 세계는 인간이 윤회하는 모든 세계에 태어남을 의미합니다.

그래서 지옥, 축생, 아귀, 아수라, 인간, 욕계 천상 그리고 색계 천상, 무색계 천상, 이것들이 생명이 사는 모든 세계입니다. 이 세계는 31개로 구성되어 있습니다. 이것이 윤회하는 세계이며, 각자 자기가 지은 업에 따라서 그 결과로 재생연결식을 받아서 그 재생연결식에 의해서 정신과 물질을 얻게 되는 것입니다.

식을 원인으로 정신과 물질이 일어난다(3)

매사에 적극적인 사람은 하는 일도 많고 더불어 그만두는 것도 빠르게 끝냅니다. 매사에 소극적인 사람은 하는 일도 없고 그만두는 것조차도 쉽지가 않습니다. 세상의 일은 어느 것이 좋다거나 나쁘다고만 말할 수 없으므로 항상 중도를 취해야 합니다. 좋은 일에도 적극적일 때와 관망을 해야 할 때가 달라야 하며, 나쁜 일은 적극적으로 대처해야 합니다. 우리가 지혜롭다는 것은 나아갈 때와 물러날 때를 아는 것입니다.

일반적으로 수행자가 수행에 대해서 말을 할 때에 '나는 어떠한 수행을 했다'라고 말합니다. 또는 몇 년을 수행했다고 말하지만 이것은 한낱 관념에 불과한 것입니다. 수행 경력을 낡은 훈장처럼 여겨서는 안 됩니다. 수행 경력은 다만 과거에 대한 기억에 불과한 것입니다.

수행은 단 한순간이라도 제대로 알아차리는 것이 중요합니다. 수행의 형식보다는 내용이 중요하며, 관념보다는 실재를 아는 것이 필요합니다. 세속적인 관점에서는 수행이 포장되고 삿된 것에 가치를 둘 수가 있습니다. 그러나 수행의 가치는 진실에 기초하고 지혜가 있을 때 존중되는 것입니다.

오늘도 식을 원인으로 정신과 물질이 일어나는 것에 대해서 말씀드리겠습니다.

식을 원인으로 정신과 물질이 일어날 때는 반드시 네 가지 조건이 성숙되어야 합니다. 첫째, '업'입니다. 둘째, '마음'이 있어야 합니다. 셋째, '온도'라는 조건이 성숙되어야 합니다. 넷째, 물질의 요소인 '자양분'이 있어야 합니다. 이처럼 업, 온도, 자양분에 기반하고 있는 물질이 존재하고, 지속적인 삶의 흐름을 이루는 것은 바로 마음이 있기 때문입니다. 일단 의식의 흐름이 끊어지면 죽게 되며, 죽으면 마음의 작용과 살아 있던 물질이 더 이상 존재하지 않습니다. 이 사실에서 정신과 물질이 식에 의해서 조건 지어진다는 가르침을 알 수가 있습니다.

선하거나 불선한 행이 있기 때문에 새로운 생에서 식의 흐름이 끊임없이 이어집니다. 각각의 마음과 결부되어 끊임없이 정신과 물질이 일어납니다. 마음이 한 시간 동안만 지속한다면 정신과 물질도 한 시간 동안 지속합니다. 만약 마음의 흐름이 백 년 동안 지속한다면 정신과 물질의 수명도 백 년이라고 말해야 합니다. 요컨대 삶이란 정신과 물질과 식의 끊임없는 인과관계의 연속일 뿐이라는 것을 이해해야 합니다. 마음이 있어서 몸이 생기고, 조건에 의해 마음이 끝나면 몸도 끝납니다.

무명이 행을 일으킵니다. 사성제에 대한 무명 때문에 사람들은 행복해지려고 노력합니다. 사람들은 원하는 것을 얻으면 행복할 것이라고 생각합니다. 하지만 원하는 대상은 무상하기 때문에 괴로움에 이릅니다. 괴로움의 진리를 모르기 때문에 현생과 내생의 행복을 위하여 생각하고 말하고 행동합니다.

이렇게 업을 짓는 행위들이 낮거나 높은 세계에서 재생연결식에 이르도록 합니다. 이 재생연결식으로 시작하여 죽을 때까지 마음의 흐름이 계속 진행되고, 이러한 정신적 생명의 본성이 업에 의해서 결정됩니다. 그래서 물질적인 몸도 업과 마음과 온도와 자양분이라는 네 가지 조건에 의해서 만들어지는 것입니다. 움직이고 말하는 등의 몸과 말로 하는 행동이 모두 마음에 근거를 두고 생기기 때문에 물질적 현상은 마음에 의해 조건 지어진다는 것이 명백합니다. 수행자는 이러한 마음에서 생긴 물질에 기반을 두고 알아차려서 그것을 체험으로 아는 것이 중요합니다.

그렇기 때문에 알아차림을 확립하는 『대념처경』에 이러한 부처님의 가르침이 나옵니다. 부처님께서는 여기서 "비구는 걸을 때 자신이 걷고 있음을 알고, 서 있을 때 서 있는 것을 안다"라고 말씀하셨습니다. 주석서에 따르면, 마음에서 생긴 물질이 마음에 의존하는 것을 체험으로 안다면, 우리는 식이 업에서 생긴 물질, 마음에서 생긴 물질, 온도에서 생긴 물질, 자양분에서 생긴 물질에 기여함을 추론적으로 알 수가 있습니다. 그렇기 때문에 식으로 인해 정신과 물질이 일어난다는 12연기의 가르침이 있는 것입니다.

수행자가 경험적으로는 재생연결식을 알 수가 없으며, 그러한 측면에서 과거의 다른 어떤 마음도 그 궁극적인 의미를 알 수는 없습니다. 식은 바로 지금 작용하고 있는 것을 수행자가 항상 알아차리고만 있다면 알 수가 있기 때문에 수행자가 알 수 있는 모든 것은 식에 대한 실체입니다. 실제 우리가 알고 있는 것은 식이라고 하는 아는 마음에 의해서 아는 것입니다.

수행자가 현재의 식에 주의력을 모으면 정신과 물질을 아주 잘 알 수가 있습니다. 왜냐하면 보는 것을 알아차리면 안식을 알게 되어 그 안식과 밀접한 관계에 있는 정신과 물질도 알게 됩니다. 여기서 안식이라 함은 단지 안식만이 아니라 보는 전체, 안문 인식 과정을 의미합니다. 바꿔 얘기하면 먼저 눈이라는 감각기관이 있고, 또 눈이 보는 감각대상이 있고, 다음에 그것을 볼 수 있는 빛이 있고, 빛에 의해서 그것을 보는 안식, 즉 아는 마음이 있습니다. 이런 네 가지 조건에 의해서 우리가 아는 것이 성립됩니다.

수행자가 알아차림을 통해서 안식을 알면, 안식에서 일어나는 정신의 무더기뿐만 아니라 안식의 토대를 이루고 있는 전체, 몸의 물질도 알게 됩니다. 이는 다음 가르침과 일치합니다. 그래서 식에서 정신과 물질이 일어난다고 말하는 것입니다.

식을 아는 것은 식과 밀접한 관계에 있는 모든 정신과 물질을 아는 것을 뜻합니다. 감각접촉을 아는 것은 즐겁고 괴로운 느낌이 생길 때 그것을 기반으로 합니다. 감각접촉은 움직임과 딱딱함이 드러날 때에도 그들에 기반을 둡니다. 발을 굽히고자 하는 욕구를 주시할 때 그 뒤에 있는 의도를 알 수가 있습니다. 생각하고 있는 식을 알아차릴 때는 그것과 결부되어 있는 정신과 물질을 압니다. 무언가 기억하려는 것을 알 때는 인식을 압니다. 어떤 것을 하거나 말하려는 의도를 주시할 때에는 또 의도를 알 수가 있습니다.

자신이 무언가를 바라고 있는 것을 알아차릴 때 그것이 자신의 탐욕이라는 것을 알 수가 있습니다. 자신이 짜증을 낼 때 그것이 성냄이라는 것을 알아차릴 수가 있습니다. 존재를 영원하고 행복한 자아로 보는 자신의 견해를 알아차릴 때 그것이 어리석음임을 우리는 알 수가 있습니다. 내 안에 바라는 것이 없다고 할 때 우리는 탐욕이 없는 것을 압니다.

그리고 무언가를 행하거나 말하려는 자신의 의도에 뒤이어 행동이나 말을 하면, 알아차림을 통해 몸에 있는 물질의 원인으로서의 의식을 알게 됩니다. 이처럼 식과 정신과 물질은 상호 의존합니다. 식이 정신과 물질을 생기게 하는 것과 마찬가지로 정신과 물질도 식을 일으키는 원인이 됩니다. 정신과 물질은 함께 생긴 조건에 의지하는 조건 등으로 식에 기여합니다.

모든 마음의 작용과 함께 기여하는 물질적 기반인 몸이 기여해야 식이 일어납니다. 비록 식과 정신과 물질이 상호 의존하기는 하지만 식이 결정하는 요인이므로 정신과 물질의 원인으로 설해집니다. 사실상 행으로 인하여 식이 생길 때, 식의 부수물인 마음의 작용과 행에서 생긴 물질이 동시에 존재로 들어옵니다. 재생의 순간부터 식과 정신과 물질이 함께 생깁니다. 식과 정신과 물질은 여섯 가지 감각장소와 여섯 가지 감각접촉과 느낌까지를 모두 포함합니다.

그러나 식은 정신과 물질의 원인이고, 정신과 물질은 여섯 가지 감각기관의 원인이므로 부처님께서는 원인과 결과를 구분하기 위해서 이렇게 말씀하셨습니다. "식을 조건으로 정신과 물질이 일어나며"라고 말씀하셨고, 『법구경』에서 "마음이 마음의 작용을 앞서간다. 불선한 마음으로 말하거나 행동하면 괴로움이 따른다. 마치 수레가 소의 뒤를 따르듯이"라고 말씀하신 게송이 바로 그것입니다.

실제로 마음과 마음의 작용이 함께 생기지만 마음의 지배적인 역할 때문에 마음이 마음의 작용을 앞서간다고 말씀하시는 것입니다. 어떤 사람의 마음이 악하면 나쁜 행동을 하고, 나쁜 말을 하고, 나쁜 생각을 품습니다. 이 세 가지 종류의 업은 무명에서 생긴 행입니다. 그것은 악한 과보의 잠재력이 됩니다.

모든 행동이나 말이나 생각의 뒤에는 몇 번씩 나타나는 일곱 개의 속행이 따라옵니다. 만약 첫 번째 속행이 우위에 서면 현생에서 업의 효력을 발생하고, 그렇지 않으면 효력을 상실합니다. 만약 일곱 개의 속행 중의 하나가 우위에 서면 임종의 순간에 업의 표상 또는 태어날 곳의 표상을 일으키며 내생의 업의 효력을 발생합니다. 그렇지 않으면 그 효력을 상실합니다. 다른 다섯 개의 속행은 적절한 환경을 만났을 때 첫 번째 생에서 마지막 생을 이룰 때까지 업의 효력을 발생합니다. 열반을 성취하고 나서야 비로소 효력을 상실합니다.

그러므로 우리가 재생연결식으로 태어나서 숨을 거둘 때까지 재생연결식으로 태어난 그 원인의 토대는 항상 가지고 가는 것입니다. 재생연결식을 받을 때 생긴 업의 과보는 아라한이 되어서 윤회를 끝낼 때라야 비로소 우리가 벗어날 수 있는 것입니다. 열반을 성취하기 전에는 수많은 생애 동안 업의 잠재력이 원래대로 남아 있어서 환경이 조성되면 과보를 맺을 준비를 하고 있습니다.

그것은 보다 낮은 세계에서 정신적·육체적인 면에서 고통을 가져옵니다. 선업의 공덕으로 사람으로 태어난다 해도 삶의 지위와 상관없이 악업이 따라와서 항상 괴로움에 시달릴 것입니다. 누구도 이것으로부터 자유로울 수는 없습니다. 왜냐하면 모든 사람이 선행과 불선행을 함께해서 선과보와 불선의 과보로부터 자유로울 수가 없기 때문입니다.

『맛지마니까야』에서는 깨달음을 얻기 전, 바로 직전에 보살이 어떻게 연기를 숙고했는지 서술하고 있습니다. 부처가 되기 위한 보살은 정신과 물질, 여섯 가지 감각장소, 여섯 가지 감각접촉, 느낌, 갈애, 집착, 업의 생성이 태어남과 죽음에 이르는 인과의 사슬이 됨을 발견했습니다. 그리고 정신과 물질은 식을 조건으로 하며, 거꾸로 식은 명색을 조건으로 한다는 생각이 떠올랐습니다. 『대전기경』은 위빠시 보살이 식과 정신과 물질의 상호관계에 대해서 숙고한 것이라고 하지만, 사실 모든 보살들이 위없는 깨달음을 얻기 전에 발견한 것이라고 이해해야 됩니다.

이 말은 『대전기경』에 칠불 중의 첫 번째인 위빠시 보살이 부처가 되기 전에 12연기의 원인과 결과를 파악하신 것을 말합니다. 그러나 역대의 모든 부처, 많은 벽지불들은 모두 한결같이 먼저 원인과 결과라는 12연기를 통찰한 끝에 거기에서 재생연결식을 발견하고, 그 재생연결식에 의해서 정신과 물질이 일어나고, 그 정신과 물질이 여섯 가지 감각기관을 갖고 감각기관이 감각대상과 접촉해서 느낌이 일어나는 것을 보시고, 그 느낌이 갈애로 넘어가느냐, 가지 않느냐 하는 자리에서 모두 깨달음을 얻으셨습니다.

이것은 역대의 모든 부처, 벽지불에게 동일하게 적용되는 해탈의 과정입니다. 이들 부처님과 벽지불 외에도 지금까지 알 수 없는 수많은 아라한들도 반드시 먼저 연기적 구조로 원인과 결과를 안 뒤에 오온을 발견하시고, 오온의 느낌을 알아차리신 뒤에 그 느낌이 갈애로 넘어가지 않는 그 장소에서 모두 깨달음을 얻으셨습니다. 그 자리, 느낌에서 갈애로 넘어가지 않는 그 자리가 해탈의 자리이고, 윤회가 끝나는 자리입니다.

정신과 물질을 원인으로 육입이 일어난다(1)

위빠사나 수행은 경험하지 않은 정신세계와 경험하지 않은 몸의 세계를 여행하는 것입니다. 수행은 새로운 세계에 대한 여행이기 때문에 반드시 바르게 아는 길잡이의 안내가 필요합니다. 여행에는 즐거움도 있고, 괴로움도 있는 것처럼 수행도 고통과 기쁨이 항상 함께 있습니다.

수행은 대상을 알아차려서 집중하는 것입니다. 그러기 위해서는 항상 노력이 선행되어야 합니다. 마음이 대상을 선택하여 알아차리기도 어렵고, 알아차림을 지속하여 집중을 하기도 어렵습니다. 수행이 잘 안 되는 것은 수행의 과정에 포함된 중요한 순서이므로 바로 안 되는 것을 알아차려야 합니다.

잘 안 되는 과정을 참고 견딜 때만이 알아차리는 힘이 커지고 지혜가 성숙되어 결국에는 행복을 얻게 됩니다. 이러한 과정을 견디지 못하고 참지 못한다면 결코 행복은 오지 않습니다. 반드시 인내하는 자에게 인내한 만큼의 행복의 결과가 옵니다.

우리가 인내할 때는 결과를 위해서 인내하지 말고, 단지 대상을 알아차리는 것, 그것 자체에 힘을 두어야 합니다. 그렇게 아무것도 바라는 것 없이 인내하고 노력할 때만이 온전한 행복이 주어집니다.

수행은 생각으로 하는 과정이 있고, 수행이 무엇이라고 말하는 과정이 있고, 직접 알아차림을 실천하는 과정이 있습니다. 생각은 사유이지만 수행의 기초가 되며, 그다음에 수행에 대하여 말할 수가 있으며, 그리고 실행에 옮기는 과정을 거칩니다. 생각하고 말하고 실천하는 일련의 과정은 자연스러운 것으로서 처음부터 실천하기가 어렵다면 우리는 단계적으로 이러한 것들을 실행에 옮겨야 합니다.

생각으로 그치지 않고, 말로 그치지 않고, 실천에 옮기기까지의 기간을 단축하려면 선한 마음을 가져야 하며, 노력을 해야 합니다. 스스로의 노력이 부족하면 경전을 읽거나 훌륭한 도우들과 가까이 지내야 하며, 지도자의 법문을 듣거나 안내를 받아야 합니다.

처음부터 수행을 하기는 어렵습니다. 먼저 수행의 이익에 대해서 생각하십시오 그리고 수행의 이익에 대해서 말하십시오 차츰 이런 과정을 거쳐서 실천하는 수행에 이르게 됩니다.

지난 시간까지 식을 원인으로 정신과 물질이 일어나는 것에 관해서 말씀을 드렸습니다. 오늘은 무명을 원인으로 행이 일어나고, 행을 원인으로 식이 일어나고, 식을 원인으로 정신과 물질이 일어나고, 정신과 물질을 원인으로 육입이 일어나는 것에 관해서 말씀드리겠습니다.

지난 시간에 말씀드린 것처럼, 식과 정신과 물질과 여섯 가지 감각기관인 육입과 감각대상인 접촉과 그리고 그것을 통해서 일어나는 느낌은 동시에 일어납니다. 무엇이 앞이고 무엇이 뒤가 없습니다. 단지 원인과 결과를 설명하기 위해서 식을 원인으로 명색이 일어나고, 명색을 원인으로 육입이 일어나고, 육입을 원인으로 촉이 일어나고, 접촉을 원인으로 느낌이 일어난다고 말할 뿐입니다.

이러한 12연기의 다섯 가지 요소는 12연기의 오온이라고 말할 수 있습니다. 우리가 흔히 알고 있는 오온은 색, 수, 상, 행, 식인데 그것은 오온의 무더기를 말하는 것이고, 12연기에서의 오온은 원인과 결과라는 조건으로 식, 명색, 육입, 접촉, 느낌, 이러한 순서를 정한 것입니다. 그러므로 순서는 큰 의미가 없습니다. 단지 원인과 결과를 나타내기 위한 것이라고 알기 바랍니다.

명색名色을 원인으로 육입이 일어납니다. 이때 육입은 육근, 육문이라고도 합니다. 이 육문, 육근은 여섯 가지 감각기관을 말합니다. 정신과 물질로 인하여 눈, 귀, 코, 혀, 몸, 마음이 일어난 것입니다. 이때 명색은 식을 뺀 색, 수, 상, 행을 말합니다. 바꾸어 말하면 12연기에서 식을 원인으로 명색이 일어난다고 말할 때 그 식은 아는 마음이고, 여기서 정신과 물질이라는 명색은 식을 뺀 수, 상, 행과 색을 말합니다. 그래서 식과 명색을 포함해야 비로소 오온이 완성됩니다.

눈은 앞선 원인이 되는 현상의 결과로 생긴 현상으로서 그 속에 자아, 나, 나의 것이라고 할 만한 것이 아무것도 없습니다. 이는 원인의 연속되는 결과로서 나, 나의 눈, 나의 것이 아닙니다. 귀의 경우도 앞선 원인이 되는 현상의 결과로 생긴 현상으로서 거기에 자아, 나, 나의 것이라고 할 만한 개아적 요소가 없습니다. 코도 마찬가지입니다. 그리고 혀도 마찬가지입니다. 몸도 마찬가지입니다. 마음의 경우도 이와 마찬가지로 이해해야 합니다.

이들 여섯 개의 감각기관은 여섯 가지의 법으로서 윤회의 영역을 넓혀 줍니다. 즉, 연기의 회전 고리를 연장시키고 이어지게 하는 것입니다. 여섯 가지 감각기관이 대상을 맞이해서 연기를 회전시킵니다. 우리가 산다는 것은 여섯 가지 감각기관이 여섯 가지 감각대상을 만나서 여섯 가지 정보를 받아들이는 것입니다. 그래서 윤회를 한다는 것도 여섯 가지 감각기관이 하는 것입니다. 여기서 내가 윤회하는 것이 아니라고 알아야 합니다. 여기서 여섯 가지 감각기관의 문을 통해서 들어온 정보가 느낌으로 일어나서 그 느낌이 갈애로 발전할 때 윤회하는 것입니다. 이때 중요한 것은 여섯 가지 감각기관이 느끼는 것이지, 결코 내가 느끼는 것이 아니라는 사실을 알아야 되겠습니다.

눈은 윤회의 영역을 넓히며 귀, 코, 혀, 몸, 마음도 이와 마찬가지입니다. 들을 때, 냄새를 맡거나 먹을 때 그리고 몸에 접촉이 있거나 생각할 때, 그것들을 멈추게 할 수 있는지 없는지 스스로 확인해 보십시오.

예를 들어봅시다. 아름다운 대상을 보게 되었을 때 보는 순간 당신은 멈췄습니까? 아니면 한 발자국 더 나아가서 그것을 좋아해서 갖고 싶다고 말했습니까? 당신은 그 자리에서 멈추지 않고, 어떤 수단으로든지 그것을 가지려고 애썼을 것입니다. 이것이 윤회의 재생연결로서 연기의 고리를 늘리고 윤회의 영역을 넓히는 것입니다.

눈으로 보는 것과 마찬가지로 귀로 듣고, 코로 냄새 맡고, 혀로 맛보고, 몸으로 부딪치고, 마음으로 생각하는 것도 부딪친 대상에서 느낌이 일어날 때, 반드시 그 느낌을 그대로 두지 않고, 갈애를 일으켜서, 집착을 해서, 업의 생성을 일으켜서, 미래에 태어남을 만들게 합니다. 이렇듯 모든 것들은 원인과 결과라는 조건에 의해서 지속적으로 발전합니다.

정신과 물질을 원인으로 여섯 가지 감각장소가 생겨납니다. 이 말은 여섯 가지 감각장소는 정신과 물질을 원인으로 생겼다는 것입니다. 여기서 정신과 물질을 원인으로 여섯 가지 감각장소가 생긴 것에서, 그 감각장소가 생긴 원인이라는 것이 있어서 감각장소가 생겼다는 것은, 바꾸어 말하면 조건에 의해서 생긴 것이지 어느 특정한 힘에 의해서 생긴 것이 아니라는 것입니다. 어떤 초월적 존재에 의해서 생명이 생긴 것이 아니고, 단지 이러한 원인과 결과라는 조건에 의해서 생겼다는 것입니다.

여기서 다시 한 번 강조하는 것은 이러한 조건 속에 결코 자아가 없다는 것입니다. 나, 나의 것, 너, 우리, 당신이라고 하는 어떤 것도 여기에 개입될 수 없다는 사실입니다. 이렇게 될 때만이 우리는 바른 견해를 가질 수가 있습니다.

여기서 정신은 세 가지 마음의 작용의 무더기인 수온, 상온, 행온인 반면, 물질은 네 가지 근본요소 또는 여섯 가지 감각장소, 생명, 음식이라는 물질을 가리킵니다. 정신과 물질을 조건으로 눈, 귀, 코, 혀, 몸, 마음의 여섯 가지 감각장소가 일어납니다. 이 여섯 가지 감각장소의 문을 통해서 비로소 인식과정에 이르는 것입니다.

우리가 산다는 것은 정신과 물질이라는 것을 통해서 그 안에 있는 여섯 가지 삼직깅소가 감각대상에 부딪쳐서 일어나는 것을 인식할 때, 우리가 살고 있는 것으로 말합니다. 그러니까 우리는 여섯 가지 구멍의 정보를 통해서 살고 있는 것입니다.

무색계는 전 생애에 걸쳐 모든 마음의 단위들이 관련된 마음의 작용에서 생깁니다. 하지만 이는 무색계의 성자들만이 이해하는 것이므로 범부들에게는 이론적인 지식일 뿐입니다. 그래서 욕계에서는 여섯 가지 감각장소가 모두 일어나고, 색계에서는 눈, 귀, 의意의 감각장소만 일어나고, 무색계에서는 몸이 없기 때문에 의意만 일어납니다. 그래서 우리가 말하는 육입, 육문이 모든 생명에게 동일하게 적용되는 것은 아닙니다. 왜냐하면 무색계는 몸이 없기 때문에 여섯 가지 감각기관의 문門 중에서 의意만 가지고 있습니다.

우리가 수행을 할 때 흔히 받는 질문이 있습니다. 왜 눈을 감느냐고 말합니다. 좌선을 할 때 위빠사나 수행자들은 눈을 감습니다. 그때 눈을 감을 때뿐이 아니고 눈을 뜰 때도 마찬가지입니다만, 일단 눈을 감는 것은 여섯 가지 감각기관의 문 중에서 안, 이, 비, 설, 신이라는 다섯 개의 문은 닫고 오직 의, 마음의 문만 열고, 그냥 마음의 문을 연 그 상태에서 대상을 있는 그대로 받아들이라는 뜻에서 눈을 감는다고 말합니다.

달리 말하면 위빠사나 수행은 대상을 있는 그대로 보기 때문에, 시비분별을 일으키지 않기 때문에, 눈으로 보고 좋다 싫다, 귀로 듣고 좋다 싫다 하지 않고, 그냥 단지 마음으로 대상을 있는 그대로 받아들여야 되기 때문에 관觀한다고 말하는 것입니다.

사람처럼 정신과 물질을 모두 가지고 있는 중생은 수태하는 순간부터 일어나는 모든 과보의 마음이 관련된 마음의 작용에서 기인합니다. 과보의 마음이란 즐겁거나 즐겁지 못한 대상을 그냥 보고 듣고 하는 등의 마음을 뜻합니다. 여기서 보는 마음이라고 하는 식은 형상에 주의를 기울이는 숙고, 그리고 감각대상과 접촉, 대상을 보려고 하는 의도를 전제로 하기 때문에 혼자서 일어날 수가 없습니다. 보는 마음은 마음의 작용이 집합적으로 동시에 일어날 때만이 일어날 수가 있습니다.

이러한 식의 조건을 빨리어로는 함께 생긴 조건, 구생법俱生法, 구생연俱生緣이라고 합니다. 그래서 이것들은 함께 일어나서 함께 소멸한다고 말합니다. 그래서 수, 상,

행, 식이 네 명이 힘을 합쳐야 들 수 있는 짐을 팀장 혼자서 들려고 한다면 움직이지 않는 것과 같습니다. 마찬가지로 식이 정신적 생명의 주요 동력이기는 하지만, 혼자서는 거의 아무것도 할 수가 없습니다. 다른 마음의 작용인 수, 상, 행과 함께할 때만이 가능합니다.

그리고 이와 관련된 마음의 작용은 재생연결식에 의해 눈, 귀와 같은 다섯 가지 감각장소에 기인합니다. 물론 수태의 순간에는 몸, 즉 물질밖에 없습니다. 하지만 모태를 거치지 않고 재생하는 경우에는 처음부터 다섯 가지 감각장소가 모두 있을 것입니다. 수태의 순간에 식과 마음의 작용에 의해서 일어나는 다섯 가지 감각장소가 조건 지어지는 것을 이해하기 어렵지만 부처님의 권위에 근거해서 받아들여야 합니다.

다른 때에는 과보의 마음과 단지 작용하는 마음, 두 가지가 모두 감각장소가 유지되는 것을 돕습니다. 이는 이해할 수 있는데, 왜냐하면 마음 없이 물질이 존재하는 것은 불가능하기 때문입니다. 이상과 같이 우리는 정신과 물질에 의해서 일어나는 여섯 가지 감각장소를 가지고 있습니다.

우리가 수행을 한다는 사실은 이 여섯 가지 감각장소의 문에 문지기를 두는 것입니다. 그 문지기가 감각장소에서 알아차림을 유지하면 탐, 진, 치라는 번뇌의 도둑이 들어오지 않습니다. 도둑이 들어오지 않을 때 우리는 비로소 해탈열반을 성취할 수가 있습니다.

정신과 물질을 원인으로 육입이 일어난다(2)

위빠사나 수행의 알아차릴 대상은 네 가지 특성이 있습니다. 깨달음은 어느 날 한순간에 오지만, 오랜 시간 동안 충분한 과정을 거쳐서 지혜가 성숙되었기 때문에 온 것입니다. 이러한 조건을 성숙시키기 위해서는 바른 수행방법과 훌륭한 스승을 만나야 하며, 부단한 인내로 노력을 기울여야 합니다.

수행을 할 때 일곱 가지 청정과 열여섯 단계의 지혜가 성숙되기 위해서는 대상의 네 가지 특성을 알아차려야 합니다. 대상의 특성을 알아차리는 과정에서 한 단계의 특성을 충분히 알아차려야 자연스럽게 다음 단계의 특성을 알게 됩니다.

첫째로 모양의 특성을 알아차려야 합니다. 수행자가 대상을 알아차릴 때, 대상의 모양이나 움직임을 알아차려야 합니다.

둘째로 대상의 고유한 특성을 알아차려야 합니다. 몸을 대상으로 할 때 고유한 성품인 지, 수, 화, 풍이라는 사대 요소를 알아차려야 합니다.

셋째로 조건 지어진 특성을 알아차려야 합니다. 모든 것은 반드시 원인과 결과에 의해서 진행된다는 사실을 알아차리는 것입니다.

넷째로 일반적 특성을 알아차려야 합니다. 모두 변한다는 무상과 이것을 괴로움이라고 알고 그리고 괴로움을 해결하고자 해도 되지 않는 무아를 아는 것입니다. 모든 것이 생겼다가 없어지는 것을 알면 연이어 두려움과 괴로움이 생기고, 결국은 괴로움을 해결할 수가 없어서 비로소 무아를 알게 됩니다. 존재하는 것들의 가장 보편적 특성인 무상과 고와 무아의 삼법인을 알게 되면 깨달음이라는 최고의 지혜에 이르게 됩니다.

♠ ♠ ♠

오늘도 명색을 원인으로 육입이 일어나는 것에 대해서 말씀드리겠습니다.

다시 말씀드리면 정신과 물질을 원인으로 여섯 가지 감각기관이 일어나는 것을 말합니다. 연기의 시작은 과거의 무명을 원인으로 행이 일어나고, 다시 과거의 행을 원인으로 현재의 재생연결식이 일어나며, 현생의 재생연결식을 원인으로 현생의 정신과 물질이 일어나고, 다시 정신과 물질을 원인으로 육입이 일어납니다. 그리고 육입을 원인으로 접촉이 일어나며, 접촉을 원인으로 느낌이 일어납니다.

여기서 무명과 행은 과거이고, 그다음에 오는 재생연결식과 명색과 육입과 접촉과 느낌은 현생에서 일어나는 것입니다. 현생의 재생연결식에 의해 정신과 물질이 일어나고, 연이어 육입과 접촉과 느낌이 일어나는 것은 사실 동시에 일어나는 것입니다. 그래서 사실 이 다섯 가지는 어느 것이 먼저라고 할 것도 없습니다. 12연기에서는 이 다섯 가지를 오온이라고 합니다.

그래서 이 12연기의 오온은 연기를 말하기 위해서 순서가 있는 것입니다. 사실 오온은 동시에 일어나서 동시에 소멸하는 조건을 가지고 있으므로 여기서 말씀드리는 이 순서는 큰 의미가 없습니다. 12연기의 재생연결식은 오온의 식에 해당하며, 정신과 물질은 식을 뺀 수상행과 색을 뜻합니다. 그래서 식이 따로 존재할 수가 없습니다. 명색이 함께해야 비로소 식과 명색이 연결되는 것입니다.

아울러 이 명색은 여섯 가지 감각기관인 육입과 감각대상과의 접촉과 접촉을 해서 일어나는 느낌까지를 포함합니다. 그래서 여섯 가지 감각기관은 홀로 존재될 수 없고, 식과 명색과 육입과 접촉과 느낌을 모두 하나로 보아야 합니다.

여섯 가지 감각기관을 육입이라고도 하고, 육문이라고도 하고 또는 육처 그리고 육근이라고도 합니다. 이것들은 모두 같은 말입니다. 우리는 보통 육근이라고 알고 있었는데, 『아비담마』에서는 육입六入 또는 육문六門이라고 합니다. 이 말의 의미가 매우 뜻이 깊습니다.

위빠사나 수행자는 감각기관과 감각대상이 접촉할 때, 감각대상에 마음을 두는 것이 아닙니다. 위빠사나 수행자의 알아차림은 감각기관에 마음을 둡니다. 그래서 육문이라고 합니다. 만약 밖에 있는 감각대상에 마음을 둘 때는 알아차림을 놓치기가 쉽습니다. 예를 들어 볼 때 보는 눈과 밖에 있는 형상 두 가지를 두고 볼 때, 알아차림이 밖에 있는 형상에 나갈 때는 알아차림을 놓치게 됩니다. 그래서 눈이라는 감각기관의 문에 알아차림을 두고 대상을 인식하는 것입니다.

수행자가 알아차림을 여섯 가지 감각기관에 둘 때, 비로소 문을 지키는 문지기를 두는 것입니다. 그래서 문지기가 문을 지키고 있기 때문에 탐욕과 성냄과 어리석음이라는 번뇌가 들어오지 않습니다. 수행자의 알아차림을 문을 지키는 문지기라고 하는 것과 함께 '물위에 떠 있는 공처럼'이라는 비유도 있습니다. 문을 지키는 문지기는 번뇌의 침투를 막는 역할을 하고, '물위에 떠 있는 공처럼'이라는 말은 항상 알아차릴 대상과 함께 있는 것을 말합니다.

예를 들면 사진을 찍을 때 밖에 있는 대상이 필름에 와서 찍힙니다. 이때 필름이 밖으로 나가서 대상과 부딪치는 것이 아닙니다. 이렇듯이 수행자가 대상을 알아차릴 때에도 육문에서 대상을 인식해야 합니다. 그래야 비로소 대상을 있는 그대로 볼 수가 있습니다. 여섯 가지 감각기관인 육입의 원인이 정신과 물질이라는 명색을 토대로 일어난다는 것을 아는 지혜는 범부가 발견하기가 어렵습니다. 오직 12연기를 처음으로 찾아낸, 부처가 되기 전의 보살들만이 이것을 아는 것이 가능합니다. 부처님의 상수제자였던 사리뿟따와 목갈라나 존자조차도 수다원이 되기 전까지는 그것을 전체적으로 이해하지 못했습니다.

나중에 사리뿟따 장로가 된 우빠띠사 사문은 앗사지 장로가 읊은 연기의 게송을 듣고 성자의 첫 단계를 얻었습니다. 앗사지 장로는 사리뿟따와 목갈라나 존자가 되기 전의 우빠띠사와 꼴리따 사문에게 다음과 같은 게송을 읊었습니다.

"원인에서 발생하는 모든 법들, 그들에 관해 여래께서는 그 원인을 밝혀 주셨네. 또 그들의 소멸에 대해서도 설명하셨나니 이것이 대 사문의 가르침이라네."

앗사지 장로의 이 말을 들은 우빠띠사와 꼴리따는 연기법을 알고 수다원 도과를 얻었습니다. 물론 이들이 부처님께서 깨달은 연기법의 오묘한 진리를 모두 알 수는 없었지만, 자신의 지적 능력에 따른 연기법을 이해할 수 있었던 것입니다. 현재 우리는 이러한 원인과 결과를 별다른 감동 없이 이해할 수 있는 수준이 되었지만, 2,500년 전 당시에 불법을 전혀 알 수 없는 시대에는 이런 진리가 매우 경이롭고 충격적인 것이 아닐 수 없습니다.

오늘도 마하시 사야도의 법문을 잠시 말씀드리겠습니다. 주석서는 앗사지 장로의 이 게송을 사성제 측면에서 설명합니다. "모든 법은 다른 법의 결과다"라는 말은 고통의 근원이 갈애라는 괴로움의 진리를 가르칩니다. 그러므로 이 게송에서 원인은 괴로움의 원인으로서의 갈애를 뜻합니다. 그래서 이 게송은 괴로움과 그 원인에 대한 진리를 요약하고 있습니다.

사실 불교의 존립 이유는 괴로움이 있다는 것입니다. 그래서 불교의 목표도 오직 괴로움을 해결하는 데 있습니다. 2,500년 전 당시에 영혼은 불멸하여 죽으면 다른 몸으로 이동한다든지, 육체가 무너진 다음에 영혼은 완전히 단멸한다든지, 영혼은 신이 창조했다든지, 등의 영혼의 무한성과 같은 자아에 대한 다양한 견해가 있었습니다.

그 게송은 원인과 결과만을 인정하고, 영혼의 불멸이나 단멸을 부정했으며, 이 가르침으로 두 사문은 삶의 본성을 꿰뚫는 특별한 통찰지가 생겼던 것입니다. 사실 이는 지금까지 생각해 온 인식의 한계를 뛰어넘어 완전하게 다른 차원의 인식체계를 갖추게 된 것을 말합니다.

『청정도론』의 대복 주석서인 『마하띠까』는 이 게송을 연기법에 대한 가르침과 동일하게 취급하면서 다음과 같은 경을 인용하고 있습니다.

"이 원인이 일어나면 저 결과가 일어난다. 이 원인이 멈추면 저 결과도 멈춘다. 그러므로 무명을 원인으로 행이 일어나고, 괴로움이 있게 된다. 무명의 소멸과 함께 괴로움이 소멸할 때 행 등의 소멸이 뒤따른다."

『마하띠까』에 따르면, 괴로움의 순관과 역관의 두 가지 측면에서 연기법의 요지가 앞의 게송에 함축되어 있다고 말합니다. 주석서 『마하띠까』의 견해는 모두 타당해 보입니다. 왜냐하면 고제와 집제는 괴로움과 그것이 일어나는 측면에서 연기를 뜻하는 반면에 멸제와 도제는 괴로움의 소멸이라는 측면에서 연기를 뜻하기 때문입니다. 그래서 연기는 두 가지 측면으로 비교해 볼 수가 있습니다. 하나는 고제와 집제라는 일어나는 연기와 다른 하나는 멸제와 도제라는 사라지는 연기입니다.

인과의 사슬에서 원인과 결과를 요약하면 다음과 같습니다. 전생에서의 무명으로 인해 생각과 말과 행이 나타나고, 이러한 행이 바로 재생연결식으로 연결됩니다. 그러고 나면 현생에서 재생연결식과 정신과 물질, 육입, 감각접촉, 느낌이라는 다섯 가지 결과가 있습니다. 이 결과들이 이번에는 내생의 원인이 됩니다. 다른 말로 하면 갈애와 집착과 태어남이라는 씨를 뿌려서 내생을 만듭니다. 그 결과로 늙음과 죽음, 슬픔, 괴로움의 싹이 내생에 트게 되는 것입니다.

이미 몇 차례 말씀드린 것처럼 부처님께서 아난다 존자에게 하신 말씀을 통해 연기법이 얼마나 심오한 것인지를 알 수가 있습니다. 아난다 존자는 연기법을 순서대로 관하고 또는 역으로 관했습니다. 존자에게는 연기법이 너무나도 명확했으며, 아무런 어려움이 없었습니다.

아난다 존자는 부처님께 가서 이렇게 말씀드렸습니다.
"세존이시여 이 연기법은 매우 심오합니다. 하지만 저에게는 이해하기 아주 쉽게 느껴집니다."

아난다 존자가 이렇게 말하자 부처님께서는 말씀하셨습니다.

"아난다여! 그렇게 말해서는 안 된다."

부처님께서는 세 번이나 이렇게 아난다를 꾸짖으셨습니다. 이것은 처음에 이미 말씀드렸던 이야기입니다.

주석서에 따르면, 부처님의 이 말씀은 아난다 존자에 대한 칭찬이기도 하고 꾸지람이기도 합니다. 부처님의 말씀의 참뜻은 이런 것입니다.

"아난다여! 너는 지혜가 출중하기 때문에 연기법을 이해하기가 쉽다. 그러나 남들도 너처럼 쉽게 이해하리라고 생각해서는 안 된다."

다음 시간에는 아난다 존자가 어떻게 12연기법을 이해할 수 있게 되었는지 그 전생을 살펴보도록 하겠습니다.

정신과 물질을 원인으로 육입이 일어난다(3)

위빠사나 수행의 목표는 괴로움을 소멸시키는 통찰지혜를 얻어서 열반을 성취하는 것에 있습니다. 이런 목표에 이르기 위해서는 번뇌를 소멸시키는 목표 이외에는 어떠한 능력도 바라서는 안 됩니다. 신통한 능력과 통찰지혜는 전혀 다른 것입니다. 신통에는 번뇌가 따르지만 지혜는 번뇌를 부숩니다. 신통한 능력을 바라는 것이 새로운 번뇌의 시작입니다.

수행자에게 필요한 것은 번뇌를 해결하는 능력입니다. 사마타 수행으로 특별한 능력을 얻을 수도 있지만 이는 지혜를 얻고자 하는 과정에서 생긴 결과여야 합니다. 능력을 얻으려는 수행을 하면 삿된 길로 가기가 쉬워서 궁극의 행복을 얻지 못하고 어리석음에 빠지기가 쉽습니다.

♠ ♠ ♠

오늘도 지난 시간에 이어서 아난다 존자의 전생에 관해서 잠시 말씀드리겠습니다.

아난다 존자가 연기법을 쉽게 이해한 것은 전생에 쌓아온 바라밀과 스승들의 지도, 그의 폭넓은 지혜 그리고 수다원과 증득이라는 네 가지 요소에 기인한 것입니다. 아난다 존자의 전생은 까마득히 먼 옛날 빠두무따라 부처님 시대에 왕의 동생인 수마나 왕자였습니다. 지방 영주였던 왕자는 반란을 성공적으로 진압했습니다. 이에 왕은 크게 기뻐하며 왕자에게 원하는 것을 말해 보라고 말했습니다. 빠두무따라 부처님은 역대 스물다섯 의 부처님 중에서 열 번째 부처님에 해당하는 시대입니다. 그러므로 까마득히 오랜 세월 전의 시대를 말합니다.

아난다 존자의 전생인 수마나 왕자는 안거 석 달 동안 부처님을 시봉하기를 허락해 달라고 했습니다. 왕은 이 소원을 들어줄 생각이 없어서 부처님의 마음은 참으로 알기 어렵다고 하면서 세존께서 왕자의 거처로 가는 걸 내켜 하지 않으신다면 자신도 어쩔 수 없다고 말했습니다.

비구들의 조언에 따라 왕자는 또 다른 수마나 장로에게 부처님과의 면담을 주선해 줄 것을 청했습니다. 그렇게 해서 부처님을 뵌 왕자는 세존에게 수마나 장로가 어떻게 다른 비구들의 능력을 넘어선 일을 할 수 있었는지에 대해서 말씀드렸습니다. 그리고 어떠한 선업을 지어야 그렇게 세존과 긴밀한 관계가 될 수 있는지 여쭈었습니다.

그러자 부처님께서는 보시와 지계를 실천함으로써 수마나 장로처럼 될 수 있다고 말씀하셨습니다. 그러자 왕자는 선업을 지어서 미래의 부처님의 거룩한 승가에서 수마나 장로와 같은 특권을 가진 비구가 되고자 했기 때문에, 부처님께서 자신의 도시로 오셔서 안거를 지내시도록 청했습니다. 부처님께서는 그곳을 방문하면 많은 사람들에게 이로울 것이라고 내다보시고, "수마나여! 여래는 혼자 있는 것을 좋아하느니라!"라고 말씀하셨는데, 이는 수마나의 초청을 넌지시 수락하신다는 뜻이었습니다.

그러자 왕자는 부처님이 오실 길을 따라서 부처님과 승가가 밤에 편히 쉴 수 있도록 백 개 이상의 승원을 지으라고 명령했습니다. 왕자는 동산을 하나 사서 부처님과 많은 비구들을 위한 숙소와 웅장한 승원을 지었습니다. 그렇게 모든 것이 준비되자 부왕에게 보고한 다음에 부처님께 자신의 도시로 오시도록 초청했습니다. 왕자와 백성들은 부처님과 제자들을 꽃과 향기로 환영하면서 승원으로 모셨습니다. 거기서 왕자는 승원과 동산을 부처님께 정식으로 보시했습니다. 이러한 보시의식을 마친 왕자는 비빈들과 대신들을 불러서 이렇게 말했습니다.

"부처님께서는 우리들에 대한 연민으로 여기에 오셨소. 부처님께서는 물질적인 이익에는 관심이 없으시고, 법을 닦는 데에만 관심을 가지고 계십니다. 수행으로 부처님을 공경하면 부처님은 기뻐하실 것이오. 나는 십계를 지키면서 부처님이 계신 곳에 머물 것이오. 여러분은 오늘 내가 한 것처럼 우안거 동안 모든 아라한에게 공양을 올리고 돌봐드리기 바라오."

이렇게 전생의 아난다 존자는 말했습니다.

아난다 존자는 이처럼 오랜 세월 전에 서원을 세우고 공덕의 과보를 쌓았습니다. 그리하여 왕자는 10계를 지키며 부처님이 계신 곳에 머물면서 뛰어난 시자인 수마나 장로 곁에 머물면서 극진히 부처님을 시중드는 것을 보았습니다. 안거가 끝나기 바로 직전 집으로 돌아와 부처님과 승가에 푸짐한 보시를 올리고는 부처님 앞에서 미래의 부처님의 시자가 되겠다는 서원을 세웠습니다.

부처님께서는 왕자를 축복해 주었으며, 왕자는 이후 수없는 생에 걸쳐 바라밀을 닦았습니다. 『본생경』에는 아난다가 고따마 부처님의 전신인 보살과 함께 많은 생에 걸쳐 바라밀을 쌓은 내용이 나옵니다. 때로는 보살이 왕이고, 아난다는 대신이었으며, 때로는 보살은 인간이고, 아난다가 천인이나 제석이기도 했습니다. 그들의 지위는 가끔 뒤바뀌기도 하고, 어떤 생에서는 형제이기도 했습니다. 여기서 말하는 제석은 욕계천상에 있는 33천을 다스리는 왕을 말합니다.

둘은 그렇게 기나긴 윤회의 여정을 함께 거치며 바라밀을 닦았고, 마지막 생에서는 아난다는 숫도다나 왕의 조카가 되었습니다. 첫 번째 안거를 베나레스 근처에서 보낸 다음에 부처님께서 라자가하로 갔고, 거기서 부왕의 초청을 받아 까삘라왓투로 향했습니다. 부처님께서 고향을 떠날 때 아난다와 몇 명의 석가족 왕자들은 부처님을 따라 승가에 들어갔습니다.

수많은 생에 걸쳐 쌓아온 바라밀로 인해 아난다는 많은 사람들을 곤혹스럽게 하는 연기법을 이해할 수가 있었던 것입니다. 게다가 아난다는 스승으로부터 가르침을 받았습니다. 그리고 아난다는 스승과 같이 살았을 뿐만 아니라, 교리에 대해서 배우고 질문하고 뛰어나게 기억을 했습니다. 이런 식으로 공부한 아난다는 연기법을 이해할 수가 있었던 것입니다.

사실 아난다는 저명한 설법가인 뿐나 장로의 설법을 들은 다음에 수다원과를 성취했습니다. 아난다 존자는 뿐나 장로의 감로 같은 법문에 깊은 찬사를 보냈습니다. 그 법문의 요지는 다음과 같습니다.

"자만은 몸, 느낌, 기억, 행, 식에 대한 집착에서 생깁니다. 거울이 없이는 거울에 비친 사람의 얼굴이 생기지 않는 것처럼, 오온이 없이 자만은 생기지 않습니다. 몸과 느낌 또는 오온은 영원하지 않습니다.

그들이 영원하지 않으므로 오온 가운데 그 어느 것도 과거나 현재나 미래의 것이나, 내적이거나 외적이거나, 거칠거나 미세하거나, 좋거나 나쁘거나, 멀리 있거나 가까이 있거나 간에 나의 것이나 나라고 하는 자아가 아니라고 관찰해서 깨달아야 합니다.

그렇게 알아차리고 진리를 깨달은 잘 배운 부처님의 제자는 오온에 대한 환상을 깹니다. 그리고 집착을 버리고 해탈을 합니다. 그는 자신의 마음이 해탈했음을 알고, 해야 할 일을 다 했음을 알고, 해탈을 위해서는 달리 해야 할 일이 없다는 것을 압니다."

이것이 뿐나 장로가 아난다 존자에게 설법한 내용입니다.

수다원인 아난다는 연기법의 원인과 결과를 깨달았습니다. 아난다는 위빠사나 수행을 하여 이러한 지혜를 얻었습니다. 그는 무명, 갈애, 집착, 업, 재생, 식 등이 인과관계라는 사슬의 고리를 이루고 있음을 알았습니다.

부처님의 제자들 중 다문제일인 아난다 존자는 지식에 있어서도 스승에게 인정을 받았습니다. 아난다는 대개 부처님의 전법 여행에 동행했고, 모든 법문을 기억했습니다. 또 일단 한번 들은 법문은 그대로 되풀이할 수 있었습니다. 만일 부처님이 아난다가 없을 때 다른 사람에게 법문을 하시면 부처님께서 다시 아난다에게 말씀해 주셔서 기억했습니다.

그렇게 해서 아난다가 배운 법은 8만4천 법에 이른다고 합니다. 이때 통상적으로 8만4천 법문이라고 할 때 부처님께서 말씀하신 법을 8만2천이라고 하고 그리고 제자들이 말한 법을 2천이라고 해서 도합 8만4천 법문이라고 말합니다.

아난다 존자는 뛰어난 기억력으로 유명했는데 『유명대경』 주석서에 따르면, 아난다는 짧은 시간에 수백 개의 게송을 외울 수 있었다고 합니다. 불법에 대한 광범위한 지식을 가진 부처님의 주요한 제자였던 아난다에게 연기법이 그다지 어렵지 않다는 것은 놀라운 일이 아닙니다.

오늘날도 삼장에 정통한 사람은 연기법의 인과관계를 이해할 수 있을 것입니다. 그럼에도 불구하고 연기법은 결과, 원인, 가르침과 경험적인 지혜인 통찰의 측면에서 볼 때 여전히 난해한 것이 사실입니다.

보통 깨달음에 이르기 전에는 빠리얏띠pariyatti라고 하는 『경장』, 『율장』, 『논장』의 교학을 바탕으로 시작합니다. 그리고 다음 단계로 빠띠빳띠paṭipatti라고 하는 사마타와 위빠사나 수행을 하는 단계를 거칩니다. 그리고 마지막으로 빠띠웨다pativedha라고 하는 뚫어서 보는 통찰지혜로 도과를 얻는 일련의 과정이 있습니다.

이처럼 깨달음으로 가는 일련의 과정에는 반드시 난해한 연기법이 먼저 숙지되어야 합니다. 그래서 오늘 우리는 연기에 대한 이야기를 계속 들어도 그 뜻을 부처님의 수준으로 이해하기는 어렵습니다. 그렇기 때문에 같은 이야기를 지속적으로 반복해서 여러분에게 조금이라도 도움을 드리고자 하는 것입니다.

먼저 무명과 다른 원인의 결과로서 행을 이해하기가 대단히 어렵습니다. 왜냐하면 대부분의 사람들은 정신과 물질에서 생기는 괴로움을 행복이라고 잘못 생각하기 때문입니다. 이것이 바로 무명으로, 사람들은 이를 전도된 무명으로 알지 못합니다. 생각하는 것은 실재하는 자아라고 믿고, 업의 형성력인 행이 무명의 결과라는 것을 모르며, 노력하는 것은 자신이라고 생각합니다. 그러므로 무명의 결과로서의 선업과 불선업을 알기가 어렵습니다.

더욱 이해하기 어려운 것은 전생의 행과 현생의 재생연결식 사이의 인과관계입니다. 마찬가지로 정신과 물질과 여섯 가지 감각장소, 육입이 식에 의해서 조건 지어진다는 것도 참으로 이해하기 어렵습니다.

마찬가지로 파악하기 어려운 것은 연기에 포함되어 있는 원인입니다. 왜냐하면 사람들은 자기 운명을 스스로 만들어 간다고 믿기 때문입니다. 어떤 사람들은 신이나 범천이 자신을 창조했다고 말하고, 또 어떤 사람들은 모든 것은 우연히 발생했다고 주장합니다. 대부분의 사람들은 자기 존재의 주요 원인으로서의 무명을 알지 못합니다. 그래서 원인은 과보로, 보이지 않는 힘입니다. 이것을 지혜로밖에 모릅니다.

또 연기에 대한 부처님의 어떤 가르침은 무명에서 시작해서 죽음으로 끝납니다. 다른 가르침은 역순으로 전개됩니다. 또 어떤 가르침은 12연기의 사슬의 중간고리에서 시작해서 처음이나 끝으로 전개됩니다. 연기법의 이러한 다양한 설명은 그것을 더욱더 이해하기 어렵게 합니다.

연기법에 대한 통찰지혜를 얻으려면 실제 위빠사나 수행을 해서 인과관계의 사슬을 체험으로 깨달아야 합니다. 이렇게 연기를 위빠사나로 접근하여 공부를 하는 것이 반드시 전제되어야지, 그렇지 않으면 바른 연기법을 숙지하기가 어렵습니다. 그래서 연기법의 통찰지혜는 위빠사나 수행과 떨어져 따로 양립될 수 없는 과정 안에 항상 함께 있습니다.

육입을 원인으로 접촉이 일어난다(1)

인간이 가진 것은 오직 몸과 마음뿐입니다. 몸과 마음에 문제도 있으며, 답도 함께 있습니다. 수행을 할 때 몸과 마음을 알아차리는 것은 몸과 마음이 모든 일을 하고 있기 때문입니다. 모든 일에 원인이 되는 자신의 몸과 마음을 대상으로 하지 않고서는 법의 성품을 볼 수가 없습니다.

몸과 마음이 아닌 것은 관념으로서 선정禪定의 대상이고, 몸과 마음은 실재하는 것으로서 지혜의 대상입니다. 깨달음을 얻기 위해서는 반드시 관념이 아닌 실재하는 것을 대상으로 알아차려야 합니다. 왜냐하면 실재하는 것에만 진실이 있으며, 실재는 자신의 몸과 마음밖에 없기 때문입니다.

실재라고 하는 대상은 지금 여기에 있어야 하며, 그리고 실제로 느낄 수 있는 것들이어야 합니다. 실재하는 것들은 각기 고유한 특성이 있어서 느낄 수가 있으며, 이 느낌을 통해서만 법을 볼 수 있습니다.

자신의 몸과 마음을 알아차린다고 하여 남에 대해 무관심해도 된다는 것은 아닙니다. 먼저 자신에 대한 문제부터 해결되어야 다음으로 남을 받아들이는 마음이 생깁니다. 자신의 몸과 마음을 알아차려서 바른 견해를 가질 때만이 남을 배려하는 마음이 생기게 됩니다.

자신의 몸과 마음을 알아차리면 과거와 미래로 가지 않아서 괴로움과 두려움이 제거될 수가 있습니다. 위빠사나 수행이 깨달음으로 가는 길이라는 것은 바로 몸과 마음을 대상으로 느끼고 있기 때문입니다.

♠ ♠ ♠

오늘은 육입을 원인으로 접촉이 일어나는 것에 대해서 말씀드리겠습니다.

12연기의 시작은 무명을 원인으로 행이 일어납니다. 다시 행을 원인으로 재생연결식이 일어납니다. 재생연결식을 원인으로 정신과 물질이 일어납니다. 정신과 물질을 원인으로 여섯 가지 감각기관인 육입이 일어납니다. 오늘은 바로 육입을 원인으로 접촉이 일어나는 것에 대해서 말씀드리겠습니다.

육입인 여섯 가지 감각장소는 눈, 귀, 코, 혀, 몸, 마음입니다. 이 여섯 가지 감각장소에 여섯 가지 감각대상이 부딪치는데 그것은 형상, 소리, 냄새, 맛, 감촉, 마음의 대상입니다. 감각장소 여섯 가지와 감각대상 여섯 가지를 합쳐서 12처라고 말합니다.

다시 말씀드리면 눈이 형상과 접촉하고, 귀가 소리와 접촉하고, 코가 냄새와 접촉하고, 혀가 맛과 접촉하고, 몸이 감촉과 접촉하고, 마음이 마음의 대상과 접촉합니다. 이때 이러한 접촉을 통해서 아는 마음이 생깁니다. 그래서 눈이 형상과 접촉하여 다시 아는 마음과 접촉합니다. 귀가 소리와 접촉하여 다시 아는 마음과 접촉합니다. 코가 냄새와 접촉하여 다시 아는 마음과 접촉합니다. 혀가 맛과 접촉하여 다시 아는 마음과 접촉합니다. 몸이 감촉과 접촉하여 다시 아는 마음과 접촉합니다. 마음이 마음의 대상과 접촉하여 다시 아는 마음과 접촉합니다.

이렇게 육입이라는 감각기관이 육경이라는 감각대상과 부딪치고, 다시 육식이라는 여섯 가지 아는 마음이 일어나는 것을 통틀어서 접촉이라고 합니다. 그러므로 접촉이라고 할 때는 감각기관이 감각대상과 부딪치는 두 가지만을 말하지 않고, 감각대상에 부딪쳐서 여섯 가지 아는 마음이 일어난 것, 이 세 가지를 포함한 모든 것을 접촉이라고 말합니다. 감각기관과 감각대상이 접촉한 것을 열두 가지 장소라고 해서 12처라고 하며,

여기에 다시 여섯 가지 아는 마음을 합쳐서 18계라고 합니다.

이 18계가 불교의 세계관입니다. 그러므로 불교는 자신의 정신과 물질에 관한 것이 세계관입니다. 불교는 결코 우주의 세계관을 말하지 않습니다. 왜냐하면 오직 괴로움을 해결하는 데 모든 초점이 맞추어져 있고, 이 괴로움을 해결하려면 오직 자신의 몸과 마음을 통찰해야 하기 때문입니다. 우리가 괴롭다는 것은 몸과 마음을 가졌기 때문에 생긴 것으로, 몸과 마음을 알아차려서 번뇌를 해결하는 것이 해탈할 수 있는 유일한 길입니다. 그래서 위빠사나 수행은 자신의 몸과 마음을 알아차리는 수행이고, 그래서 열반을 성취하는 유일한 길은 위빠사나 수행이라고 말하는 것입니다.

우리가 산다는 것은 여섯 가지 감각기관이 여섯 가지 감각대상과 부딪쳐서 여섯 가지 마음이 일어나는 것을 말합니다. 우리가 여섯 가지 감각기관으로 들어오는 정보로 살고, 그리고 또 판단합니다. 그래서 수행을 한다는 것은 여섯 가지 감각기관의 문[門]에서 알아차리는 것입니다.

여기서 감각기관이 감각대상과 부딪치지 않으면 연기가 회전하지 않습니다. 감각기관이 감각대상과 부딪쳤을 때, 단지 아는 마음만 있고, 단지 느낌만 있는 상태이면 연기가 회전하지 않습니다. 그래서 위빠사나 수행자는 여섯 가지 감각기관의 문 중에서 다섯 가지 감각기관의 문을 닫고, 오직 아는 마음의 문만 열어놓고 대상과 접촉하면 이 순간 연기가 회전하지 않고, 비로소 대상을 있는 그대로 볼 수가 있습니다.

오늘도 마하시 사야도의 말씀을 들어보겠습니다. 감각접촉은 감지하기 어려운 정신적 생명의 현상이지만, 대상이 마음에 확실한 충격을 주었을 때에는 그것이 분명하게 드러납니다. 예를 들어서 누군가가 학대받고 있는 것을 보면 보는 순간 충격을 받습니다. 나무 위에 어떤 사람이 목매어 죽은 것을 보면 부들부들 떨립니다. 그리고 유령과 비슷한 것을 보면 등골이 오싹해질 것입니다. 재미있는 이야기를 듣거나 읽으면 강력한 인상이 오랫동안 지워지지 않습니다. 이 모든 것은 마음의 감각대상과의 부딪침인 감각접촉이 있을 때 벌어지는 현상을 뜻합니다. 감각접촉은 때때로 매우 폭발적이며, 폭발적 감정과 욕정, 분노 등을 표출하게 합니다.

주석서에는 이러한 이야기가 있습니다. 고대 스리랑카에 부타카마니 왕 때의 한 젊은 비구가 소녀를 쳐다보게 되었습니다. 소녀도 비구를 쳐다보았고, 그 둘은 불타는 욕정을 억제하지 못하고 급기야 죽게 되었습니다. 또 어떤 장로 비구도 마하나가 왕의 왕비를 알아차림 없이 쳐다보았다가 미친 일도 있습니다.

또 『본생경』에는 이런 이야기가 있습니다.

보살은 선인이었는데 공양을 받기 위해 왕궁으로 갔습니다. 선인은 신통이 있었기 때문에 날아서 갔는데, 선인이 갑자기 나타나자 왕비가 급하게 일어나는 바람에 걸치고 있던 옷이 흘러내렸습니다. 왕비의 매혹적인 몸매는 곧바로 오랫동안 잠재하고 있던 선인의 성욕을 솟구치게 했습니다. 선인은 음식을 전혀 먹을 수가 없었습니다. 선인은 신통이 사라져서 걸어서 거처로 돌아갔는데, 선인은 욕정과 애욕의 불꽃으로 괴로워하며 누워 있었습니다. 이러한 사건의 전모를 들은 왕은 언젠가는 이전의 높은 본성을 되찾을 성자의 능력을 확신했기 때문에 선인에게 왕비를 바쳤습니다. 그리고는 왕비에게 선인의 이익을 위해 최선을 다하라고 은밀히 지시했습니다.

선인은 왕비를 데리고 왕궁을 떠났습니다. 일단 왕궁의 문을 나오자 왕비는 선인에게 되돌아가서 왕에게 집을 요구하라고 하였습니다. 낡은 집을 받았지만 똥과 오물을 치우기 위한 광주리 및 손도끼를 가지고 와야 했습니다. 선인은 몇 번이고 필요한 다른 물건들을 요구하러 왕에게 가야 했습니다. 왕비의 요구대로 여기저기 다니면서 집안의 허드렛일을 하느라고 기진맥진했지만, 선인은 아직도 욕정과 애욕에 사로잡혀 정신을 차리지 못하고 있었습니다. 시킨 일을 모두 다한 다음에 선인은 좀 쉬려고 왕비 곁에 앉았습니다.

그러자 왕비는 선인의 수염을 확 잡아당기면서 말했습니다.

"당신은 애욕과 욕망을 없애는 것이 목적인 사문이라는 사실을 모르시나요? 왜 그렇게 정신을 못 차리세요!"

이 말에 정신이 번쩍 든 선인은 자신의 어리석음과 무명을 알아차렸습니다. 그래서 왕비를 왕에게 돌려준 다음 히말라야의 숲으로 가서 위빠사나 수행을 하여 신통도 회복하고 죽어서 범천계에 이르렀습니다.

이 이야기가 주는 교훈은 보살과 같이 정신적으로 뛰어난 존재도 번뇌의 불길을 피하지 못했다는 것입니다.

선인은 전에도 왕비를 우연히 보았겠지만 감정을 뒤집어놓을 정도로 감각접촉이 강력하지는 않았습니다. 선인이 며칠 동안 욕정과 애욕에 불길에 휩싸이는 고통을 받은 것은 바로 왕비의 육체적인 형상에 대한 분명하고 생생한 감각접촉 때문이었던 것입니다.

『본생경』에 또 이런 이야기가 있습니다.

시위왕은 사령관의 아내인 움마단띠를 본 다음에 거의 미칠 지경이 되었습니다. 움마단띠는 미모로 이름을 날렸기 때문에 왕은 바라문 고관을 보내어 그녀가 왕비의 자질이 있는지를 알아보게 했습니다. 하지만 그들은 움마단띠를 보자마자 미모에 매혹되어 자제를 못하고, 그들을 위해 베푼 잔치를 엉망으로 만들어 버렸습니다. 바라문에 문란한 행동에 넌더리를 낸 움마단띠는 그들을 집밖으로 내쫓았습니다.

심술이 난 바라문들은 그녀가 왕비의 자질이 없다고 왕에게 보고를 했습니다. 왕은 움마단띠에 대한 관심이 없어졌고, 그녀는 사령관의 아내가 되었습니다. 그러나 움마단띠는 자신에 대한 왕의 생각을 바꾸어 놓겠다고 결심하고, 왕이 축제기간 동안 성 내를 시찰할 때 자신의 미모와 매력을 최대한 보여주었습니다. 그래서 왕은 움마단띠에게 반해서 거의 정신을 잃을 지경이 되었습니다. 잠을 이룰 수 없게 된 왕은 움마단띠에 대하여 미친 사람처럼 헛소리를 하면서 제석이 은혜를 베풀어서 움마단띠와 하루나 이틀 밤을 같이 잘 기회를 주었으면 좋겠다는 게송으로 자신의 맹목적인 열정을 발산했습니다.

그렇습니다. 감각대상과 부딪쳐서 일어나는 충격은 대부분 대상에 의해서 전달되는 감각접촉의 본성에 좌우됩니다. 감각접촉이 불분명하고 흐릿하면 부드러운 느낌과 갈애를 만들어낼 뿐이지만, 분명하고 생생한 감각접촉이 일어난 뒤에는 더 많은 느낌과 갈애 등이 따라옵니다.

감각접촉으로 인해 감정이 폭발할 수도 있습니다. 우리는 적대적인 대상을 보면 분노하고, 무서운 대상을 보면 두려워합니다. 불쾌한 말은 우리를 짜증나게 합니다. 그래서 자기 자신의 자아를 북돋게 되면 자만심이 생깁니다. 영혼이 있다는 생각이나 업과 그 과보를 비웃는 가르침을 들으면 그릇된 견해를 갖습니다. 부러운 대상은 부러워하게 만들고, 자기만 갖고 싶은 대상은 우리를 인색하게 만듭니다. 이 모든 것이 불선업을 조장하는 감각접촉의 예에 관한 것입니다.

육입을 원인으로 접촉이 일어난다(2)

한 인간이 살아온 과거와 살고 있는 현재와 앞으로 올 미래를 통틀어서 어느 때나 자아나 인격체로 보지 말고, 단지 원인과 결과로 보아야 합니다. 과거의 내가 살았던 것이 아니고, 그 순간의 정신과 물질이 산 것입니다. 현재에도 내가 살고 있는 것이 아니고 그 순간의 정신과 물질이 살고 있는 것입니다. 미래나 다음 생에도 내가 옮겨 가는 것이 아니고 현재의 원인이 미래의 결과로 갑니다.

여기에 나라고 하는 것은 없고, 단지 정신과 물질이 원인과 결과로 일어나고 사라지는 현상만 있습니다. 이처럼 모든 것이 원인이 있어서 생긴 결과라면 원인이 없을 때는 결과가 없다는 것 또한 분명한 진실입니다.

우리의 몸이 아픈 것은 원인이 있어서 생긴 결과입니다. 어떤 것이나 결과를 존중하는 것이 관용입니다. 아픔을 있는 그대로 알아차리면 법을 보는 것입니다. 대상을 법으로 알아차리면 마음이 부드러워지고 겸손해집니다. 겸손해진 마음으로 인해 치유능력이 향상됩니다. 이처럼 아픔을 받아들여서 알아차리는 것만이 새로운 원인을 만드는 가장 좋은 자세입니다.

그러나 몸이 아픈 것을 법으로 알아차리지 못하면 고통이 됩니다. 누구나 고통을 없애려고 하기 때문에 탐욕이 일어나며, 없애려고 해도 없어지지 않아서 화를 냅니다. 모든 고통은 이런 과정을 통하여 더 증장됩니다. 이제 고통을 있는 그대로 받아들인 것인가? 아니면 고통을 없애려고 할 것인가? 두 가지 중에 하나를 선택해야 되겠습니다.

♠ ♠ ♠

오늘도 지난 시간에 이어서 '육입을 원인으로 접촉이 일어난다'에 대해서 말씀드리겠습니다.

선업도 감각접촉에서 생깁니다. 예를 들면 신앙의 대상은 믿음을 생기게 하고, 용서해야 하거나 인내해야 할 사람들은 우리의 인욕을 길러주고, 부처님과 아라한을 계속 생각하면 알아차림이 강해지고 자비로워집니다. 우리는 감각접촉이 있기 때문에 볼 수 있으며, 이 접촉은 눈과 형상과 안식이 있기 때문에 일어납니다.

부처님의 가르침은 안식과 형상을 구분합니다. 보통 사람들은 안식과 형상을 혼동하는 경향이 있지만, 부처님께서는 안식은 눈과 형상에서 일어나며, 감각접촉은 눈과 형상과 안식의 결합을 뜻한다고 분명히 말씀하셨습니다. 이 결합이 바로 보는 것의 감각접촉으로 눈, 형상, 안식의 세 가지 부딪침으로 필요충분조건을 이룹니다.

위빠사나 수행자는 감각접촉의 본성을 체험으로 깨닫습니다. 수행자는 보는 매 순간마다 보는 것을 알아차림으로써 집중이 계발되면, '봄'이란 원인이 없는 것이 아니라는 것, 또는 누군가가 만들었거나 창조한 것이 아니라는 것을 깨닫습니다. 다시 말하면 봄은 눈과 형상을 원인으로 하고, 안식을 그 결과로 하는 정신과 물질의 현상이라는 것을 깨닫게 됩니다.

감각접촉은 감각대상의 본성에 따라서 즐겁거나 괴롭거나 덤덤한 느낌을 생기게 합니다. 대상이 아름다우면 즐거운 느낌이, 못생겼으면 괴로운 느낌이, 못생기지도 사랑스럽지도 않으면 덤덤한 느낌이 됩니다. 이 덤덤한 느낌은 좋아하거나 싫어하는 생각이 들지 않고, 심지어는 느낌으로 인지되지도 않지만, 자아가 있을 때는 받아들여집니다. 사실상 이 세 가지 느낌들은 자아나 나와는 아무런 상관이 없고, 감각접촉에서 생기는 정신적 과정의 측면인 것입니다.

연기법을 이해한다는 것은 회의주의와 전도된 인식에서 벗어나는 것을 뜻합니다.

왜냐하면 이런 벗어남은 수다원과를 얻은 수행자에게 꼭 필요한 특성이고, 연기법을 이해하는 데 매우 중요하기 때문입니다. 연기법에 대한 무명은 부처님, 법, 승가에 대한 의심을 일으키는 경향이 있습니다.

의심에는 다음과 같은 여덟 가지의 종류가 있습니다.

첫째 부처님에 대한 의심입니다. 이것은 부처님은 실제로 모든 번뇌에서 벗어난 분이었을까? 아니면 제자들에게 맹목적으로 믿도록 한 보통 사람은 아니었을까? 하는 의문을 갖게 됩니다.

둘째로 가르침에 대한 의심입니다. 도와 열반은 진정으로 탐욕과 성냄과 어리석음의 소멸을 보장하는 것일까? 하고 의심합니다.

셋째로 승가에 대한 의심입니다. 진정으로 번뇌에서 벗어난 성자들은 있는 것일까? 전도된 인식과 의심을 극복한 수다원과는 절대 악처에 태어나지 않는 것일까? 감각적 욕망과 성냄이 희미해진 사다함은 있는 것일까? 감각적 욕망과 성냄에서 완전히 벗어난 아나함은 있는 것일까? 그리고 모든 번뇌에서 벗어난 아라한은 과연 있는 것일까? 하는 의심을 갖습니다.

넷째로 수행에 대한 의심입니다. 계를 지키고 알아차리는 수행은 더 높은 영적인 진보에 유익하고 도움이 되는 것일까? 하는 의심을 갖습니다.

다섯째로 과거에 대한 의심입니다. 나는 과거에 과연 존재했을까? 나는 과거에 왜 그리고 어떻게 존재했을까? 나는 전생에 어떠한 사람이었을까? 나는 덩어리에서 생겨났을까, 아니면 자연 발생으로 생겨났을까? 하는 의심을 갖습니다.

여섯째로 미래에 대한 의심입니다. 나는 죽고 나서 존재할 것인가? 내생에 나는 어떠한 사람이 될 것인가? 하는 의심을 갖습니다.

일곱째로 과거와 미래에 모두 의심을 하는 것입니다. 복주석서에 따르면, 이러한 의심은 삶의 수레바퀴의 과거와 미래 가운데에서 현재를 가리킨다고 합니다. 이 해석은 다음과 같은 빨리어 경전의 말씀과 일치합니다.

"이 현생에서 자아에 대한 의심이 생긴다. 그러한 의심에서 다음과 같은 의문이 생길 수가 있다. 나는 진정 나 자신인가? 자아는 존재하는가, 존재하지 않는가? 만약 자아가 존재한다면 그것은 어떤 종류의 자아인가? 그것은 큰가, 작은가? 왜 어떻게 자아가 존재하는가? 그것은 창조되었는가, 아니면 자연 발생으로 생겨났는가? 자아는 어디서 왔으며, 마지막에 몸이 무너지고 난 다음에 어디로 가는 것일까?"

이러한 의문은 과거에 대한 다섯 가지 의심, 미래에 대한 다섯 가지 의심, 현재에 대한 여섯 가지 의심을 나타냅니다. 수행자가 자아나 나에 대한 모든 전도된 인식에서 벗어나게 될 때 이러한 모든 의심을 극복하게 됩니다. 이것은 의심에서 해방되는 청정이라고 합니다. 연기를 이해하면 바로 이런 의심에서 해방되는 청정에 이르게 됩니다.

의심의 여덟 번째는, 많은 의심이 일어나는 마지막 주제는, 중생계의 인과관계의 중요성을 강조하는 연기법입니다. 행은 정말 참된 법에 대한 무명에서 비롯된 것일까? 재생은 정말로 업을 조건으로 일어나는 것일까? 정말 내생에 악업은 해롭고, 선업은 유익한 것일까? 모든 현상에 정말 원인이 있는 것일까? 모든 것은 원자와 전자가 우연히 결합된 결과가 아닐까?

이런 의심들은 연기법에서 설명하고 있는 인과관계의 사슬에서 원인의 고리인 무명과 행과 그 결과인 식의 재생연결식을 중심으로 펼쳐집니다. 이러한 의심은 결국 그릇된 견해를 생기게 합니다. 연기와 모순되는 그릇된 견해는 이런 의심에 뿌리를 두고 있습니다.

자신의 지적 수준을 넘어 삶의 본성에 대해 추론하면 처음에는 의심이 생기지만 나중에는 전도된 인식에 대해서 집착하는 회의주의자가 되어버립니다. 그런 회의주의자와 그릇된 견해는 연기에 대한 무지에서 비롯됩니다. 연기법을 분명하게 이해하는 사람은 전도된 인식은 말할 것도 없고 의심도 갖지 않습니다.

　궁극적으로 분석하면 지구, 태양, 나무 등등의 무정물이 그렇듯이 중생도 원인과 결과의 복합체입니다. 우주를 지배하는 인과법은 창조나 우연 발생에 여지를 두지 않습니다. 현대 과학은 생명 없는 물질계가 원인과 결과의 상호작용에 절대적으로 의존하고 있다는 것을 나타내는 압도적인 증거를 제시합니다. 이는 생명이거나 마음이거나 물질이거나 간에 이 세상 모든 것은 조건 지어져 있다는 부처님의 가르침의 진리를 확인시켜 줍니다.

　부처님께서는 사람의 내적 삶에 조건 지어진 본성을 강조하셨습니다. 물질계는 윤회계가 없고, 재생과 괴로움을 받지 않기 때문에 불교에서는 외적인 무정물의 세계에는 관심이 없습니다. 오직 마음이 있는 유정물인 중생들에 대한 것들이 불교의 관심사입니다. 불교의 관점에서 가장 중요한 관심사는 이토록 중생입니다.

　중생을 이루고 있는 정신과 물질은 수없이 많은 생을 거치면서 대부분 악처의 괴로움을 겪습니다. 하지만 우리가 정신과 물질의 과정을 이해하고 지혜롭게 행동한다면 해탈에 이르는 도에 점점 가까이 나아갈 것입니다. 설령 아직 해탈하지 못했다 하더라도 우리는 윤회에서 더 좋은 삶과 행복한 운을 얻을 수가 있습니다.

　12연기를 명확하게 이해하는 것은 번뇌를 완전하게 소멸시키는 데 절대적으로 필요합니다. 우리는 행의 원인으로서 무명과 재생의 원인으로서 업의 결과를 설명했습니다. 이제 재생연결식의 근원에 대해서 설명할 필요가 있습니다.

　부처님께서는 『존재경』에서 의도를 가진 선업과 불선업을 나무가 무성하게 자라고 있는 들판에, 식을 씨앗에, 갈애를 들판을 촉촉하게 하는 수분에 비유하셨습니다. 다시 말하면 업의 들판에 식이라는 씨앗을 뿌려 갈애라는 수분이 있어서 자라게 하는 것을 말합니다. 나무를 심으려면 들판과 묘목이 있어야 합니다. 마찬가지로 재생연결식은 업이라는 기름진 들판을 전제조건으로 합니다.

업은 재생의 잠재력을 생기게 하고, 앞선 식의 상태는 사라졌지만 재생의 잠재력은 정신과 밀접하게 남아 있습니다. 마치 초목이 아직 싹트지는 않았지만 적당한 조건이 갖추어지면 실제로 싹이 트는 것과 같고, 죄를 저지른 사람이 잠재적인 죄수와 같으며, 공장에서 두각을 나타낸 근로자가 그 공로를 치하하여 상을 받는 것과 같은 잠재적인 수상자인 것과 같습니다.

초목이 발아하려면 씨앗에 의존하는 것과 마찬가지로 재생은 선하거나 불선한 식에 의존합니다. 선한 식이나 불선한 식이 일어나고 소멸하지만, 유사한 상태의 식이 끊어지지 않도록 흐르고 자극을 줍니다. 이런 작용은 뱀이 허물을 벗는 것처럼 앞선 업식의 결과입니다.

그런 식 가운데 가장 중요한 것은 업이나 업의 표상이나 태어날 곳의 표상에 중심을 둔 임종할 때의 마음입니다. 죽어가는 사람이 표상을 만나는 것을 업의 형성력을 조건으로 한 내생의 전조를 의미하는 현현의 구족이라고 합니다. 이 현현의 구족은 나타남이 빠짐없이 갖추어져 있다는 뜻입니다. 죽음의 마음이 재생연결식으로 전이됨을 나타내는 점에서 씨앗이 싹터 초목으로 성장하는 것과 어느 정도 유사합니다.

육입을 원인으로 접촉이 일어난다(3)

　깨달음의 세계관은 우주적인 것이 아니고, 오직 자신의 몸과 마음의 세계를 말합니다. 몸과 마음을 벗어난 것은 지혜수행의 대상이 아니라서 궁극적 진리를 얻을 수가 없습니다.

　여섯 가지 감각기관인 안, 이, 비, 설, 신, 의가 감각대상인 색, 성, 향, 미, 촉, 법과 부딪쳐서 이것을 12처라고 하며, 다시 여섯 가지 정보를 마음이 아는 것이 18계입니다. 그래서 육문에 육경이 부딪쳐서 육식을 하는 것입니다. 18계는 몸과 마음으로 인식할 수 있는 세계이며, 증명할 수 있는 영역이라서 깨달음의 세계입니다.

　18계를 일체, 전부, 모든 것이라고 하는데, 부처님께서 모든 것을 알았다는 것이 바로 18계를 말합니다. 이것은 직접 인식할 수 없고, 스스로 증명할 수 없는 세계는 실재가 아니라는 것, 그리고 그것은 상상이라는 것을 뜻합니다. 인식의 범주를 벗어난 것은 상상의 세계라서 실재를 추구하는 깨달음의 세계관이 아닙니다. 우주적인 세계는 창조주나 신이라고 하는 초월적 대상의 영역이므로 불교의 깨달음의 세계와는 무관합니다.

　몸과 마음에 실재하는 것 속에 무상, 고, 무아의 법이 있으며, 이러한 몸과 마음의 대상에서만 깨달음의 지혜가 납니다. 몸과 마음이 아닌 밖으로 나간 대상에서는 법의 성품을 바로 알 수가 없어서 사유思惟가 됩니다. 밖에 있는 대상을 볼 때는 내가 본다고 하는 유신견을 가지고 보기 때문에 법을 보기가 어렵습니다. 부처님께서도 깨달음을 얻을 때 낙엽이 떨어지는 자연현상을 보거나 한 인간의 죽음을 보고서 깨달음을 얻지는 않으셨습니다. 깨달음을 얻은 역대 모든 성인들은 오직 자신의 몸과 마음을 대상으로 알아차려서 비로소 궁극의 열반을 성취하신 것입니다.

♠ ♠ ♠

오늘도 지난 시간에 이어서 '육입을 원인으로 접촉이 일어나는 것'에 관해서 말씀을 드리겠습니다.

씨앗이 초목으로 자라기 위해서는 물이 필요합니다. 물 또는 적어도 공기 중에 습기가 없으면 씨앗은 싹이 트지 않을 것입니다. 마찬가지로 업이 내 생에 토대를 이루고 있다고 하더라도 갈애가 없으면 재생이 일어나지 않습니다. 그러므로 아라한의 경우는 범부들처럼 짓는 업이 있고 식이 있다는 점에서 재생의 조건이지만 갈애가 소멸했기 때문에 재생연결식이 일어나지 않습니다.

부처님이나 아라한들은 행위는 있지만 갈애가 없는 행위이기 때문에, 바라는 것이 없는 행위이기 때문에, 받을 것이 없어서 재생연결식이 일어나지 않아 윤회가 끝나는 것입니다. 그래서 윤회가 끝난다는 것은 연기가 회전하지 않는 것을 말합니다.

갈애는 아라한이 아닌 사람에게 내재해 있으며, 범부에게는 가장 강력합니다. 갈애는 감각대상을 즐겁고, 매력적이고, 바람직한 것으로 여기게 합니다. 갈애는 즐거움, 행복, 희망이라는 전도된 인식을 일으킵니다. 그래서 갈애는 좋은 것을 기뻐하고, 행복과 번영을 인생의 주목적으로 삼게 합니다.

갈애는 다른 마음 상태에 이른, 업의 마음을 자극합니다. 임종이 다가올 때 이 마음상태가 표상을 일으킵니다. 죽어가는 사람은 즐거운 표상을 보고 기뻐하며 활기차고 유쾌해집니다. 이것은 업의 씨앗이 싹트기 시작했음을 보여주는 것입니다. 그는 괴로운 표상들을 환영하지 않겠지만, 이 표상들도 자신과 어떤 관계가 있습니다. 이러한 자신에 대한 집착도 업이라는 씨앗을 싹트게 합니다.

그러므로 보통의 사람인 경우에는 재생은 업과 업에 관련된 의식, 갈애를 조건으로 일어납니다. 재생의 기름진 토양인 업은 임종의 표상에서 부각되고, 이러한 표상들과 죽어가는 사람이 보이는 관심으로 씨앗이 싹트는 것이 보입니다. 그래서 죽은 다음에 전생에 마지막 순간의 마음의 상태를 조건으로 재생연결식이 일어납니다. 재생연결식은 전 생애와 관계된 정신과 물질, 여섯 가지 감각장소 그리고 감각접촉, 느낌과 그들의 상호관계를 작동하게 합니다. 그러한 의미에서 재생연결식을 현생의 씨앗이라고 볼 수 있습니다. 재생연결식은 정신과 물질과 피할 수 없는 밀접한 관계에 있습니다.

몸 안에 있거나 바깥에 있거나 간에 모든 정신과 물질은 끊임없이 일어나고 사라지기 때문에 우리는 괴롭습니다. 하지만 무명으로 인해서 우리는 괴로움을 보지 못하고 전도된 인식과 집착을 일으키며, 감각적 대상을 끊임없이 추구하고, 이로써 새로운 존재로 태어납니다. 새로운 존재의 토대인 재생연결식과 함께 그 재생연결식의 토대인 물질적인 몸과 감각접촉, 느낌과 같은 마음의 작용들이 생겨나는 것입니다.

재생연결식이 사라지면 탐욕, 분노, 만족, 인욕 등과 같은 선업이나 불선업을 촉발시키는 다른 마음의 작용들이 뒤이어 일어납니다. 이 마음의 작용들이 이번에는 앉음, 일어섬 등의 육체적 동작들에 이르게 됩니다. 그래서 부처님께서는 이렇게 말씀하셨습니다.

"이 세상을 이끄는 것은 마음이다. 세상은 마음에 의해 끌려간다. 바로 마음이 그 모든 것 위에 있어 무엇이든 원하는 대로 한다."

여기서 세상은 중생계를 가리킵니다. 그리고 마음은 중생을 바르거나 나쁘게 인도합니다. 이 세상은 마음의 미세한 계층을 말합니다. 중생들이 사는 계층이나 마음의 계층은 동일합니다. 이 세상에 여러 가지의 계층이 있다는 것은 사실 이 세상에는 여러 가지 사람들의 많은 미세한 마음들이 있다는 것을 전제합니다. 그래서 세상은 사람들의 마음입니다. 그리고 그 마음에 의해서 뒤따른 몸입니다.

그래서 불교의 세계관은 감각기관과 감각대상 그리고 그것을 아는 여섯 가지의 마음 18계를 불교의 세계관이라고 말하는 것입니다.

민음과 계행 등을 닦는 선한 사람의 마음은 선행을 하도록 이끌 것이고, 법문을 듣고 위빠사나 수행을 하게 할 것입니다. 마음은 그를 높은 중생계에 태어나게 하든지, 열반이라는 궁극의 목표로 인도할 것입니다. 반면에 못된 사람의 마음은 감각대상을 추구하고 악행을 하게 할 것이고, 죽은 다음에 악도에 태어나서 더 큰 괴로움을 받도록 할 것입니다. 이 게송은 마음이 모든 정신과 물질을 지배한다는 것을 보여줍니다.

이는 식을 조건으로 감각접촉 등의 정신과 물질현상이 일어난다는 연기의 가르침과 일치합니다. 눈에서 일어나는 감각접촉에 대해서 이미 설명했으니 이제 듣는 감각접촉에 대해서 살펴보겠습니다.

보는 경우와 마찬가지로 듣는 것도 귀, 소리, 이식耳識의 세 가지를 포함합니다. 귀와 소리 없이 듣는 것은 불가능합니다. 과학자들은 음파가 빠른 속도라고 말합니다. 이는 자연적인 소리의 속도이고, 라디오 방송은 한순간에 전 세계에 소리를 보낼 수 있습니다. 소리가 귀와 부딪힐 때에는 거울에 비추는 것과 같이 들림이 있게 됩니다. 하지만 귀의 본래 주인이 소리를 듣는다고 생각하면 잘못입니다.

귀의 감성물질은 끊임없는 흐름에 있으며, 관련된 물질은 항상 일어나고 사라지고 있습니다. 귀의 감성물질은 흐르는 시냇물에서 바뀌고 있는 물과도 같습니다. 물질의 흐름과 음파가 맞부딪힘으로써 이식을 촉발하는 것입니다. 이식은 한순간만 일어났다가 사라집니다. 그다음에 소리를 계속해서 받아들이는 마음과 조사하는 마음과 결정하는 마음이 일어납니다. 이 각각의 마음은 한순간에 일어났다가 사라집니다. 그리고 매우 빠른 속도로 일곱 개의 속행이 연달아 일어나고, 그다음에 소리에 초점을 맞춘 두 개의 등록하는 마음이 일어납니다. 그런 것들이 들림에 포함된 인식 과정입니다.

하나의 소리를 들을 때마다 귀와 소리를 토대로 하여 이식이 새로워집니다. 그래서 사념처 위빠사나 수행자들은 들음이 귀와 소리를 조건으로 있다는 것을, 거기에는 듣는 사람이나 존재가 없다는 것을 깨닫습니다. 사실 수행자는 볼 때보다는 들을 때 인과관계를 훨씬 더 잘 압니다. 이와 같이 들음이란 귀와 소리와 이식의 결합을 뜻합니다. 소리와 맞부딪침이 바로 귀의 감각접촉이며, 수행자에게는 이것이 아주 분명하게 보입니다.

어떤 수행자는 너무 민감한 나머지 거친 말을 들을 때 마치 그 소리가 귀를 향해 맹렬히 돌격해 와 사정없이 후려치는 것처럼 느끼기도 합니다. 어떤 수행자는 낙엽이 떨어지는 소리에 깜짝 놀라기도 합니다. 귀에 들려오는 다양한 소리 가운데 듣고자 하는 소리를 골라서 귀를 기울이면 그 감각접촉은 두드러집니다. 크고, 거칠고, 귀청을 찢는 소리는 듣지 않으려고 해도 듣지 않을 수가 없습니다. 즐겁지 못한 대상은 안 볼 수 있어도 소리는 그렇게 무시해 버릴 수가 없습니다.

우리가 듣는, 즐겁거나 괴로운 소리에 따라서 우리는 즐겁거나 괴로운 느낌을 갖습니다. 노래와 감미로운 목소리는 귀에 들리는 것을 환영하지만, 거친 소리와 욕설은 듣기가 싫습니다. 평범한 소리를 들을 때에는 즐겁지도 괴롭지도 않은 느낌이 듭니다. 그런 경우에는 우리는 느낌을 알아차리지 못할 수도 있습니다. 이때 알아차리지 못하는 느낌을 덤덤한 느낌이라고 하는데, 이것은 매우 미세한 느낌입니다.

우리가 일상을 살면서 많은 것들과 부딪칩니다. 제가 미얀마에서 비구계를 받고 수행을 할 때에 매일 아침 탁발을 나갑니다. 탁발을 나갈 때에도 비구로서의 일정한 수칙이 있습니다. 먼저, 멀리 보지 않고 뒤돌아보지 않습니다. 그리고 반드시 앞에 있는 비구를 보거나 서너 걸음 앞을 봅니다. 그리고 알아차림을 온전히 자기 자신의 몸과 마음에 집중합니다. 또 밥 공양을 올리는 보시자들에게 말을 걸거나 쳐다보지 않습니다. 그래서 말을 걸거나 쳐다보는 것을 통해서 일어나는 접촉을 차단하는 것입니다. 이토록 위빠사나 수행은 감각대상이 감각기관에 와서 부딪칠 때 반드시 알아차림을 통해서 갈애가 일어나지 않도록 노력합니다.

수행자 여러분! 무지는 걱정을 사서 즐깁니다. 그러나 지혜는 걱정을 끊어버립니다. 무지는 긴장하고 엉겨 붙으며, 지혜는 이완하고 소멸합니다. 무지는 몰라서 당하고 살지만, 지혜는 알아서 당하지 않고 삽니다. 무지는 괴로움을 원하며, 지혜는 고요함을 원합니다.

수행자는 어떤 대상과 접촉할 때에 온전한 알아차림을 가지고, 감각적 욕망이나 극단적 고행의 양극단이 들어오지 않도록, 그래서 항상 중도적인 마음으로 평안과 고요를 얻을 수 있도록 노력해야 하겠습니다.

접촉을 원인으로 느낌이 일어난다(1)

느낌은 화살입니다. 느낌은 화살처럼 우리들을 자극하고 우리들을 겨냥하고 있습니다. 내가 아는 모든 것은 느낌으로 압니다. 인간이 산다는 것은 느끼는 것입니다. 보고, 듣고, 냄새 맡고, 맛보고, 접촉하고 생각하는 것이 모두 느끼는 것입니다.

처음에 일어나는 느낌을 맨 느낌이라고 하며, 맨 느낌에서 반응한 느낌이 육체적인 느낌입니다. 육체적인 느낌은 즐거움과 괴로운 느낌으로, 행복과 불행한 느낌이 일어난 것입니다. 육체적인 느낌에서 다시 반응하면 정신적인 느낌이 일어납니다. 정신적인 느낌은 정신적으로 즐거운 느낌과 정신적으로 괴로운 느낌과 덤덤한 느낌입니다.

육체적인 느낌은 아픔의 화살을 한 번 맞은 것입니다. 그리고 정신적인 느낌은 아픔의 화살을 두 번 맞은 것입니다. 보통의 슬픔이 비탄으로 발전하게 되는 것이나 즐거움이 감각적 쾌락으로 발전하게 되는 것입니다.

다시 고통이 사라지기를 바라는 갈애가 일어나는 것이 욕망의 느낌이 생겨서 화살을 세 번 맞는 것입니다. 이처럼 정신적 고통과 갈애가 일어난 것을 모르는 무명의 느낌이 생겨서 화살을 네 번 맞는 것과 같습니다. 갈애로 인해서 일어나는 느낌 하나가 이와 같이 거듭 네 개의 화살을 맞혀 우리들에게 깊은 상처를 남깁니다.

인간이 파국적인 종말을 맞는 배경에는 이러한 느낌의 발전단계가 있습니다. 그러나 어떤 느낌이든지 그 느낌을 알아차리면 모든 느낌은 단지 대상으로서의 느낌에 머뭅니다.

♠ ♠ ♠

오늘은 접촉을 원인으로 느낌이 일어나는 것에 관해 말씀드리겠습니다.

여섯 가지 감각기관이 여섯 가지 감각대상과 접촉할 때 여섯 가지 아는 마음이 일어납니다. 지난 시간에 이것을 18계라고 말씀드렸습니다. 이때 아는 마음과 함께 느낌도 똑같이 일어납니다. 여기서 아는 마음은 왕이며, 느낌은 신하입니다. 왕과 신하는 항상 함께 있습니다. 그래서 아는 마음인 식을 마음이라고 하고, 마음과 함께 있는 수, 상, 행을 마음의 작용이라고 합니다. 이때 마음은 왕이고 그리고 마음의 작용은 신하를 뜻합니다.

눈이 형상과 접촉하여 아는 마음이 일어날 때 눈에 의지한 느낌이 일어납니다. 귀가 소리와 접촉하여 아는 마음이 일어날 때 귀에 의지한 느낌이 일어납니다. 코가 냄새와 접촉하여 아는 마음이 일어날 때 코에 의지한 느낌이 일어납니다. 혀가 맛과 접촉하여 아는 마음이 일어날 때 혀에 의지한 느낌이 일어납니다. 몸이 감촉과 접촉하여 아는 마음이 일어날 때 몸에 의지한 느낌이 일어납니다. 마음이 마음의 대상과 접촉하여 아는 마음이 일어날 때 마음에 의지한 느낌이 일어납니다.

이렇듯 우리가 안다는 것은 모두 느낀다는 것입니다. 그래서 사실은 느낌이 아닌 것이 없습니다. 12연기에서 느낌이 차지하는 비중은 매우 높습니다. 연기를 탈출하는 유일한 출구가 바로 느낌이기 때문입니다.

느낌에서 갈애가 일어나면 연기가 회전하여 끝없는 윤회계를 떠돌아야 합니다. 그러나 느낌에서 갈애가 일어나지 않으면 느낌도 소멸하고 갈애도 소멸하여 도과道果를 성취하게 됩니다. 이것이 바로 열반을 성취하는 것입니다. 도과를 성취하면 연기가 끊어지고, 연기가 끊어지면 윤회가 끊어져서 다시 태어나 괴로움뿐인 생을 받지 않습니다.

느낌의 종류는 마음의 종류만큼 매우 많습니다. 그러나 경전에서는 느낌을 세 가지 종류로 나눕니다. 첫째, 즐거운 느낌, 둘째, 괴로운 느낌, 셋째, 덤덤한 느낌, 이 세 가지를 일차적으로 느낌이라고 말합니다.

이러한 느낌 외에 다시 느낌을 다섯 가지로 나누면, 즐거운 느낌, 괴로운 느낌, 정신적으로 즐거운 느낌, 정신적으로 괴로운 느낌 그리고 덤덤한 느낌입니다. 이처럼 느낌을 다섯 가지로 나눌 때 즐거운 느낌과 괴로운 느낌은 육체적 느낌이라고 말합니다. 왜냐하면 감각기관의 접촉을 통해서 일어난 일차적 느낌이라서 이것을 육체적 느낌이라고 합니다.

이러한 육체적 느낌이 일어난 뒤에 느낌이 더 강해지면 정신적 느낌으로 발전합니다. 그냥 좋을 때는 육체적 느낌입니다. 그런데 좋아서 죽겠다고 할 때는 정신적 느낌으로 발전한 것입니다. 그냥 괴로울 때는 육체적 느낌입니다. 그런데 괴로워서 죽겠다고 할 때는 정신적 느낌으로 발전한 것입니다. 바로 이러한 느낌의 발전으로 인해 우리는 괴로움을 겪습니다.

이제 수행자는 눈으로 보거나, 귀로 소리를 듣거나, 코로 냄새를 맡거나, 혀로 맛을 보거나 할 때 반드시 느낌이 일어난다는 사실을 알아야 하겠습니다. 감각기관이 대상과 접촉했을 때 반드시 느낌이 일어난다는 것을 알아차리고, 그냥 알고 있는 맨 느낌의 상태가 되도록 해야 합니다.

뿐더러 느낌을 알아차리기 위해서 특별한 느낌을 찾아서도 안 됩니다. 알고 있는 것을 마음으로 알아차릴 수도 있고, 느낌으로 알아차릴 수도 있는 것이므로 특별한 느낌을 찾지 말아야 합니다. 그래서 그냥 있는 그대로의 느낌을 알아차려야 합니다. 만약 어떤 느낌을 찾는다면 그 순간 알아차림을 놓치고, 그리고 갈애라는 번뇌가 들어옵니다.

우리가 좋은 것을 보고, 듣고, 냄새 맡고, 맛볼 때 즐거운 느낌이 일어납니다. 그러나 괴로운 것을 보고, 듣고, 냄새 맡고, 맛볼 때는 괴로운 느낌이 일어납니다. 좋은 것을 대할 때는 좋아하지만 싫은 것을 대할 때는 괴로워합니다.

그리고 좋지도 싫지도 않을 때는 느낌을 알아차리지 못합니다. 이때 덤덤한 느낌이 있는데, 이것을 느낌이라고 알기가 어려워서 덤덤한 느낌이라고 말합니다. 『아비담마』에서는 안식, 이식, 비식, 설식을 가질 때 즐겁거나 괴로운 느낌이 생기는 것을 부정하고 오직 덤덤한 느낌만 설명하고 있습니다.

하지만 수행자에게 안식 등에 주의를 기울이라고 하는 것은 권할 만하지 않습니다. 안식이 일어나는 순간에 덤덤한 느낌이라 할지라도 두려움과 같은 괴로운 느낌을 생기게 하는 괴로운 감각대상과 접촉했을 때, 안식이 불선업에 대한 과보일 경우에는 안식은 괴로운 느낌을 수반할 것입니다. 바꾸어 말하면 눈으로 볼 때 덤덤한 느낌이 일어난다고 하더라도, 아름다운 사람을 본다거나 미운 사람을 볼 때는 즉시 덤덤한 느낌이 아닌 즐거움이나 괴로움이 따르는 것을 말합니다.

시끄러운 소리는 귀를 막게 할 수도 있고, 고약한 냄새는 두통을 일으킬 수도 있고, 상한 음식은 건강을 해칠 수도 있습니다. 이와 마찬가지로 네 가지 즐거운 감각대상을 조건으로 생긴 덤덤한 느낌은 즐거운 느낌을 내포합니다. 우리는 아름다운 대상을 보고 즐거운 소리를 듣는 것을 즐깁니다. 이 덤덤한 느낌이 선업에서 생기는 것이기 때문에 즐거운 특성을 가지고 있음을 보여주고 있습니다.

이것과 관련하여 『청정도론』의 복주석서는 이렇게 설하고 있습니다. 저급한 업의 무르익은 과보인 덤덤한 느낌은 고통스러우며, 그렇기 때문에 저급한 성품을 지니고 있다. 다른 말로 하면 불선업을 기반으로 하는 덤덤한 느낌은 덤덤하고 중립적일 수 있지만, 그것은 악업에서 생겼기 때문에 마치 똥 무더기에서 피어난 꽃처럼 저급하다고 말하는 것입니다. 게다가 괴로운 느낌만큼 나쁘다고 할 수는 없지만, 참을 수 없는 것이며, 그렇기 때문에 저급합니다. 사실 악업의 과보는 결코 아픔이나 괴로움으로부터 자유롭거나 선할 수 없습니다.

그다음에 인과의 사슬에서 느낌의 기능을 설명하면 복주석서는 이렇게 쓰고 있습니다.

"불선업의 과보에서 기인한 덤덤한 느낌은 바람직하지 않기 때문에 고통이라고 해야 합니다. 선업의 과보에서 기인한 덤덤한 느낌은 바람직하기 때문에 즐거움이라고 해야 합니다."

사실 알아차림이 없는 덤덤한 느낌은 무지의 느낌이라서 괴로움입니다. 그러나 알아 차림이 있는 덤덤한 느낌은 고요함이라서 지혜가 난 것입니다. 우리가 즐거운 소리를 들으면 우리에게 즐거움 느낌이 있는 것은 분명합니다. 달콤한 말은 귀가 환영하는 반면에 거친 말은 귀에 거슬립니다. 평범한 소리로 일어난 어떤 느낌들은 불분명하기 때문에 덤덤한 느낌이라고 합니다.

들림으로써 생기는 세 가지의 느낌, 즉 즐겁고, 괴롭고, 덤덤한 느낌은 항상 알아차리 고 있는 수행자에게는 매우 익숙합니다. 수행자는 소리와 귀의 부딪힘으로 괴로운 느낌 이나 즐거운 느낌이 생기고, 그러한 느낌에 영향을 받은 자아나 영혼은 없으며, 느낌은 순간적으로 일어났다 사라지는 것으로, 모든 느낌은 무상하다는 것을 압니다. 수행자의 집중이 계발됨에 따라 세 가지 종류의 모든 느낌이 끊임없이 일어나고 사라짐을 알게 됩니다.

들림과 마찬가지로 냄새 맡음도 조건 지어져 있습니다. 비식鼻識은 코와 냄새의 맞부 딪침에서 일어납니다. 냄새나 코의 감성물질 없이 냄새를 맡는 것은 불가능합니다. 또 코의 감성물질이 없는 사람은 드뭅니다. 예전에 향수가 묻은 손수건의 냄새를 맡아 도 특별한 아무런 향기를 느끼지 못한다고 말하는 비구를 만난 적이 있습니다. 설사 코에 정상적인 감성물질이 있더라도 코가 막혀 있거나 향기가 나는 것이 없으면 냄새를 맡지 못합니다. 향기는 공기에 의해서 풍겨 나와서 코의 감성물질과 맞부딪힐 때만이 감지됩니다.

보통 사람들은 냄새 맡는 자가 사람 혹은 존재라는 전도된 인식에 빠져 있습니다. 사실 비식을 생기게 하는 것은 공기에 의해 전해진 향기와 지속적인 흐름인 코의 감성물 질이 맞부딪친 것, 그것입니다. 우리는 썩은 물질의 역겨운 냄새나 꽃향기에 모두 익숙 합니다. 보통 사람은 냄새 맡는 것을 자신이라고 믿습니다. 그러나 수행자는 냄새 맡음 은 단지 코와 향기와 비식의 결합에서 생기는 현상일 뿐이라고 알며, 끊임없이 흐르는 모든 것들의 무상함을 깨닫습니다. 이것이 위빠사나 수행자와 보통 사람의 차이입니다.

냄새를 맡을 때 그 냄새를 내가 맡는다고 하는 것은 범부들의 견해이고, 냄새를 맡을 때 그 냄새는 감각기관과 감각대상이 바람의 영향에 의해서 그것을 아는 마음만 있다고 아는 것은 위빠사나 수행자의 바른 견해입니다. 여기서도 냄새 하나를 통해서 내가 맡는다고 하는 것과 단지 그것은 감각기관이 냄새를 맡는다는 것의 차이가, 지혜가 있고 없고 하는 차이를 결정합니다.

느낌은 감각접촉의 본성에 따라서 즐거울 수도 있고, 즐겁지 못할 수도 있습니다. 꽃향기나 향수의 냄새는 즐거운 느낌을 생기게 하고, 물질의 썩는 냄새는 불쾌하게 합니다. 평범한 냄새는 즐겁지도 괴롭지도 않은 느낌을 생기게 하는데, 이 느낌이 바로 덤덤한 느낌입니다. 이것은 너무나 미세하기 때문에 우리가 알아차리지 못합니다. 수행자는 비식을 주시해서 세 가지 느낌과 그것이 일어나고 사라지는 것을 압니다.

맛을 아는 마음인 설식은 혀와 음식이 맞부딪쳐서 생깁니다. 혀나 음식의 맛이 없다면 설식은 있을 수가 없습니다. 그러나 혀가 건강하지 못해서 감성을 상실했다면 음식 맛을 못 느낄 것입니다. 보통 사람들은 먹고 맛을 즐기는 것은 살아 있는 존재라고 생각합니다. 사실상 혀의 감성물질은 항상 변화하는 흐름에 있으며, 혀의 감성물질과 음식의 맛이 맞부딪칠 때 앞서서 설명한 심찰나를 포함한 설식이 일어납니다. 이 단계는 너무나 빨리 전개되기 때문에 단 하나의 심찰나로 여깁니다.

이 설식은 혀와 맛에 따라서 매 순간 변합니다. 달고, 시고, 쓴 것 등을 아는 것이 바로 마음입니다. 혀와 맛을 아는 마음의 결합을 감각접촉이라고 합니다. 이는 모든 사람에게 친숙하지만, 보통 사람은 맛을 느끼는 주인공은 살아 있는 존재인 자기 자신이라고 생각합니다. 이것이 바로 잘못된 견해입니다.

먹는 동안 일어나는 모든 정신과 물질의 사건을 주시하는 수행자만이 그러한 정신과 물질은 혀와 맛과 식에 의존하는 하나의 현상이라고 압니다.

접촉을 원인으로 느낌이 일어난다(2)

느낌의 종류는 매우 많습니다. 108번뇌도 사실은 모두 느낌입니다. 그러나 어떤 느낌이거나 알아차리면 단지 하나의 느낌일 뿐입니다. 느낌에는 알아차리지 못한 느낌과 알아차린 느낌이 있습니다. 알아차리지 못한 느낌은 번뇌이고, 알아차린 느낌은 지혜입니다.

느낌이 아무리 많더라도 일어난 느낌을 알아차리게 되면 어떤 느낌이거나 단지 하나의 느낌일 뿐입니다. 느낌은 원인과 결과라는 조건에 의해서 일어납니다. 여기에 다른 어떤 외부적 힘도 개입되지 않습니다. 느낌은 나의 느낌이 아니고, 감각기관이 느끼는 것입니다. 느낌은 항상 하지 않고, 매 순간 변하며 일어나고 사라집니다.

느낌은 어디서 온 것이 아니고 몸과 마음이라는 조건에 의해 일어나며, 일어난 순간에 사라져서 항상 변하는 성품을 가졌습니다. 느낌을 알아차리면 번뇌가 하나의 느낌일 뿐이며, 느낌을 통해서만이 무상과 고와 무아라는 법을 알게 됩니다.

느낌이 일어났을 때 갈애가 없으면 연기가 회전하지 않습니다. 이것이 깨달음으로 가는 길입니다. 느낌이 일어났을 때 좋거나 싫은 느낌으로 반응하지 않으면 이것이 깨달음으로 가는 길입니다. 느낌이 일어났을 때 느낌이 일어난 것을 알아차리면 이것이 깨달음으로 가는 길입니다. 느낌이 일어났을 때 느낌이 일어나고 사라지는 것이라고 알면 이것이 깨달음으로 가는 길입니다. 느낌이 일어났을 때 느낌에서 무상, 고, 무아가 있다는 것을 알면 이것이 깨달음으로 가는 길입니다.

♠ ♠ ♠

오늘도 접촉을 원인으로 느낌이 일어나는 것에 관해 계속해서 말씀드리겠습니다.

맛의 감각접촉 뒤에는 즐겁거나 괴로운 느낌이 따라옵니다. 좋은 음식을 먹으면 즐겁고 그 음식을 좋아하지만, 나쁜 음식이나 어떤 약의 쓴맛은 싫어합니다. 어떤 음식을 먹을 때 느낌은 덤덤합니다. 이는 덤덤한 느낌이지만 그 먹는 기회는 선업의 결과입니다. 그러므로 그러한 음식을 먹는 것도 즐거운 측면을 가지고 있으며, 집착에 이릅니다. 그러나 매 순간 정신과 물질을 주시하여 계발된 집중을 가진 수행자는 모든 감각이 일어나고 사라지는 것으로 체험해서 알게 됩니다.

감촉, 느낌 등의 또 하나의 근원은 몸의 문이라는 감성물질입니다. 신식身識은 몸과 감촉대상에서 생깁니다. 몸의 감각접촉은 몸과 감촉대상과 신식의 결합에서 생기고, 감각접촉은 느낌을 조건 짓습니다. 이것에 대해서 좀 설명할 필요가 있습니다.

보고, 듣고, 냄새 맡고, 먹는 것과 같은 각각의 물질적 사건은 눈, 귀와 같이 단지 해당하는 기관과 관계가 됩니다. 그들과 관련된 식은 또한 머리의 어느 일정 부분의 위치에서만 일어납니다. 이러한 정신과 물질적 사건들은 위치와 지속시간에서 제한이 있습니다. 먹을 때는 오직 맛만을 알고, 들리는 것이 있을 때는 오직 들리는 것만 압니다.

하지만 신식은 모든 부위에 있습니다. 여러분이 언제 어느 때나 몸의 어느 한곳에서 감촉을 생각할 때는 언제나 그 감촉이 있습니다. 그러므로 감촉의 영역은 광범위하고 그 지속시간은 깁니다. 위빠사나 수행 초보자는 감촉을 알아차리는 것이 제일 중요하므로 여기에 대해서 조금 더 알아봐야 하겠습니다.

감촉을 받아들일 수 있는 미세하고 민감한 감성물질이 몸 전체에 두루 퍼져 있습니다. 그것은 몸의 모든 건강한 부위에 존재하기 때문에 외부나 내부 물질과 맞부딪침으로써 몸의 어디에서든지 신식을 생기게 할 수 있습니다.

이 물질적 현상은 무상하고 순간에서 순간으로 흐르고 있습니다. 그들은 전구로서 들어가는 빛을 내는 전기의 에너지와 같은 것들입니다. 이렇게 끊임없이 흐르고 있는 상태에서 아직 사라지지 않은 몸의 감성물질이 외부나 내부의 물질과 충돌하면 그것에 의해서 신식이 생깁니다. 보는 것과 듣는 것 등과 마찬가지로 신식도 감촉대상을 조사하는 마음, 받아들이는 마음, 등록하는 마음과 같은 심찰나의 연속을 포함합니다. 그러나 이 마음은 너무 빨리 일어나고 사라지기 때문에 신식은 단 하나의 심찰나만 포함하고 있는 것처럼 느껴질 뿐입니다.

몸의 감촉을 아는 마음은 항상 있습니다. 마음이 몸 이외의 다른 대상에 몰두하고 있을 때만 분명하지 않을 뿐입니다. 그러나 몸에 주의를 기울이면 어딘가에는 몸과 바닥의 접촉, 몸과 옷의 접촉 등과 같은 감촉이 틀림없이 있습니다. 몸의 물리적 접촉에 대해 알아차리는 수행자는 그 조건을 압니다. 몸의 물리적 접촉은 원인이 없는 것도, 창조된 것도 아니며, 사실상 감촉대상과 건강한 상태의 감성물질의 결합에 의존한다는 것을 압니다.

감촉의 대상은 땅의 요소, 불의 요소, 바람의 요소라는 세 가지 종류가 있습니다. 땅의 요소는 견고함 혹은 거침의 특성이 있으며, 이 특성은 분명한 감촉을 느끼게 하는 것으로, 몸의 일부에 주의를 집중하거나 조사하면 즉시 드러납니다.

부드러움과 거침은 또한 땅의 요소로 간주되는데 부드러움과 거침은 본질적으로 다르지 않기 때문입니다. 우둘투둘한 표면은 그보다 거친 많은 것들과 비교했을 때 부드러운 대상이라고 하지만, 사람의 눈처럼 부드러운 부위에 맞닿았을 때는 거친 것으로 여겨집니다. 그러므로 부드러움과 거침은 종류가 다른 것이 아니라 정도에서 다를 뿐인 상대적인 용어입니다. 부드러움과 거침은 땅의 요소의 특성인 견고함을 나타냅니다.

주석서에 따르면, 땅의 요소의 핵심인 견고함은 다른 요소들이 의지해야 하는 거처인데, 이는 마치 모든 대상이 땅에 의지해야 하는 것과 같습니다. 예를 들면 쌀가루를 물로 반죽하면 덩어리로 변하게 되는데 그렇게 되면 견고함, 즉 단단한 성질이 훨씬 더 많아지기 때문에 그것을 땅의 요소라고 말할 수 있을 것입니다.

분말의 입자는 물의 요소에 의해 서로 결합되고 뭉쳐집니다. 그 덩어리는 또한 열이나 차가움과 관련된 불의 요소와 딱딱함과 뻣뻣함을 지원하는 바람의 요소도 포함하고 있습니다. 그래서 이 쌀가루로 만든 덩어리는 네 가지 요소를 모두 함유하고 있고, 그 중에서도 땅의 요소는 다른 요소들의 기반입니다.

그래서 마치 쌀가루가 물의 요소 등을 지탱해 주듯이 땅의 요소는 그것과 관련된 물질을 지탱해 줍니다. 이것이 땅의 요소의 역할입니다. 그런 식으로 수행자에게는 땅의 요소가 다른 요소들의 기반으로 보입니다. 이것이 땅의 요소의 나타남으로 무거움과 가벼움입니다.

『아비담마』 칠론의 하나인 『법집론』과 그 주석서인 『아따살리니Atthasālinī』는 땅의 요소는 무거움과 가벼움이라고 설명합니다. 그러므로 물건을 옮길 때 무거움과 가벼움을 느낀다면 그 느낌 혹은 생각은 땅의 요소의 나타남에 포함된다는 것입니다. 수행자는 거침이나 부드러움이나 반드러움을 통해서 땅의 요소의 특성을 압니다.

수행자는 땅의 요소가 다른 물질의 기반이 된다는 것을 알 때 그 기능도 알게 됩니다. 또 수행자는 다른 물질은 땅의 요소에 있고, 그것은 다른 물질을 생기게 하고, 무거움이나 가벼움이라고 알 때 땅의 요소가 나타나는 것을 압니다.

수행자가 다른 물질은 땅의 요소에 의존해 있고, 땅의 요소는 다른 물질을 지탱하고, 또 땅의 요소는 무거움과 가벼움이라고 알 때 그것이 나타남이라고 압니다. 그렇게 땅의 요소를 특성과 역할과 나타남으로 아는 것은 진리의 깨달음과 정신과 물질을 구별하는 지혜를 뜻합니다.

보통 사람들은 땅의 요소와 접촉할 때 일반적으로 손과 발과 옷과 사람 등으로 이해합니다. 이러한 사고방식은 잘못된 것으로 수행자는 사념처 수행으로 진실을 깨닫습니다.

우리 자신의 몸과 마음 안에 있는 땅의 요소는, 그 특성은 다른 물질이 지대에 의존해 있다는 것이고, 역할은 다른 물질을 지탱하는 것이고, 땅의 요소의 나타남은 무거움과 가벼움으로 나타납니다. 이것이 우리가 땅의 요소를 느낌으로 알 수 있는 부분입니다.

불의 요소는 열을 뜻합니다. 몸의 어떤 부분이 뜨겁고 눌려 있기 때문에 자세를 바꿀 때 불의 요소가 두드러집니다. 차가움도 약한 불의 요소의 일종입니다. 어떤 물체는 다른 것에 비해 뜨겁거나 차갑습니다. 나무 그늘은 태양의 열기에 비해서 서늘하겠지만 동굴이나 집의 내부에 비해서는 뜨겁습니다. 항아리 속의 물은 노천에 있는 물에 비해서는 시원하겠지만 얼음물에 비하면 뜨겁습니다. 뜨겁고, 따뜻하고, 차가운 것은 본질적으로 불의 요소를 뜻하는 상대적인 용어일 뿐입니다.

불의 요소인 열은 성숙과 성장에 꼭 필요합니다. 열의 역할은 유기체를 성숙케 하고, 숙성하게 합니다. 나무, 건물, 대지, 바위 등이 낡아가고 쇠퇴하는 것 역시 태양 때문이고, 흰 머리카락, 이가 빠짐, 주름살, 다른 노화의 징후가 생기는 것은 몸의 열 때문입니다. 열이 많으면 성숙의 과정은 더욱더 빨라집니다.

불의 요소는 물질을 부드럽게 하고 유연하게 만듭니다. 그래서 수행자는 뜨거움을 알아차리면 부드럽고 느슨한 불의 요소를 깨닫게 됩니다. 열이나 차가움이 몸 안에서 드러나면 위빠사나 수행자는 불의 요소를 그 특성으로 아는 것입니다. 불의 요소가 사물을 부드럽고 유연하게 한다는 것을 알면 그 역할을 아는 것입니다. 그리하여 수행자는 정신과 물질을 구별하는 지혜를 얻어서 불의 요소를 손, 남자, 여자 등과 같은 본질과 실체로 생각하는 전도된 인식에서 벗어날 수가 있습니다.

바람의 요소는 뻣뻣함과 경직됨의 특성을 가지고 있습니다. 똑바로 앉아서 등을 펴고 자신의 내면을 들여다보고 있으면 뻣뻣함을 발견할 것입니다. 다시 발을 펴고 마음을 발에다가 고정시켜 보십시오. 그러면 뻣뻣함을 알게 될 것입니다. 그러므로 앉아 있는 것을 정신적으로 주시하면 특성으로써 바람의 요소를 알게 됩니다. 여러분은 그것을 자아나 영원한 것이 아니라 그냥 뻣뻣함이라고 알아야 합니다. 바람의 요소의 진정한 본성에 대한 이러한 통찰지혜가 참으로 중요합니다.

그러나 수행자는 처음부터 통찰지혜가 없기 때문에 반드시 뻣뻣함이라는 실체에 국한할 필요는 없습니다. 실체나 자아 등에 대한 관념이 마음에 끊임없이 떠오릅니다. 왜냐하면 보통 사람은 초기에 집중력이 약해서 마음을 자유로이 방황하게 내버려두기 때문입니다. 마음은 고요함이나 통찰지와 상충하고, 정신적 진보를 방해하는 감각적 욕망이나 다른 장애들에 의해 늘 휘둘립니다. 그 결과로 마음은 근본요소인 사대들의 실체에 고정되지 않습니다.

어떤 스승들은 모든 관념적인 개념은 처음부터 떨어져 나간다고 믿게끔 하였지만, 이것은 불가능한 일입니다. 초보 수행자가 장애로부터 자유롭고, 마음과 견해가 청정해지는 것은 참으로 어렵습니다. 부처님에게 직접 법을 듣고 성스러운 도를 성취한 사람들은 예외이겠지만, 그렇지 않은 다른 사람들의 경우에는 그러한 성취를 생각할 수가 없습니다. 위빠사나 수행을 한다고 처음부터 통찰지가 생기지는 않습니다. 정신과 물질을 관찰하는 동안 수행자가 집중력이 강해져서 망상할 여지가 거의 없어지면 지속적으로 알아차리게 됩니다. 이렇게 마음이 청정해진 단계가 되어야 정신과 물질의 진정한 본성에 대한 통찰지혜가 생깁니다.

그렇게 된 다음에도 소멸의 지혜를 얻기 전까지는 관습적인 개념들이 좀처럼 떨어져 나가지를 않습니다. 그리고 일어남과 사라짐에 대한 지혜의 초기 단계에서 수행자는 탑의 난간 위에 있는 광명, 꽃이나 바다 속의 물고기와 거북이를 보려 하는 경향이 있다고 『청정도론』에서는 말하고 있습니다. 그러나 나중에는 알아차릴 대상인 정신과 물질 그리고 알아차리는 마음이 차례대로 사라지는 것을 발견할 것입니다. 『청정도론』에서 주의력은 소멸, 사라짐, 무너짐에 모아져 있다고 설하듯이 모양, 형태 등과 같은 관습적인 개념들이 더 이상 일어나지를 않습니다.

그러므로 수행자는 초기에 자신이 알아차리고 있는 대상만을 바르게 알아차리고 있으면 됩니다.

접촉을 원인으로 느낌이 일어난다(3)

특별한 느낌을 찾지 마십시오. 느낌은 자신의 몸과 마음 안에 있습니다. 다른 곳에서 느낌을 찾지 마십시오. 누구나 항상 특별한 느낌을 찾지 말아야 합니다. 현재 알고 있는 것이 모두 느낌입니다. 영원히 소유할 수 있는 느낌을 찾지만 그런 느낌은 어디에도 없습니다.

느낌은 매 순간 일어나고 사라지며, 일어난 곳에서 사라지고, 일어난 즉시 사라집니다. 아무런 느낌이 없을 때도 덤덤한 느낌이라고 알아차려야 합니다. 느낌이 있는지 모르는 것이 무지의 느낌입니다. 느낌을 알아차리는 순간 무지가 사라집니다. 느낌을 느낌으로 알아차릴 수 있을 때 지혜가 나며 번뇌가 제어될 수가 있습니다.

감각기관에 대상이 접촉하는 것을 모르면 느낌이 일어난 것을 모릅니다. 느낌이 일어난 것을 모르면 일어나고 사라지는 생멸을 모릅니다. 일어나고 사라지는 것을 모르면 모든 것이 변한다는 무상을 모릅니다. 무상을 모르면 모든 일이 괴로움이라는 것을 모릅니다. 괴로움을 모르면 마음은 있지만 자아가 아니라는 무아를 모릅니다.

무상과 괴로움과 무아를 모르면 집착이 끊어질 수가 없습니다. 집착이 끊어지지 않으면 지고의 행복인 열반에 이를 수가 없습니다.

오늘도 지난 시간에 이어서 접촉을 원인으로 느낌이 일어나는 것에 관해서 말씀드리겠습니다. 지난 시간에 몸에서 일어나는 느낌은 지수화풍 사대라는 것을 말씀드렸습니다. 오늘도 풍대인 바람의 요소에 대해서 말씀드리겠습니다.

풍대인 바람의 요소는 몸의 어느 부위의 움직임에서 항상 드러납니다. 그러한 움직임과 배가 일어나고 꺼짐에서 뻣뻣함을 아는 것이 바로 바람의 요소의 특성을 아는 것입니다. 느슨함도 바람의 요소로서의 한 특성입니다. 왜냐하면 우리는 어떤 것의 팽팽함과 느슨함을 언급할 때 상대적으로 그렇게 말하기 때문입니다. 움직이고, 숙이고, 기울이고, 옮기는 것도 바람의 요소의 역할입니다. 손을 구부릴 때 손의 움직임을 주시하는 수행자는 바람의 요소의 참된 본성을 알게 됩니다. 걸을 때 주의를 집중할 때에도 그것을 압니다.

그러한 움직임에서 대상을 남자나 여자나 몸으로 생각하지 않습니다. 단지 몸의 대상을 지수화풍 사대로 볼 때 거기는 자아가 있다, 남자다, 여자다, 나의 몸이다, 하는 것들이 붙지를 못합니다. 수행자는 바람의 요소의 참된 본성을 뜻하는 점진적 움직임이라고만 알 뿐입니다. 수행자는 한 장소에서 다른 장소로 움직일 때에도 무언가가 밀고 있다든지 다른 것을 끌고 있는 것을 압니다. 그런 식으로 수행자는 정신의 시계 내에 나타나는 현상을 통해서 바람의 요소를 압니다. 이것이 바로 경전에서 '인도함으로 나타남'이라고 하는 의미입니다.

땅의 요소와 불의 요소와 바람의 요소라는 이 세 가지 근본 요소는 모두 감촉을 통해서만 알 수가 있습니다.

들음 등을 통해서 알 수는 없습니다. 여러분은 어떤 사물의 소리를 들을 수 있지만 그것이 거친지 부드러운지, 뜨거운지 차가운지, 뻣뻣한지 견고한지, 움직이는지 말할 수가 없습니다.

사물의 냄새나 맛이나 형상도 그 사물의 근본 성품에 대해서는 알려주지 못할 것입니다. 하지만 우리들은 봄을 통해서 근본 요소를 확인할 수 있다는 것이 대중화된 믿음입니다. 이때 근본 요소가 지수화풍 사대입니다.

바윗덩어리나 쇳덩어리가 확실히 우리에게 단단하다는 인상을 준다는 것은 의심의
여지가 없습니다. 하지만 이러한 인상은 봄으로써 생긴 것이 아니라 과거의 감촉을 토대
로 한 귀납적인 일반화일 뿐입니다. 여기서 귀납적이라고 하는 것은 경험에 의해서 알고
있는 것을 추리하는 것을 말합니다.

보는 것에 의해서 우리가 아는 것은 시각적인 현상일 뿐이고, 단단한 땅이라고 믿고
디뎠다가 수렁에 빠진다든지, 뜨거운 쇠막대기를 모르고 잡았을 때 화상을 입는 경우처
럼 시각적인 형상은 때때로 그릇된 인상을 줍니다.

바람의 요소도 봄으로써 알 수가 없습니다. 왜냐하면 체험해야만 알 수 있는 요소이
기 때문입니다. 우리는 어떤 물체가 움직이고 있는 것을 보는데 왜냐하면 그것을 여기
저기서 보기 때문이며, 그 움직임을 안다고 하는 것은 그 움직임을 알아차려서 얻은
추론에 불과하기 때문입니다. 하지만 멈추고 있던 두 대의 기차 중 한 대가 움직이기
시작하면 움직이지 않고 있는 다른 기차가 움직이는 것처럼 보이고, 달리고 있는 기차
에 타고 있는 승객에게는 창 밖의 나무들이 반대 방향으로 달리고 있는 것처럼 보입니
다. 이러한 시각적인 착각은 움직임의 진리에 대해서 우리가 눈에 의존할 수 없다는
것을 증명합니다.

한때 영상에 관심이 많은 나이 지긋한 남자 수행자가 스승인 비구와의 대화를
우리에게 전해 주었습니다. 베개를 집어 흔들면서 비구에게 "자! 스님, 지금 어떤
법이 사라지고 있음을 보십니까?"라고 물었습니다. 그러자 비구가 대답했습니다.
"음! 바람의 요소인 풍대의 요소가 사라지고 있음을 봅니다."
그러자 남자 수행자가 말했습니다.
"스님! 틀렸습니다. 스님께서 눈으로 보고 계신 것은 형상일 뿐입니다. 보는 순간
을 알아차리신다면 스님은 형상에 무슨 일이 일어나는지만 아실 뿐입니다. 보는
순간에 바람의 요소에 대해서 아무것도 체험으로 알 수가 없습니다. 위빠사나는
내관에 의해서 실제로 아는 것을 우선으로 하는 수행입니다. 추론에 의해서 다른

사실을 주시하고 깨닫는 것은 그다음입니다.

감각대상에 해당하는 감각기관을 통해서만 감각대상을 알아차리는 것이 자연스럽습니다. 바람의 요소는 몸의 접촉에 의해서만 알 수 있는 대상입니다. 만약 우리가 걷거나 구부리거나 하는 동안 내적으로 알아차림을 한다면 바람의 요소의 움직임을 알 수가 있습니다. 지금 스님께서 바람의 요소와 접촉하지 않으면서 그 소멸을 안다고 하셨습니다. 스님께서 말씀하신 것은 부자연스럽고 틀렸습니다."

이 남자 신도의 비평에는 많은 진리가 담겨 있습니다. 어떤 스승들은 『염처경』과 다른 경전들을 참고용으로 의존하고, 오로지 자연현상만 다루는 논서들을 근거로 순전히 이론적인 가르침만 설하고 있습니다. 그리고 이러한 가르침에 따라 수행하는 수행자들도 있습니다. 하지만 그러한 수행자들을 영적으로 이롭게 할지는 모르겠지만, 진정한 통찰지나 성스러운 도의 단계를 증득하기 위해서는 의지할 것이 못 됩니다. 추론적인 내관을 통해서도 통찰지를 얻는 근기를 타고난 일부 수행자들만이 유일한 예외입니다.

『염처경』에 있는 부처님의 가르침을 따라서 여섯 가지 감각기관에서 일어나는 정신과 물질현상을 알아차리는 것이 가장 좋은 방법입니다. 이것이 부처님께서 말씀하셨듯이 '에까야노 막고ekāyano maggo'라고 하는 유일한 길입니다. 부처님께서는 "몸과 마음을 위빠사나 수행의 통찰지혜로 알아야만 열반에 이를 수가 있다"라고 말씀하시면서, 이것은 '에까야노 막고'라는 유일한 길이라고 하셨습니다.

신식身識에 대응하는 감촉의 경우 우리는 내부와 외부적으로 몸이 맞부딪힘을 알게 될 때 감촉을 주시하고 인지해야 합니다. 그렇지 않으면 감촉은 무명이나 다른 번뇌와 결합해서 우리를 지배하게 마련입니다. 그렇게 되면 감촉이 항상 하고 행복하고 자아가 있다는 전도된 인식을 갖게 됩니다. 그리하여 감촉을 통해 몸의 어떤 부위들에 집착하게 되면, 우리는 그것을 영원하다고 생각하고 자신의 선호도에 따라 차별을 하게 됩니다.

모든 감촉을 주시하여 그 감각의 무상하고 불만족스럽고 실체가 없는 본성을 깨닫는 다면 거기에는 집착이 없을 것이며, 우리는 깨달음과 열반에 확실히 이르는 위빠사나 수행의 바른 도道에 서게 될 것입니다.

지금까지 무명에서부터 느낌에 이르는 연기를 말씀드렸습니다. 이것을 다시 한 번 요약해 보겠습니다.

무명이란 사성제를 모르는 것입니다. 무명으로 인해 범부들은 감각대상이 무상하고 실체가 없다는 것을 보지 못합니다. 그래서 범부들은 현생이나 내생에서 행복을 얻겠다는 희망을 가지고 생각하고, 말하고 행동합니다. 이러한 생각과 말과 행동으로 표출되는 행위들은 선하거나 불선한데, 그러한 행위를 업의 형성력인 행이라고 합니다.

행은 새로운 존재를 생기게 합니다. 죽어가는 사람은 새로운 생의 재생연결식을 조건 짓는 업의 표상, 태어날 곳의 표상을 가집니다. 재생연결식에 관여하는 특별한 대상이 없는 경우에는 태어날 곳의 표상이 전생에 임종할 때 표상과 함께 재생연결식의 대상으로 반복해서 나타납니다.

이 잠재의식의 마음은 보거나 듣는 등의 순간에 활동하게 됩니다. 그러면 전향하는 마음이 일어나고, 눈과 형상에 의존하는 안식이 일어납니다. 이 안식은 식의 상태, 즉 행에 의해 조건 지어진 정신적 삶의 일부입니다.

우리가 보고 듣는 것은 즐거울 수도 괴로울 수도 있습니다. 이에 상응하는 안식과 이식 등등은 전생의 선하거나 불선한 업인 과거의 행위의 도덕적 특성에 기인합니다. 이것은 여섯 가지 감각대상에서 생기는 여섯 가지 식에 모두 적용됩니다.

생각, 상상, 의도 따위로 구성된 정신활동을 뜻하는 의식意識은 잠재의식의 마음, 전향하는 마음, 육체적 토대, 정신의 표상에 의존합니다. 이 정신활동, 즉 의식은 일곱 개의 속행과 두 개의 등록하는 마음을 포함합니다. 여기서 등록하는 마음은 선업이나 불선업의 결과입니다. 속행은 업의 과보는 아니지만 『아비담마』에서는 행의 결과인 잠재의식에서 생긴다는 뜻에서 행의 기반을 둔 식이라고 말합니다.

식이 일어남과 함께 다른 부수되는 정신과 물질현상도 덩달아 일어납니다. 그래서 식을 조건으로 정신과 물질이 일어납니다. 하지만 식이 일어난 다음에 여섯 가지 감각장소인 육입과 여섯 가지 감각접촉까지 따라 일어납니다. 감각접촉이라는 것은 마음과 마음의 대상과 감각기관의 결합을 뜻합니다.

감각접촉은 즐겁거나 괴롭거나, 즐겁지도 괴롭지도 않은 느낌을 생기게 합니다. 덤덤한 느낌은 아무런 느낌도 없다는 인상을 주지만, 『아비담마』에 따르면, 사실은 참기 어려운 고통이 없는 것일 뿐, 일종의 미세한 즐거운 느낌이라고 말합니다. 지금까지 '무명을 원인으로 느낌이 일어난다까지 말씀을 드렸습니다.

쾌락은 선하지 못한 행위로 인해서 일어나는 한순간의 느낌입니다. 그러나 그 과보는 한 생뿐이 아니고 몇 생까지 계속될 수가 있습니다. 평등심도 선한 행위로 일어나는 한순간의 느낌입니다. 그러나 그 과보는 한 생뿐이 아니고 몇 생까지 계속될 수가 있습니다. 선심과 불선심이 생멸한 뒤에 나타난 그 과보도 다시 생멸합니다.

그러나 기억이 그것을 계승시켜 계속해서 유지하게 합니다. 기억은 현재의 것이 아니고, 과거의 것을 형상화한 허상입니다. 느낌도 매 순간 변하는 것으로, 진실은 변하는 것밖에 없다는 것입니다. 이처럼 선심과 불선심이나 느낌은 생멸하는 물방울과 같습니다. 그것들은 실체가 없지만 그 과보는 행복과 불행으로 나타납니다.

우리는 항상 느낌을 느끼면서 삽니다. 그리고 그 느낌은 매 순간 변합니다. 만약 우리가 알고 있는 것을 느낌으로 알 때는, 매 순간 변한다는 사실을 알아서 집착으로부터 자유로워질 수가 있습니다.

그 느낌은 감각기관이 느끼는 것이지 나의 느낌이 아닙니다. 즐거움과 괴로움은 한낱 느낌에 불과한 것입니다. 이것은 나의 즐거움과 나의 괴로움이 결코 아닙니다.

<제2권은 법문 74회부터 계속>

상좌불교 한국 명상원은 위빠사나 수행을 원하는 모든 분들을 위해
언제든지 문을 활짝 열어놓고 있습니다.

주소| 서울 강남구 논현동 98-12번지 청호불교문화원 나동 306호
전화| 02-512-5258 http://cafe.daum.net/vipassanacenter

BBS 불교방송 불교강좌

12연기 ❶

2011년 1월 15일 1판 1쇄 발행
2011년 12월 10일 1판 2쇄 발행

지은이   묘원
펴낸이   곽준

펴낸곳   (주)도서출판 행복한숲
출판등록   2004년 2월 10일 제16-3243호
주소   서울시 강남구 논현동 98-12 청호불교문화원 나동 3층 306호
전화   (02) 512-5255, 512-5258 팩스 (02) 512-5856
E-mail   sukha5255@hanmail.net
http://cafe.daum.net/vipassanacenter

ISBN   978-89-93613-09-4 (04220) 1권
ISBN   978-89-93613-11-7 (전2권)

값 15,000원

* 잘못된 책은 바꾸어 드립니다.